Dieter Wagner, Bernd-Friedrich Voigt (Hrsg.)

Diversity-Management als Leitbild von Personalpolitik

GABLER EDITION WISSENSCHAFT

Beiträge zum Diversity-Management

Herausgegeben von
Professor Dr. Dieter Wagner, Universität Potsdam, und
Dipl.-Psych. Bernd-Friedrich Voigt

Mittlerweile ist „Diversity" auch in Deutschland angekommen. Die Buchreihe widmet sich in Theorie und Praxis den Herausforderungen, mit einer „gemischten" Belegschaft umzugehen: Wie wird Diversity wahrgenommen und eingeschätzt? Kann man Diversity überhaupt messen? Wie arbeiten multikulturelle und dabei unter Umständen auch noch virtuelle Teams zusammen? Wie zufrieden sind deutsche Expatriates im Ausland? Auch zu Fragen des demografischen Wandels sowie der Vereinbarkeit von Familie und Beruf will diese Reihe neue, möglichst empirisch fundierte Erkenntnisse beisteuern und somit den Theorie-Praxis-Dialog konstruktiv weiterentwickeln.

Dieter Wagner,
Bernd-Friedrich Voigt (Hrsg.)

Diversity-Management als Leitbild von Personalpolitik

Deutscher Universitäts-Verlag

Bibliografische Information Der Deutschen Nationalbibliothek
Die Deutsche Nationalbibliothek verzeichnet diese Publikation in der
Deutschen Nationalbibliografie; detaillierte bibliografische Daten sind im Internet über
<http://dnb.d-nb.de> abrufbar.

1. Auflage Juli 2007

Alle Rechte vorbehalten
© Deutscher Universitäts-Verlag | GWV Fachverlage GmbH, Wiesbaden 2007

Lektorat: Frauke Schindler / Stefanie Brich

Der Deutsche Universitäts-Verlag ist ein Unternehmen von Springer Science+Business Media.
www.duv.de

Das Werk einschließlich aller seiner Teile ist urheberrechtlich geschützt.
Jede Verwertung außerhalb der engen Grenzen des Urheberrechtsgesetzes
ist ohne Zustimmung des Verlags unzulässig und strafbar. Das gilt insbesondere für Vervielfältigungen, Übersetzungen, Mikroverfilmungen und die
Einspeicherung und Verarbeitung in elektronischen Systemen.

Die Wiedergabe von Gebrauchsnamen, Handelsnamen, Warenbezeichnungen usw. in diesem
Werk berechtigt auch ohne besondere Kennzeichnung nicht zu der Annahme, dass solche
Namen im Sinne der Warenzeichen- und Markenschutz-Gesetzgebung als frei zu betrachten
wären und daher von jedermann benutzt werden dürften.

Umschlaggestaltung: Regine Zimmer, Dipl.-Designerin, Frankfurt/Main
Gedruckt auf säurefreiem und chlorfrei gebleichtem Papier
Printed in Germany

ISBN 978-3-8350-0796-3

Vorwort

Der vorliegende erste Band der Potsdamer Beiträge zum Diversity-Management richtet sich sowohl an Praxis-Experten und Manager als auch an Wissenschaftler und Politiker mit Verantwortung im Diversity-Management von Organisationen mit internationalem Hintergrund.

Während in der Praxis ein immenser Bedarf an manageriellen Entscheidungen zum Thema Diversity erkennbar ist, steht die Forschung in der Bereitstellung sinnvoller Erklärungsformen bisher nach. Nicht nur die mangelnde Interdisziplinarität spielt hier eine entscheidende Rolle. Die zum Teil unreflektierte Übernahme ausgesuchter „Erkenntnisse" aus einschlägigen Veröffentlichungen sowie nicht zuletzt die unkritische Methoden- und Instrumentenwahl verfälschen zunehmend ein ganzheitlich konsistentes Bild vom Phänomen Diversity. Für den betriebswirtschaftlichen Anwendungsbezug scheint im Großen und Ganzen ein umfassender konzeptioneller Forschungsrahmen zu fehlen. Für die Praxis steht weiterhin das Lernen von Best Practices im Vordergrund. Allein die Frage, wie Diversity im eigenen Kontext sinnvoll gemanaged werden kann, lässt sich damit immer noch nicht vollständig beantworten.

So viel ist dennoch sicher: Diversity ist mittlerweile ein Thema der Praxis! Unzählige CEO-Statements betonen die Bedeutung von Diversity für ihre Organisation. Die großen Rating-Agenturen orientieren ihre Unternehmensbewertungen unter anderem an ausgesuchten Diversity-Kriterien. Gesetzliche Rahmenbedingungen zwingen zu gezielten Diversity-Management-Aktivitäten. Eine vielfältige „Diversity Industry" blüht interessanterweise auch in konjunkturschwachen Zeiten.

So vieles allerdings bleibt unsicher: Wie viel Positives beinhaltet Diversity für eine Organisation und mit wie viel Nachteiligem muss gerechnet werden? Welche Formen der Diversität wirken sich generell eher ressourcenförderlich aus, welche heterogenen Kombinationen verursachen im jeweiligen Prozessverlauf ungebührlich hohe (Transaktions-) Kosten? Wie sieht möglicherweise ein sinnvolles dialektisches Verständnis von Ressourcenverbrauch und Ressourcensicherung durch Diversity aus? Und wo liegen möglicherweise die Grenzen bzw. Schwellen der Toleranz unterschiedlicher Diversitätseffekte im unternehmerischen Entscheidungsfeld?

Band 1 dieser Reihe liefert einen Einblick in ausgesuchte Felder des Diversity-Managements in den letzten Jahren:

- Diversity-Management als personalpolitisches und strategisches Konzept
- Diversity-Management – Ansatzpunkte und Objekte
- Diversity-Management – interkulturelle Aspekte
- Diversity-Management und Training

Die Bandbreite der Beiträge verdeutlicht die vielfältigen Blickwinkel, unter denen das Phänomen Diversity aktuell diskutiert werden kann. So erklären sich auch diverse Schreibformen wie Diversity-Management, Diversity Management, Managing Diversity, Diversität etc, die wir bewusst in der ursprünglichen Notation der Autoren belassen haben. Die Diskussion der Begrifflichkeiten zeigt, dass sich hinter der jeweiligen Schreibweise durchaus auch ein typisches Verständnis, eine gewachsene Philosophie, des Autors zum Thema finden lässt.

Zur „Einordnung" der Beiträge in ein allgemeines Forschungsprogramm wird zunächst ein Vorschlag zur Verortung der Diversityforschung im personalpolitischen Kontext vorgestellt. Im Anschluss werden einerseits Erkenntnisse im „klassischen" Heimatfeld des Themas Diversity, dem Human Ressource Management, vorgestellt. Andererseits „weitet" sich Diversity mehr und mehr zu einem Phänomen des General Management aus, mit beträchtlicher Bedeutung für die Gesamtsteuerung eines Unternehmens. Gerade in jüngerer Zeit findet sich im Bereich des Marketing ein gesteigertes Interesse an den Möglichkeiten der Betrachtung der Marketing-Welt aus dem Blickwinkel der Diversität. Von daher ist es gar kein so weiter Weg mehr zu den sich anschließenden interkulturellen Fragen und den Trainingsaspekten des Diversity-Managements.

Bernd-Friedrich Voigt

Dieter Wagner

Inhaltsverzeichnis

A Einführung

Bernd-Friedrich Voigt, Dieter Wagner
Diversity-Management als Leitbild von Personalpolitik 1

B Diversity-Management als personalpolitisches und strategisches Konzept

Kathrin Elmerich, Sonia Hornberger, Dorothee Karl, Christine Watrinet
Inhalts- und Wirkungsanalyse von Leitbildern
unter dem Aspekt Managing Diversity 17

Savas Tümis
Die Bedeutung des Diversity-Managements
für den Unternehmenserfolg 39

Anna Remišová
Diversity Management und die Entwicklung der
Unternehmensethik in der Praxis (Am Beispiel der Slowakei) 59

Christine Geißler, Laura Wendisch
Value through Diversity – Managing Diversity bei Vattenfall Europe 91

Matthias Großholz, Bernd-Friedrich Voigt
Überlegungen zur Ökonomie von Managing Diversity –
Diversity am Wirtschaftsstandort Deutschland 107

C Ansatzpunkte und Objekte von Diversity-Management

Sylvie Boisard-Castelluccia
Managing Demographical Diversity – A Way of Improving the
Learning and Performance of Top Management Teams 129

Edeltraud Hanappi-Egger, Roswitha Hofmann
Gender- und Diversitätsmanagement: Qualifikationsbedürfnisse
in der betriebswirtschaftlichen Universitätsausbildung 153

Ingo Winkler
Polyzentriertheit in Unternehmensnetzwerken – Führungstheoretische
Erklärungsansätze zur Beschreibung der Entstehung
und Existenz mehrerer Akteure mit Steuerungswirkung........................173

Torsten Tomczak, Marcus Schögel, Markus Koch
Akquisition von Diversity-Zielgruppen –
Management potenzieller Spill-Over-Effekte 211

D Interkulturelle Aspekte von Diversity-Management

Gerd Reisigl, Christine Vallaster
Critical Multicultural Team Situations: The Role of 'Anger' 249

Petra Köppel
Kulturelle Diversität in virtuellen Teams 273

Minu Pooria
Ingredients for Cultural Diversity-Management –
An Approach Based on a Management Economics Perspective 293

Kyung-Yiub Lee
Kulturelle Inkompatibilität von Kyopos und
südkoreanischen Unternehmen in Deutschland 315

E Trainingsaspekte im Diversity-Management

Gesa Ferch, Claudia Stybel
Diversity-Management: T-Com – Awareness Workshops 343

Rosalyn Taylor O'Neale
7 Keys 2 Success: The Supporting Cast 355

Abbildungsverzeichnis

Abbildung 1:	Diversity – Entwicklungspfad und Transformationsprozess	14
Abbildung 2:	Inhalte der analysierten Unternehmensleitbilder	34
Abbildung 3:	Herrmann-Gehirn-Dominanz-Modell	41
Abbildung 4:	Das HBDI-Vier-Quadranten-Modell	42
Abbildung 5:	Synergieentwicklung durch bewusstes Interagieren zwischen allen Quadranten	43
Abbildung 6:	Top-Management Präferenzvergleich – Weltdurchschnitt im Vergleich zum nationalen Durchschnitt der Türkei	44
Abbildung 7:	Abteilungskulturprofile in den Unternehmen nach HBDI	45
Abbildung 8:	Zuordnung von Unternehmenskulturprofilen unterschiedlicher Branchen	46
Abbildung 9:	Persönlichkeitsprofile der Führungskräfte eines Herstellers von Spezialgasen	47
Abbildung 10:	Unternehmenskulturprofil eines Herstellers von Spezialgasen als Durchschnitt der Führungskräfteprofile	48
Abbildung 11:	Zuordnung der Unternehmenseigenschaften zur Strategieentwicklung	49
Abbildung 12:	Disharmonie durch Gegeneinanderwirken der unternehmerischen Strategieerfolgsfaktoren	50
Abbildung 13:	Vergleich der Profile für Unternehmenskultur, -mission, -Core Values und -vision eines Automobilzulieferers	51
Abbildung 14:	Unternehmenskultur eines Pharma-Vertriebsunternehmens	53
Abbildung 15:	Pharma-Vertriebsunternehmen – Produkt-Proformaprofil für Diabetiker-Medikamente	54
Abbildung 16:	Pharma-Vertriebsunternehmen – Produkt-Proformaprofil für Diabetiker-Teststreifen	54
Abbildung 17:	Durchschnittliches HBDI-Persönlichkeitsprofil von Krankenschwestern weltweit	55
Abbildung 18:	Pharma-Vertriebsunternehmen – Kunden-Proformaprofil der Einkäufer von Diabetiker-Teststreifen in den Labors	56
Abbildung 19:	Mentale Präferenzlandkarte für Automarken (Quelle: Herrmann International Deutschland, 2004)	57
Abbildung 20:	Die Ausweitung der Produktionsmöglichkeitenkurve durch Wirtschaftswachstum	111
Abbildung 21:	Ausdehnung der Produktionsmöglichkeiten durch die Erhöhung von Kapital und/oder Arbeit	113
Abbildung 22:	Soziale Wohlfahrtsgewinne durch mehr Konsummöglichkeiten und Altruismus	116

Abbildung 23: Nutzenverlust durch die Entstehung von Neid 119
Abbildung 24: Effizienzerhöhung durch den Einsatz von mehr Diversität 121
Abbildung 25: Linear regression applied to the entire sample 144
Abbildung 26: Linear regression without B6 145
Abbildung 27: Diversitätsdimensionen 156
Abbildung 28: Verteilung der Studierendenbewertungen zur
Anforderungserwartung auf Ränge von 1-6 164
Abbildung 29: Verteilung der Studierendenbewertungen zum
Theorie-Praxis-Bezug auf Ränge von 1-6 166
Abbildung 30: Verteilung der Studierendenbewertungen zur
inhaltlichen Diskussion auf Ränge von 1-6 167
Abbildung 31: Verteilung der Studierendenbewertungen zur
Anforderungserwartung auf Ränge von 1-6 167
Abbildung 32: Wahrnehmungsprozess auf Kundenebene 225
Abbildung 33: Ökonomische Prämisse- 228
Abbildung 34: Unterschiedliche Differenzierungsintensitäten und
Sichtbarkeit der Marketingmaßnahmen 237
Abbildung 35: Facial expression of anger 255
Abbildung 36: Antecedents and behavioural consequences of ‚anger' 257
Abbildung 37: Explaining Diversity by Differences in Rule-Hierarchies 296
Abbildung 38: Illustrating Culture-induced Information Gaps 303
Abbildung 39: Historischer Überblick zur Immigration 319
Abbildung 40: Status Quo des deutsch-südkoreanischen Kontinuums 339
Abbildung 41: Mögliche Auswirkungen gemischter Arbeitsgruppen auf
dem deutsch-südkoreanischen Kontinuum 339

Tabellenverzeichnis

Tabelle 1:	The effects of cognitive dissonance on individual learning	140
Tabelle 2:	Test de Fischer Snedecor	145
Tabelle 3:	Test de Student	146
Tabelle 4:	List of events expected to elicit 'anger'	256
Tabelle 5:	Selection and ranking of 'anger' antecedents	260
Tabelle 6:	Performance Ingredients distinguished by Problem Type and Interaction Level	301
Tabelle 7:	A Typology of Information Settings	306
Tabelle 8:	Diversity Challenges distinguished by information settings	308
Tabelle 9:	Anteil Kyopos in südkoreanischen Unternehmen	318
Tabelle 10:	Vertrauenszuschreibungen in Yongo-Beziehungen	322
Tabelle 11:	Ausgewählte Off-the-Job-Methoden der IPE	337
Tabelle 12:	Ausgewählte On-the-Job-Methoden der IPE	338

A Einführung

Diversity-Management als Leitbild von Personalpolitik

Bernd-Friedrich Voigt, Dieter Wagner[*]

Inhalt

1   Eingangsvoraussetzungen 2
2   Begründungen für das Diversity-Management 2
3   Diversity – mehr als differentielle Personalpolitik? 9
4   Personalpolitische Herausforderungen 13

---

[*] Dipl.-Psych. Bernd-Friedrich Voigt, Wiss. Mitarbeiter, Professur für Betriebswirtschaftslehre mit dem Schwerpunkt Organisation und Personalwesen, Universität Potsdam.
Dieter Wagner, Professor für Betriebswirtschaftslehre mit dem Schwerpunkt Organisation und Personalwesen, Universität Potsdam.

1 Eingangsvoraussetzungen

Individualisierung und Flexibilisierung sind zwei Prinzipien der betrieblichen Personalpolitik, die eine zunehmende Verbreitung erfahren haben. Dies gilt zum Beispiel für flexible Arbeitszeit- und variable Entgeltsysteme. Hinzu kommt die differentielle Personalpolitik, die sich mit der Vielfalt unterschiedlicher Mitarbeiter beschäftigt, und seit einigen Jahren auch in Deutschland in dem Schlagwort „Managing Diversity" berücksichtigt wird. Managing Diversity ist jedoch auch in einem internationalen Kontext zu sehen: einerseits die zunehmende Internationalisierung und Globalisierung der wirtschaftlichen Tätigkeiten, andererseits die damit einhergehenden interkulturellen Auswirkungen. Der vorliegende Beitrag beschreibt einige Trends hin zum Diversity-Management und skizziert kurz die personalpolitischen Herausforderungen.

„Diversity" und „Diversity-Management" gehören sicherlich nicht zu den eingängigsten Begriffen: erstens konnte man sich lange nur wenig darunter vorstellen und zweitens möchte man ungern zu denen gehören, die anders sind als die anderen. Mehrheit ist nun einmal gleichbedeutend mit „normal". Den Reichen begegnet man häufig mit Neid, auch unsere Eliten in Politik und Wirtschaft werden gerade in dieser Zeit misstrauisch beäugt. Insofern haben wir ein Kommunikationsproblem, wenn man „Diversity-Management", aber auch „Interkulturelles Management" erklären soll. Das gilt beispielsweise für den Umgang mit Schwerbehinderten und Homosexuellen im eigenen Betrieb ebenso wie für die Auseinandersetzung mit fremden Kulturen.

2 Begründungen für das Diversity-Management

Im Wesentlichen sind es drei Begründungsstränge, die als Berechtigung für das Diversity-Management angeführt werden: erstens Ethik, Fairness, Recht und Legitimität im Sinne einer Corporate Social Responsibility; zweitens Veränderungen auf den relevanten Produkt- und Arbeitsmärkten und drittens die Wettbewerbs-, Wertsteigerungs- und Strategieoptimierung. Vielfach wird Diversity allerdings noch nicht hinreichend als Erfolgsfaktor im Innovations- und Marketingprozess erkannt. Dies gilt zum Beispiel auch für die Akquisition von Diversity-Zielgruppen.

Ein Zusammenhang mit der allgemeinen Unternehmensführung ist jedoch offensichtlich. So besteht durchaus ein enger Zusammenhang zwischen Wertschätzung und Wertschöpfung. Diversity kann auch zum Bestandteil von Leitbildern werden. Und es lässt sich eine Verknüpfung von Managing Diversity mit Strategie Maps z.B. im Rahmen der Balanced Scorecard oder des Realoptionenansatzes herstellen.

Fairness- und Antidiskriminierungsaspekte sind naturgemäß eng mit der EU-Anti-Diskriminierungsrichtlinie und der aktuellen Gesetzgebung in Deutschland verknüpft. Es besteht auch ein Zusammenhang zum Gender- und Diversitätsmanagement. Entsprechende Themen stehen häufig im Mittelpunkt der Diversity-Diskussion.

Aber auch die Auswirkungen auf das Personalmanagement sind offenkundig. Sie betreffen z.B. interkulturelle Rahmenbedingungen ebenso wie interkulturelle Aspekte der Personalführung und die Effizienz von interkulturellem Training. Zunehmend werden mögliche demografische Veränderungen und deren Auswirkungen auf die Arbeitsmärkte thematisiert. Insgesamt kann man sagen: Managing Diversity wird insofern immer mehr zu einem unbestrittenen Arbeitsfeld des Personalmanagements – und hier ist auch das fachliche Zentrum anzusetzen. Durch die Verschränkung mit aktuellen Entwicklungen des Marketings und des General Managements nimmt der Stellenwert und die empfundene Relevanz für ökonomische Bewertungsmaßstäbe weiterhin zu.

Klassisch ist mittlerweile die Unterscheidung zwischen beobachtbaren und nicht-beobachtbaren Erscheinungsformen von Diversity. Dabei setzt sich immer mehr die Einsicht durch, dass auch die vorgeblich klaren, sichtbaren Merkmale wie „Geschlecht", „Alter" oder „Rasse" kulturelle Konstrukte sind. Hinzu kommt - und dies führt zu einem mehrdimensionalen Betrachtungsfeld - die strategische Diversität und damit die Berücksichtigung unterschiedlicher Produkt- und Geschäftsfelder, unterschiedlicher Funktionen, Aufgaben und damit im Zusammenhang stehende Anspruchsgruppen (stakeholder). Insofern wird Diversity auch immer mehr zu einem Untersuchungsfeld der allgemeinen Unternehmensführung (General Management).

Im Mittelpunkt dieses Bandes stehen neben der personalpolitischen und der strategischen Ausgangslage von Diversity verschiedene Ansatzpunkte und Objekte von Diversity-Management. Es folgen einige Beiträge zu den interkulturellen Aspekten und zum Diversity-Training. Daraus folgen Betrachtungen zu den Konsequenzen für unterschiedliche Mitarbeitergruppen und sich daraus ergebende Fragen der Personalpolitik.

2.1 Diversity-Management (DiM) als personalpolitisches und strategisches Konzept

Diversity-Management berücksichtigt ausdrücklich die vielfältigen Unterschiede zwischen den Mitarbeitern. Dies steht u.E. nicht im Widerspruch zu der Vorstellung, dass für alle Gruppierungen ein einheitliches Leitbild vorhanden sein sollte. So wie es beim Management by Objectives durchaus unterschiedliche Wege gibt, um das gemeinsam vereinbarte Ziel zu erreichen, so ist es ebenso denkbar, dass es z.B. unterschiedliche kulturelle Ausprägungen von Führung und Zusammenarbeit gibt. Insofern kann es z.B. kulturell bedingte, unterschiedliche Rationalitätskonzeptionen geben, die aber trotzdem insgesamt einem gemeinsamen Zielsystem unterzuordnen sind.

Im ersten Beitrag dieses Sammelbandes (Kathrin Elmerich et al.) erfolgt eine Inhalts- und Wirkungsanalyse von Leitbildern unter dem Aspekt Managing Diversity. Die Analyse bezieht sich insbesondere auf den deutschprachigen Raum und untersucht, inwieweit die Kriterien der „Chancengleichheit" und „Verschiedenartigkeit" sowie des „Gender Mainstreaming" in bestehende Leitbilder Eingang gefunden haben. Die Untersuchung ergibt, dass ein ausgesprochenes Defizit in diesem Bereich besteht. Dies steht in einem starken Gegensatz zu den Business Guidelines und den business ethics in amerikanischen Unternehmen, wo dem Phänomen und den praktischen Konsequenzen des Diversity-Managements ein relativ breiter Raum eingeräumt wird. Dabei wird aber auch wiederum deutlich, dass trotz unterschiedlicher Bevölkerungsstrukturen und andersartiger politisch-gesetzlicher Rahmenbedingungen in Deutschland noch ein starker Nachholbedarf herrscht. Erst in jüngster Zeit wird z.B. die Integration von Ausländern („Deutschland – ein Einwanderungsland"), der demografische Wandel oder die Balance von Familie und Beruf intensiver diskutiert. Allesamt handelt es sich um Facetten des Diversity-Managements, welches verständlicherweise im deutschsprachigen Raum die Ausrichtung auf ein situativ angemessenes Leitbild gut gebrauchen könnte.

Savas Tümis untersucht den Zusammenhang zwischen Unternehmensstrategien und Persönlichkeitsstrukturen. Menschen unterscheiden sich nicht nur in ihren mehr kognitiven oder affektiven Denkweisen – auch kulturelle Rahmenbedingungen sind als wichtige Determinante zu beachten, wenn unterschiedliche Persönlichkeitstypen ihre Unternehmenserfolgsstrategien anwenden wollen. Dabei werden einerseits Top-Management-Präferenzen im internationalen Vergleich gegenübergestellt, andererseits aber auch Unternehmens- und Abteilungskulturprofile in ihren verschiedenen Ausprägungen erfasst. Im Kern wird davon ausgegangen, dass angesichts dieser persönlichkeitsbezogenen und unternehmenskulturellen Rahmenbedingungen nicht jede Unternehmensstrategie per se erfolgreich ist. Vielmehr sind die Unternehmenskultur, die unterschiedlichen Persönlichkeitsprofile und die Produktprofile des Unternehmens in Einklang zu finden.

Anna Remišová schließt an die eingangs angestellten Überlegungen zum Unternehmensleitbild insofern an, als sie die damit eng zusammenhängenden unternehmensethischen Aspekte aufgreift. Dabei stellt sie anschließend einen konkreten Bezug zur augenblicklichen Situation in der Slowakei her. Sie sieht durchaus Unterschiede zwischen den Anforderungen an ein Diversity-Management und ethische Prinzipien, seien sie losgelöst davon oder damit zusammenhängend. Schließlich sind die ethischen Prinzipien eher allgemeingültig und können insofern kaum durch eine differentielle Betrachtung relativiert werden. Dies schließt allerdings nicht aus, dass verschiedene moralische Meinungen auf einer gemeinsamen ethischen Grundlage zu bewältigen sind. Insofern bedarf auch ein erfolgreiches Diversity-Management einer klaren, eindeutigen ethischen Harmonisierung. Vielfalt beruht dann insofern auf gemeinsamen moralisch-ethischen Prinzipien.

Kathrin Geissler und Laura Wendisch sehen dies grundsätzlich ähnlich. Dabei gehen Sie konkret von folgenden personalpolitischen Prinzipien des Unternehmens Vattenfall Europe aus: Chancengleichheit von Frauen und Männern, Alters-Diversity, Integration von Behinderten, Interkulturelle Vielfalt und Work-Life-Balance. Gerade der letzte Punkt gerät zunehmend ins Fadenkreuz personalpolitischer Erwägungen. Insgesamt zeigt es sich, dass das Unternehmen Vattenfall sich erfolgreich und konsequent darum bemüht, aktuellen und zukünftigen Herausforderungen möglichst angemessen gerecht zu werden. Letztlich geht es dabei auch um die Wettbewerbsfähigkeit der deutschen Stahlindustrie. Dies ist zugleich eine Standortfrage für die modernen Industrieländer, zu denen Deutschland nach wie vor gehört. Matthias Großholz und Bernd-Friedrich Voigt integrieren in diesem Zusammenhang betriebs- und volkswirtschaftliche Aspekte, um den Nutzen von Diversity für den Wirtschaftsstandort Deutschland entsprechend herauszuarbeiten. Für Sie liegen die gesellschaftlichen „Vorteile eines toleranten und offenen Umganges mit den vielfältigen Fähigkeiten und Charakteristiken der Menschen in unserem Land so offen zu Tage, dass wir weitaus stärker als bisher auf diese Effekte eingehen müssen". Dazu bieten sich u.a. auch public-private-partnerships an.

2.2 Ansatzpunkte und Objekte von Diversity-Management

Der demografische Wandel und die Gleichstellung von Frauen und Männern bilden eher bekannte „Objekte" des Diversity-Managements, auch wenn das Thema „Jung und Alt" ebenso an Fahrt zu gewinnen scheint wie die Thematik „Frau, Familie und Beruf". Hinzu kommen organisatorische und marktbezogene, strategische Erwägungen, die etwa beim Phänomen der Führung in Unternehmensnetzwerken oder der Akquisition von Diversity-Zielgruppen zu beachten sind.

Diversity in Top Management Teams stellt einen Bereich dar, über den es im angloamerikanischen Kontext diverse Veröffentlichungen gibt. Gleichwohl stellen viele Unternehmen noch immer eine Diversity-Wüste dar, wenn es um die internationale Zusammensetzung ihrer Leitungsgremien geht. Die Entwicklung geht jedoch immer stärker zu international zusammengesetzten Teams. Sylvie Boisard-Castellucia untersucht in diesem Zusammenhang, wie über das individuelle und das gruppenbezogene Lernen die Leistung von Top Management Teams verbessert werden kann. Dabei steht die demografische Diversity im Mittelpunkt der Betrachtung.

Diversitätsmanagement ist insofern nicht nur ein wichtiges Problem der Managementpraxis. Auch die Universitätsausbildung ist hiervon betroffen. Edeltraud Hanappi-Egger und Roswitha Hofmann erläutern die Qualifikationsbedürfnisse in der betriebswirtschaftlichen Universitätsausbildung, die im Hinblick auf das Gender- und auf das Diversitätsmanagement zu beachten sind. Es wird der Aufbau des Kompetenzfeldes Gender- und Diversitätsmanagement erläutert und bisherige Evaluierungsergebnisse beschrieben. Dies ist nicht zuletzt von großer Bedeutung auch für den Wissenstransfer.

Ingo Winkler nähert sich dem Diversitätsphänomen von der organisatorischen Seite: er problematisiert die Polyzentriertheit in Unternehmensnetzwerken und versucht, führungstheoretische Erklärungsansätze zu finden, um die Entstehung und die Existenz mehrerer Akteure mit Steuerungswirkung zu erklären. Vielfach noch unbeachtet ist das Verhältnis von Diversität und Mehrdimensionalität. Dabei nimmt die Bedeutung von Netzwerken fortlaufend zu. Auch Matrixorganisationen haben eine gewisse Renaissance.

Neben der Organisation ist es ebenso wichtig, das Marketing in die Diversity-Diskussion einzubeziehen. Torsten Tomczak et al. beleuchten vor diesem Hintergrund die Akquisition von Diversity-Zielgruppen und das Management potenzieller Spill-Over-Effekte. Insgesamt geht es darum, eine integrierte Perspektive zu entwickeln, welche potenzielle Interdependenzen zwischen diversen Zielgruppen und der Kerngruppe berücksichtigt, um daraus ableitend differentielle Marketingstrategien zu entwickeln. Es wird deutlich, dass der Zusammenhang zwischen Diversity aus personenbezogener Sicht und der aufgaben- und der kundenbezogenen Diversity noch sehr erklärungsbedürftig ist.

2.3 Interkulturelle Aspekte von Diversity-Management

Viele Aspekte der Diversity-Forschung sind naturgemäß eng mit der Teamforschung verknüpft. Gerd Reisigl und Christine Vallaster beleuchten dabei einen häufig unterschätzten emotionalen Aspekt: Ärger und Wut und damit zusammenhängende Konflikte. Inzwischen ist es modern geworden, die positiven Seiten von Emotionen zu betrachten. Dies ist durchaus sinnvoll, werden Emotionen doch häufig aus betriebswirtschaftlichen Untersuchungszusammenhängen ausgeblendet. Gleichwohl muss man mit Spannungen umgehen können. Insofern ist es interessant zu sehen, wie Wut und Ärger von unterschiedlichen Nationalitäten, hier vor dem Hintergrund eines deutschen und eines italienischen Samples, verarbeitet wird. Dies ist nicht zuletzt wichtig, um die Konfliktsituation und ihre Elemente sowie den Konfliktentstehungsprozess und seine vorherigen Konfliktepisoden besser verstehen zu können.

Petra Köppel untersucht einen anderen wichtigen Aspekt, wenn interkulturelle Teams zusammenwirken: welche Unterschiede entstehen, wenn die Teams virtuell sind? Insofern wird untersucht, wie die Kommunikation und die Führung in virtuellen Teams abläuft. Eine gewisse Nähe entsteht dabei zu virtuell interagierenden Netzwerken. Last but not least werden die denkbaren Auswirkungen auf die Teameffektivität diskutiert. Interessant ist, dass virtuelle Teams in vielen globalen Unternehmen gang und gäbe sind, ohne dass die gruppendynamischen Prozesse und die damit eventuell verbundenen Schwierigkeiten hinreichend untersucht worden sind.

Im Unterschied zu diesem eher gruppenpsychologisch verfolgten Ansatz geht Minu Pooria der Frage nach, welche „Zutaten" zu einem kulturorientierten Diversity-Management gehören, wenn man insbesondere die Perspektive der Managerial Economics einnimmt. Vor dem Hintergrund der New Institutional Economics (NIE) werden verschiedene Interaktionsebenen unterschieden und Diversity durch das Entstehen von Regelhierarchien erklärt. Der Property Rights-Ansatz bietet hier eine interessante Beschreibungsgrundlage, um anschließend auf Informations- und Interaktionsprobleme näher eingehen zu können. Der Beitrag beschreibt verschiedene „Information settings" im Spannungsfeld zwischen individuellen und institutionellen Betrachtungsebenen und arbeitet verschiedene Herausforderungen heraus, die insbesondere aus informationeller Sicht zu beachten sind.

Kyung-Yiub Lee geht konkret auf Aspekte unterschiedlicher Landeskulturen ein. Er beschreibt die kulturelle Inkompatibilität von Kyopos und südkoreanischen Unternehmen in Deutschland, d.h. den Kindern südkoreanischer Eltern, die vor einigen Jahren nach Deutschland ausgewandert bzw. hier eingebürgert worden sind. Dieser Beitrag ist der kulturvergleichenden Managementforschung zuzurechnen, die vielfach noch an ihrem Anfang steht. Auch wenn man die hier enthaltenen Beiträge in vielerlei Hinsicht nicht miteinander vergleichen kann, zeigen sie doch, wie unterschiedliche kulturelle (z.b. religiöse, wertebezogene) Ausgangsbedingungen zu Unverträglichkeiten führen können und insofern zu einer Herausforderung für das Management werden. Dies bezieht sich vor allem auf das Zusammenstoßen konfuzianischer und christlicher Denk- und Wertetraditionen.

2.4 Diversity Training

Diversity Training steht vielfach noch am Anfang. Häufig wird es auch anders benannt. Unser Sammelband enthält zwei Beiträge zu diesem Thema. Zunächst gibt Rosalyn Taylor O'Neale ein Beispiel aus den USA wider. Sie ist nicht nur eine erfolgreiche Buchautorin auf diesem Gebiet, sondern war auch schon eine erfolgreichere Managerin und Trainerin im Bereich des Diversity-Managements.

Gesa Ferch und Claudia Stybel komplettieren diese Betrachtung, um Diversity-Awareness Workshops bei T-Com vorzustellen.

Wir gehen davon aus, dass wir im Bereich des Diversity Trainings in Deutschland noch am Anfang stehen. Insofern wird es einem späteren Buch vorbehalten sein, diese Lücke zu schließen. Dabei besteht ein fließender Übergang zwischen Trainings bezüglich des Miteinanders von Personen, die unterschiedlichen Kulturen angehören – hier wird sicherlich schon einiges von Unternehmen getan, die z.B. ihre Mitarbeiter in das Ausland entsenden – und Trainings, wo dieses interkulturelle Miteinander als Chance begriffen wird, Diversity-Management zu betreiben und die damit verbundenen, möglichen Vorteile zu erzielen.

3 Diversity – mehr als differentielle Personalpolitik?

Diversity-Management hat in Deutschland nach wie vor ein rudimentäres Stadium zu verzeichnen. Gleichwohl nehmen nun die Veröffentlichungen zu, wo erste Forschungsergebnisse und praktische Abhandlungen veröffentlicht werden. Man kann davon ausgehen, dass an 8-10 Universitäten im deutschsprachigen Raum bestimmte Facetten von Diversity beleuchtet werden.

Deutsche Unternehmen tun sich nach wie vor schwer mit dem Phänomen Diversity. So ist es bezeichnend, wenn die anerkannte Deutsche Gesellschaft für Personalführung (DGfP) sich insbesondere deshalb bestimmte Umsatzzuwächse im Diversity-Bereich verspricht, weil Unsicherheiten und Reaktanzen im Umgang mit dem neu verabschiedeten Antidiskriminierungsgesetz in Deutschland vorprogrammiert sind. Andere Unternehmen, die international aktiv sind oder eine relativ divers zusammengesetzte Belegschaft aufweisen, haben die Möglichkeiten von Diversity schon relativ früh erkannt, wie z.B. die Deutsche Lufthansa, die Metro-Gruppe oder die T-Com.

Nach wie vor wird bei der Diskussion über Diversity nach unterschiedlichen Mitarbeitergruppen differenziert, dies wiederum zunehmend in einem internationalen bzw. in einem interkulturellen Zusammenhang.

3.1 Behinderte Arbeitnehmer

Zu den nach wie vor relativ am wenigsten Beachteten dürften immer noch die Behinderten gehören. Im Zweifel wird häufig eher die Abgeltungsgebühr bezahlt, falls ein Unternehmen die entsprechende Beschäftigtenquote nicht einhält. Gleichwohl gibt es (wenige) Untersuchungen, welche durchaus die ökonomische Relevanz der Beschäftigung bestimmter Behindertengruppen belegen. Und auch der gesellschaftliche Umgang mit dieser Personengruppe dürfte inzwischen etwas unverkrampfter geworden sein. Jedoch ist noch viel Nachholbedarf vorhanden, um von ausgewogenen Personalstrukturen und vor allem von diskriminierungsfreien Verhaltensweisen sprechen zu können.

So gibt es z.B. Schutzbestimmungen für behinderte Arbeitnehmer, die etwa bei der Personaleinstellung im Öffentlichen Dienst oder bei drohenden Kündigungen zu beachten sind. Auch existieren spezielle Arbeitnehmervertretungen für diese Arbeitnehmergruppe. Defizite bestehen eher auf der Bewusstseinsebene und im informellen Bereich. Viele Menschen haben häufig immer noch zu geringe Einsichten in die speziellen Möglichkeiten und Problemfelder von Behinderten.

3.2 Führungskräfte

Am privilegiertesten als spezielle Personengruppe sind nach wie vor die Führungskräfte anzusehen, und zwar vor allem im mittleren und im oberen Bereich. Wenn personalpolitische Regelungen erfolgen, werden sie meistens maßgeschneidert für diese Personengruppe. Dies wird bei großen Unternehmen mehr oder weniger rechtzeitig abgesprochen mit dem zuständigen Sprecherausschuss der Leitenden Angestellten. Dabei haben die speziellen Programme für die Leitenden Angestellten aus der Sicht der Arbeitgeberseite den Vorteil, dass sie in der Regel nur informations- bzw. allenfalls beratungspflichtig sind. Später können sie immer noch auf die Tarifmitarbeiter ausgedehnt werden, sofern sie sich als hinreichend anwendbar und kostenmäßig umsetzbar erwiesen haben.

Dabei zeigen die Ereignisse bei DaimlerChrysler, dass Aktienoptionsprogramme für obere Führungskräfte, hier speziell für Vorstandsmitglieder, beträchtliche Vorteile haben können und auch konsequent in Anspruch genommen werden. Hier bleibt der Umsetzungsgrad für die anderen Mitarbeitergruppen naturgemäß gering. Andererseits hat man aber auch versucht, Formen der Entgeltumwandlung bei der betrieblichen Altersversorgung, die zunächst für die oberen Führungskräfte konstruiert wurden, in modifizierter Form auf Tarifmitarbeiter zu übertragen. Hinzu kommt die Art und Weise der Übertragung von Incentives für Führungskräfte auf andere Landesgesellschaften.

Das Diversity-Phänomen taucht insofern insbesondere im internationalen Kontext auf. Wie zusammengesetzt sind unsere Leitungsgremien? Dabei dürfte der Vorstand der Nestlé AG oder der Vorstand von Unilever ungleich internationaler zusammengesetzt sein als der Vorstand etwa der Siemens AG.

3.3 Frauen

Frauen stellen nach wie vor eine wichtige, wenn nicht die zentrale, aber zugleich auch „schwierige" Arbeitnehmergruppe für die Personalpolitik dar, obwohl und gerade, weil sie mittlerweile häufig besser qualifiziert sind als die Männer. Daran können auch die Total-Equality-Programme des BMBF nichts ändern, bei denen inzwischen verschiedene bekannte Großunternehmen, und seit neuem auch akademische Einrichtungen (wie z.B. die Universität Potsdam) dieses Prädikat, zum Teil bereits mehrfach, erlangt haben.

Die Vereinbarkeit von Familie und Beruf ist nach wie vor ein mühsamer Prozess: einerseits sind die Rahmenbedingungen in Deutschland verbesserungsfähig, andererseits bestehen immer noch mentale Hürden. Es ist banal, aber wichtig zu wissen, dass bei einer Partnerschaft (bzw. einer Ehe), sich in der Regel für den männlichen Partner fast nur Vorteile im Hinblick auf eine Karriere in der Arbeitswelt ergeben. Die Mehrbelastungen von privater und beruflicher Arbeitszeit trägt in der Regel die Frau. Sofern Kinder geboren werden, verschärft sich diese Situation noch weiter. Sinnvolle Lösungen können wahrscheinlich nur in enger Abstimmung zwischen der staatlichen und der betrieblichen Ebene erfolgen. Auf jeden Fall ist Fantasie erforderlich, um von den tradierten Regelungen wegzukommen.

Vor diesem Hintergrund ist es einerseits eher verständlich, andererseits fast schon als exklusiv zu betrachten, wenn nun immer mehr Probleme von „dual career couples" in den Vordergrund der Fachdiskussion rücken. Es zeigt sich jedoch sehr schnell, dass es sich hierbei um eine weitere Facette der Vereinbarkeitsproblematik handelt. Wie diverse Beispiele zeigen, gilt dies gleichermaßen für „Karriere-Paare" im privatwirtschaftlichen (z.B. internationalen) aber auch im öffentlichen Bereich, etwa im Hochschulwesen. Auf jeden Fall bestünde hier die Chance, auch die Belange der Männer, nicht zuletzt auch unter dem Aspekt einer Work-Life-Balance besser zu integrieren.

Insgesamt kann man feststellen, dass sich in der „Diversity-Szene" eine gewisse Verlagerung der Diskussion von einer eher feministisch angehauchten „gender-mainstreaming-Diskussion" zur „familienfreundlichen Organisation" ergeben hat. Die Zukunft wird zeigen, ob es sich hier um mehr als um neue „Spruchblasen" handelt. Andererseits konnte man sich in der Vergangenheit aber auch des Eindruckes nicht erwehren, dass man mit Anglizismen alleine noch keine Gleichstellungspolitik betreiben konnte.

3.4 Sexuelle Orientierung

Homosexualität ist zu recht zunehmend eine akzeptierte individuelle Orientierung, die dennoch weiterhin des besonderen Schutzes durch spezifische gesetzliche Bestimmungen bedarf. Verschiedene Politiker haben sich inzwischen „geoutet"; auch in der (großstädtischen) Wirtschaftswelt hat man zunehmend gelernt, Homosexualität positiv wertzuschätzen. Dabei kann diese Haltung sowohl ethisch motiviert sein als auch aus marktbezogener Sicht Vorteile bringen. Schließlich handelt es sich um anspruchsvolle, häufig kaufkräftige Konsumentengruppen oder um überdurchschnittlich engagierte Mitarbeitergruppen. Gleichwohl hält sich die Anzahl der Unternehmen, die aktiv auf Schwule und Lesben eingehen, in gewissen Grenzen. International tätige, große Unternehmen mit einer starken Dienstleistungsorientierung spielen jedoch mittlerweile eine unverkennbare Vorreiterrolle.

3.5 Jugendliche und Ältere Arbeitnehmer

Jugendliche, aber auch ältere Arbeitnehmer gehören ebenfalls nicht zu den „Hätschelkindern" der Personalpolitik. Die gewaltigen demografischen Veränderungen, denen nicht nur unsere Volkswirtschaft, sondern auch die gesamte Europäische Union (inklusive der neuen Länder in Mittel- und Osteuropa) ausgesetzt sein wird, sind den meisten Entscheidungsträgern so gut wie noch gar nicht bewusst. Vor dem zu erwartenden Szenario ist es jedenfalls absurd, wie nach wie vor Vorruhestandsprogramme durchgezogen werden, ohne daran zu denken, dass in nicht allzu ferner Zeit die Arbeitnehmer länger werden arbeiten müssen. Dabei ist gegen eine flexible Lösung der (Vor-) Ruhestandsproblematik grundsätzlich überhaupt nichts einzuwenden. Es ist jedoch erschreckend, zu welchen finanziellen Konditionen dies häufig erfolgt und wie die betrieblichen oder auch die staatlichen Konditionen ausgestaltet sind. Wünschenswert wäre z.B. der Weg, durch gleitende Altersübergänge zu einem ausgeglicheneren Verhältnis von jüngeren und älteren Arbeitnehmern zu kommen („Managing Age"). Insofern ist zu fragen, wie eine altersintegrierende Motivationspolitik ausgestaltet sein muss, um ältere Arbeitnehmer zu motivieren, leistungsorientiert bis zu ihrer Pensionierungsgrenze zu arbeiten bzw. darüber hinaus, wenn eine Weiter- bzw. Wiederbeschäftigung betriebswirtschaftlich sinnvoll, der ältere Arbeitnehmer grundsätzlich leistungsfähig ist und eine Weiter- bzw. Wiederbeschäftigung von diesem auch gewünscht wird?

Altersübergreifende Qualifizierung (in Form einer Anpassungsweiterbildung und/oder einer Aufstiegsfortbildung orientiert sich an der gesamten Erwerbsbiografie. Als „lebenslanges Lernen" werden Qualifizierungsmaßnahmen zeitlich über die gesamte Erwerbsbiografie verteilt, und nicht, wie bisher eher üblich, gehäuft in der Umsetzungs- (Berufseinstieg) und der Etablierungsphase. Dies geschieht auf Grund der Erkenntnis, dass die jüngeren Arbeitnehmer die älteren Arbeitnehmer der Zukunft sein werden. Angebote der Anpassungsweiterbildung zur Realisierung einer „horizontalen Karriere" dienen der Motivierung älterer Arbeitnehmer, denen eine vertikale Karriere nicht (mehr) ermöglicht werden kann. Insofern werden die jüngeren Arbeitnehmer durch mangelnde innerbetriebliche Aufstiegchancen nicht demotiviert, ihre Bleibeentscheidung positiv beeinflusst.

Bei der Konzeptionierung altersübergreifender Weiterbildungskonzepte müssen Überlegungen der Arbeitszeitgestaltung einbezogen werden. Das Konzept des lebenslangen Lernens erfordert eine Flexibilisierung und Individualisierung der Arbeitszeit. Greifen wir die Bedingungen auf, die ältere Arbeitnehmer an eine nachberufliche Erwerbstätigkeit stellen. Genügend Freiraum zu haben, den eigenen Arbeitsprozess den eigenen Bedürfnissen entsprechend gestalten zu können, war für viele Ältere von besonderer Bedeutung. Das Konzept des lebenslangen Lernens ermöglicht Flexibilität und Individualität bei der Gestaltung der Lernprozesse.

Altersübergreifende Weiterbildung muss darüber hinaus auch einen intergenerativen Wissensaustausch ermöglichen. Dieser kann jedoch durch intergenerative Konflikte erschwert werden. Bezogen auf Trainingsmaßnahmen „off-the-job" werden vielmehr altershomogene Lerngruppen empfohlen, da, bedingt durch altersdifferierende Lernmuster, die Gefahr einer subjektiv empfundenen Überforderung reduziert wird und gleichzeitig die Lernakzeptanz steigt. Als besonders empfehlenswert für ältere Arbeitnehmer erscheint das Lernmedium des „e-learnings" zu sein, da der Lernende das Lerntempo und die Repetition der Lerninhalte selbstbestimmt steuern kann.

3.6 Internationales Personalmanagement

Vielfalt ist - last but not least - immer mehr auch in einer internationalen Perspektive zu sehen. Sie umfasst einerseits die Tatsache, dass in bestimmten Regionen Deutschlands und der Europäischen Union ausländische Bürger wohnen, die beruflich zu integrieren sind. Hier haben neben den staatlichen Organisationen auch die Betriebe einen Beitrag zu leisten. Andererseits nimmt die Auslandstätigkeit deutscher Firmen weiter zu. Dies gilt auch für die zunehmende Internationalisierung von Projektgruppen und Managementteams in international tätigen Unternehmen.

Auch hier ist die Personalentwicklung gefordert, um internationale Managementstrukturen zu fördern. Hinzu kommt die aktive Beschäftigung mit interkulturellen Fragestellungen. Hier steht die international vergleichende Managementforschung immer noch am Anfang. Aber auch die Personalpolitik steht vor vielfältigen Herausforderungen.

4 Personalpolitische Herausforderungen

Diversity-Management beschäftigt sich also mit einer vielfältigen Arbeitnehmerschaft, welche für das Management als relevante Unternehmensressource einzuordnen ist. Die humanressourcenorientierte Betrachtungsweise von Diversity zielt letztlich auf mögliche Effektivitätsvorteile durch die vielfältigen Unterschiede der Belegschaftsstrukturen. Dieses Effektivitätspotenzial der einzelnen

Mitarbeiter und insbesondere der Führungskräfte zu verbessern, ist eine der größten und wichtigsten, aber auch schwierigsten Herausforderungen. Diese Ressource soll nicht nur geschützt, sondern auch wertgeschätzt, gefördert und als wettbewerbsrelevante und unternehmensspezifische Ressource betrachtet werden. Ein differenziertes, auf Individuen bezogenes Diversity-Management-Verständnis wird angestrebt.

Die existierende Vielfältigkeit verursacht zweifellos Kommunikationsprobleme zwischen den unterschiedlichsten Organisationsmitgliedern. Nicht zuletzt deswegen wird Diversity-Management auch als ein Kommunikationsmittel betrachtet und mit dem Ziel eingesetzt, die Kommunikationsfähigkeit zwischen den unterschiedlichsten Organisationsmitgliedern offen und effektiv zu ermöglichen. Diversity-Management kann als ein Konzept betrachtet werden, welches das Ziel hat, Organisationen zu entwickeln (multikulturelle Organisationen), in denen die Mitglieder aller sozio-kulturellen Herkünfte ihr volles Potenzial entwickeln und zum Unternehmenserfolg beitragen können.

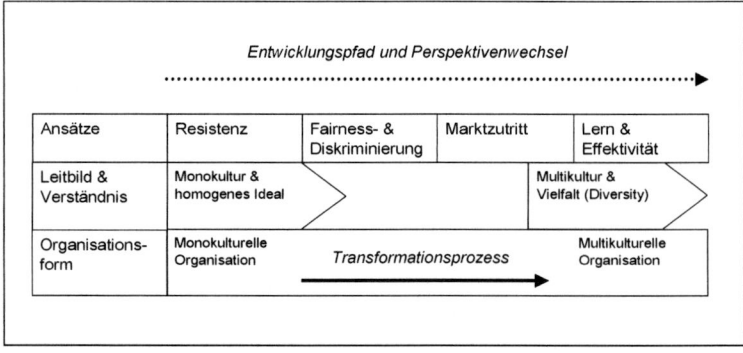

Abbildung 1: Diversity – Entwicklungspfad und Transformationsprozess

Dabei geht es um die Planung und Implementierung organisatorischer Systeme und Führungspraktiken, um potenzielle Vorteile der Verschiedenheit zu maximieren und die Nachteile zu minimieren. Unter dem Druck der Globalisierung erodieren immer mehr nationale Kulturen, und es entwickeln sich Mischkulturen verschiedenster Zusammensetzungen. Dass Diversity mit all seinen erwähnten verschiedenen Erscheinungsformen bereits existiert, wird von vielen Personalmanagern international tätiger Unternehmen immer noch vernachlässigt, aber zunehmend erkannt.

Allerdings sollte nicht mit allen Mitteln versucht werden, den Grad an Diversity zu steigern. Eine gewisse Einheitlichkeit und gemeinsame Werte sollten beibehalten werden. Die Kunst besteht darin, ein Gleichgewicht zwischen dem Grad an Heterogenität der Belegschaft und der organisationalen Einheit zu finden. Nur wenn eine gemeinsame Sprache und ein einheitliches Wertesystem existiert, können Ideen effektiv kommuniziert und umgesetzt werden. Und letztlich geht es in der wirtschaftlichen Diskussion um mögliche Effektivitätsvorteile von Diversity. Die Effektivität der einzelnen Mitarbeiter und insbesondere der Führungskräfte zu verbessern, ist ohne Zweifel eine der größten und wichtigsten, aber auch schwierigsten Herausforderungen des Personalmanagements.

Diversity zu praktizieren bzw. zu managen ist das eine, es jedoch zu verstehen, die weitaus entscheidendere Seite. Denn Führungskräfte, welche Diversity und dessen geo-kulturelle Relevanz in ihrem Verantwortungsbereich nicht verstehen, werden auch schwer in der Lage sein, diese effektiv zu managen. Wie Diversity wahrgenommen wird, welche Dimensionen als relevant betrachtet werden und welche ökonomischen Auswirkungen man sich dadurch versprechen kann, hängt sehr stark davon ab, ob man *mit* und *in* Diversity lebt, arbeitet und damit tagtäglich konfrontiert wird. Jedenfalls werden diejenigen, welche das Phänomen Diversity innerhalb und außerhalb ihrer Organisation rechtzeitig *erkennen, verstehen, wertschätzen, nutzen* und *effektiv managen*, Wettbewerbsvorteile - in welcher Form auch immer - erzielen können.

B Diversity-Management als personalpolitisches und strategisches Konzept

Inhalts- und Wirkungsanalyse von Leitbildern unter dem Aspekt Managing Diversity

Kathrin Elmerich, Sonia Hornberger, Dorothee Karl, Christine Watrinet[*]

Inhalt

1 Einleitung 18
2 Das Forschungsprojekt DIGERO 18
3 Theoretische Ausgangslage 20
4 Methoden und Instrumente 27
5 Bisherige Forschungsergebnisse 31
6 Diskussion der Ergebnisse und Ausblick 37
7 Literatur 38

---

[*] Alle vier: Universität Karlsruhe (TH), Institut für Industriebetriebslehre und Industrielle Produktion (IIP), Abteilung Arbeitswissenschaft, Hertzstr. 16, 76187 Karlsruhe.

1 Einleitung

Unternehmensleitbilder gewannen in den letzten Jahren immer mehr an Bedeutung. In der sich dynamisch wandelnden Wirtschafts- und Arbeitswelt sind sie sowohl für die Erwerbsorganisationen als auch für deren Beschäftigte zu einem unentbehrlichen, sinnstiftenden, identitätsbildenden und handlungsleitenden Orientierungsinstrument geworden. Die steigenden Anforderungen an die Flexibilität verlangen eine adäquate Werteverankerung in der Unternehmenskultur als Orientierungsmuster für die Mitarbeiter. Leitbildern wird eine erfolgsrelevante Wirkung insbesondere im Hinblick auf fähigkeitsbezogene Erfolgspotenziale der Mitarbeiter zugeschrieben[1]. Nicht zuletzt aus diesem Grunde müssen die in den Leitbildern getroffenen Aussagen der Vielfalt der Mitarbeiter gerecht werden, „managers will be forced to deal with cultural and intellectual diversity"[2].

Beispielsweise können Leitbilder, die als geschlechtsneutral erscheinen, bei einer näheren Betrachtung einen unterschiedlichen Einfluss auf männliche und weibliche Beschäftigte haben, da das Berufs- und Arbeitsleben durch seine Interaktion mit dem außerberuflichen Bereich und auf Grund des sozialen Geschlechts, aus der Sicht des jeweiligen Mitarbeiters betrachtet, substantielle Unterschiede aufweisen kann. Dies führt dazu, dass ein Teil der Beschäftigten von dem durch das Leitbild übermittelten Menschenbild ausgeschlossen wird. Somit bietet das Leitbild für einen Teil der Beschäftigten lediglich eine sehr schwache Orientierungs- und Identifikationsstütze, was wiederum eine Verschlechterung der Qualität des Arbeitslebens und der Berufschancen zur Folge haben und sich leistungsmindernd auswirken kann.

2 Das Forschungsprojekt DIGERO

Das Projekt DIGERO „*Diversity und Gender in Unternehmensleitbildern - Individualität und Vielfalt im Unternehmen als Erfolgsfaktoren nutzen*", wird vom Sozialministerium Baden-Württemberg gefördert und seit Januar 2003 vom Institut für Industriebetriebslehre und industrielle Produktion, Abteilung Arbeitswissenschaft an der Universität Karlsruhe (TH) betreut. Ende 2004 wird das Projekt abgeschlossen sein.

---

[1] Böttcher, 2002.
[2] Prahalad nach Böttcher, 2002, S.2.

Inhalts- und Wirkungsanalyse von Leitbildern unter dem Aspekt Diversity

Ziel des Projektes ist festzustellen, inwieweit in den Unternehmensleitbildern der zunehmenden Heterogenität des Arbeitsmarktes und den Forderungen nach Chancengleichheit und Gleichberechtigung Rechnung getragen wird.

Dies basiert auf der Erkenntnis, dass die Bedeutung von Konzepten zur Berücksichtigung von Chancengleichheit und Verschiedenheit in Organisationen in den kommenden Jahren deutlich zunehmen wird. Auf Grund der brisanten demographischen Entwicklung in Deutschland und den anderen EU-Ländern und dem daraus resultierenden Fachkräftemangel werden Beschäftigte verschiedenster ethnischer und sozialer Herkunft und mit unterschiedlichsten (Lebens-) Orientierungen dem Arbeitsmarkt zur Verfügung stehen müssen. Auch der Frauenanteil an den Erwerbstätigen wird weiter wachsen. Im gleichen Umfang werden sich sukzessive die Märkte verändern oder neue Märkte entstehen, so dass viele Unternehmen sich an neuen Zielgruppen orientieren müssen. Hierzu ist die Entwicklung strategischer Instrumente und auch Methoden zu deren Evaluation unabdingbar. Vielfalt und Individualität herrscht in allen Unternehmensbereichen in unterschiedlichem Umfang. Es gilt zu untersuchen, wie viel Heterogenität sinnvoll und wie viel Homogenität erforderlich ist.

In dem Forschungsvorhaben werden zunächst die Inhalte der Unternehmensleitbilder der kooperierenden Erwerbsorganisationen unter den Gesichtspunkten Diversity und Gender analysiert. Daraufhin wird untersucht, inwieweit diese Leitbilder gelebt werden und wie deren Umsetzung von Beschäftigten, Führungskräften und Betriebsräten wahrgenommen und bewertet wird. Anhand der gewonnenen Ergebnisse werden Empfehlungen zur Identifizierung von impliziten und expliziten Gender- und Diversity-Stärken und -Schwächen und zur Folgerung von Managing Diversity-Aktivitäten bzgl. der bestehenden Leitbilder abgeleitet.

Das Forschungsprojekt gliedert sich in drei Phasen:
1. Analyse der Leitbilder und Interviews mit Führungskräften, Betriebsräten
2. Schriftliche Befragungen der Mitarbeiter
3. Formulierung von Handlungsempfehlungen.

Auf Grund des schwierigen Zugangs zu den Unternehmen und ihres zögerlichen Umgangs mit den Themen Gender und Diversity konnten sich die von uns angesprochenen und grundsätzlich interessierten Unternehmen entscheiden, ob sie nur an einer, zwei oder allen drei Phasen des Projektes teilnehmen möchten. Hierbei wurde ihnen die Möglichkeit einer Neuentscheidung auch nach jeder abgeschlossenen Projektphase zugesichert.

Die erste Phase beinhaltet eine umfassende Analyse des bestehenden Unternehmensleitbildes sowie Gespräche und Interviews mit Führungskräften, Gleichstellungsbeauftragten, Betriebsräten etc., um den Stand der Gender- und Diversity-Aktivitäten, die Begriffsbelegung und das individuelle Bedürfnis des Unternehmens festzustellen. Nur mittels dieser Gespräche lässt sich der individuelle Fragebogen betriebsspezifisch anpassen, der dann in der zweiten Phase für die Befragung der Pilotgruppen eingesetzt werden kann und unter Berücksichtigung der Ergebnisse aus Phase eins eine aussagekräftige Auswertung zulässt. In der Phase drei werden neben der umfassenden Darstellung der Ergebnisse Handlungsempfehlungen zur Umsetzung von Maßnahmen von Managing Diversity gegeben, deren Umsetzung auf Wunsch auch in einzelnen Unternehmen evaluiert werden kann. Zusätzlich werden umfassende relevante Unternehmensdaten erhoben.

Es stehen für die erste Phase 28 in Deutschland ansässige Unternehmen zur Verfügung, während drei Unternehmen von Phase eins bis drei begleitet werden. Die bisherigen Ergebnisse und der Stand der Erhebung wird unter Gliederungspunkt 5 „Bisherige Ergebnisse" dargestellt.

3 Theoretische Ausgangslage

3.1 Diversity Management

Ein Konzept zur Verwirklichung von Chancengleichheit ist das Konzept des Diversity Management[3]. Es stammt aus den USA und ist dort in der Privatwirtschaft bereits weit verbreitet. Verstärkt wird es auch in Non-Profit-Organisationen und Behörden eingeführt. Nach Deutschland wird dieses Konzept unter Berücksichtigung kultureller und nationaler Unterschiede zunehmend „importiert", allerdings bisher beschränkt auf die Privatwirtschaft.

Diversity Management ist ein ökonomisch geleitetes Führungskonzept, das darauf abzielt, die zunehmende Vielfalt der Menschen in Organisationen als Wettbewerbsfaktor zu nutzen. Chancengleichheit wird hierbei durch vielfältige Möglichkeiten der Gestaltung von Arbeitsbedingungen erreicht.

In den Definitionen von Diversity werden sowohl das Anderssein der Menschen betont als auch die Gemeinsamkeiten zwischen ihnen hervorgehoben. Thomas (2001) und Sepheri (2002) weisen diese Unterschiedlichkeiten und Gemeinsamkeiten in ihren Konzepten zwei unterschiedlichen Kategorien zu. Während Tho-

---

[3] Vgl. Krell, 2001.

mas zwischen personen-immanenten (Alter, Geschlecht, Bildungsniveau, ethnische Gruppenzugehörigkeit, Familienstand usw.) und verhaltens-immanenten (Reaktionen von Personen als Folge oder Nicht-Folge von ihren personenimmanenten Merkmalen) Diversity-Merkmalen unterscheidet, klassifiziert Sepheri diese in wahrnehmbare Erscheinungsformen (Geschlecht, Rasse, Alter, Nationalität, etc.) und kaum wahrnehmbare Erscheinungsformen (Werte, Wissen und Fähigkeiten).

Somit beinhaltet das Konzept von Diversity Management die Vielfalt (Diversity) von Personen und Gruppen in allen Merkmalen und die Anerkennung der Individualität als Realität. Die Verankerung dieser Individualität findet in drei unterschiedlichen Dimensionen statt. Die persönliche oder innere Dimension umfasst die Persönlichkeit mit ihren Fähigkeiten und Eigenschaften. Das Auftreten und die Ausbildung u.a. bilden die äußere Dimension, wohingegen das Arbeitsumfeld, die Funktion und Einstufung zur organisationalen Dimension gehören.

Auf Grund der Komplexität ist Diversity kein reines Management-Problem, sondern aktiver Bestandteil des modernen Berufslebens[4]. Denn eine ganzheitliche Integration von Diversity bedeutet Umdenken, strategisches Ausrichten und die Bekenntnis zur Komplexität. Es genügt folglich nicht, das Individuum isoliert zu betrachten, sondern es ist das Einbeziehen der Organisationsentwicklung, der direkten (Mitarbeiterführung) und indirekten Systemgestaltung (Personalmanagement) unabdingbar.

Im Zuge dessen bedeutet die Umsetzung von Diversity Management „Schaffung von Arbeitsbedingungen, unter denen alle Beschäftigten ihre Leistungsfähigkeit und -bereitschaft entwickeln und entfalten können, unabhängig von ihren personen- und verhaltensimmanenten Merkmalen"[5] und somit einen verantwortungsvollen Umgang mit den Unterschiedlichkeiten. Bedarf hinsichtlich des Diversity Management ergibt sich u.a. durch das Zusammenwachsen Europas, die zunehmende Globalisierung, den Kreativitäts- und Innovationsdruck, sowie durch neue Organisationsformen, zunehmenden Kostendruck und demografische Trends. So sind die Unternehmen gefordert, der Vielfalt von außen durch eine Vielfalt von innen zu begegnen, um wettbewerbs- und konkurrenzfähig zu bleiben.

Gezieltes und strategisch verankertes Diversity Management bringt den Unternehmen in diesem Zusammenhang Vorteile z.B. in Form von verbesserter Marktabdeckung und Kundennähe, Steigerung des öffentlichen Ansehens und

---

[4] Thomas, 2001.
[5] Krell, 1997.

Stärkung der Wettbewerbssituation. Intern bietet es u.a. Vorteile hinsichtlich der Kosten bei erfolgreicher Integration, Personalmarketingvorteile und Vorteile bezüglich der Kreativitäts-, Problemlösungs- und Systemflexibilitätsstrategien[6]. Zudem kann durch erfolgreiche Implementierung von Diversity Management die Produktivität gesteigert sowie Fluktuation, Abwesenheit und Reibungsverluste bei Veränderungen verringert werden.

Trotz dieser positiven Argumente bezüglich des Diversity Managements sind Barrieren, wie mangelnder Bewusstseinsgrad, Verständnis- und Definitionsprobleme, mangelnde Kenntnisse der ökonomischen Vorteilhaftigkeit und stark differenzierte Wahrnehmung von Diversity in Unternehmen vorhanden[7]. Verstärkt wird diese Problemstellung definitiv durch die Tatsache, dass es an empirischen Untersuchungen und Erfahrungen bezüglich der Wahrnehmung von Diversity in Unternehmen mangelt.

Im Hinblick auf die unterschiedlichen Reaktionen auf das Konzept Managing Diversity werden in der Literatur vier Verständnisansätze von Diversity unterschieden[8]: Die Resistenzperspektive, die vorwiegend in monokulturellen Organisationen anzutreffen ist, sieht in Diversity eine Gefährdung der anzustrebenden Homogenität. Die Gleichbehandlung benachteiligter Gruppen ist Ziel der Fairness- und Diskriminanzperspektive, die Diversity mit Assimilation und Konformismus begegnet. Eine differenzierte Personalpolitik herrscht bei der Marktzutrittsperspektive vor, die darauf abzielt, Zugang zu Kunden und Märkten zu erhalten. Die Lern- und Effektivitätsperspektive ist überwiegend in multikulturellen Organisationen, charakterisiert durch Pluralismus, strukturelle Integration, kaum Vorurteile und Diskriminierung und kaum Diversity-bedingte Gruppenkonflikte, vorhanden. Diese Perspektive zielt auf langfristiges Lernen bezüglich Diversity ab und begegnet Diversity durch Pluralismus und Akkulturation.

3.2 Gender Mainstreaming

Gender Mainstreaming als Organisationsansatz wurde erstmals auf der Weltfrauenkonferenz in Nairobi im Jahre 1985 in einem relevanten internationalen Zusammenhang diskutiert[9]. Bereits 1995 wurde Gender Mainstreaming in Peking als eine zentrale Maßnahme in der Aktionsplattform der Konferenz festgeschrieben. Somit kennzeichnet das Konzept des Gender Mainstreaming seit den 90er

---

[6] Vgl. Neuberger, 2002.
[7] Hummel et al., 2002.
[8] Sepehri, 2001.
[9] Schmidt, 2001.

Jahren das Vorgehen der EU, die Gleichstellung der Geschlechter in der Gesellschaft und in der Wirtschaft zu erreichen.

Das Wort GENDER kommt aus dem Englischen und bezeichnet die gesellschaftlich, sozial und kulturell geprägten Geschlechterrollen von Frauen und Männern, die erlernt und somit veränderbar sind[10].

MAINSTREAMING bedeutet, inhaltliche Vorgaben, die bisher nicht das Handeln bestimmt haben, nun als zentralen Bestandteil bei allen Entscheidungen und Prozessen anzusehen[11].

Zusammenfassend definierte 1998 der Sachverständigenrat des Europarates GENDER MAINSTREAMING folgendermaßen:

> „GM besteht in der (Re-)Organisation, Verbesserung, Entwicklung und Evaluierung der Entscheidungsprozesse mit dem Ziel, dass die an politischer Gestaltung beteiligten Akteure und Akteurinnen den Blickwinkel der Gleichstellung zwischen Frauen und Männern in allen Bereichen und auf allen Ebenen einnehmen"[12].

Stiegler erweitert diese Definition um die Zielsetzung, die mit Gender Mainstreaming verfolgt wird:

> „Das Ziel von Gender Mainstreaming ist es, in alle Entscheidungsprozesse die Perspektive des Geschlechterverhältnisses einzubeziehen und alle Entscheidungsprozesse für die Gleichstellung der Geschlechter nutzbar zu machen"[13].

So hebt sich dieses Konzept eindeutig von der herkömmlichen Frauenförderung ab. Denn als eine Weiterentwicklung der bisherigen Gleichstellungspolitik richtet sich der konzeptionelle Ansatz von Gender Mainstreaming auf die (Um-)Gestaltung des Geschlechterverhältnisses sowie auf die geschlechterdemokratischen Interventionen, die beide Geschlechter fokussieren und einbinden[14].

Gender Mainstreaming ist demnach ein Versuch, sozialisierte Fähigkeiten beider Geschlechter für die Organisationen fruchtbar zu machen, indem es die gleiche Wertschätzung von unterschiedlichen Fähigkeiten, die durch Sozialisation Frau-

---

[10] Bundesministerium für Familie, Senioren, Frauen und Jugend, (2003, September 30).
[11] Bundesministerium für Familie, Senioren, Frauen und Jugend, (2003, September 30).
[12] Krell et al., 2001, S. 63.
[13] Stiegler, 2003, S. 30.
[14] Vgl. Jung & Küpper, 2001, S.10ff.

en und Männern zugeschrieben werden, impliziert[15]. Gender Mainstreaming setzt also darauf, Prozesse, Routinen, Verantwortlichkeiten und Kapazitäten für die Einbeziehung geschlechterbezogener Sichtweise zu organisieren. Es birgt gewöhnlich eine Reorganisation politischer Prozesse in sich. Im Gegensatz zu der traditionellen Meinung politischer Entscheidungsträger und Organisationen der politischen Entscheidungsfindung, ihre Arbeit sei geschlechtsneutral, hat sich immer wieder erwiesen, dass geschlechtsbezogene Unterschiede nicht erkannt werden und sehr wohl unreflektierte Annahmen Voreingenommenheiten zu Gunsten der existierenden geschlechterspezifischen Ungleichheiten beinhalten. Gender Mainstreaming soll als Strategie aktiv gegensteuern und mehr Gleichheit in den Beziehungen zwischen Männern und Frauen fördern[16] und somit auch ökonomische Vorteile, wie die Nutzung brachliegender Potenziale – vor allem bei Frauen – bringen. Analoges gilt auch für die unternehmenspolitischen Entscheidungen und Prozesse.

Besonders vor dem Hintergrund des dynamischen Wandels der industriellen Arbeitsgesellschaft aber auch der gesellschaftlichen Normen und Werte sind die Grenzen der frauenpolitischen Konzepte deutlich geworden. Diese Wandlungsprozesse machen es erforderlich, die einseitig auf Frauen fokussierte Geschlechterperspektive aufzubrechen und die Strukturen der Gender-Balance zu berücksichtigen.

Während jedoch in der politischen Szene die Gender Mainstreaming-Strategie immer intensiver diskutiert und immer breiter umgesetzt wird, bleibt die betriebliche Umsetzung hinter dieser Entwicklung weit zurück[17]. Die Entwicklung und Umsetzung der Strategie Gender Mainstreaming im Kontext von Unternehmen und Organisationen erfordert an erster Stelle das unabdingbare Engagement der Leitungsebene, die eine Promotorenrolle übernehmen muss. Aber auch die Beschäftigten müssen für das Thema sensibilisiert werden und sich mit dem Konzept identifizieren können. Implementiert wird das Konzept des Gender Mainstreamings zur Zeit im öffentlichen Dienst. In der Privatwirtschaft wird es noch nicht verpflichtend angewendet.

3.3 Leitbilder

In den letzten Jahren gewannen Unternehmensleitbilder an Bedeutung. Auch wenn in den Leitbildern mitarbeiterbezogene Werte, wie Vertrauen und Selbst-

---

[15] Vgl. Schmidt, 2001.
[16] Vgl. Verloo 2000.
[17] Vgl. Jung & Küpper 2001.

Inhalts- und Wirkungsanalyse von Leitbildern unter dem Aspekt Diversity

organisation berücksichtigt werden und in vielen Unternehmensgrundsätzen versucht wird, allen Anspruchsgruppen (Kunden, Mitarbeitern, Stakeholdern) gerecht zu werden, orientieren sie sich bezogen auf die Mitarbeiter häufig an einem homogenen Ideal. Die Verfasser oder Befürworter dieser am „homogenen Ideal" orientierten Grundsätze, auch „cultural pragmatists" genannt, arbeiten auf eine monokulturelle Organisation hin[18].

Der Mitarbeiter soll sich an die Organisation anpassen und durch ein entsprechendes Kultur-Management soll ein einheitliches, „gleichmachendes Wir-Gefühl" erreicht werden. Durch eine kulturorientierte oder auch ganzheitliche Personalauswahl und entsprechend formulierte Stellenanzeigen soll in diesen Organisationen verhindert werden, dass sich eine Person bewirbt, die nicht dem homogenen Ideal entspricht.

Diese monokulturelle Sichtweise hat für die Mitarbeiter folgende Konsequenzen[19]:

- Anders sein bedeutet Defizite zu haben
- Vielfalt ist ein Bedrohung für die Effektivität der Organisation
- Empfundenes oder geäußertes Unbehagen gegenüber vorherrschenden Werten wird als Überempfindlichkeit gesehen
- Es wird Anpassung an die dominante Gruppe erwartet, was Verhalten und Denkmuster angeht
- Alle werden gleich, nicht entsprechend ihrer Bedürfnisse, Leistungsfähigkeit und Kenntnisse behandelt
- Der Mensch muss sich verändern und anpassen, nicht die Organisation

Das heißt mit anderen Worten, der Mitarbeiter, der nicht voll und ganz dem homogenen Ideal entspricht, fühlt sich unerwünscht, er wird sich mit diesem Leitbild nicht identifizieren, nicht motiviert seine Aufgaben ausfüllen und nicht gerne zur Arbeit gehen. Die Diskriminierungsgefühle erhöhen den Krankenstand und die Ruhestandsbereitschaft. Es entstehen Kosten durch Demotivation.

Demgegenüber steht ein neuer Trend bei der Formulierung von Unternehmensleitbildern, motiviert durch die Diskussion über Diversity Management. Dieser Trend trägt der Vielfalt der Mitarbeiter im Unternehmen Rechnung.

---

[18] Krell, 1996, S. 249.
[19] Krell, 1996.

26 B DiM als personalpolitisches und strategisches Konzept

Böttcher (2002) spricht von einer nachhaltigen wertorientierten Neupositionierung der Unternehmen, die sich sowohl in der Formulierung neuer Grundsätze als auch in der Form ihrer Erarbeitung widerspiegelt. Es ist eine Abkehr von den Top-down-Strategien hin zu einer partizipativen Erarbeitung unter Einbeziehung der Mitarbeiter zu beobachten. Durch die Integration der Mitarbeiter in den Gestaltungsprozess wird die identifikations- und motivationsfördernde Komponente des Leitbildes verstärkt und die Akzeptanz des Leitbildes gewährleistet.

Denn es reicht nicht aus, dass ein dem ethischen Grundsatz der Chancengleichheit entsprechendes Unternehmensleitbild nur formuliert wird, sondern es muss auch gelebt werden. Das Bekenntnis zum Diversitätsgrundsatz, die gegenseitige Anerkennung der Menschen innerhalb und außerhalb des Unternehmens als Wesen gleicher Würde unabhängig von Herkunft, Alter, Geschlecht, Hautfarbe, Nationalität, Religion usw. ist nach Pless eine notwendige aber keine hinreichende Grundlage für tatsächliche Chancengleichheit[20].

Damit das Leitbild und die darin verankerten Werte gelebt werden, ist es unabdingbar, dass es die Kriterien Spezifität und Authentizität erfüllt, d. h. das Leitbild muss für jedes Unternehmen individuell entwickelt werden. Optionale, der Literatur entnommene Inhalte können nur die Funktion einer Checkliste übernehmen. Bei der Überprüfung oder Überarbeitung eines Leitbildes zur Berücksichtigung der Interessen aller Mitarbeiter können in Anlehnung an Böttcher (2002, S. 74) z.B. folgende Ziele für die Organisation definiert werden:

- Betriebsklima verbessern
- Positiver Umgang der Führungskräfte mit allen Mitarbeitern
- Die Mitarbeiter sollen sich mit dem Unternehmen und seinen Werten identifizieren können
- Die Mitarbeiter sollen motiviert sein
- Die Zusammenarbeit zwischen unterschiedlich Mitarbeitern soll verbessert werden
- Die Kooperationsfähigkeit der Mitarbeiter soll gesteigert werden
- Mitarbeiter werden bewusst in das Innovationsgeschehen einbezogen

und folgende Funktionen kann das Leitbild für den Mitarbeiter erfüllen:

- Motivations- und Sicherheitsfunktion
- Leitlinie für das persönliche Verhalten

---

[20] Pless, 1999, S. 160.

- Identifikationsfunktion
- Orientierungsfunktion
- Organisationskulturelle Transformationsfunktion

Das idealtypische Bild einer multikulturellen Organisation charakterisieren Emmerich und Krell (2001) wie folgt:

- Es herrscht Pluralismus
- Alle Beschäftigten sind vollständig in die informellen Netzwerke integriert
- Es gibt weder Vorurteile noch Diskriminierung
- Alle Beschäftigten identifizieren sich gleichermaßen mit der Organisation; das Ausmaß der Identifikation ist nicht abhängig von der Gruppenidentität
- Zwischen den Beschäftigten gibt es relativ wenige bzw. nur schwach ausgeprägte Konflikte

Ein optimal entwickeltes und implementiertes Leitbild bietet dann klare Orientierung für alle Mitarbeiter auf allen Ebenen und in allen Unternehmensbereichen. Leitlinien umfassen Aspekte sozialer und gesellschaftlicher Verantwortung und ökonomische Ziele. Um den Bedürfnissen aller Mitarbeiter gerecht zu werden, muss dieses Leitbild ein „diversitysensibles" Konzept der Personalpolitik befürworten.

4 Methoden und Instrumente

Die Entwicklung bzw. Einführung von Prozessen zur Erreichung von einem umfassenden und strategisch implementierten Diversity-Bewusstsein wird eine (Re-) Strukturierung unternehmensbezogener Prozesse implizieren. Daher ist es sinnvoll und absolut notwendig, für die Untersuchung quantitative und qualitative Methoden miteinander zu kombinieren. So lassen sich relevante Aspekte aus unterschiedlichen Perspektiven ganzheitlich und umfassend betrachten. Eine multimethodische Vorgehensweise bietet außerdem die Möglichkeit einer Kompensation von Schwächen und Verzerrungspotenzialen einzelner Methoden und eine bessere Illustration und Absicherung der Daten[21]. Ferner ermöglicht die Kombination verschiedener Methoden, der Heterogenität der jeweiligen Stichproben eher gerecht zu werden. Mittels qualitativer Verfahren werden die Bedürfnisse innerhalb der Stichproben evaluiert und dann mittels quantitativer

---

[21] Vgl. Lamneck, 1995.

Verfahren validiert. Im Einzelnen stellen sich die Instrumente für die Datenerhebung wie im Folgenden beschrieben dar:

4.1 Struktur von Leitbildern

Damit ein guter Einblick in den Stand der Umsetzung von Diversity und Gender Mainstreaming Aspekten in den beteiligten Unternehmen gewährleistet werden kann, soll eine Analyse ihrer Leitbilder durchgeführt werden. Zur Entwicklung einer praxisnahen Analysemethodik für Unternehmensleitbilder war es jedoch notwendig, zunächst einen Überblick über die Inhalte und die Struktur existierender Leitbilder zu gewinnen. In der Literatur existieren bereits verschiedenste theoretische Ansätze zur inhaltlichen Strukturierung von Unternehmensleitbildern, die in Aufbau, Umfang und Gliederungstiefe zum Teil variieren. Die praktische Anwendung dieser Gliederungskriterien auf die ausgewählten Leitbilder erwies sich jedoch als nicht passend: Einige Gliederungskonzepte waren zu detailliert, was sich darin äußerte, dass mehrere aufgeführte Inhalte in den Leitbildern überhaupt nicht erwähnt wurden. Andere waren wiederum zu grob gegliedert, so dass sich thematisch sehr unterschiedliche Aussagen zum Teil unter dem gleichen Gliederungspunkt wieder fanden, wodurch der Vergleich der Leitbilder erschwert wurde. Bei wieder anderen Gliederungskonzepten divergierten die inhaltlich gesetzten Schwerpunkte zum Teil erheblich von denen der ausgewählten Leitbilder. Die vorhandenen Gliederungskonzepte dienten dennoch als Anlehnung bei der Entwicklung eigener Strukturierungskriterien.

Zu ihrer Identifikation wurden im Internet veröffentlichte Leitbilder verschiedener mittlerer und größerer Unternehmen, unabhängig von ihrer Teilnahme am Projekt, untersucht und auf dieser Basis Kriterien zur Analyse des inhaltlichen Aufbaus und inhaltlicher Schwerpunkte von Unternehmensleitbildern entwickelt. Aus diversen Unternehmen wurden insgesamt 25 selektiert, deren Internetpräsenz ein Leitbild mit zur weiteren Untersuchung ausreichendem Umfang enthielt. Sechs der Unternehmen ließen sich dabei der Fahrzeugindustrie, fünf der Chemieindustrie und zwei der Elektronikindustrie zuordnen. Drei waren Dienstleistungsunternehmen. Die weiteren neun Unternehmen gehörten verschiedenen anderen Branchen an.

Das als Ergebnis dieser Analyse neu erarbeitete Gliederungskonzept und die zugehörigen Strukturierungskriterien stellen sich wie folgt dar:

Orientierungs- und Zielelemente
a. Sinn & Zweck der Unternehmung
b. Potenziale des Unternehmens
c. Ziele & Visionen des Unternehmens (Leistungs-, Markt- und Ertrags- bzw. finanzwirtschaftliche Ziele)
d. Funktion des Leitbildes

Führungskonzept
e. Personalführung (Ermittlung der Mitarbeiterziele, Delegation, Führungsstil)
f. Anforderungen und Erwartungen an die Mitarbeiter
g. Förderung und Einsatz
h. Kommunikation

Kernaussagen / Unternehmenswerte
i. Kernaussagen zu Stakeholdern (Mitarbeiter, Kunden, Aktionäre, ...)
j. Unternehmenswerte (allgemein, sozial, ökonomisch, ökologisch, technologisch)

In die Kategorie der Orientierungs- und Zielelemente lassen sich zum einen diejenigen Leitbildaussagen einordnen, die darüber Auskunft geben, wo das Unternehmen seinen Aufgabenbereich sieht, welche Funktionen es für die internen und externen Anspruchsgruppen erfüllt oder welche Art von Gütern oder Dienstleistungen es bereitstellt. Zum anderen sind Angaben über die Potenziale des Unternehmens, also dessen Stärken und Vorteile gegenüber der Konkurrenz, dieser Kategorie ebenso zuzuordnen, wie Aussagen über dessen kurz- und langfristigen Ziele sowie Erläuterungen über die Funktion, die das Leitbild übernehmen soll.

In den Bereich des Führungskonzeptes fallen Aussagen über den intendierten Führungsstil, die Anforderungen und Erwartungen, die an die Mitarbeiter/innen gestellt werden, wie sie eingesetzt und gefördert werden, aber auch wie die Kommunikation im Unternehmen organisiert ist bzw. sein soll.

Die dritte und letzte Kategorie enthält Angaben darüber, in welchem Verhältnis das Unternehmen zu seinen verschiedenen Anspruchsgruppen steht, wie es sie sieht und wie es mit ihnen umgehen möchte. Eine weitere Untergruppe bilden allgemeine Leitbildaussagen zu Werten und Normen, die für das Unternehmen wichtig sind und die die Grundlage für Verhaltensrichtlinien innerhalb des Unternehmens bilden. Diese Kategorie ist für die Leitbildanalyse im Rahmen des Forschungsprojektes DIGERO von besonderer Bedeutung, weil gerade hier die

Ansätze bzgl. Diversity Management und Gender Mainstreaming zu finden sein sollten.

4.2 Interviewleitfaden

Der Interviewleitfaden umfasst 20 Fragenkomplexe, die die möglichen Einflussfaktoren des Konstruktes „Diversity" beinhalten, zuzüglich einer persönlichen Datenabfrage. Hierbei handelt es sich sowohl um offene als auch geschlossene Fragen.

Der Aufbau des Interviewleitfadens, der eine Kombination aus teilstandardisiertem und problemzentriertem Interview darstellt, zielt darauf ab, den Gedankenfluss und folglich auch den Redefluss zu aktivieren. Die Formulierung der Fragen gewährleistet die Wahrung der Prinzipien der qualitativen Sozialforschung[22].

Um sowohl der Heterogenität der Stichproben als auch dem speziellen Forschungsziel gerecht werden zu können, war es notwendig und sinnvoll, interdisziplinär einen vollständig neuen Interviewleitfaden zu entwickeln.

4.3 Fragebogen

Der an den Ergebnissen der Interviews orientierte Fragebogen beinhaltet neben den Aspekten Leitbild, Unternehmenskultur, Führung, Kommunikation, Gender und Diversity weitere mitarbeiterbezogene Fragenkomplexe, die sich z.b. auf die Arbeitszufriedenheit und Teamarbeit beziehen. Hierbei wurde darauf geachtet, dass keine Beeinflussung der Befragten durch vorangestellte Oberthemen erfolgen kann. Des Weiteren wurden bereits getestete Fragenkomplexe in den Fragebogen integriert.

Um eine Auswertung unter Gender und Diversity-Aspekten zu ermöglichen, ist im Fragebogen ein sehr umfangreicher Teil zur Erfassung der persönlichen Daten der Befragten enthalten. Diese Daten werden durch die Erfassung der herkömmlichen Unternehmensstatistik, die die wichtigsten Kennzahlen der Unternehmen, ihre formalen Strukturen, ihre Kommunikationswege und –mittel, ergänzt. Somit können sowohl die Einfluss-, Erfolgsfaktoren und Wechselwirkungen ein Managing Diversity betreffend unter dem Fokus des Unternehmensleitbildes erfasst werden.

---

[22] Vgl. Lamneck, 1995.

5 Bisherige Forschungsergebnisse

Im Folgenden werden die bisher vorliegenden Ergebnisse aus den Leitbildanalysen und Interviews dargestellt. Bevor auf diese erhobenen Ergebnisse eingegangen wird, werden die Trends vorgestellt, die sich im Rahmen der Akquise der Projektpartner gezeigt haben. Da die schriftlichen Mitarbeiterbefragungen zur Zeit des Redaktionsschlusses stattfinden, liegen hieraus noch keine aussagekräftigen Ergebnisse vor.

5.1 Trends aus der Akquise

Im Rahmen der Akquiseaktivitäten wurden insgesamt 36 Unternehmen aus den Branchen Automotive, Banken und Versicherungen, Chemie, Pharma, Nahrungsmittel, Konsumgüterindustrie, Elektronik- und Elektrotechnik, Maschinenbau und Kunststofftechnik kontaktiert. Es waren vorrangig Unternehmen, die sich in irgendeiner Form bereits mit Fragen der Gleichstellung oder mit Managing Diversity beschäftigen.

Die Resonanz während der Akquisephase bei den Unternehmen war sehr unterschiedlich. Selbst in Unternehmen, die eine Gleichstellungsbeauftragte in Vollzeit haben, war es oft nicht möglich, diese Ansprechpartner/innen mit einem Anruf zu ermitteln, da ihre Position im Unternehmen oft nicht bekannt ist. Somit waren viele Anrufe erforderlich, um die richtigen Ansprechpartner/innen zu finden. Im Anschluss folgten lange, konstruktive Gespräche mit den Verantwortlichen.

Die Auswertung dieser Akquisegespräche ergibt den folgenden Trend, der in den nächsten Wochen durch Interviews und Mitarbeiterbefragungen konkretisiert werden soll:

> Keines der kontaktierten Unternehmen beschäftigt sich mit der Einführung eines wirklichen Gender-Mainstreaming-Konzeptes. Es geht in der Praxis auch nicht um die Erarbeitung von Strategien für Männer und Frauen. Die Genderthematik wird oft als reine Frauenpolitik verstanden. Viele der Unternehmen ordnen die Aktionen und Projekte für Gleichberechtigung, die Vereinbarkeit von Familie und Beruf und der Work-Life-Balance einem Diversity Management zu, d.h. in vielen Unternehmen ist die Gleichstellung von Männern und Frauen ein Aspekt neben älteren Mitarbeiter/innen, Ausländer/innen und Work-Life-Balance.
> Auch wenn augenscheinlich das Gender- bzw. Diversity-Thema für die Unternehmen wichtig ist und in irgendeiner Form im Leitbild erfasst wird, ist es selten ein strategisches Thema. Es handelt sich um punktuelle Aktionen, die sich mit einzelnen Brennpunktthemen beschäftigen, wie zum Beispiel Mentoring-Programme für Frau-

en in Führungspositionen. Selbst bei so einem Programm, das sinnvoller Weise über einen längerfristigen Zeitraum laufen sollte, handelt es sich um Aktionen mit Pilotcharakter, d.h. dass das Programm einigen Frauen zugute kommt, dann aber nicht weiter betrieben und auch nicht mit einer aussagekräftigen Methode evaluiert wird. Für Führungskräfte scheint eine schriftliche Festschreibung von Chancengleichheit im Leitbild ausreichend zu sein. Selten gibt es offizielle Positionen (Stabstellen), die sich mit Projekten zu diesem Themenkreis beschäftigen. Meist „erledigen" dies Personalreferent/innen neben ihrem normalen Tagesgeschäft mit. Noch weniger gibt es Konzepte, die diese Themen in der Personalentwicklung integrieren.

Viele Unternehmen haben aber durchaus Interesse, diese Themen in einer strategischen Form zu behandeln, haben aber zurzeit durch sinkende Umsätze und Personalabbau dringendere Themen.

Zusammenfassend zeigt sich ein sehr unterschiedliches Begriffsverständnis und Begriffsbelegung von Gender Mainstreaming und Managing Diversity.

Die Erfahrung zeigte, dass sich die von uns angesprochenen Unternehmen entscheiden, entweder nur an der ersten oder gleich an allen drei Projektphasen teilzunehmen. So haben sich insgesamt 28 Unternehmen bereit erklärt, an der ersten Projektphase und weitere drei Unternehmen an allen drei Projektphasen teilzunehmen.

Bei den an allen drei Projektphasen teilnehmenden Unternehmen handelt es sich um ein Unternehmen der Konsumgüterindustrie/Handel und zwei produzierende Unternehmen (Hygieneartikel und Automotive). In allen Unternehmen wird die Befragung über verschiedene Unternehmensebenen und bereichsübergreifend durchgeführt, um auch die Effizienz der Kommunikationswege und Mittel, mit denen Maßnahmen und Aktionen zur Chancengleichheit verbreitet werden, zu beleuchten. So werden in allen drei Unternehmen jeweils mehrere hundert Mitarbeiter/innen befragt.

Forschungsziel wird es nun sein, trotz der unterschiedlichen Begriffsbelegungen und Interessenlagen in den Unternehmen, das Ausmaß eines jeweiligen Managing Diversity zu erfassen und in praktikable Maßnahmen zur weiteren Umsetzung zu entwickeln.

5.2 Ergebnisse der Leitbilderanalyse

Insgesamt betrachtet, fallen vor allem die unterschiedlichen Dimensionen der untersuchten Unternehmensleitbilder auf. Diese variieren von einem einseitigen Leitlinienüberblick bis hin zu einem insgesamt 22 Seiten starken Leitbilddokument. Entsprechend der Umfänge der Dokumente divergieren auch die angesprochenen Themen und der Detaillierungsgrad. Bleiben einige Leitbilder eher allgemein und oberflächlich, werden in anderen konkrete und präzise Aussagen getroffen.

Die verschiedenen Inhalte der untersuchten Leitbilder sind in

Abbildung 2 dargestellt. Die meisten (84%; n=21) der Unternehmen geben in ihrem Leitbild den Sinn und Zweck ihrer Unternehmung an. Bei ebenfalls 84% der Unternehmensleitbilder werden Aussagen über Kunden getroffen bzgl. dessen, in welcher Beziehung das Unternehmen zu ihnen steht und wie es sich ihnen gegenüber verhalten will. Etwa ebenso viele Unternehmen (80%; n=20) machen in ihrem Leitbild Aussagen zu ihren Mitarbeiterinnen und Mitarbeitern. Angaben zu anderen Stakeholdern, wie beispielsweise Aktionäre oder die Öffentlichkeit, finden sich dagegen lediglich in 36% der Leitbilder. Am vierthäufigsten (bei 68% der untersuchten Unternehmen) werden Unternehmenswerte und -normen im Leitbild thematisiert, wobei hier vor allem soziale und ökonomische Werte angesprochen werden.

Weitere häufige Leitbildinhalte sind neben den Anforderungen und Erwartungen, die das Unternehmen an die Mitarbeiter stellt, auch die gesetzten strategischen Ziele und verfolgten Visionen (bei jeweils 64% der Unternehmen; n=16), wobei es sich bei den Zielen hauptsächlich um Leistungs- (56%) und Marktziele (44%) handelt. Lediglich 16% der Unternehmen geben in ihrem Leitbild ihre Ertragsziele an. Die Unternehmenspotenziale werden in 44% der Leitbilder (n=11) erläutert. Danach folgen schließlich Aussagen zu Führung, zur Kommunikation im Unternehmen und zum Einsatz bzw. Förderung der Mitarbeiter und Mitarbeiterinnen (bei jeweils 40% der Unternehmen; n=10). 20% der untersuchten Unternehmen geben zudem die Funktion des Leitbildes an.

34   B   DiM als personalpolitisches und strategisches Konzept

Kategorie	Wert
Sinn & Zweck	84
Unternehmenspotentiale	44
Ziele / Vision	64
Leitbildfunktion	20
Führung	40
Anforderungen an MA	64
Förderung / Einsatz der MA	40
Kommunikation	40
Stakeholder Mitarbeiter	80
Stakeholder Kunden	84
sonstige Stakeholder	36
Werte / Normen	68

Unternehmensleitbilder (n=25)

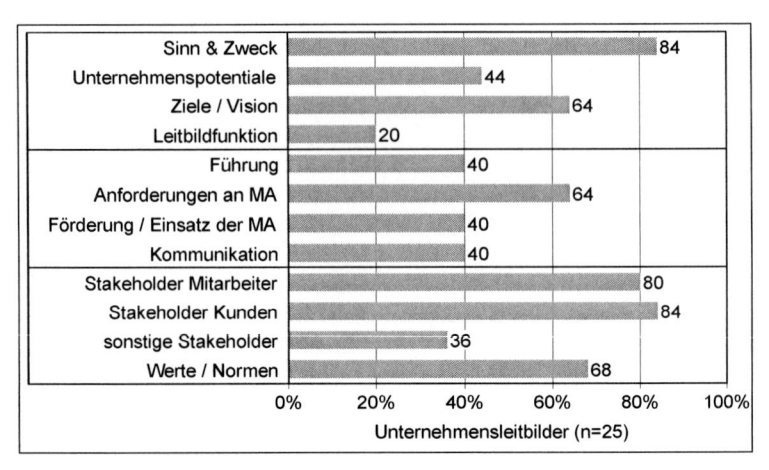

Abbildung 2: Inhalte der analysierten Unternehmensleitbilder

Der Gender-Faktor erscheint in den Leitbildern ausschließlich als ein Aspekt von Diversity, wobei sich zur Diversity-Thematik lediglich 32% (n=8) der betrachteten Unternehmen äußern. Insgesamt integrieren 20% der Unternehmen das Thema Diversity in die Aussagen zu Mitarbeitern und Mitarbeiterinnen als Stakeholder. Zwei der Unternehmen machen im Rahmen der Aussagen zu Förderung und Einsatz von Mitarbeitern auch Angaben zu Diversity-Aspekten. Weitere zwei gehen in Zusammenhang mit Ausführungen zu ihren Unternehmenswerten auf Diversity-Prinzipien ein. Nur ein Unternehmen trifft in seinem Leitbild Aussagen zu diversitybezogenen Anforderungen bzw. Erwartungen an seine Mitarbeiter. Diversity als ein Aspekt der (sozialen) Unternehmenswerte wird nur von zwei Unternehmen in ihrem Leitbild abgebildet. In 17 der 25 analysierten Unternehmensleitbilder wird das Thema Gender bzw. Diversity in keiner Weise erwähnt.

Will man die Ergebnisse der Leitbildanalyse interpretieren, muss berücksichtigt werden, dass die vorliegenden Leitbilddokumente von den Internetseiten der einzelnen Unternehmen stammen und es daher zu Abweichungen vom originalen Unternehmensleitbild kommen kann – zwar nicht was den grundsätzlichen Inhalt anbelangt, aber bezüglich des Umfanges, der Detailliertheit und der angesprochenen Themen. Gerade bezogen auf den letzten Punkt ist zu bedenken, welche (Anspruchs-)Gruppen durch die Internetpräsenz erreicht werden sollen, nämlich vorwiegend die unternehmensexterne Öffentlichkeit. In diesem Zusammenhang dient das Leitbild somit hauptsächlich als Public–Relation-Instrument, womit versucht wird, sich positiv von der Konkurrenz zu differenzieren. Dies erklärt auch, dass der in den Leitbildern am häufigsten auftauchende Themenkomplex, neben dem der öffentlich relevanten Unternehmenswerte, der Sinn & Zweck des Unternehmens ist. Da diese Öffentlichkeit im Allgemeinen auch den potenziellen Kundenkreis einschließt, sind in den meisten der untersuchten Leitbilder außerdem Aussagen über Kunden vertreten.

Das Fehlen von Gender- und Diversity-Aspekten in den meisten der untersuchten Leitbilder lässt sich dagegen weniger durch die mit der Internetpräsenz zu erreichenden (Anspruchs-) Gruppen erklären: Am häufigsten wird die Diversity-Thematik – sofern sie überhaupt im Leitbild auftaucht – in Aussagen über die Mitarbeiter/innen als Stakeholder integriert. Aber gerade diese Kategorie von Aussagen tritt bei den untersuchten Leitbildern als zweithäufigsten auf. Eine mögliche Erklärung lässt sich darin sehen, dass die Diskussion um die Diversity-Thematik verhältnismäßig jung ist, und auf Grund dessen in viele (ältere) Unternehmensleitbilder noch keinen Eingang gefunden hat. Zudem muss sicherlich auch hinterfragt werden, inwieweit sowohl Mitarbeiter/innen als auch Führungskräfte bezüglich Diversity und Managing Diversity überhaupt informiert und sensibilisiert sind.

5.3 Ergebnisse aus den Interviews

Die Darstellung der bisherigen Ergebnisse der Interviews beziehen sich auf die Unternehmen, die an Phase eins bis drei teilnehmen. Es wurden hierbei sowohl Führungskräfte unterschiedlicher Hierarchiestufen, die Geschäftsleitung als auch Betriebsratsmitglieder im Rahmen eines 1 ½ stündigen Interviews zu den unterschiedlichen relevanten Themenkomplexen befragt. Insgesamt waren es bisher 40 Interviewte, darunter 27 Männer und 13 Frauen.

Die jeweiligen Anlässe für die Formulierung eines unternehmensbezogenen Leitbildes, sowie der Prozess der Entwicklung mit den daran beteiligten Personen und die anschließende Verbreitung des Leitbildes im Unternehmen waren allen Interviewten, unabhängig vom Unternehmen, bekannt. Dies war auch der Fall, wenn die Interviewten nicht direkt an der Leitbildentwicklung und -verbreitung beteiligt waren.

Der eingeschätzte Bekanntheitsgrad des Leitbildes unterschied sich deutlich vom eingeschätzten Umsetzungsgrad. In einem Unternehmen wurde der Bekanntheitsgrad deutlich höher bewertet als der Umsetzungsgrad, in dem anderen Unternehmen hingegen war die Einschätzung gegenläufig. Dieses Ergebnis muss nun quantitativ mit Hilfe der Mitarbeiterbefragung überprüft werden, um zum einen die Sicht der Mitarbeiter zu erhalten und zum anderen mögliche Gründe für diese Diskrepanz zu identifizieren.

Bezüglich der Kernfunktionen des Leitbildes war in einem der beteiligten Unternehmen eine breite Streuung zu beobachten, wobei diese Streuung jedoch auf einem einheitlichen Grundverständnis der Führungskräfte basierte.

Führungsaspekte werden zum Teil direkt und zum Teil indirekt in den unternehmensbezogenen Leitbildern wahrgenommen. Darüber hinaus wird zum Teil eine starke Fokussierung auf die ökonomischen Ziele der Unternehmen und zum anderen auf die Mitarbeiter als Individuum des Unternehmens beobachtet. Die Art dieser Wahrnehmung wiederum spiegelt sich deutlich in der Wahl des bevorzugten Führungsstils der Interviewten wieder.

Des Weiteren wird den Leitbildern allgemein eine handlungsleitende, integrative und identifizierende Wirkung von Seiten der Führungskräfte zugesprochen.

Kommunikationsaspekte werden in den Leitbildern nur zum Teil angesprochen. Dies ist auf Grund der von den Interviewpartnern wahrgenommenen Wichtigkeit der Kommunikation im Rahmen eines Managing Diversity interpretationsbedürftig. Allgemein wird in den Unternehmen die Kommunikation als sehr offen und strukturiert beschrieben, jedoch scheint die Tendenz einer Überinformation gegeben zu sein.

Die umfassenden und konformen Kenntnisse der interviewten Personen bezüglich des Anlasses der Entstehung, des Entwicklungsprozesses und der Verbreitung des Leitbildes sprechen für eine ausgeprägte und gut strukturierte Kommunikation zumindest in den oberen Hierarchiestufen der beteiligten Unternehmen. Möglicherweise kann mit Hilfe der Mitarbeiterbefragung die inter- und intraorganisationale Diskrepanz zwischen Bekanntheits- und Umsetzungsgrad des Leitbildes durch die unterschiedlichen Ausprägung der Unternehmenskulturen, insbesondere der Führung erklärt werden. Hingegen scheint die Streuung bezüglich der Kernfunktionen des Leitbildes an der individuellen Wahrnehmung und Interpretation der Interviewten begründet zu sein.

Die Wahl des bevorzugten Führungsstils – in den jeweiligen Unternehmen herrschte jeweils ein präferierter Führungsstil vor – und die Wahrnehmung der eigenen Person als Führungskraft scheint durch die gelebte Kultur bedingt zu sein.

Der explizite Individuumbezug der Leitbilder und die ausgeprägte Wahrnehmung der interviewten Personen bezüglich der Unterschiedlichkeiten und Gemeinsamkeiten von Individuen sprechen für eine vorhandene - wenn auch nicht einheitliche - Diversity-Sensibilität.

Lediglich die Diskrepanz zwischen der angesprochenen Wichtigkeit der Kommunikation und der vorhandenen kommunikationsbezogenen Aspekte in den Leitbildern ist stark interpretationsbedürftig. Dies könnte an der spürbar gelebten und somit unnötigerweise schriftlichen Fixierung der Kommunikationskultur liegen, der ungewollten Vereinheitlichung oder der Unsicherheit bezüglich der anzusprechenden Kommunikationsaspekte im Unternehmensleitbild.

6 Diskussion der Ergebnisse und Ausblick

Die Analyse und die ersten Interviewergebnisse bieten eine Orientierung über die inhaltlichen Schwerpunkte existierender Leitbilder, deren Wahrnehmung und mögliche Einflussfaktoren bezüglich eines Managing Diversity. Vor allem die Orientierungs- und Zielelemente sowie Stakeholderaspekte und Unternehmenswerte (Gliederungspunkte I und II der Inhaltanalyse), die als Aspekte der strategischen Unternehmensführung beschrieben werden können, lassen sich in den Leitbildern wiederfinden. Dagegen sind die Kriterien des Gliederungspunktes II, die zu den Elementen des strategischen Personalmanagement zählen können, nur selten vertreten. Perspektiven von Gender und Diversity bilden dabei die Schlusslichter. Ansätze von Diversity Management sind hier kaum vorzufinden, obwohl sich bereits eine Vielzahl von Unternehmen in der deutschen Wirtschaft mit diesem Konzept auseinandersetzen. Die bisherigen Gespräche in den beteiligten Unternehmen zeigen, dass Leitbilder für notwendig erachtet werden, deren Inhalte bekannt sind, jedoch über die Auswirkungen der Inhalte und die Wirkungszusammenhänge mit anderen Variablen des Unternehmenserfolgs Unklarheit herrscht. Voraussetzung für die Weiterentwicklung des Instruments „Leitbild" sind Daten, die den Umfang der Vielfalt innerhalb des Unternehmens erfassen. Ebenso müssen Indikatoren für die Integrationswirkung der Leitbilder und ein geeignetes Controlling- und Evaluationsinstrumentarium entwickelt werden.

7 Literatur

Böttcher, T. (2002): Unternehmensvitalisierung durch leitbildorientiertes Change Management, München und Mehring: Rainer Hampp Verlag.

Jung, D., Küpper, G. (2001): Gender Mainstreaming und betriebliche Veränderungsprozesse. Bielefeld: Kleine Verlag.

Krell, G. (1997): Mono- oder multikulturelle Organisationen? Managing Diversity auf dem Prüfstand. In: Kadritzke, U. (Hrsg.): Unternehmenskulturen unter Druck: Neue Managementkonzepte zwischen Anspruch und Wirklichkeit. fhw-forschung-30/31, Berlin.

Krell, G. (2001) (Hrsg.): Chancengleichheit durch Personalpolitik. Gleichstellung von Frauen und Männern in Unternehmen und Verwaltung. 3. Aufl., Gabler: Wiesbaden.

Lamneck, S. (1995): Qualitative Sozialforschung (3. Auflage), Weinheim-Beltz.

Neuberger, O. (2002): Führen und führen lassen: Ansätze, Ergebnisse und Kritik der Führungsforschung. Stuttgart: Lucius und Lucius.

Pless, N. (1999): Von der Dominanz zur Partnerschaft – Erfolgreiches Diversitätsmanagement erfordert einen Paradigmenwechsel. Die Unternehmung, 53. Jg.

Schmidt, V. (2001): Gender Mainstreaming als Leitbild für Geschlechtergerechtigkeit in Organisationsstrukturen. Aus Zeitschrift für Frauenforschung und Geschlechterstudien. H.1, Seite 45-62. URL www.hbs.ruhr-uni-bochum.de (Stand: 30.09.03).

Sepheri (2002): Diversity und Managing Diversity in internationalen Organisationen. Wahrnehmung zum Verständnis und ökonomischer Relevanz. München, Mehring: Rainer Hampp Verlag.

Thomas, R. R. (2001): Diversity Management – Neue Personalstrategien für Unternehmen. Wiesbaden: Gabler.

Entwicklung von Unternehmenserfolgsstrategien auf der Grundlage von Persönlichkeitsstrukturen
oder
Die Bedeutung des Diversity-Managements für den Unternehmenserfolg

Savas Tümis [*]

Inhalt

1 Persönlichkeitsstrukturanalyse mit HBDI 40
2 Ermittlung der Unternehmenskultur mit HBDI 44
3 Entwicklung von Unternehmenserfolgsstrategien mit HBDI 48
4 Literatur 58

---

[*] Savas Tümis, Dr.-Ing., Lehrbeauftragter der Technischen Universität Berlin, Institut für Werkzeugmaschinen (und Fabrikbetrieb).
Seit 02/2005 Inhaber des Gildemeister-Stiftungslehrstuhls für Werkzeugmaschinen und Produktlogistik an der Tongji University Shanghai.
Inhaber der Dr. Tümis Unternehmensberatung Berlin.

1 Persönlichkeitsstrukturanalyse mit HBDI

Die mentale Vielfalt der Mitarbeiter stellt immer wieder neue Anforderungen an die Unternehmensführung. Die größte Herausforderung an das Management eines Unternehmens besteht darin, die unterschiedlich denkenden Mitarbeiter entsprechend den Unternehmenszielen erfolgreich zu führen. Voraussetzung für eine gute Unternehmensführung ist, die diversen bevorzugten Denkpräferenzen und Verhaltensstile der Mitarbeiter bzw. deren Vermeidungshaltungen zu kennen und die Führungsstile ihrer Führungskräfte diesen Gegebenheiten anzupassen.

Die Diversity, mit der das Management konfrontiert ist, ist vor allem in der individuellen Persönlichkeitsvielfalt der Menschen begründet. Die Wesensart eines Menschen und seine durch Sozialisierung entstandenen Erfahrungen sind die Grundlage für seine Persönlichkeitsstruktur, aus der seine Denkpräferenzen und Verhaltensstile resultieren.

Zur Analyse von Persönlichkeitsstrukturen der Menschen sind verschiedene Instrumente entwickelt worden, die eine angemessene Validität nachweisen. Unter diesen Analyseinstrumenten hebt sich das von Ned Herrmann in den USA entwickelte Herrmann Brain Dominance Instrument - HBDI mit seinen aussagestarken Visualisierungsmöglichkeiten und seiner weltweiten Anerkennung besonders hervor. Das HBDI wird seit seinem ersten Einsatz bei General Electric im Jahre 1981 vielfach in der Industrie genutzt.

Die Theorie von der linken und rechten Gehirnhemisphäre und ihren unterschiedlichen Funktionsschwerpunkten sind weit bekannt. Das HBDI-Modell von Ned Herrmann basiert darüber hinaus auf der Differenzierung zwischen den limbischen und den zerebralen Systemen. Daraus ergibt sich die graphische Darstellung eines Vier-Quadranten-Modells (Abbildung 3).

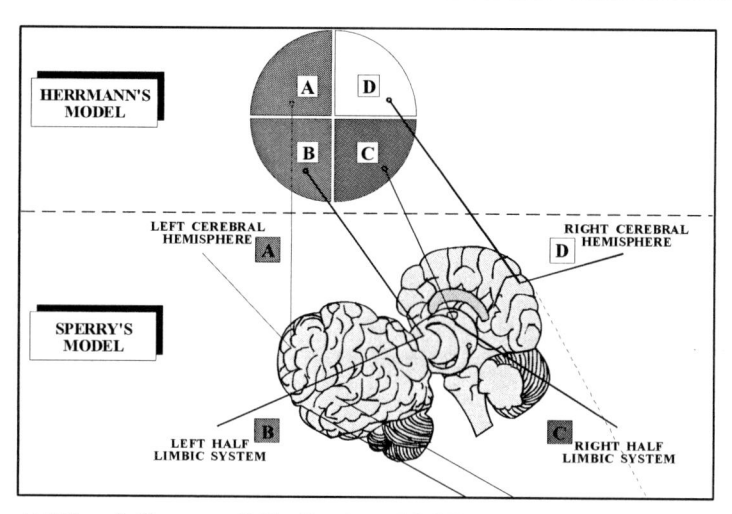

Die Bedeutung des DiM für den Unternehmenserfolg 41

Abbildung 3: Herrmann-Gehirn-Dominanz-Modell

In Abbildung 4 werden die vier Quadranten mit ihren charakteristischen Eigenschaften dargestellt. Jeder Quadrant kennzeichnet eine der vier möglichen Denk- und Verhaltenspräferenzen der Menschen. Quadrant A repräsentiert logische, analytische, quantitative, technische und Problem lösende Eigenschaften. Quadrant B steht für kontrollierte, konservative, planende, organisierende und administrative Haltungsmuster. Quadrant C verkörpert zwischenmenschliche, emotionale, musikalische, spirituelle und kommunikative Präferenzen. Quadrant D repräsentiert einfallsreiche, verbindende, künstlerische, ganzheitliche und konzeptionelle Vorgehensweisen. In den einzelnen Quadranten sind weitere Differenzierungen dargestellt. In dem deutlich sichtbaren Präferenzbereich (100 und mehr) wird die entsprechende Denkweise so stark bevorzugt, dass sie von jedem wahrgenommen wird, der mit der Person zu tun hat, also kaum zu verbergen ist. Im Präferenzbereich (67-99) sind die Denk- und Verhaltensweisen des bevorzugten Quadranten sehr ausgeprägt und wirken deshalb ganz natürlich. Im Nutzungsbereich (34-66) wird die Denkweise angewandt, wenn es erforderlich wird. Im Vermeidungsbereich (0-33) wird die jeweilige Denk- und Verhaltensweise möglichst und in auffälliger Form vermieden.

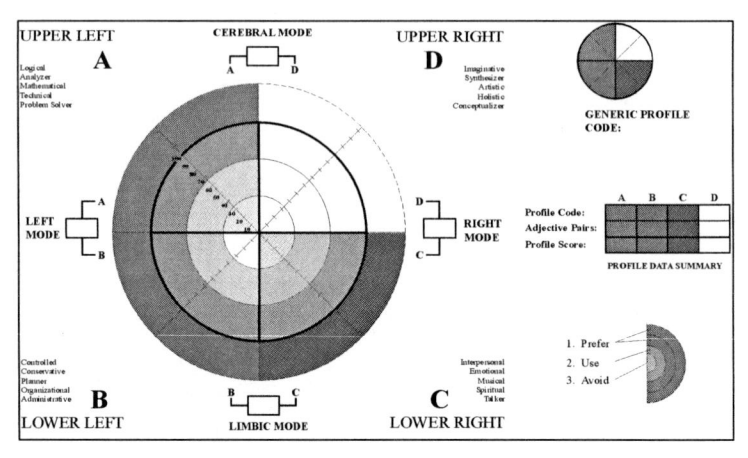

Abbildung 4: Das HBDI-Vier-Quadranten-Modell

Auf Grund der Verhaltenspräferenzen des Menschen ergibt sich ein Persönlichkeitsprofil, das in Form eines Vierecks durch die vier Schnittpunkte auf den Diagonalen der Quadranten bestimmt ist. Jedes Persönlichkeitsprofil hat seine Daseinsberechtigung, d.h. es gibt keine guten oder schlechten Profile, sondern jeder Mensch kann seine Präferenzen nutz-bringend einsetzen.

Dies wird ermöglicht, wenn wir unsere Persönlichkeitsstruktur objektiv kennen und darüber hinaus dafür sensibilisiert sind, wie wichtig die Vielfalt der Präferenzen anderer Menschen ist. Wenn man sich bewusst geworden ist, wie die eigenen bevorzugten Denkpräferenzen sind, wird es möglich, Synergien zwischen den vier Quadranten zu entwickeln, d.h. die Mauern zu durchbrechen (Abbildung 5). Dies bezieht sich sowohl auf das Individuum als auch auf Gruppenstrukturen, z.B. im Unternehmen. Wenn man proaktiv auf andersartige Denkpräferenzen zugeht, wie z.B. auf die unterschiedlichen Verhaltensmuster der einzelnen Abteilungen eines Unternehmens, dann können die Vorteile dieser Unterschiede optimal ausgeschöpft werden.

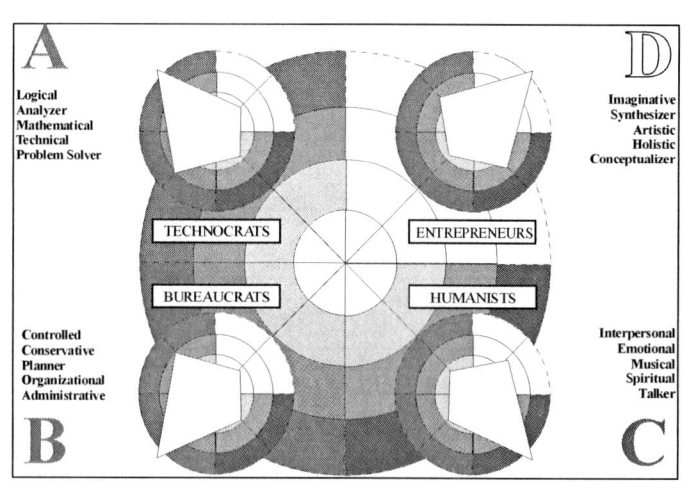

Die Bedeutung des DiM für den Unternehmenserfolg 43

A
Logical
Analyzer
Mathematical
Technical
Problem Solver

D
Imaginative
Synthesizer
Artistic
Holistic
Conceptualizer

TECHNOCRATS | ENTREPRENEURS
BUREAUCRATS | HUMANISTS

Controlled
Conservative
Planner
Organizational
Administrative

Interpersonal
Emotional
Musical
Spiritual
Talker

B **C**

Abbildung 5: Synergieentwicklung durch bewusstes Interagieren zwischen allen Quadranten

Abbildung 6 zeigt die vier Kategorien der Präferenztypen in den Unternehmen und ihre Profilausprägungen. Sowohl das tägliche Handeln als auch die persönlichen Führungsstile sind durch Denkpräferenzen bestimmt. Die Ergebnisse einer weltweiten Analyse von Persönlichkeitsprofilen von 700 Unternehmensführern sind in der linken Graphik als Durchschnittsprofil dargestellt. Die Präferenz liegt hier in den Quadranten A, B und D. Wenn man aber länderspezifisch betrachtet, hier am Beispiel der Top-Manager in der Türkei, werden die spezifisch starken Ausprägungen besonders ersichtlich. Während das unternehmerische, kreativ ganzheitliche Element im Weltdurchschnitt dominiert, liegt im Türkei-Durchschnitt der konservativ zurückhaltend planerische Führungsstil im Vordergrund. Obwohl die türkischen Führungskräfte sich selbst für besonders mitmenschenorientiert halten, zeigen die objektiven Analyseergebnisse deutlich, dass sie im Quadrant C klar unter dem Weltdurchschnitt liegen. Wenn wir berücksichtigen, dass in dem durchschnittlichen Profilwert von 700 Führungskräften der Durchschnittswert von 70 Führungskräften der Türkei mit enthalten sind, ist der Unterschied noch signifikanter.

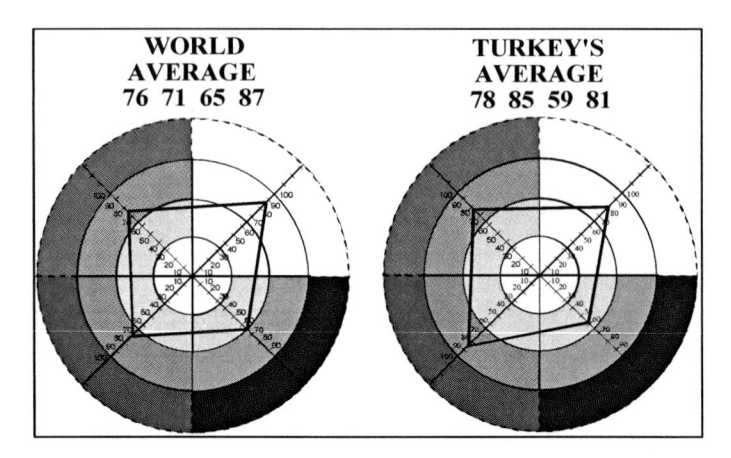

44   B DiM als personalpolitisches und strategisches Konzept

WORLD AVERAGE
76 71 65 87

TURKEY'S AVERAGE
78 85 59 81

Abbildung 6: Top-Management Präferenzvergleich – Weltdurchschnitt im Vergleich zum nationalen Durchschnitt der Türkei

2   Ermittlung der Unternehmenskultur mit HBDI

Abbildung 7 zeigt typische Abteilungskulturen von Industrieunternehmen, ermittelt als Durchschnittsprofil der Mitarbeiter der jeweiligen Abteilungen. Abteilungsprofile spiegeln die jeweiligen Aufgabenpräferenzen, so sind Verkauf und Marketing in den rechten Quadranten stärker ausgeprägt, d.h. menschenorientiert, kommunikativ und unternehmerisch (Quadranten C und D), während die Finanzabteilung sehr ausgeprägt planerisch, strukturiert und kontrolliert agiert. Die Produktion hat ihre stärkeren Ausprägungen in den linken Quadranten, insbesondere im quantitativ-analytischen Bereich (Quadrant A), aber auch im organisatorischen und planerischen Quadranten B.

Die Unternehmenskultur begründet den Erfolg eines Unternehmens. Die entscheidende Grundlage zur Ermittlung der Unternehmenskultur bilden die unterschiedlichen Persönlichkeitsstrukturen der Unternehmer bzw. Führungskräfte eines Unternehmens. Die Unternehmenskultur sollte nicht durch Analyse mit dafür speziell entwickelten Fragebögen ermittelt werden, da die notwendige Validität dieser Ergebnisse, bedingt durch unzählige Einflussfaktoren, nicht erreicht werden kann. Die Unternehmenskultur entsteht in den Köpfen der Un-

Die Bedeutung des DiM für den Unternehmenserfolg

ternehmer, der Führungskräfte und der Mitarbeiter eines Unternehmens, abgeleitet von ihren individuellen Persönlichkeiten, die die Grundlage für ihre Denk- und Verhaltenspräferenzen bzw. für ihre Führungsstile bilden. Daher wird in dem hier vorgestellten Tool die Unternehmenskultur als arithmetisches Mittel der HBDI-Profilwerte sämtlicher Führungskräfte des Unternehmens ermittelt.

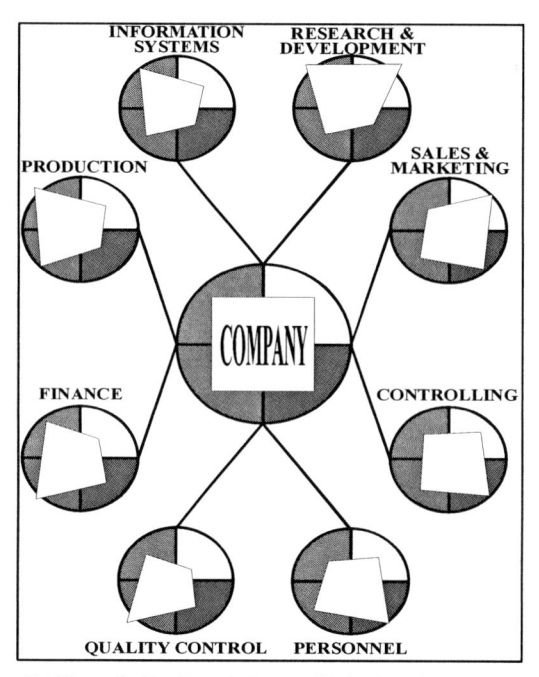

Abbildung 7: Abteilungskulturprofile in den Unternehmen nach HBDI

In der folgenden Abbildung 8 werden die Unternehmenskulturen verschiedener Branchen in dem HBDI-Vier-Quadranten-Modell dargestellt. Die Positionierung erfolgte auf Grund der jeweiligen Unternehmensprofilausprägungen. Das Unternehmenskulturprofil eines großen Krankenhauses mit allen denkbaren Abteilungen und Funktionen ist mittig dargestellt, da es eine ganzheitliche Struktur aufweist und alle vier Quadranten gleichmäßig abdeckt. Die Forschungs- und Entwicklungsgesellschaft hat ihre Stärken im analytisch-quantitativen Quadranten A

46　　　　　B　DiM als personalpolitisches und strategisches Konzept

und gleichermaßen im kreativ-innovativen Quadranten D und ist deshalb im oberen mittleren Bereich angesiedelt. Die Wirtschaftsprüfungsgesellschaft ist im linken unteren Bereich des Modells platziert, da hier die planerischen, administrativen und kontrollierenden Funktionen überwiegen.

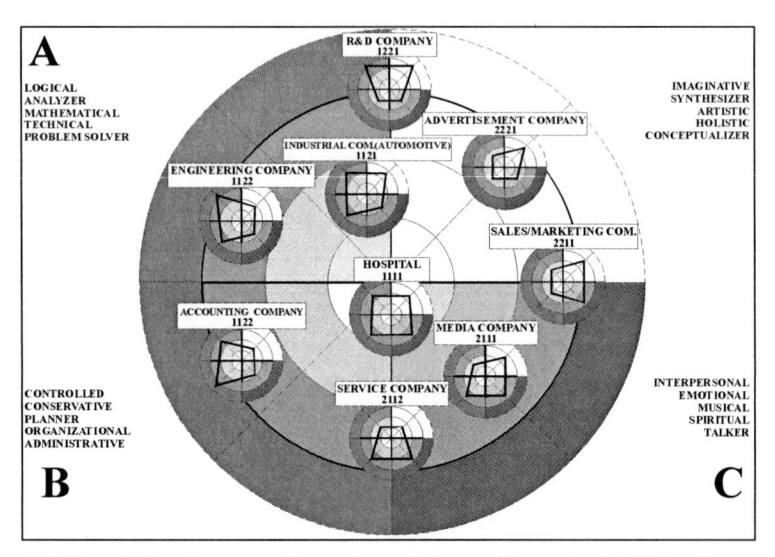

A
LOGICAL
ANALYZER
MATHEMATICAL
TECHNICAL
PROBLEM SOLVER

R&D COMPANY 1221
ADVERTISEMENT COMPANY 2221
INDUSTRIAL COM (AUTOMOTIVE) 1121
ENGINEERING COMPANY 1122
SALES/MARKETING COM. 2211
HOSPITAL 1111
ACCOUNTING COMPANY 1122
MEDIA COMPANY 2111
SERVICE COMPANY 2112

IMAGINATIVE
SYNTHESIZER
ARTISTIC
HOLISTIC
CONCEPTUALIZER

CONTROLLED
CONSERVATIVE
PLANNER
ORGANIZATIONAL
ADMINISTRATIVE

INTERPERSONAL
EMOTIONAL
MUSICAL
SPIRITUAL
TALKER

B　　　　　　　　　　　　　　　　　　　　　　　**C**

Abbildung 8: Zuordnung von Unternehmenskulturprofilen unterschiedlicher Branchen

In der Zusammenarbeit mit den Unternehmen zur Ermittlung der Unternehmenskultur ist es von elementarer Bedeutung, dass die individuellen Persönlichkeitsprofile der Mitarbeiter äußerst vertraulich behandelt werden und die Ergebnisse ihnen nur persönlich übergeben werden. Nur durch diese Vertrauensbasis kann gewährleistet werden, dass die HBDI-Fragebögen wahrheitsgemäß beantwortet werden. Man kann davon ausgehen, dass es keine Analyseformulare gibt, die nicht manipuliert werden können. Vor allem steht jedem Menschen zu, seine Antworten im eigenen Interesse zu manipulieren, falls er sonst persönliche Nachteile befürchten muss. Bei der Darstellung eines Gruppenprofils dagegen können die einzelnen Profilwerte den jeweiligen Personen nicht zugeordnet werden und dürfen deshalb einem größeren Kreis zugänglich gemacht werden.

Die Bedeutung des DiM für den Unternehmenserfolg 47

In Abbildung 9 werden die Persönlichkeitsprofile von 30 Führungskräften eines Spezialgas-Herstellers in einem HBDI-Modell dargestellt. Mit arithmetisch ermittelten 56% überwiegen hier die Führungspräferenzen der linken Quadranten A und B. Bei der Präsentation vor dem Top-Management wurde dieses Ergebnis bestätigt und damit begründet, dass der gesamte Vorstand nur aus Chemikern und Finanzexperten besteht und deshalb im Unternehmen bei Personaleinstellungen den eigenen Führungskräfteprofilen entsprechende Mitarbeiter bevorzugt wurden.

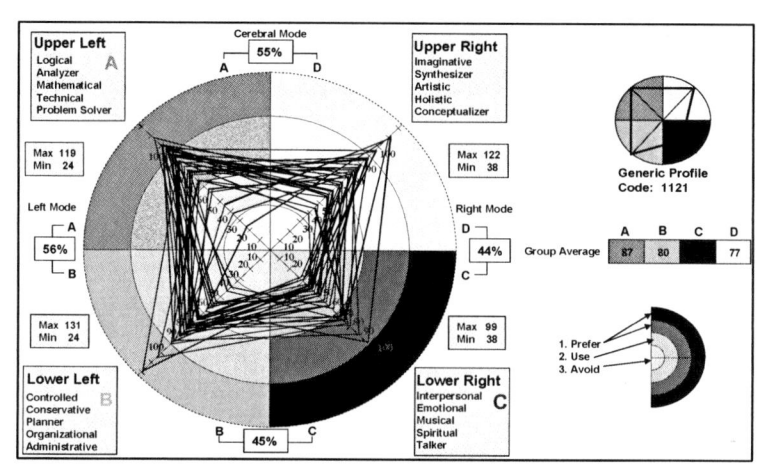

Abbildung 9: Persönlichkeitsprofile der Führungskräfte eines Herstellers von Spezialgasen

In der folgenden Abbildung 10 wurde die Unternehmenskultur dieses Spezialgas-Herstellers aus dem arithmetischen Mittel der einzelnen Führungskräfteprofile abgeleitet. Das Profil weist im Quadranten C erhebliche Mängel auf. Bedingt durch die schwächere Position des Unternehmens in den rechten Quadranten wurde bestätigt, dass die Kundenorientierung und auch die Mitarbeiterorientierung nur schwach ausgeprägt sind. Als Resultat dieser Analyse wurden diese Schwächen umgehend aufgegriffen und die beiden Bereiche durch Optimierung der Geschäftsprozesse, durch Neustrukturierung der Organisation, durch intensivere Schulungs- bzw. Trainingmaßnahmen und durch geeignete Neueinstellungen gezielt gefördert.

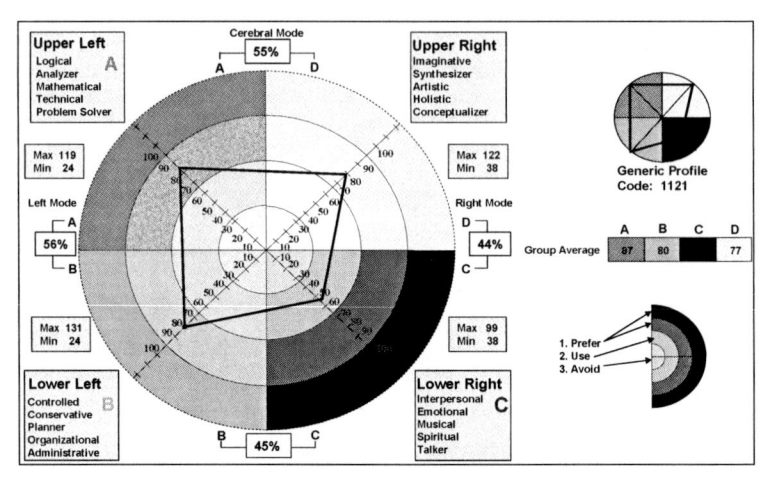

Abbildung 10: Unternehmenskulturprofil eines Herstellers von Spezialgasen als Durchschnitt der Führungskräfteprofile

Alleine durch das Bewusstwerden der Schwachstellen und der Bedeutung der Diversity im Unternehmen konnten so positive Zukunftsmaßnahmen ausgelöst werden.

3 Entwicklung von Unternehmenserfolgsstrategien mit HBDI

Das Tool zur Entwicklung von Unternehmensstrategien nach HBDI basiert auf den vier Komponenten Unternehmenskultur, Core Values des Unternehmens, Unternehmensmission und Unternehmensvision. Während die Unternehmenskultur wie im vorherigen Abschnitt beschrieben auf der Grundlage der Persönlichkeitsstrukturen der Führungskräfte gebildet wird, werden die anderen drei Komponenten mit Hilfe eines speziell dafür entwickelten Analysesystems ermittelt und anhand von HBDI-Profilen dargestellt.

In der folgenden Abbildung 11 sind die wichtigsten Unternehmenseigenschaften der Strategieentwicklung den vier Quadranten im HBDI-Modell zugeordnet.

Die Bedeutung des DiM für den Unternehmenserfolg

CORPORATE MISSION, CORE VALUES & VISION
(Motivating "..." Approaches)

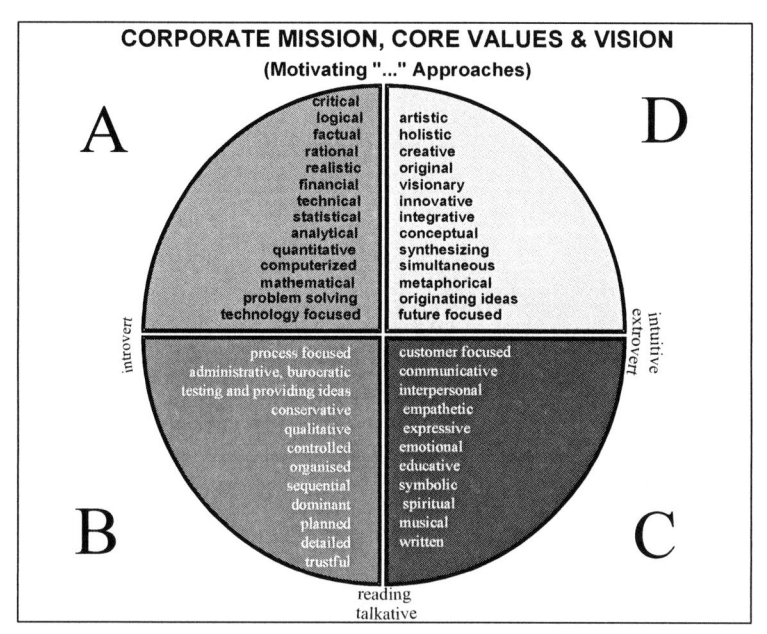

A
critical
logical
factual
rational
realistic
financial
technical
statistical
analytical
quantitative
computerized
mathematical
problem solving
technology focused

D
artistic
holistic
creative
original
visionary
innovative
integrative
conceptual
synthesizing
simultaneous
metaphorical
originating ideas
future focused

B
process focused
administrative, burocratic
testing and providing ideas
conservative
qualitative
controlled
organised
sequential
dominant
planned
detailed
trustful

C
customer focused
communicative
interpersonal
empathetic
expressive
emotional
educative
symbolic
spiritual
musical
written

introvert — intuitive extrovert
reading
talkative

Abbildung 11: Zuordnung der Unternehmenseigenschaften zur Strategieentwicklung

Wenn man das Unternehmen metaphorisch als ein Auto mit vier Rädern betrachtet, das in eine bestimmte Richtung fährt, um sein Ziel zu erreichen, dann kann man den vier oben genannten Komponenten der Unternehmensstrategie in Analogie dazu die Funktion der Antriebskräfte für die vier Räder zuordnen (Abbildung 12). Wenn die Vision, Mission und die Core Values des Unternehmens mit der Unternehmenskultur nicht synchron laufen, dann wird die Reise in die Zukunft des Unternehmens, wenn überhaupt, nur ineffizient, mit großen Reibungsverlusten und unnötigem Aufwand verlaufen.

Um das harmonische Zusammenwirken dieser vier Antriebskräfte zu gewährleisten, müssen regelmäßige Überprüfungen stattfinden und notwendige Anpassungen vorgenommen werden. Die erfolgreichsten deutschen Unternehmen nach Hermann Simon agieren grundsätzlich nach den Prinzipien, die dem hier vorgestellten System zugrunde liegen.

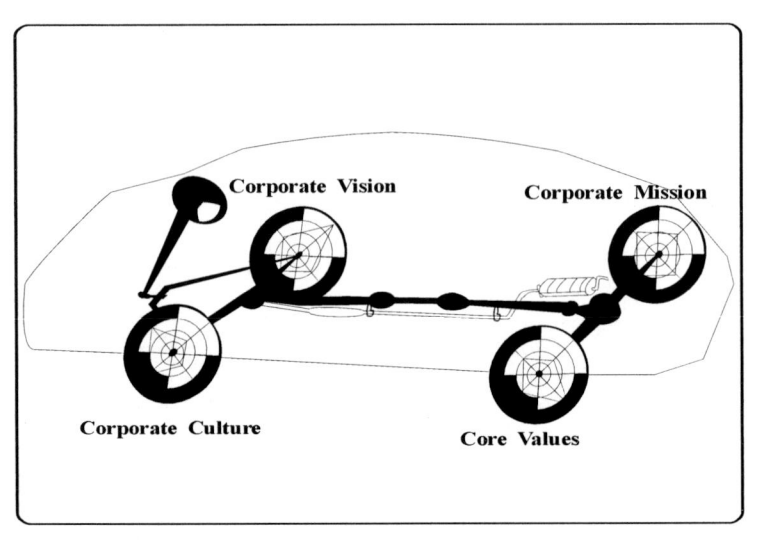

50　　　　B　DiM als personalpolitisches und strategisches Konzept

Abbildung 12: Disharmonie durch Gegeneinanderwirken der unternehmerischen Strategieerfolgsfaktoren

Abbildung 13 zeigt das Beispiel eines Automobilzulieferers, bei dem die im Unternehmen gelebte Kultur nicht mit der Vision, die in Form von Unternehmenszielen festgeschrieben ist, in Einklang stand. Darüber hinaus zeigten die Analyseergebnisse, dass nicht nur die Mitarbeiter des Unternehmens, sondern sogar auch ihre Führungskräfte über die Unternehmensvision nicht informiert waren. Die Unternehmensziele sind aber der entscheidende Navigator für den Zukunftserfolg.

Die Unternehmensmission in dem vorgestellten Strategietool beinhaltet folgende Bausteine:

- Kunden- bzw. Zielgruppenorientierung,
- Märkte,
- Produkte und Dienstleistungen,
- Technologieorientierung,
- Unternehmensphilosophie,

Die Bedeutung des DiM für den Unternehmenserfolg 51

- Einstellung gegenüber den Mitarbeitern,
- Einstellung den Shareholdern gegenüber und
- Unternehmensimage.

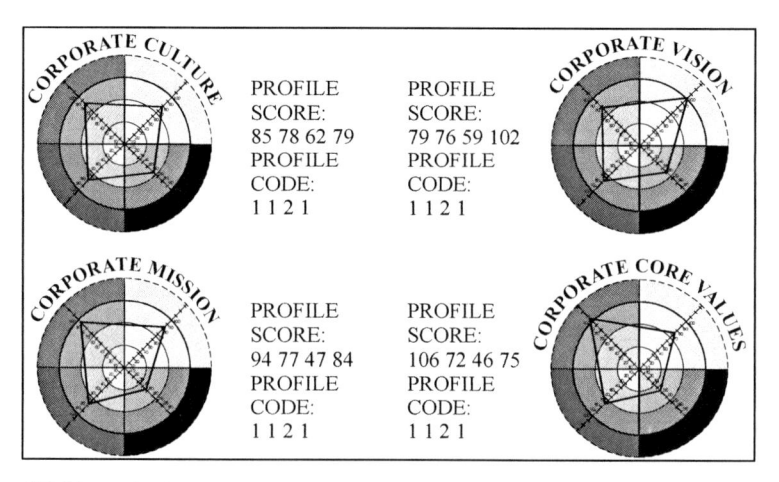

CORPORATE CULTURE	CORPORATE VISION
PROFILE SCORE: 85 78 62 79 PROFILE CODE: 1 1 2 1	PROFILE SCORE: 79 76 59 102 PROFILE CODE: 1 1 2 1
CORPORATE MISSION	CORPORATE CORE VALUES
PROFILE SCORE: 94 77 47 84 PROFILE CODE: 1 1 2 1	PROFILE SCORE: 106 72 46 75 PROFILE CODE: 1 1 2 1

Abbildung 13: Vergleich der Profile für Unternehmenskultur, -mission, -Core Values und -vision eines Automobilzulieferers

Da in keinem Unternehmen eine absolute Übereinstimmung zwischen den Profilen der Unternehmenskultur, -vision, -mission und Core Values vorhanden sein wird, ist das Bewusstwerden derartiger Abweichungen wichtig, damit sie beobachtet und korrigiert werden können.

Eine Veränderung der Unternehmenskultur kann, bedingt durch ihre feste Verankerung in den Persönlichkeiten der Führungskräfte und ihrer Mitarbeiter, nur langfristig und in kleinen Schritten vorgenommen werden. Daher muss in erster Phase die Vision des Unternehmens an die Realität der vorhandenen Unternehmenskultur angepasst werden, ohne dabei die langfristige Vision aus den Augen zu verlieren.

Zum Aufbau einer nachhaltigen Unternehmenserfolgsstrategie mit dem Ziel der Marktführerschaft sind darüber hinaus die Unternehmenskultur, die Persönlichkeitsprofile der Verkäufer und der Kunden bzw. die Produktprofile des Unternehmens in Einklang zu bringen.

Am Beispiel eines Pharma-Vertriebsunternehmens wird im Folgenden dargestellt, wie in Verkauf und Marketing die Übereinstimmung zwischen dem Verkäufer-Persönlichkeitsprofil, dem Produktprofil, dem jeweiligen Krankheitsbild und dem Kundenprofil optimiert werden kann, was die wichtigste Voraussetzung für die Marktführerschaft dieses Unternehmens ist.

Während die Unternehmenskultur aus den Persönlichkeitsprofilen der Führungskräfte und der Mitarbeiter eines Unternehmens mathematisch abgeleitet wird, werden die Produktprofile im „Desk Research" aus den langjährigen Erfahrungen der Verkäufer, den Produkteigenschaften und der Darstellung des Produktes am Markt in Form von Werbung, Broschüren bzw. Verpackung mit einem dafür speziell entwickelten System erstellt. Diese Vorgehensweise führt zu einem so genannten Produkt-Proformaprofil; „Proforma" genannt, um klar zu stellen, dass hierbei nicht mathematisch vorgegangen werden kann, sondern subjektive Einflussgrößen dominieren. Die Aussagen dieser Proformaprofile sind deshalb so wertvoll, weil diese integrierenden Informationen, die für den Markterfolg des Unternehmens von größter Bedeutung sind, bei der Strategieentwicklung sonst keine Berücksichtigung finden würden.

In Abbildung 14 wird die Unternehmenskultur dieses Pharma-Vertriebsunternehmens gezeigt. Dieses Profil ist gemäß den Anforderungen der Pharmabranche am stärksten im Quadranten B ausgeprägt, weil hier besondere Sorgfalt in den Prozessen und in der Logistik verlangt wird. Im Quadranten C ist auf Grund der erforderlichen Kundenorientierung wie in jedem Vertriebsunternehmen mindestens eine sekundäre Ausprägung Voraussetzung für den Erfolg. Das hoch technologische Produkt verlangt jedoch außerdem eine vertretbare Präsenz der analytischen Eigenschaften des Quadranten A.

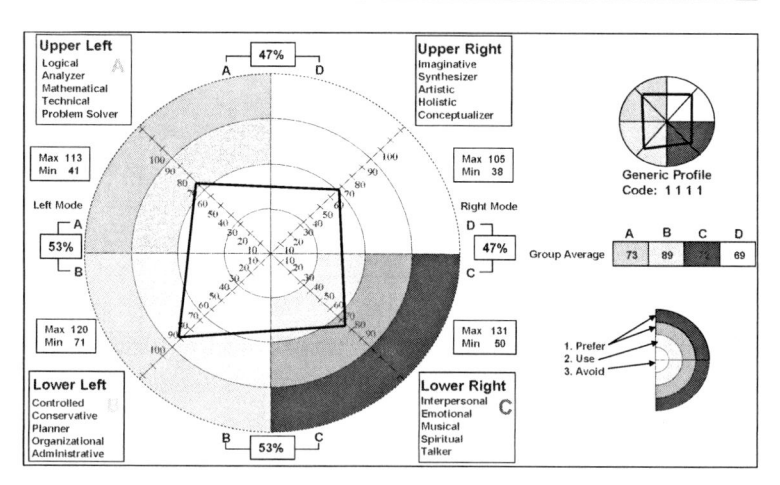

Die Bedeutung des DiM für den Unternehmenserfolg 53

Abbildung 14: Unternehmenskultur eines Pharma-Vertriebsunternehmens

Die Voraussetzungen für die Marktführerschaft dieses Unternehmens sind, was das Profil der Unternehmenskultur betrifft, gegeben. Die Produktpalette des hier präsentierten Pharmaunternehmens besteht schwerpunktmäßig aus Diabetiker-Medikamenten und Diabetiker-Teststreifen, wobei als Entscheidungsträger Ärzte, Apotheken, Einkäufer in Labors und Krankenschwestern die wichtigsten Zielgruppen bilden.

In Abbildung 15 und Abbildung 16 werden die Produkt-Proformaprofile für Diabetiker-Medikamente und Diabetiker-Teststreifen dargestellt.

Das Produkt-Proformaprofil für Diabetiker-Medikamente weist eine starke Dominanz in den unteren Quadranten B und C und ein ausgeprägtes Vermeidungsverhalten im Quadranten D auf, was unter anderem dem spezifischen Krankheitsbild dieser Patienten entspricht.

Bei dem Produkt Diabetiker-Teststreifen dominiert der Quadrant A mit seinen analytischen und technischen Eigenschaften.

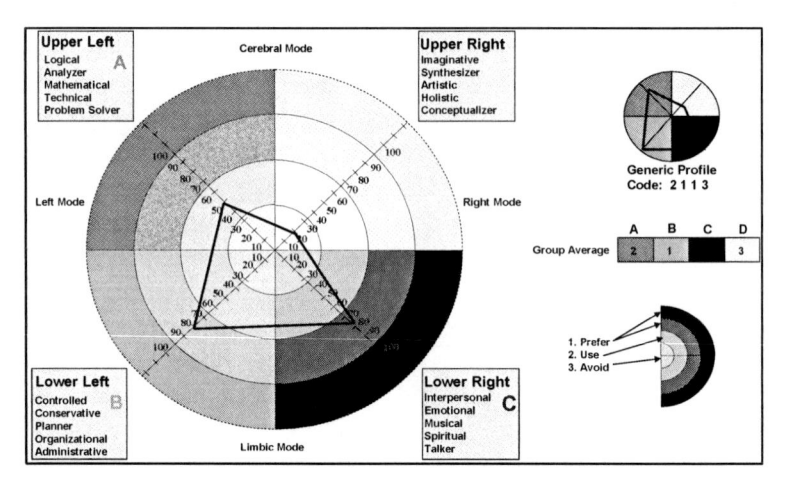

Abbildung 15: Pharma-Vertriebsunternehmen – Produkt-Proformaprofil für Diabetiker-Medikamente

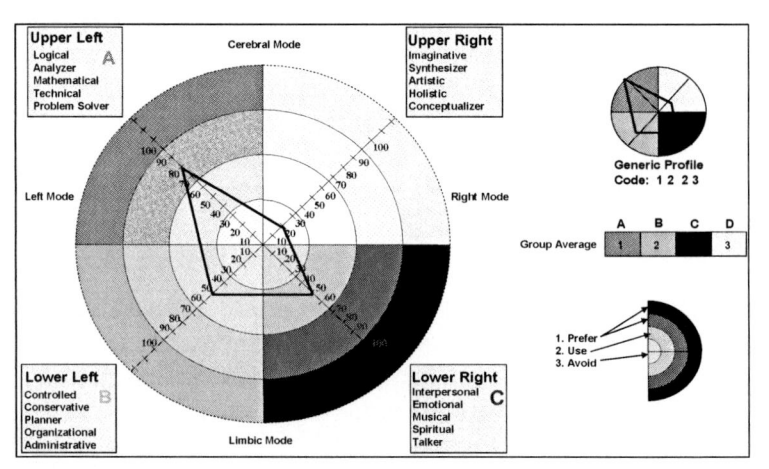

Abbildung 16: Pharma-Vertriebsunternehmen – Produkt-Proformaprofil für Diabetiker-Teststreifen

Die Bedeutung des DiM für den Unternehmenserfolg 55

Als Ergebnis dieser Analysen musste die Darstellung des Produktes auf dem Markt in Form von Produktbroschüren bzw. Werbung und Vermarktung bei Ärzten, Apotheken, Krankenschwestern und Einkäufern in den Labors gemäß den oben genannten Produkteigenschaften neu überdacht werden.

Abbildung 17 enthält das durchschnittliche HBDI-Persönlichkeitsprofil der Krankenschwestern weltweit. Für das hier untersuchte Pharma-Vertriebsunternehmen sind die Krankenschwestern, die die Diabetiker-Medikamente verabreichen und Empfehlungen aussprechen, wichtige Verkaufsmultiplikatoren. Das Kennen dieses Zielgruppenprofils ermöglicht es den Pharmaverkäufern, in ihren Verkaufsaktivitäten auf die Denk- und Verhaltenspräferenzen der Krankenschwestern einzugehen und den Marktanteil des Unternehmens zu erhöhen. Aufbauend auf den HBDI-Berufsbilddateien, die aus den weltweit analysierten Persönlichkeitsprofilen gebildet werden, geht man bei den Berufsbildern von Ärzten und Apothekern entsprechend vor.

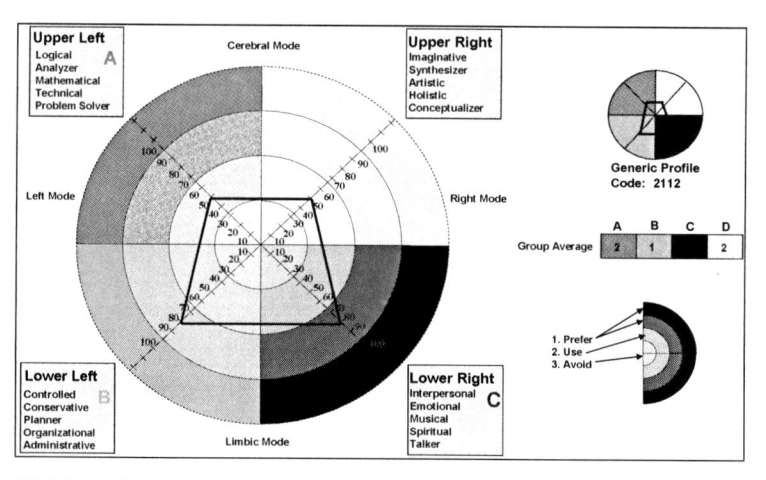

Abbildung 17: Durchschnittliches HBDI-Persönlichkeitsprofil von Krankenschwestern weltweit

Da die Berufsbilder aller möglichen Zielgruppen nicht erfasst sein können, werden für benötigte Zielgruppen, die fehlen, zusätzliche Kunden-Proformaprofile erarbeitet. In Abbildung 18 ist für Einkäufer in den Labors aus den Erfahrungen der Pharmaverkäufer ein solches Kundenprofil erstellt.

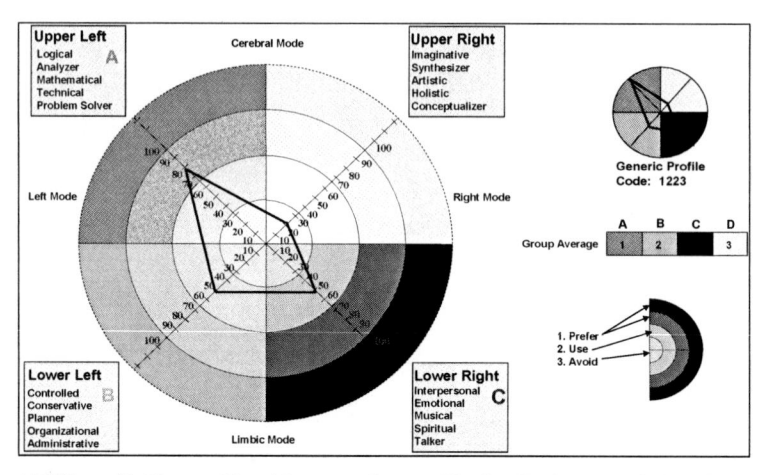

Abbildung 18: Pharma-Vertriebsunternehmen – Kunden-Proformaprofil der Einkäufer von Diabetiker-Teststreifen in den Labors

Ein weiteres Anwendungsfeld des Herrmann Brain Dominance Instruments - HBDI liegt in der Entwicklung von Marketingstrategien im Bereich des Markenmanagements. In Abbildung 19 wird das Analyseergebnis der Positionierung der großen Automobilmarken nach HBDI im französischen Markt dargestellt. Die Vorgehensweise beruht auf einer Erhebung von Markenpräferenzen, die von den 1000 befragten Personen parallel zu ihren HBDI-Fragebögen bearbeitet wurden. Die Positionierung der Marken in der Abbildung wurde jeweils in Korrelation zu den einzelnen HBDI-Persönlichkeitsprofilen vorgenommen und als Durchschnittswert dargestellt. Diese für Frankreich spezifische Analyse gibt Aufschluss über die Präferenzen und Verhaltensmuster der potenziellen Autokäufer, die die Automobilfirmen in ihren Unternehmensstrategien berücksichtigen sollten.

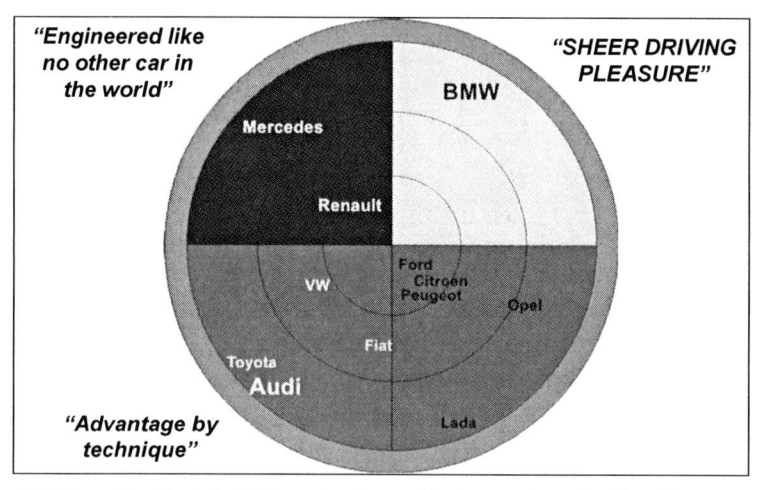

Die Bedeutung des DiM für den Unternehmenserfolg 57

"Engineered like no other car in the world"

BMW

"SHEER DRIVING PLEASURE"

Mercedes

Renault

VW

Ford
Citroën
Peugeot

Opel

Toyota

Fiat

Audi

Lada

"Advantage by technique"

Abbildung 19: Mentale Präferenzlandkarte für Automarken (Quelle: Herrmann International Deutschland, 2004)

4 Literatur

Herrmann, N.: „The Whole Brain Business Book." (Contribution on „Turkish CEO's" by Savas Tümis; S. 184-187) New York: McGraw-Hill, 1996.

Leonard, D.: Straus, S.: „Putting Your Company's Whole Brain to Work." Harvard Business Review, July-August 1977, S. 111-121.

Simon, H.: „Hidden Champions: Lessons from 500 of the World's Best Unknown Companies." Boston: Harvard Business School Press, 1996.

Tümis, S.: „Entwicklung von Unternehmenserfolgsstrategien im Bereich der Human Resources." XIX. Internationales Seminar für Alumni „Computer und Kommunikation", TU Berlin, 17.-28. September 2001.

Tümis, S.: „Erhöhung der Managementqualität in den Unternehmen mit Hilfe der ganzheitlichen Gehirn-Technologie, Ermittlung der kundenorientierten Erfolgsfaktoren und Entwicklung von Unternehmenserfolgsstrategien."

Tümis, S.: „Entwicklung von Erfolgsstrategien für die Wirtschaft und für die Universitäten in der Türkei auf der Grundlage des Human-Ressource-Potentials."

3. Symposium der Deutschsprachigen Abteilungen für BWL und Wirtschaftsinformatik „Strategisches Management – Zukunftsvisionen für die Türkei", Marmara Universität, Istanbul 22. Mai 1998.

7. Nationaler Kongress für Management und Organisation an der Bilgi Universität, Istanbul, 27.-29. Mai 1999, Programmheft S. 65-66.

Diversity Management und die Entwicklung der Unternehmensethik in der Praxis
(Am Beispiel der Slowakei)

Anna Remišová[*]

Inhalt

1   Problemstellung 60
2   Diversity Management und Unternehmensethik 61
3   Ethikprogramm 69
4   Die Entwicklung der Unternehmensethik in der Slovnaft Group 77
5   Schlussfolgerungen 85
6   Literatur 87

---

[*] Ao. Prof. Dr. Anna Remišová, Philosophische Fakultät, Comenius Universität Bratislava, Gondova 2, 818 01 Bratislava, Slowakei, Tel.: +421 2 5292 3776, e-mail: anna.remisova@fphil.uniba.sk.

1 Problemstellung

Die heutige Welt ist multikulturell und von radikaler Pluralität geprägt. Die Globalisierung der Weltwirtschaft, moderne Informations- und Kommunikationstechnologien, die Migrations- und Emigrationswellen zeigen nicht nur, dass unsere Welt pluralistisch ist, sondern sie haben auch die Qualität des Alltages und der Arbeitswelt verändert. Alltag und Arbeitswelt haben sich um diese Differenz, Heterogenität und diesen Dissens vergrößert. Das interessanteste Kennzeichen stellt die wechselseitige Vermischung der einzelnen gesellschaftlichen Sphären dar. Die Globalisierung der Wirtschaft ist von Tradition, Partikularität und kultureller Identität bestimmt. Die Anerkennung der radikalen Pluralität als „grundsätzliche Situation"[1] impliziert die Frage, welche Regeln, Normen und Prinzipien des sozialen Umgangs von allen akzeptiert werden und werden sollten, ohne die Pluralität zu unterdrücken. Ich denke, dass Toleranz in diesem Prozess eine Schlüsselrolle spielt.[2] Auf diese neue Situation, von der jedes Unternehmen mehr oder weniger betroffen ist, muss das Management entsprechend reagieren.

Es gibt verschiedene Ansätze zu Differenzierung, Pluralität, Vielfalt und Mannigfaltigkeit im unternehmerischen Handeln und in der Kulturpolitik. Das Diversity Management gehört zu den wichtigsten dieser Ansätze. Im Schatten des Diversity Managements bleibt der Ansatz der Unternehmensethik als eine kritische Reflexion der Moral im Unternehmen, inklusive der Moral der Unternehmer, sowie der Moral der Mitarbeiter, die von der Verschiedenartigkeit im Unternehmen betroffen sind. Welche Beziehung besteht zwischen beiden Ansätzen? Diversity Management sieht die Vielfalt im Unternehmen als eine Herausforderung nach der Suche des Nutzens der Diversität. Diversity Management bewältigt die Vielfalt in den partikularen Interessen der Unternehmer oder Stakeholder. Unternehmensethik muss bei dieser Unterschiedlichkeit von den universalen Interessen aller Betroffenen ausgehen. Kann ein Diversity Management eine korrekte und faire Atmosphäre am Arbeitsplatz für alle Mitarbeiter ohne ethikunternehmerische Basis schaffen? Meiner Meinung nach sind Diversity Management und Unternehmensethik eng verbunden. Dieser Zusammenhang wird jedoch in der Fachliteratur nicht ausreichend und tief genug analysiert und erklärt und in der Praxis übersehen. Wenn ein Diversity Management die Vielfalt der Mitarbeiter berücksichtigen und nutzen will, muss es nicht nur „Diversity Management", sondern „ethikbewusstes und ethikorientiertes Diversity Management" sein. Es ist das Ziel dieses Artikels einige Aspekte des Zusammenhanges zwi-

---
[1] Welsch 1988.
[2] Siehe ausführlich Remisova (1995).

schen Diversity Management und Unternehmensethik zu analysieren und ihre Bedeutung für die unternehmerische Praxis aufzuzeigen. Doch zunächst möchte ich klären, was ich unter den Begriffen Diversity Management und Unternehmensethik verstehe.

2 Diversity Management und Unternehmensethik

2.1 Was ist Diversity Management?

Diversity Management beschäftigt sich mit der Tatsache, dass alle Menschen verschieden sind. Sie unterscheiden sich nach verschiedenen Merkmalen und jeder von ihnen ist einzigartig. Die Vielfalt im Unternehmen umfasst alle Formen und Typen der Verschiedenartigkeit. Einige Unterschiede sind wahrnehmbar, so z.b. Geschlecht, Hautfarbe oder Alter. Andere sind hingegen nicht auf den ersten Blick erkennbar, wie z.b. Moral, Gesundheit, Familienstand usw. Die Forscher von mi·st [Consulting klassifizieren in Anlehnung an andere wissenschaftliche Forschungen sechs Kernmerkmale, sowie andere Dimensionen der Diversität, mit denen das Management zu tun hat. Die sechs „Kern- (Pflicht-) Dimensionen" werden unter anderem im Art 13 des EU-Vertrages genannt: "Naturgegebene, praktisch nicht veränderbare Faktoren oder Merkmale, die faktisch prägenden Charakter haben"[3]. Zu diesen gehören „Alter, Ethnizität, Geschlecht, sexuelle Orientierung, Behinderung, Religion". Als „externe (Kür-) Dimensionen", die in Unternehmen vorkommen, fand man „Kultur, Ausbildung, Denk- und Arbeitsweise, Familienstand, Sprache und Elternschaft"[4]. Die zentrale Frage des Diversity Managements ist, wie man die Vielfalt und Individualität der Belegschaft am besten nutzen kann. Die Untersuchungen zeigen[5], dass Diversity sich in den meisten Unternehmen als Instrument zur Erfolgssteigerung bewährt hat. Als interner Nutzen von Diversity Management wurden am häufigsten erhöhte Produktivität und bessere Teamarbeit genannt. Das bedeutet, dass Diversity Management die Vielfalt im unternehmerischen Milieu vor allem als Mittel zur Effektivitäts- und Produktivitätssteigerung, d.h. als Mittel zur Erzielung von Gewinn, nutzt. Genauso wie die Unterschiede innerhalb der Belegschaft (interne Diversity), nutzt das Diversity Management auch die Verschiedenheit der Stake-

---

[3] Stuber 2002b:49.
[4] Stuber 2002b:49.
[5] Stuber 2002a:28; Robbins 2001; Kiechl 1995.

holder (externe Diversity) als Mittel zum unternehmerischen Erfolg. Eine große Rolle spielt auch das Streben nach einem besseren Image[6].

2.2 Was bedeutet Unternehmensethik?

Unter dem Begriff Unternehmensethik verstehen wir eine interdisziplinäre Sozialwissenschaft, die sich mit der Interaktion von Moral und Wirtschaft auf der Mesoebene beschäftigt. Im Allgemeinen wird angenommen, dass die Integration von Ethik und Wirtschaft auf drei verschiedenen Ebenen realisiert wird, abhängig von der jeweiligen Stufe der Aggregation der individuellen Träger[7] oder einfach vom Subjekt der Tätigkeit. Es gibt folgende Ebenen der Integration von Ethik und Wirtschaft: die **Mikroebene**, wo als Subjekt der Tätigkeit das konkrete Individuum wirkt, die **Mesoebene**, wo als Subjekt der Tätigkeit z.B. Unternehmen, Firmen, Joint Ventures, transnationale Konzerne aber auch NGO-s, staatliche und halbstaatliche Institutionen, Versicherungsgesellschaften oder Universitäten stehen und die **Makroebene** (hier spricht man über Wirtschaftsethik), auf der als Subjekt der Tätigkeit die gesellschaftlichen Institutionen wie Regierung, Parlament und Justiz wirken. Diese Subjekte sind gleichzeitig verantwortlich für die Entwicklung der Ethik auf der entsprechenden Ebene.[8] Die drei Ebenen sind miteinander verbunden und verflochten. Die Entwicklung der Ethik in der Wirtschaft wird auf jeder Ebene von den anderen Ebenen beeinflusst, trotzdem ist jede Ebene relativ selbständig, hat eigene Charakteristika und kann nicht durch die anderen Ebenen ersetzt werden.

Unternehmensethik stellt eine kritische Reflexion der unternehmerischen Handlungen, Tätigkeiten und Entscheidungen vom „moral point of view" dar. Im deutschen Sprachraum gibt es viele verschiedene Definitionen der Unternehmensethik.[9] Trotz unterschiedlicher Meinungen über die Bedeutung der Unternehmensethik, kann man verallgemeinern, dass moderne Unternehmensethik nach Meinung der meisten Autoren „kommunikative Unternehmensethik" umfasst[10] Meiner Meinung nach stellt die Unternehmensethik eine angewandte,

---

[6] Kiechl 1995:45.
[7] Enderle 1993.
[8] Man kann auch über die vierte - globale - Ebene sprechen, auf der als Subjekte der Tätigkeit und der Verantwortung für die Ethikentwicklung z.B. UNO, WTO, Transparency International usw. auftreten, d.h. die Organisationen, die einen überstaatlichen Einfluss haben.
[9] Siehe ausführlich: Homann (1994); Homann/Blome-Drees (1992); Nutzinger (1994); Steinmann/Löhr (1989, 1994); *Unternehmensethik. Konzepte-Grenzen-Perspektiven.* Schriftleitung: Albach Horst (1992), ZBF, 1, Gabler, Wiesbaden; Ulrich (1995, 1998, 2002a, 2002b); Wieland (1993, 1994, 1998); Wittmann (1998) u.a.
[10] Ulrich 1998:25. Die meisten Autoren gehen von den Konzeptionen Apels (1973, 1988) und Habermas (1981, 1983) aus.

normative Ethik dar, die die Wirkung der Moralnormen und Prinzipien in allen Bereichen des Wirtschaftssystems auf der Mesoebene untersucht. Ich möchte herausstellen, dass ich Unternehmensethik nicht nur mit unternehmerischen Subjekten verbinde, sondern auch mit allen Organisationen auf der gesellschaftlichen Mesoebene, d.h. mit staatlichen Organisationen, Nichtregierungsinstitutionen, Universitäten, Krankenhäusern usw.[11]

In diesem Artikel werde ich nicht über die Entwicklung der Unternehmensethik als eine wissenschaftliche und akademische Disziplin diskutieren, sondern über die Entwicklung der Unternehmensethik in der Praxis. Mit anderen Worten, beschäftige ich mich mit der Umsetzung und Anwendung von unternehmensethischen Theorien und Methoden auf der Mesoebene. Ich gehe von der Voraussetzung aus, dass die Entwicklung der Ethik in einem Unternehmen, ein gesteuerter, systematischer und langfristiger Prozess ist. Diesen Prozess kann man nur „top-down" entwickeln und umsetzen, obwohl seine Implementierung und Lebensfähigkeit von vielen Faktoren, inklusive der Vielfalt der Belegschaft, den Arbeitsbedingungen, der Arbeitsbewertung, der Qualität der Führung usw., sowie von der existierenden Unternehmensmoral und -kultur, abhängt. Die Unternehmensethik als normative Theorie kann nicht spontan in die Praxis umgesetzt werden. Es ist wichtig anzumerken, dass ich an dieser Stelle nicht über ein real existierendes Moralsystem, d.h. über Ist-Kultur in einem Unternehmen spreche, sondern über ein Soll-System oder eine gewünschte Soll-Kultur, d.h. über Unternehmensethik als eine normative Theorie, auf Grund derer im Unternehmen ein neues ethisch begründetes Moralsystem gezielt aufgebaut werden soll. Natürlich kann man die Unternehmensmoral auch von unten entwickeln und bestimmte Elemente von Unternehmensethik einführen, aber diese Elemente haben ohne weitere systematische Unterstützung von der Seite des Managements keine dauerhafte Perspektive. In meinem Artikel unterscheide ich zwischen den Termini „Moral" und „Ethik". Im Alltag, aber auch in der Fachliteratur, werden diese Begriffe meist als Synonyme benutzt. Dadurch kommt es zu einer Vermischung zwischen der Moral, d.h. zwischen dem existierenden System der Normen, Prinzipien und Werte, die das Handeln der Menschen in einer Gruppe regulieren, und zwischen der Ethik als eine kritisch-theoretische Reflexion dieser verschiedenen Moralsysteme. Ethik ist praktische Philosophie, die sich rational, kritisch und objektiv mit der Untersuchung der Moral unter bestimmten Prinzipien und Regeln beschäftigt.

Ein ethikorientiertes Management ist eine notwendige Bedingung für die Entwicklung der Unternehmensethik, aber keine ausreichende. Das Management

---

[11] Siehe auch Crane/Matten (2004:8).

sollte bestimmte Erkenntnisse und Kompetenzen im Bereich der Unternehmensethik und der Ethik allgemein besitzen. Ohne diese Erkenntnisse und Kompetenzen kann es die Ethik im Unternehmen nicht managen und entwickeln. Leider fehlen an den meisten europäischen Wirtschaftsfakultäten Kurse zu Wirtschafts- oder Unternehmensethik und so treten Tausende von zukünftigen Wirtschaftsexperten nur mit rein ökonomischer Rationalität in die Praxis ein. Es ist für viele eine Überraschung oder Utopie, dass Wirtschaft auch mit Moral und Ethik zu tun hat. Und so besteht der Mythos zwischen den Unternehmern, Managern, Aktionären und Wirtschaftswissenschaftern weiter fort, dass Moral und Ethik ganz private Dinge sind. Gleichzeitig trifft man in der wirtschaftlichen Praxis die schon genannte Vermischung der Begriffe Moral und Ethik.[12] Wie aber können Top-Manager Ethik entwickeln, wenn sie gar nicht wissen, was Ethik bedeutet? Deshalb behaupte ich, ohne die Ausbildung der Wirtschaftsexperten im Bereich der Ethik, Wirtschaftsethik oder Unternehmensethik ist die Entwicklung der Unternehmensethik in der Praxis oft spontan und unfachmännisch (oft sehr dilettantisch). Viele Manager denken in Bezug auf Unternehmensethik, dass Ethik (im Sinne der Moral) eine private Sache ist, sie daran nichts ändern können und dass das Management die moralischen Prozesse im Unternehmen nicht steuern kann. Aber auch diese Position, die sich von der Seite der Unternehmensethik als ein Irrtum darstellt, wirkt in jedem Unternehmen oder jeder Organisation auf die Organisations- und Unternehmenskultur, die ein bestimmtes Moralsystem beinhaltet. Wohl oder übel ist das Management für diese spontan entwickelte Unternehmensmoral trotzdem verantwortlich. Anderseits ist es auffällig, dass das Steuern der ethischen Entwicklung ein sehr komplizierter und von vielen subjektiven und objektiven Faktoren abhängiger Prozess ist, deshalb kann man die Ergebnisse auch nur tendenziell vorhersagen. Dieser Fakt hebt auch die pessimistische Einstellung vonseiten der Manager zum Steuern der Ethik im Unternehmen hervor.

---

[12] Leider existieren derartige Missverständnisse auch im akademischen Milieu und schaden der ethischen Ausbildung.

2.3 Die erste Dimension des Zusammenhangs des Diversity Managements und der Unternehmensethik

Wir möchten in diesem Artikel über zwei Dimensionen des Zusammenhangs der Unternehmensethik mit dem Diversity Management diskutieren. Die erste Dimension hat methodologischen Charakter. Diversity Management setzt eine ethisch-philosophische Begründung für die gleiche und korrekte Behandlung der unterschiedlichsten Mitarbeiter voraus. In diesem Sinne ist die Unternehmensethik für ein Diversity Management als theoretische Basis notwendig. Ohne die ethischen Voraussetzungen ist der echte und gezielte Managementansatz zur Vielfalt am Arbeitsplatz nicht realisierbar. Die Unternehmensethik bietet dem Diversity Management ein System von ´Ethikmaßnahmen´ an, mit denen das Management die Stereotype im Unternehmen kritisch beurteilen und ein besseres Verständnis für Andere und Anderes erreichen kann. Ohne Respekt für unternehmensethische Erkenntnisse kann Diversity Management die Unterschiede der Belegschaft, und damit der Mitarbeiter, nur als pures Mittel zum unternehmerischen Erfolg nutzen. Das wirkt direkt gegen die humanistische Forderung, die Immanuel Kant so prägnant formulierte: "Handle so, dass du die Menschheit, sowohl in deiner Person, als in der Person eines jeden andern, jederzeit zugleich als Zweck, niemals bloß als Mittel brauchest."[13].

Managing Diversity, als ein Managementansatz zum bewussten Nutzen der Verschiedenartigkeit, konzentriert sich auf den Bereich Personalmanagement.[14] Die ausführliche und präzise Orientierung auf ein ethisches Handeln im Personalmanagement beschreibt Wittmann (1998). Er geht, ähnlich wie Peter Ulrich (1995) und auch ich[15] von der Idee aus, dass die grundnormativen Ideen Vorrang vor ökonomischer Rationalität haben. Wittmann entfaltet in seiner Konzeption der Personalmanagementethik die grundlegende Orientierung für das Entscheiden und Handeln der Personalmanagement-Akteure. Es geht um drei ethische Verpflichtungen, die eine klare Rangordnung des Werterahmens personalmanagementbezogenen Handelns begründen[16]:

---

[13] 1997:61.
[14] Siehe ausführlich Remisova (2002).
[15] Remisova 1998, 2001.
[16] Wittmann 1998:344.

1. Respektiere den Mitarbeiter vorbehaltlos als Person!
2. Handle nur nach Maximen, die den diskursethischen Legitimationstest bestehen![17]
3. Verbessere die Bedingungen der Möglichkeit ethisch verpflichteten Handelns!

Diese Verpflichtungen sollen einen allgemeinen personalmanagementethischen Ansatzpunkt festlegen, der in den Entscheidungsprozessen des Managers durch Diversity Management ausgefüllt werden soll.[18] Mit anderen Worten, wenn ein Manager die Vielfalt der Mitarbeiter berücksichtigt, soll er so vorgehen, dass er nicht nur die Individualität und Einzigartigkeit der anderen Menschen respektiert, sondern auch die Würde jeder Person, die in seinem Unternehmen arbeitet. Natürlich gelten diese Forderungen auch für jeden Stakeholder. Diese theoretischen Ansätze muss ein verantwortliches Diversity Management berücksichtigen, sonst kann die Beachtung der Vielfalt nur einer Gruppe der Belegschaft anderen Mitarbeitern schaden. So ist zu beobachten, dass die Mitarbeiter, die die Hauptkultur im Unternehmen vertreten, sich verunsichert fühlen und angreifen, wenn einzelne Subkulturen in den Mittelpunkt des Geschehens rücken und Ethnozentrismus hervorgehoben wird[19].

2.4 Die zweite Dimension des Zusammenhangs des Diversity Managements und Unternehmensethik

Die zweite Dimension des Zusammenhang von Diversity Management mit Unternehmensethik betrifft die Unterschiede zwischen Moral und Ethik. Daher kann ich mich folgender Aussage nicht anschließen: „Bezogen auf Organisationen wird bei Diversity jede Art von Unterschiedlichkeit anerkannt und konstruktiv genutzt, was zu einer dauerhaften und nachhaltigen Verbesserung des Unternehmenserfolgs führt."[20]. Ich finde diese Idee ethisch widersprüchlich. Gerade im Bereich der Moral existieren so viele verschiedene Vorstellungen und Anschauungen die nicht akzeptabel sind. Dort müssen Wege gesucht werden, diese Meinungen ohne Gewalt zu eliminieren. Damit sprechen wir über die Grenzen der Toleranz, die in jeder demokratischen Gesellschaft klar definiert sein sollten. Wir sprechen über die Fälle, wo Unternehmensethik gegen die moralischen Unterschiede wirkt und empfinden die „grenzlose Begeisterung" und in jedem Fall auszunutzende Vielfalt der Belegschaft vonseiten des Diversity Managements als

---

[17] In Anlehnung vor allem an Apel (1973, 1988) und Habermas (1981, 1983).
[18] Siehe ausführlich Wittmann (1998:343ff).
[19] Kiechl 1995:46.
[20] Stuber 2002b:53.

ethisch fraglich. Viele dieser moralischen Meinungen, die laut Diversity Management „anerkannt und konstruktiv genutzt" werden sollen, sind für ein harmonisches Miteinander eher kontraproduktiv, wie z.B. konservative Meinungen über den sozialen Status, Meinungen über die Beziehung zu Menschen, die HIV positiv sind, verschiedene Auffassungen über die Grenzen der sexuellen Belästigung, über Loyalität, über die Grenzen der Macht Übergeordneter im Unternehmen, die traditionelle katholische Vorstellungen über sexuelle Orientierung, traditionelle islamische Meinungen über die Stellung der Frauen in der Arbeitswelt usw. Moralische Unterschiede sind nicht auf ersten Blick wahrnehm- und beobachtbar, was die Situation nur noch komplizierter macht. In diesem Sinne kann man sagen, das die Unternehmensethik gegen ein grenzloses Diversity Management wirkt und einen Rahmen darstellt, in dem sich das Diversity Management bewegen soll.

2.5 Konflikt zwischen Unternehmensethik und Diversity Management

Ein direkter Konflikt zwischen Unternehmensethik und dem geforderten Vielfaltansatz vonseiten des Diversity Managements kann dann entstehen, wenn ein ethikorientiertes Top-Management ein Ethikprogramm im Unternehmen umsetzen und die Moralkultur erhöhen will. Es muss mit einer großen Vielfalt von moralischen und ethischen Meinungen, Vorstellungen und Wertehierarchien, sowie mit unterschiedlichen moralischen Entwicklungen (Kohlberg)[21] rechnen. Es geht dabei um eine ganz spezielle Situation: in jedem effektiv arbeitenden Unternehmen unterstützen sich Kreativität und unterschiedliche Meinungen. Vielfältige Ideen sind ein fruchtbarer Boden für die Entwicklung des Unternehmens. Bei der Ethikentwicklung sieht das Problem anders aus. Es ist notwendig zwischen moralischer und ethischer Diversität unterscheiden. Moralische Diversität bedeutet, dass sich im Unternehmen verschiedene Menschen aus verschiedenen Kulturen und Moralsystemen befinden. Ihre moralische Vorstellungen und Überzeugungen können verschiedene und auch widersprüchliche Weltanschau-

---

[21] Lawrence Kohlberg, ein amerikanischer Psychologe, hat eine Theorie des moralischen Begründens ausgearbeitet. Laut dieser Theorie unterscheiden sich Menschen nach „moralischer Urteilsfähigkeit" und befinden sich auf verschiedenen „Stufen des moralischen Denkens". Es geht um die folgende Stufen: 1. Die Stufe der heteronomen Moral. 2. Die Stufe der individualistischen, instrumentalen Moral. 3. Die Stufe der interpersonal-normativen Moral. 4. Die Stufe der Moral sozialer Systeme. 5. Die Stufe der Moral der Menschenrechte und des sozialen Wohls, 6. Stufe der universalisierbaren, reversiblen und präskriptiven allgemeinen ethischen Prinzipien. Die Stufen 1. und 2. bilden die präkonventionelle Ebene, Stufen 3. und 4. die konventionelle Ebene und die Stufen 5. und 6. die postkonventionelle Ebene des Moralbewusstseins (Kohlberg 1974). Siehe ausführlich auch: Spielthenner (1996).

ungen ausdrücken.[22] Zwischen den Mitarbeitern eines Unternehmens können verschiedene moralische Meinungen über Gut und Böse, über das, was moralisch richtig oder falsch ist, über Gerechtigkeit usw. gelten. Einige moralische Einstellungen der Mitarbeiter können vonseiten der dominierenden Managementvorstellungen unmoralisch und auch für andere Mitarbeiter, sowie das ganze Unternehmen, gefährlich sein. Diese unterschiedlichen Moralauffassungen können in einer latenten Form überleben und werden nicht unbedingt offen von den Mitarbeitern wahrgenommen. Ein Top-Management wirkt mit seinem Ethikprogramm gegen diese moralische Unterschiede, weil es eine gemeinsame Moralbasis aufbauen will und soll. Wie bereits erwähnt wurde, ist die Entwicklung der Unternehmensethik ein „top-down" Prozess und das Management ist für die Entwicklung der Moral im Unternehmen verantwortlich. Ein ethikbewusstes Management hat Interesse daran, einen allgemein akzeptierten Rahmen für die moralischen Handlungen nach seinen ethischen Werten und Vorstellungen zu vertreten. Diese Hauptethikideen sind als ein Niederschlag im Ethikkodex ausgedrückt.

Der Ethikkodex stellt das Gerüst eines jeden Ethikprogramms dar. Die Anwendung der Unternehmensethik in der unternehmerischen Praxis führt zu einem Spannungsverhältnis zwischen dem Funktionieren des Ethikkodexes und der Förderung der personalen Vielfalt. Der Ethikkodex ist als ein gemeinsamer Rahmen für das moralische Verhalten aller Unternehmensmitglieder, damit für jeden Arbeiter und jeden Manager, verpflichtend. Die unterschiedlichen Moral- und Ethikauffassungen beeinflussen jedoch die Art und Weise, wie Arbeiter und Manager mit der praktischen Umsetzung eines Ethikkodexes umgehen. Ein ethikbewusstes Diversity Management kann diese Situation nicht ignorieren und muss neue oder andere ´Ethikmaßnahmen´ suchen, finden und anwenden, durch die die Unternehmensethik im Unternehmen und die moralische Diversität der Unternehmensmitglieder, basierend auf universalen Ethikprinzipen, gleichzeitig realisiert werden können.

Es wurde schon festgestellt, dass man zwischen moralischen und ethischen Auffassungen und Meinungen unterscheiden muss. In einem Unternehmen ist eine Vielfalt von ethischen Auffassungen akzeptabel. Die Vorstellungen über „eine Ethik" und damit über „eine ethische Wahrheit" sind fraglich. Die ethischen

---

[22] Wir gehen von der Konzeption der Organisationskultur von Edgar Schein aus. Schein unterscheidet bei der Organisationskultur drei Ebenen: **Artefakte und Schöpfungen** – die sichtbar, aber oft nicht entzifferbar sind, **Werte** – die höheres Niveau der Wahrnehmbarkeit darstellen und **Grundannahmen** – die als selbstverständlich gelten, aber unsichtbar und unbewusst sind. Die „basic assumptions" einer Kultur werden von den Weltanschauungen, grundlegenden Orientierungen und Vorstellungsmustern gebildet, die die Wahrnehmung, die Interpretation und das Handeln der Menschen einer Gruppe beeinflussen. Siehe ausführlich: Schein (1985).

Ideen sind Ergebnisse einer Reflexion der Moral über bestimmte theoretische Ansätze und Prinzipien. Moralische Vorstellungen sind mehr oder weniger partiell und subjektiv, ethische Vorstellungen versuchen die ethischen Werte universal zu begründen. So muss zum Beispiel ein Ethikkodex, wenn er wirklich ein ETHIKkodex sein soll, und kein rechtlicher oder administrativer Leitfaden, auf theoretisch-methodologischen Ethikbausteinen stehen. In diesem Sinne kann ein Ethikkodex von einer oder von mehreren ethischen Theorien, sowie auch von mehreren ethischen Prinzipien ausgehen. Ethik stellt verschiedene universale Prinzipien und Regeln, wie z.B. Gerechtigkeit, Ehrlichkeit, Toleranz, Pflicht, Nutzen, Lust, Solidarität, Gleichheit, Fürsorge, Würde jeder Person, Mäßigung, Verantwortung, diskursorientierte Regel und Menschenrechte zur Verfügung. All diese Prinzipien und Regeln äußern das rationale Bestreben, das menschliche moralische Verhalten und Handeln zu verallgemeinern und definieren universale Regeln oder Ansätze, die in jeder moralischen Situation anwendbar sind. Diese universalen Regeln sollen den Menschen bei ihren Entscheidungen über Gut und Böse, richtig und falsch als Orientierung dienen.

3 Ethikprogramm

3.1 Was ist ein Ethikprogramm?

Die zielbewusste und systematische Anwendung der Ethik in der unternehmerischen Praxis setzt die Applikation eines Ethikprogramms voraus. Dieses ethische Programm ist ein System von ´ethischen Maßnahmen´, welche das moralische Verhalten aller Mitarbeiter und Manager eines Unternehmens regeln. Das System basiert auf dem Prinzip, dass die Ethik ein Bestandteil der Unternehmensführung sein sollte und, dass das moralische Verhalten der Mitarbeiter in Richtung eines höheren moralischen Niveaus beeinflusst werden kann. Die wichtigste Bedeutung des Ethikprogramms besteht in einer ständigen, langfristigen und kritischen ethischen Reflexion der Unternehmensmoral. Ich denke, dass das nur dann geht, wenn sich das Top-Management für eine kontinuierliche und kritische ethische Reflexion entscheidet. In diesem Fall kann man von „organisierter Verantwortlichkeit" und „Integritätsmanagement" sprechen[23]. Ein „integratives Ethikprogramms"[24] hat große Bedeutung für die Steuerung der moralischen Kommunikation und des moralischen Verhaltens im Unternehmen.

---

[23] Ulrich 2002b:155.
[24] Ulrich 2002b:155.

Ein gut ausgearbeitetes, klares und verständliches ethisches Programm nach meiner Meinung:
a. ist Ausdruck der Werte des Unternehmens,
b. ist Ausdruck dessen, dass die Ethik Bestandteil der Unternehmenskultur und der Langzeitstrategie des Unternehmens ist,
c. drückt aus, dass das jeweilige Unternehmen die Ethik im Unternehmen zielbewusst und systematisch angeht, d.h. dass Ethik ein Baustein der Führung ist,
d. ist Äußerung des Willens der Führungskräfte und Aktionäre, soziale Verantwortung für die Entwicklung der Ethik in der Organisation und für die Kultivierung des unternehmerischen Milieus der ganzen Gesellschaft zu übernehmen,
e. ist Äußerung der Überzeugung des Top-Managements, dass ausgezeichnete ökonomische Ergebnisse und Erträge auch auf gesetzliche und korrekte Weise erreicht werden können,
f. garantiert Kunden, potenziellen Kunden und Investoren, dass sich das Unternehmen ihnen gegenüber fair verhält, Verträge einhält, Gesetze respektiert und gute Sitten achtet,
g. garantiert der ganzen Gesellschaft, dass das Unternehmen keine korrupten Handlungen begeht und die Regeln des Marktes respektiert,
h. garantiert den Mitarbeitern, dass sich das Unternehmen, für das sie arbeiten, ihnen gegenüber in jeder Situation verantwortungsvoll und würdig verhalten wird,
i. garantiert den guten Namen und die langfristige Prosperität des Unternehmens.

In der unternehmerischen Praxis existieren verschiedene Ethikprogramme mit unterschiedlicher ethischer Qualität. Es ist nicht selten, dass sich unter dem Namen „Ethikprogramm" ein wirtschaftliches, politisches oder auch rechtliches Programm des Unternehmens versteckt. Ein funktionierendes Ethikprogramm stellt die Gesamtheit der ′Ethikmaßnahmen′ dar, mit denen das Management die Unternehmensethik entwickeln kann. Ein Ethikprogramm bildet auch für das Diversity Management ein Rahmen, in welchem es seine Projekte realisieren kann.

3.2 Zum Begriff 'Ethikmaßnahmen'

Unter dem Begriff 'Ethikmaßnahmen' verstehen wir die Formen der Institutionalisierung der Ethik in einer Organisation. St. Gallener Wirtschaftsethiker benutzen das Wort „Ethikmaßnahmen" ausschließlich apostrophiert. Das liegt an ihrem Verständnis der modernen Ethik und der Unternehmensethik. Nach ihrer Meinung ist Unternehmensethik, wie auch Ethik, kein konventioneller Bestand „fester Werte" noch eine Sozialtechnik für gute Zwecke[25]. „Moderne (Unternehmens-)Ethik liefert kein „anwendbares" instrumentelles Verfügungswissen (know *how*), sondern entfaltet argumentatives *Orientierungswissen* im Sinne gut begründeter Grundsätze und Leitideen legitimen (unternehmerischen) Handelns (know *what*). Unternehmerische 'Ethikmassnahmen' dürfen somit nicht missverstanden werden als Formen der Umsetzung oder Implementierung bereits abschliessend begründeter „fester Werte"; vielmehr schaffen solche Massnahmen die strukturellen und kulturellen Bedingungen der Möglichkeit ethischer Reflexions- und Argumentationsprozesse sowie entsprechenden verantwortlichen Handelns im Unternehmen."[26]. Diese Ideen korrespondieren mit meinem Ansatz zu Ethik und Unternehmensethik. Es gibt keine „eine Ethik", es gibt verschiedene ethische Konzeptionen und Theorien, unter denen wir unsere Handlungen reflektieren und neue Handlungsorientierungen begründen und projektieren. Ethik als Sozialwissenschaft stellt vor allem eine kontinuierliche kritische Reflexion der Moral in aller Sphären des Lebens dar und bietet uns einen vernünftigen und praktischen Ausgangspunkt für eine humanistische Orientierung in jedem Lebensbereich. Dieser Ausgangspunkt besteht in der unbedingten Anerkennung der Würde jedes Menschen. Ethik als praktische Philosophie stellt uns keine festen Maßnahmen zur Verfügung, sondern bietet Hinweise, Methoden und Argumentationen für ethisch begründete, kontinuierliche und humanistische Orientierung. In der Ethik existieren keine statischen und festen Rezepte; es geht immer und unter allen Umständen um die Suche nach der ethisch rationalen Handlung jedes Menschen (und jeder gesellschaftliche Institution). In diesen Punkten schließe ich mich der Meinung der St. Gallener an und werde den Begriff 'Ethikmaßnahmen' ebenfalls apostrophiert verwenden.

3.3 Die Grundelemente eines Ethikprogramms

Den Wirtschaftsethikern stehen in der unternehmerischen Praxis viele Erkenntnisse, Modelle und Methoden zur Verfügung, von denen sie ausgehen können. Diese reflektieren, analysieren und verallgemeinern zahlreiche Erfahrungen, vor

---

[25] Ulrich/Lunau/Weber 1996:12.
[26] Ulrich/Lunau/Weber 1996:12-13.

allem von amerikanischen Unternehmen, aus der Anwendung, Institutionalisierung und Implementierung der Ethik in Unternehmen.[27] Auf Grund der Analyse und Synthese der verschiedenen Ansichten über die Bausteine oder 'Ethikmaßnahmen' vor allem in Anlehnung an Wieland (1993) und Ulrich/Lunau/Weber (1996) schließe ich, dass ein funktionierendes Ethikprogramm unbedingt folgende fünf Grundstrukturelemente haben muss:

1. **Grundsätze** für die Entwicklung der Ethik im Unternehmen (Ethikkodex).
2. **Subjekte** - Personen oder Institutionen, die für die Entwicklung der Ethik verantwortlich sind (z.B. Ethics Officer, Ethikkommission, Ombudsmann usw.).
3. **Ausbildungsforen** (Ethikseminare, Ethiktrainings, Ethikworkshops usw.).
4. **Feedbackmechanismen** (z.B. Ethikdiskussionsforum, Ethikhotline usw.).
5. **Kontroll- und Evaluationsmechanismen** (Fragebogen, Ethikauditing, Bilanzierung usw.).

---

[27] Peter Ulrich (2002a:155f) schlägt sechs Bausteine – 'Ethikmaßnahmen' des integrativen Ethikprogramms vor:
Eine geklärte und wohlbegründete unternehmerische Wertschöpfungsaufgabe ("Mission Statement").
Verbindliche Geschäftsgrundsätze deklarierten in nachprüfbarer Form ("Business Principles" oder "Code of Conduct").
Klar definierte und gewährleistete moralische Rechte sämtlicher Stakeholder, insbesondere der Mitarbeiter ("Bill of Stakeholder Right").
Eine diskursive Infrastruktur („Foren" des unternehmensethischen Dialogs, Ethikomitee usw.).
Maßnahmen der ethischen Kompetenzbildung („Ethiktraining"), Integritäts- und Verantwortungskultur.
Die flächendeckende Überprüfung und nötigenfalls Ergänzung der bestehenden Führungssysteme („Compliance-Programm").
Im Allgemeinen dominiert die Meinung, dass ein Ethikprogramm auf folgenden Formen der Institutionalisierung aufgebaut wird (Wieland 1993, in Anlehnung an Wieland auch Löhnert 1998):
Ethikkodizes (Code of Ethics),
Ethikkomitees (Ethics Committees of the Board of Directors),
Ethikabteilung (Ethics Office),
Ethiktraining (Ethics Training) und
Telefonnummer (Ethics Hotline, Open line).
Die ausführliche Differenzierung der 'Ethikmaßnahmen' gibt es bei Ulrich/Lunau/Weber (1996). Sie unterscheiden folgende Formen der Institutionalisierung der Ethik, d.h. 'Ethikmaßnahmen' im Unternehmen. In dieser Arbeit verwenden sie genau diese Differenzierung:
Ethik-Kodex, -Leitfaden,
Ethik- Vorstand, -Beauftragter, -Kommission, -Zirkel,
Ethik-Seminar, -Seminarteil, -Workshop,
Ethik-Diskussionsforum, -Hotline
Ethik-Bilanzierung, -Audit, -Personalgespräch. (Ulrich/Lunau/Weber 1996).

DiM und die Entwicklung der Unternehmensethik 73

Eine langfristige und systematische Anwendung der Unternehmensethik ist ohne ein System, das aus diesen Bausteinen besteht, unmöglich. Trotzdem muss man darauf hinweisen, dass das Ethikprogramm ein offenes System ist. Das bedeutet, dass die Bausteine in jedem Unternehmen verschiedene Ausprägungen und Formen haben können und sollen, weil sie verschiedene Erfahrungen und Probleme, die Wirtschaftssituation, die Belegschaftsstruktur des Unternehmens usw. widerspiegeln. Diese Formen der Grundstrukturelemente des Ethikprogramms muss man flexibel und dynamisch umsetzen. Das Unternehmen kann nach seinen Bedürfnissen auch neue Formen und Typen der Strukturelemente erschaffen.

3.3.1 Ethikkodex

Der Ethikkodex gehört zu den verbreitetsten Formen der Institutionalisierung der Ethik in der unternehmerischen Praxis. Er stellt ein Wertesystem des Unternehmens dar. Er ist eine Gesamtheit von Moralnormen und Moralprinzipien und für alle Mitarbeiter verpflichtend. Der Ethikkodex ist ein Kompass, der den Mitarbeitern und Managern hilft, bei ihren moralischen Entscheidungen den richtigen Weg zu finden. Der Ethikkodex stellt eine Handlungsorientierung dar - auf den Grundvorstellungen was gut und was schlecht ist, bzw. welches Verhalten erwünscht und welches nicht erwünscht ist und wie sich alle Mitglieder der Organisation benehmen sollten. Der Ethikkodex ist ein ethischer Rahmen für das Verhalten des Unternehmens gegenüber seinen Mitarbeitern und allen Stakeholdern. Ein Ethikkodex ist für die Stakeholder eine Garantie, dass das Unternehmen ein verantwortlicher und zuverlässiger Geschäftspartner ist. In der Praxis trifft man verschiedene Ethikkodizes. Sehr oft stellen sie einen Komplex von wirtschaftlichen, rechtlichen und ethischen Regeln dar. Sehr oft sind es auch nur pure organisatorische Vorschriften. Auffällig ist die Verbindung der Ethikkodizes der amerikanischen Firmen mit den gesetzlichen Vorschriften. Viele Unternehmen verstehen ihren Ethikkodex als einen Rechtskodex, der auch ein bisschen was mit Ethik zu tun hat.[28] Die Ethikkodizes spielen eine große Rolle bei der Entwicklung der ethischen Ansichten im Unternehmen. Ein Ethikkodex ist vor allem ein Moralspiegel des Managements. Ohne den Willen und die Unterstützung des Managements wird kein Ethikkodex angenommen und implementiert. Die Ethikkodizes wirken auf die ethische Entwicklung der Mitarbeiter und Manager auf zweierlei Art und Weise. Einerseits regulieren sie ihr Verhalten durch klare Deklaration welche Werte grundlegend sind und welche Normen angewendet werden sollen. Anderseits rufen sie hervor, dass man das eigene Verhalten kontinuierlich reflektiert und modifiziert. Ethikkodizes lehren uns das

---

[28] Siehe ausführlich Löhnert (1998).

Widerspiegeln, Bewerten und Ändern unseres alltäglichen Benehmens unter dem „moral point of view".

Durch den Einbau anderer 'Ethikmaßnahmen', wie z.b. Ethikkomitees, Ethikabteilungen, Ethikausbildungsforen, Feedbackmechanismen und Ethikkontrollmechanismen, in das Steuersystem des Unternehmens wird der Ethikkodex zur Garantie für ethisch begründetes Verhalten vonseiten des Unternehmens gegenüber allen Stakeholdern. An dieser Stelle möchte ich kurz erklären, was ich unter diesen anderen konkreten Ethikmaßnahmen verstehe.

3.3.2 Die anderen 'Ethikmaßnahmen'

Subjekte der Ethikentwicklung, Ethikkomitees (Ethics Committee of Board of Directors) sind Subjekte für die Entwicklung der Unternehmensethik, die sich auf der höchsten Hierarchieebene im Unternehmen befinden. Nach der amerikanischen Praxiserfahrung setzen sie sich aus einem internen und einem externen Direktor des Unternehmens und dem Verantwortlichen der Abteilung für „Corporate Ethics and Business Conduct" zusammen. Nach Wieland (1993:31) ist die Hauptaufgabe des Ethikkomitees die Legitimation der ethischen Fragen im Unternehmen auf der höchsten Stufe der Leitung, d.h. beim Chairman und beim Chief Executive Officer (CEO). Wieland betont, dass die fundamentalste und unumstrittenste Lehre der amerikanischen Business Ethics die Überzeugung ist, dass man Ethik nur von oben nach unten aktiv im Unternehmen betreiben kann. „Ohne 'moral leadership' der Unternehmensspitze gibt es keine erfolgreiche Unternehmensethik."[29]. Meine Erfahrungen bei der Entwicklung der Unternehmensethik in der Slowakei können diese Aussage eindeutig beweisen. Ethikkomitees erschaffen das strategisch-ethische Programm des Unternehmens, korrigieren den Ethikkodex, entscheiden bei komplizierten ethischen Fragen bezüglich der Stakeholder, beraten bei Entscheidungen zu ethischen Konflikten im Unternehmen usw.[30].

Ethics Officer: Die ethische Entwicklung im Unternehmen wird durch eine Ethikabteilung (Ethics Office) gesteuert, koordiniert und kontrolliert. Der Leiter dieser Abteilung ist der Ethics Officer, d.h. eine Person, die Unternehmensethik im Unternehmen professionell entwickelt. Der Ethics Officer setzt das Ethikprogramm um. Er ist verantwortlich für alle Ethikprojekte, die Implementierung der 'Ethikmaßnahmen' und die Schaffung neuer Maßnahmen. Nach Wieland (1993:33), gehört folgendes zu den Aufgaben eines Ethics Officer:

---
[29] Wieland 1993:31-32.
[30] Wieland 1993:31-32.

DiM und die Entwicklung der Unternehmensethik

- „die Entwicklung von Mechanismen, durch die Mitarbeiter ethische Probleme ohne Furcht vor negativen Konsequenzen wahrnehmen,
- die Entwicklung und Durchführung von Trainingsprogrammen für alle Mitarbeiter,
- die Aufdeckung und Kontrolle „ethischer Grauzonen" und moralisch sensibler Arbeitsbereiche,
- die Entwicklung und Durchführung eines Auditingsystems,
- die Veröffentlichungspolitik des Unternehmens im Hinblick auf ethische Fragestellungen,
- Berichterstattung an das Ethikkomitee und den Vorstand.[31]"

Es ist jedoch wichtig zu betonen, dass ein Ethics Officer im Dienste des Unternehmens arbeitet und für seine Arbeit im Bereich Unternehmensethik bezahlt wird. Man kann sich daher die Frage nach seiner Unabhängigkeit stellen.

Ombudsmann: Ein Ombudsmann ist unabhängig vom Unternehmen und kann daher ethische Konflikte unparteiisch lösen. Der Ombudsmann ist ein Vermittler bei moralischen Problemen zwischen internen oder externen Stakeholdern und dem Top-Management. Er sollte eine für beide Seiten ethisch richtige Entscheidung finden. Ein Ombudsmann kann auch selbständig seine Einstellung zu ethisch relevanten Fragen im Unternehmen verbreiten[32].

Ausbildungsforen: Ohne ethische Ausbildung und Umschulung im Bereich Ethik und Unternehmensethik für alle Mitarbeiter, vor allem aber für Manager, kann man die Ethik im Unternehmen nicht entwickeln. Es gibt verschiedene Formen der Ausbildung, wie z.B. Ethikseminare, Ethikseminarteile, Ethikworkshops, Ethiktrainings, alle haben gemeinsame Ziele:

- sie vermitteln jedem im Unternehmen die Erkenntnisse über Moral und Ethik,
- sie zeigen, dass man Ethik während des ganzen Lebens lernen kann,
- sie zeigen, dass alle moralische Probleme mit unterschiedlicher Argumentation lösbar sein können,
- sie informieren über Grundwerte des Unternehmens,
- sie erklären den Ethikkodex und das Ethikprogramm,

---

[31] Wieland 1993:33.
[32] Ulrich/Lunau/Weber 1996:21.

- sie zeigen, dass alle zwischenmenschlichen Probleme kultiviert gelöst werden können.

Alle Formen der ethischen Ausbildung stellen Foren zum offenen Dialog über moralische Probleme im Unternehmen dar.[33]

Feedbackmechanismen: Ohne Feedbackmechanismen im Unternehmen kann man Unternehmensethik nicht erfolgreich entwickeln. Die Unternehmen bieten kostenlose interne und externe Hotlines oder verschiedene Ethikboxen an, wo die Mitarbeiter Informationen über unmoralische oder illegale Handlungen anderer Mitarbeiter oder Manager veröffentlichen können. Sie können durch diese Kanäle auch mitteilen, welche Probleme sie mit dem Einhalten des Ethikkodexes haben. Diese Informationen oder Beschwerden können die Mitarbeiter auch anonym mitteilen. Zu diesen Feedbackmechanismen gehören auch verschiedene interne oder externe Ethikdiskussionsforen[34]. Wenn ein Top-Management über die unmoralischen und illegalen Probleme im Unternehmen nicht informiert werden will, kann es auch keine Unternehmensethik entwickeln.

Kontroll- und Evaluationsmechanismen: Die Effektivität der ´Ethikmaßnahmen´ und die ganze Realisation des Ethikprogramms kann man ohne Kontrollmechanismen nicht beurteilen. Unternehmensethik ist ein Bestandteil der Organisationskultur und des Steuerungssystems, deshalb muss sie nicht nur geplant, sondern auch „gemessen", kontrolliert und korrigiert werden. Man muss im Unternehmen ein Kontrollsystem im Bereich Ethik einführen. Dieses Ethics Audit kann verschiedene Formen haben, z.B. Befragung, Interview, Ethikpersonalgespräch, Ethikbilanzierung usw.[35].

Am Beispiel der Entwicklung der Unternehmensethik im slowakischen Unternehmen Slovnaft von Juni 2001 bis Mai 2004 wird gezeigt, dass ein Ethikmanagement ´Ethikmaßnahmen´ effektiv und erfolgreich umsetzen kann, indem es eine sinnvolle Auswahl aus einer Vielzahl von ´Ethikmaßnahmen´ trifft.

---

[33] Siehe auch Ulrich/Lunau/Weber (1996:23ff); Steinmann/Löhr (1994:181).
[34] Ulrich/Lunau/Weber 1996:25.
[35] Ulrich/Lunau/Weber 1996:26 ff.

DiM und die Entwicklung der Unternehmensethik

4 Die Entwicklung der Unternehmensethik in der Slovnaft Group

4.1 Die Slovnaft Group

Die Slovnaft Group gehört zu den bedeutendsten Unternehmen in der Slowakei. Es ist eines der größten Raffinerie- und Chemieunternehmen in Mitteleuropa.[36] Slovnaft wurde während der ersten Welle der Privatisierung ab dem 1. Mai 1992 von einem staatlichen Betrieb in eine Aktiengesellschaft umgewandelt. Der Prozess der Privatisierung wurde im Januar 1998 endgültig abgeschlossen. Der größte Aktionär von Slovnaft ist die Manager-Mitarbeiter-Aktiengesellschaft Slovintegra. Am 31. März 2000 hat Slovnaft ein Abkommen mit der Aktiengesellschaft MOL, das ist eine der größten ungarischen Korporationen, über eine strategischen Partnerschaft unterzeichnet. Ende 2000 hat die MOL Hungarian Oil and Gas Public Limited Company 70% der Aktien von Slovnaft besessen. Ab dem 1. Oktober 2003 begannen die Mol Group und die Slovanft Group in den integrierten Strukturen zu arbeiten. Ab dem 1. Januar 2004 wurde die Slovnaft Group voll in die MOL Group eingegliedert. So entstand in Mitteleuropa die erste integrative transnationale Gesellschaft.[37]

Die Aktiengesellschaft Slovnaft ist ein sich dynamisch entwickelndes, prosperierendes und erfolgreiches Unternehmen. Für das gesamte Bild über Slovnaft ist es wichtig zu wissen, dass Slovnaft ein sehr hohes Ansehen in der Slowakei und im Ausland genießt. Die Slowaken schätzen die wirtschaftlichen Ergebnisse von Slovnaft, die für die ganze Slowakische Republik große Bedeutung haben. Slovnaft wird als Flagschiff der slowakischen Wirtschaft wahrgenommen. Slovnaft ist für die slowakische Bevölkerung ein Synonym für Prosperität, neue Technologien, Produkte mit hoher Qualität, Umweltschutzprogramme und ein hochgebildetes Management. Unter den Wirtschaftlern hat Slovnaft ebenfalls einen guten Ruf, weil es immer einen Ausgleich zwischen hoher Qualität und minima-

---

[36] Auf der Web-Seite der Slovnaft Company finden sich folgende Informationen: The refinery and petrochemical company Slovnaft, one of the biggest in the Central Europe, lies on the area of 520 hectares at the south-east border of Slovak Republic, Bratislava. Yearly it processes approximately 5 millions tones of crude oil supplied mainly from the Russian Federation, which is transported to Bratislava by a point-stock company Transpetrol by means of the pipeline system Družba. Slovnaf, a.s. delivers to the market the complete range of refinery, petrochemical products and plastics and app. 60% of its production is exported to Czech Republic, Germany, Hungary and Italy. (http://www.slovnaft.sk) (11-05-04).

[37] In meinem Artikel analysiere ich die Ethikentwicklung in der Slovnaft Group im Zeitraum vom Juni 2001 bis Mai 2004. Zur Zeit wird ein Projekt vorbereitet, bei dem sich alle Mitglieder der MOL Group in einem integrativen Ethikprogramm die gemeinsamen Werten aneignen sollen.

len ökologischen Externalitäten findet.[38] Die Aktiengesellschaft Slovnaft hat Ende des Jahres 2003 (mit Tochtergesellschaften) ca. 5000 Mitarbeiter beschäftigt.

4.2 Die Einführung des Ethikkodexes

Der Beginn einer bewussten und systematischen Entwicklung der Unternehmensethik hat bei Slovnaft im Jahr 2001 begonnen und ist mit der Entscheidung des Top-Managements verbunden, einen Ethikkodex zu kreieren, um die Vision des Unternehmens zu erfüllen. Die Vision lautet wie folgt: „We want to be a company focused on customers, respected by our business partners, employees and the public as a reliable and fair partner. We want to base our prosperity on integration in the field of crude oil processing in the Central European region, and on the use of modern technologies and knowledge, experience and skills of our employees.[39]". In jenem Jahr hat Slovnaft eine Entwicklungsstrategie begonnen, deren Bestandteile die anerkannten Werte der Unternehmenskultur waren. Das Top-Management von Slovnaft war überzeugt, dass ein Ethikkodex das Herz der neuen Unternehmenskultur werden soll. Der Ethikkodex sollte zum Festigen der neuentwickelten Unternehmenskultur führen.

Der Ethikkodex von Slovnaft gehört zu den besten Ethikkodizes in der slowakischen unternehmerischen Praxis.[40] Die Besonderheit diese Ethikkodexes besteht darin, dass er eine bewusste Anwendung der Erkenntnisse aus dem Bereich Ethik und Unternehmensethik bedeutet. Der Ethikkodex geht aus den vier ethisch-theoretischen Grundsätzen hervor:

- humanistische Orientierung,
- Rationalität,
- die Idee, dass Ethik erlernbar ist,
- Orientierung auf die bewusste Gestaltung eines gerechten sozialen Milieus und von Bedingungen für Diskursethik.

---

[38] The year 2000 saw the start of the greatest investment project in the history of crude oil processing in Bratislava – the EPPA Project for heavy crude oil fraction upgrading, with brought the latest technology in deeper processing to Slovnaft and was an outstanding contribution to the ecology, economy and firm's product quality. (Slovnaft in Brief, 2002).

[39] Slovnaft in Brief, 2002.

[40] Im Wettbewerb „The Contest" for the Best Code of Ethics 2003 gewann Code of Ethics of Slovnaft Group. "Contest results 1. best elaborated code of ethics 2003 Slovnaft, a.s." http://business-ethics.sk/index_en.html (26-05-04).

DiM und die Entwicklung der Unternehmensethik

All diese Ansätze sind die methodologische Basis für die Anerkennung einer offenen Unternehmenskultur, Diversität und Pluralität. Die Hauptethikprinzipien stellen den Ausdruck der Slovnafter Werte dar. Diese Prinzipien sollen das Verhalten aller Mitarbeiter und Manager auf ethisch relevanter Basis vereinigen. Sie stellen den ethischen Raum dar, in dem sich alle Mitarbeiter und Manager bewegen können und sollen. Der Ethikkodex geht aus den folgenden Ethikprinzipien hervor:

- Wahrung der Menschenwürde,
- Respekt der Menschenrechte,
- Ehrlichkeit,
- Fairness,
- Verantwortung,
- Gerechtigkeit,
- Pflicht,
- Toleranz.

Diese Vielfalt der ethischen Prinzipen im Ethikkodex drückt die Idee aus, dass die moralische Realität nicht durch ein universales Prinzip erklärbar ist. Gleichzeitig ist dieser Ethikkodex ein Grund zur Anerkennung der unterschiedlichen Ansätze in der ethischen Diskussion. *Welche Handlung ist ethisch richtig und was soll ich machen?* Gleichzeitig erkennt der Slovnafter Ethikkodex die unterschiedlichen individuellen Einstellungen und Auffassungen im Bereich Ethik an und gibt Hinweise zur Art und Weise des Umgangs mit ethischen und moralischen Unterschieden.

Als grundsätzlicher Ausgangspunkt in diesem Ethikkodex ist das Prinzip der Toleranz anerkannt. Eine menschenwürdige Koexistenz in einer multikulturellen Gemeinschaft hängt davon ab, wie die Mitglieder unterschiedlicher sozialer Systeme mit kulturellen, politischen, sozialen, aber auch naturgegebenen Andersartigkeiten, Differenzen, Uneinigkeiten und Meinungsverschiedenheiten umgehen. Im Gegensatz zum verbreiteten Verständnis der Toleranz als bloße Duldung und Achtung von andersartigen Anschauungen und Handlungsweisen[41], wird Toleranz hier als Handlungsweise (Prozedur) verstanden, d.h. dass Toleranz die Qualität eines rationalen Verfahrens in der Kommunikation gewinnt. Das wichtigste Merkmal bei dieser Form der Toleranz ist die „Nichtanwendung"[42] von Gewalt bei der Lösung von Auseinandersetzungen und die Akzeptanz der

---

[41] Höffe 1992.
[42] Remisova 1995.

Andersartigkeit in der multikulturellen Gemeinschaft. Dieses Verständnis von Toleranz stellt ein allgemeines Prinzip der menschlichen Kommunikation dar, das auf der Idee der Menschenwürde und Achtung aller menschlichen Wesen basiert. In diesem Sinne drückt Toleranz auch den Respekt vor anderen Anschauungen aus, im Wissen, dass diese in ihrem Bezugssystem (Referenzrahmen) berechtigt sind[43].

Der Slovnafter Ethikkodex geht aus der Theorie der Unternehmensethik als Sozialwissenschaft hervor. Slovnaft war die erste Firma der Slowakei, die sich zur Theorie der sozialen Verantwortung (social responsibility) bekannt hat. Die Akzeptanz der Stakeholdertheorie hat die Struktur des Ethikkodixes beeinflusst. Der Ethikkodex ist so gegliedert, dass er alle Beziehungen zu internen und externen Stakeholdern beinhaltet. Der Ethikkodex enthält die Selbstbindung der Firma, in Bezug auf alle Stakeholder ein zuverlässiger und korrekter Partner zu sein. Unter den slowakischen Bedingungen ist Slovnaft das erste Unternehmen, das sich als „Corporate citizenship" wahrnimmt.

Der Ethikkodex der Slovnaft Group enthält inhaltlich alle allgemein angenommenen Probleme, die für die Gestaltung jedes Ethikkodexes typisch sind.[44] Außer diesen traditionellen Fragen umfasst er aber auch ganz neue ethische Verpflichtungen für das Unternehmen und jedes Mitglied. Diese neuen Verpflichtungen sind für die Unternehmenskultur sehr wichtig, weil sie sich direkt auf die Unternehmenswerte und auch auf die Diversität beziehen. Erstens definiert der Ethikkodex die ethischen Regeln für die Kommunikation in der Slovnaft Group:

- jeder Mitarbeiter hat das Recht seine Meinung äußern,
- jeder Mitarbeiter hat ein Recht darauf, dass man ihm zuhört,
- jeder Mitarbeiter muss Verantwortung in einem Konflikt übernehmen.

Und zweitens verpflichtet sich das Unternehmen würdige Arbeitsbedingungen für alle Mitarbeiter zu schaffen.

4.3 Die 'Ethikmaßnahmen' der Slovnaft Group

Ethikrat, Ethiksekretär, Ethikhotline: Zu der Zeit, als der Ethikkodex gestaltet wurde, bereitete die Ethikkodexarbeitsgruppe weitere Formen von 'Ethikmaßnahmen' vor. Die Arbeitsgruppe ging von der Überzeugung aus, dass sich die Ethik im Unternehmen nicht nur durch eine Form von 'Ethikmaßnahmen' insti-

---

[43] Remisova 1995.
[44] Ausführlich Wieland (1993:30-31).

tutionalisieren kann. Wenn die Ethik optimal funktionieren soll, müssen auch andere Kanäle entstehen, durch die der Vorstand erkennt, welche moralische Probleme im Unternehmen existieren. Auch muss eine Institution geschaffen werden, die sich mit den Ethikfragen beschäftigen soll. Diese Funktion sollte der Ethikrat ausfüllen.[45] Der Ethikrat sollte folgende Mission und Ziele verwirklichen: „The main mission of the ethical Council is to monitor ethical problems in Slovnaft Group companies in the long term and make proposals for their solution. The Ethical Council fulfills the task as a planning and coordinating centre of deliberate ethical development of the company. The Ethical Council provides help in solving up-to-date ethical problems and conflicts that occurred in Slovnaft Group companies and it makes potential proposals for the solution of these problems. The basic method of Ethical Council´s work is a dialogue und consensus" (Slovnaft Group Ethical Council, 2001). Der Ethikkodex trat am 1. Januar 2002 in Kraft. Zu dieser Zeit nahmen auch der Ethikrat und die Ethikhotline die Arbeit auf. Für das Monitorring der Ethikhotline und für die alltägliche „Ethikarbeit" ist der Ethiksekretär des Ethikrates verantwortlich. Er ist im Prinzip ein Ethikbeauftragter (Ethics Officer).[46]

Ethikberatung - Neue ´Ethikmaßnahme´: Vier Monate nach der Implementierung des Ethikkodexes entschied sich der Vorstand, auf Grund der Empfehlung des Ethikrates, eine neue Form von ´Ethikmaßnahmen´, die Ethikberatung, zu institutionalisieren. Grund für diese Entscheidung war offensichtlich der Wunsch, eine weitere Möglichkeit für die Ethikkommunikation mit den Mitarbeitern in der Slovnaft Group zu schaffen und Raum für die Lösung ihrer moralischen Problemen zu bieten. Die ersten drei Monate nach der Realisierung des Ethikprogramms zeigten, dass die vorher geschaffenen ´Ethikmaßnahmen´, also Ethikrat und Ethikhotline, nicht ausreichend auf die Unterschiede in den moralischen Problemen im Unternehmen, die unterschiedliche Wahrnehmung des E-

---

[45] Article 1: Status of the Ethical Council: "Slovnaft Group Ethical Council ...is established as an institution, the task of which is to deal with the solution of ethical question in relations to production, business and entrepreneurial activities of Slovnaft Group companies. The establishment of the Ethical Council is also the part of measures by which ethics is being implemented into the management system in Slovnaft Group companies. The Ethical Council is an independent body whose decisions and outcomes have the form of recommendations". (Slovnaft Group Ethical Council, Bratislava, 2001).
Die Personalstruktur des Ethikrates der Slovnaft Group unterscheidet sich von den Kommissionen oder Komitees, deren Beschreibungen sich in der Fachliteratur befinden. Der Ethikrat der Slovnaft Group hat sieben Mitglieder. Drei Mitglieder sind Mitarbeiter von Slovnaft, inklusive dem Vorsitzenden, der HRM Direktor ist; vier Mitglieder sind aus dem externen Milieu – dabei handelt es sich um fachlich und moralisch anerkannten Personen aus dem akademischen und unternehmerischen Milieu, inklusive dem Ethikexperten (vgl. Wieland, 1993:31-32).
[46] Vgl. Ulrich/Lunau/Weber (1996:21), Wieland (1993:33).

thikkodexes und die unterschiedliche moralische Bewertung des Verhaltens Anderer reagieren konnten. Es zeigte sich, dass der Ethikrat vor allem die moralischen Fragen in Bezug auf externe Stakeholder (Lieferanten, Kunden, Region, Regierung, NGO-s, Konkurrenz) lösen kann. Bei internen moralischen Problemen dominierten Interessenkonflikte, organisatorische und administrative Sachverhalte, sowie Bemerkungen zu Struktur und Inhalt des Ethikkodexes.

Deshalb wurde eine ´Ethikmaßnahme´ gesucht, die es den Mitarbeitern ermöglichen würde, auch über ihre persönlichen Probleme zu sprechen. Zu diesem Zweck wurde eine Ethikberatung im Unternehmen eingerichtet. Mit einer Ethikberatung gab es in der Slowakei noch keine Erfahrungen. In diesem Sinne stellte die Tätigkeit der Ethikberatung in der Slovnaft Group ein „Unternehmensethikexperiment" dar. Schon die ersten Monate bestätigten die Richtigkeit der Entscheidung des Vorstandes, eine Ethikberatung anzubieten. Die Ethikberatung ist eine Möglichkeit für Mitarbeiter und Manager offen mit unabhängigem Ethikexperten zu sprechen, ohne Angst, für ihre Meinung sanktioniert zu werden. Der Ethikberater akzeptiert den Wunsch der Mitarbeiter nach Anonymität. Er respektiert auch ihre Wünsche hinsichtlich der Tatsache, ob das Problem gelöst werden soll oder nicht. Wenn der Mitarbeiter das Problem lösen will, tritt der Ethikberater als Vermittler auf. Die Ethikberatung funktioniert in der Slovnaft Group seit zwei Jahren. Ihre Tätigkeit und ihre Ergebnisse beweisen die Berechtigung derartiger ´Ethikmaßnahmen´ in Unternehmen. Die Ethikberatung berücksichtigt die Diversität und die Unterschiede in den Ansichten und Meinungen bei der Beurteilung von moralischen Alltagsproblemen. Die Ethikberatung zeigt auch, dass die Menschen verschiedene moralische Probleme und sehr oft auch unterschiedliche Hemmungen haben, offen über diese Probleme zu diskutieren. Aus diesem Grund empfinden viele die Ethikberatung als „eine letzte Station", wo sie versuchen können ihre Probleme jemandem zu erzählen und zu lösen.

Ethiktraining zur Entlassung: Anfang des Jahres 2003 bereitete Slovnaft eine Massenentlassung von ca. 500 Mitarbeitern vor. Für eine Firma mit starker Unternehmenskultur und Loyalität war es ein kompliziertes und sozial-ethisch anspruchsvolles Problem. Im Ethikkodex ist der Rahmen für den ethischen Vorgang bei der Entlassung von Mitarbeitern eindeutig definiert: „Slovnaft Group commits itself to respect objective criteria and basis ethical norms in dismissal process. The dismissal process has to be notified in timely fashion, must be transparent and must be carried out in such a way, based on basic psychological principles, so as not to a person´s dignity.[47]" Im Allgemeinen ist klar, auf welcher Art und Weise die Manager handeln sollen, aber in der Realität ist es für

---

[47] Code of Ethics of Slovnaft Group, 2001:7.

DiM und die Entwicklung der Unternehmensethik

Manager nicht so einfach diese Aufgabe ethisch und professionell auszufüllen und den eigenen Stress, sowie den Stress der Mitarbeiter zu bewältigen. Jeder Mitarbeiter ist anders und ein Manager muss diese Einzigartigkeit respektieren und mit jedem Mitarbeiter ein individuelles Gespräch führen. Aus diesen Gründen haben ca. 200 Manager von Slovnaft ein spezielles Training absolviert, um zu lernen, wie sie bei Entlassungen ethisch handeln können und wie sie bei einem Gespräch mit einem gekündigtem Mitarbeiter kommunizieren sollen. Es war die erste derartige Umschulung in einem so großen Maßstab in der Slowakei.

Antikorruptionsprogramm: Im September 2003 unterschrieb Slovnaft zusammen mit einigen anderen slowakischen Firmen auf Grund der Initiative von *Transparency International Slavakia* eine *Antikorruptionscharta (Anti-Corruption Charter)*.[48] In dieser Charta verpflichtete sich Slovnaft ein Antikorruptionsprogramm zu starten und die Ethikausbildung (weiter) zu entwickeln. „We shall actively approach our employees, we shall make them familiar with the fundamental values of the company, and we shall explain to them, what sort of conduct we expect from them. Depending on our capacities, we shall create space for their education in business ethics and anticorruption measures" (Anti-Corruption Charter, 2003). Für die Slovnaft Group, die bereits seit zwei Jahre ein Ethikprogramm erfolgreich am Laufen hatte, stellte die Antikorruptionscharta eine neue ethische Herausforderung dar. Es waren aber nicht einfach nur neue Formen von Ethik zu institutionalisieren. Diese neue ´Ethikmaßnahme´ sollte möglichst viele Mitarbeiter und Manager ansprechen, auf die Verschiedenheit von moralischen Problemen am Arbeitsplatz reagieren und vor allem eine Gewohnheit bei allen verstärken – die tägliche ethische Reflexion eigenen Verhaltens. Diese Aufgaben sollten durch sog. „Ethikfensterchen" im Unternehmenswochenblatt *Slovnaftár* erfüllt werden.[49]

---

[48] The aim of the Charter is to create coalitions of entrepreneurs recognising the same values in the society, to promote these values in the society, and to win over new members to implement the anti-corruption measures. It is aimed at developing effective practices to restrict corruption. ... The Charter shall aid entrepreneurs in restricting corruption, demonstrating the undertaking not to give and accept bribes, increasing transparency .... The Charter was drawn up as the result of initiative of Transparency International Slovakia, and it is based in particular on the Business Principles for Countering adopted in December 2002 as the Initiative of Transparency International and Social Accountability International. (Anti-Corruption Charter, 2003).

[49] Das erste „Ethikfensterchen" wurde im Dezember 2003 veröffentlicht.

„**Ethikfensterchen**": Das ist eine regelmäßige Ethikrubrik im Unternehmenswochenblatt *Slovnaftár*, die alle zwei Wochen einem ethischen Fall gewidmet ist. Der Autor dieser Rubrik ist der Ethikexperte, der auch Ethikberatung in der Slovanft Group durchführt. In der Rubrik geht es um moralische Probleme, die in jedem Betrieb und an jedem Arbeitsplatz erscheinen oder erscheinen können, so z.B. ist unser Kollege vielleicht homosexuell, am Arbeitsplatz herrscht ein frustrierendes Arbeitsklima, es gibt sexuelle Belästigung, es wird gemobbt usw. Es ist notwendig über diese Probleme zu diskutieren und eine ethisch relevante Lösung zu suchen. Im ersten „Ethikfensterchen" wird die moralisch relevante Situation nur beschrieben und es werden Fragen gestellt, z.B. „Was würden sie tun?", „Welches Verhalten wäre ethisch richtig?". In der folgenden Rubrik befindet sich dann eine ethische Analyse der Situation und mögliche Vorgehensweisen oder ethische Ratschläge. Die Ethikrubrik hilft den Mitarbeitern Arbeitsprobleme zu enttabuisieren und offen über alle Probleme zu diskutieren. Die Ethikrubrik zeigt den Lesern, dass verschiedene Menschen dieselben moralischen Probleme anders sehen, von anderen Seiten betrachten oder vielleicht gar nicht als Problem wahrnehmen. Die Analyse dieser Probleme stellt auch eine effektive und erfolgreiche Methode dar, eine ethische Selbstreflexion zu entwickeln. So wird zum Beispiel folgendes in einem Dilemma dargestellt. Ein Kollege erklärt vor der Arbeitsgruppe, dass er homosexuell ist. Daraufhin stellt der Autor der Ethikrubrik folgende Fragen zum Nachdenken:

- Warum stört es Sie, dass Ihr Kollege homosexuell ist?
- Haben Sie schon Fachliteratur über Homosexualität gelesen?
- Meinen Sie, dass es sein Fehler ist, dass er homosexuell ist?
- Meinen Sie, dass „homosexuell zu sein" dieselbe Bedeutung hat, wie „unmoralisch zu sein"?
- Was würden Sie machen, wenn Ihr Sohn/Ihre Tochter homosexuell wäre?
- Sind Sie überzeugt, dass Ihnen das nicht passieren kann?
- Würden Sie aufhören ihn/sie zu lieben?

Diese Fragen kann jeder Mensch zuerst für sich selbst beantworten. Viele Menschen beginnen das erste Mal anders über die Homosexualität nachzudenken. Vielleicht ändern sie nicht gleich ihre Einstellung zu Menschen mit einer anderen sexuellen Orientierung, trotzdem bekommen sie neue Impulse und können versuchen, diese Frage von einer anderen Seite aus zu betrachten. Zwei Wochen später analysiert der Autor das Prinzip Toleranz als Grund für eine zwanglose Kommunikation mit anderen Menschen, die einfach „anders" sind als die Mehrheit und spricht darüber, dass niemand das Recht hat einen anderen Menschen auf Grund seiner Andersartigkeit, inklusive der sexuellen Orientierung, zu belei-

DiM und die Entwicklung der Unternehmensethik 85

digen oder zu erniedrigen. Der erste Fragebogen über die Ethikrubrik in der Slovnaft Group zeigte, dass diese Rubrik sehr erfolgreich ist. Mitarbeiter haben großes Interesse an diesen ethischen Dilemmata, weil sie ihnen helfen ihre Probleme zu lösen und sie beginnen diese Probleme offen zu diskutieren. Es sind die ersten derartigen ´Ethikmaßnahmen´ in der Slowakei. Sie führen zur Unterstützung der Diversität im Unternehmen auf einer unternehmensethischen Basis.

Auditingsystem: Die neuen ´Ethikmaßnahmen´ sind die Ergebnisse einer kontinuierlichen Kontrolle und Sorge über die Entwicklung der Unternehmensethik vonseiten des Vorstands, der regelmäßig die Berichte über das Funktionieren aller ´Ethikmaßnahmen´ in Slovnaft analysiert und beurteilt. Als empirische Basis der Berichte dienen nicht nur die Dialoge mit den Mitarbeitern, sondern auch verschiedene Fragebögen, die die Personalabteilung zu allen ´Ethikmaßnahmen´, also Ethikkodizes, Ethiktraining der Manager, „Ethikfensterchen" usw. entworfen hat. Der Vorstand erhält auch regelmäßig Berichte über die Tätigkeit des Ethikrates und der Ethikberatung. Das gesamte Evaluationssystem stellt einen Bestandteil des Ethikprogramms dar und zeigt einen verantwortlichen und seriösen Ansatz zur Unternehmensethik von der höchsten Stufe des Managements aus.

5 Schlussfolgerungen

Mit diesem Beispiel aus der unternehmerischen Praxis in der Slowakei wollte ich zeigen, dass die Entwicklung der Unternehmensethik als normative Theorie ein gesteuerter, systematischer und langfristiger Prozess ist. Die Entwicklung der Unternehmensethik in der Slovnaft Group beweist auch die Idee, dass Ethik im Unternehmen nicht als nur eine Maßnahme realisiert werden kann. Wenn ein Unternehmen ein Ethikprogramm implementieren will, so muss es alle Strukturelemente des Ethikprogramms, d.h. Ethikkodex, Ethikorganisationen, Ethiktraining, Ethikkontrolle und Ethikmechanismen für Feedback, anwenden. Die Formen und Typen dieser Elemente können und müssen ganz verschieden sein, weil sie die Diversität und Einzigartigkeit jedes Unternehmens widerspiegeln sollen. Dieser Prozess wird von einem ethikbewussten Top-Management durchgeführt, das durch die Applikation der neuen ´Ethikmaßnahmen´ auch flexibel auf die Diversität seiner Belegschaft reagieren kann. Ein Ziel dieses Beitrages bestand darin zu zeigen, dass Diversity Management und Unternehmensethik eng verbunden sind. Neue Formen der Institutionalisierung der Ethik helfen andererseits die verschiedenen moralischen Meinungen auf einer ethischen Grundlage zu bewältigen und andersseits der Diversität der Belegschaft mit Toleranz und Empathie entgegenzutreten. Diversity Management soll von unternehmensethischen Ansätzen ausgehen und nicht außerhalb des Rahmens des Ethikprogramms operieren. Sonst riskiert es, dass die gewünschte Kreativität zu einer kontraproduktiven Spannung führt.

6 Literatur

Anti-Corruption Charter (2003): http://www.transparency.sk.

Apel, Karl-Otto (1973): Transformation der Philosophie. 2 Bd., Suhrkamp: Frankfurt/M.

Apel, Karl-Otto (1988): Diskurs und Verantwortung. Suhrkamp: Frankfurt/M.

Code of Ethics of Slovnaft Group (2001), Bratislava.

Crane, Andrew/Matten Dirk (2004): Business Ethics: A European Perspective. Oxford University Press: New York.

Enderle, Georges (1993): Handlungsorientierte Wirtschaftsethik. Grundlagen und Anwendungen. Haupt: Bern/Stuttgart/Wien.

Habermas, Jürgen (1981): Theorie des kommunikativen Handels. 2 Bd. Suhrkamp: Frankfurt/M.

Habermas, Jürgen (1983): Moralbewusstsein und kommunikatives Handeln. Suhrkamp: Frankfurt/M.

Höffe, Otfried. (1992): Lexikon der Ethik. C. H. Beck: München.

Homann, Karl (1994): Marktwirtschaft und Unternehmensethik. In: Forum für Philosophie. Bad Homburg. (Hrsg.) Markt und Moral: die Diskussion um die Unternehmensethik. Haupt: Bern/Stuttgart/Wien, S. 109-130.

Homann, Karl/Blome-Drees, Franz (1992): Wirtschafts- und Unternehmensethik. Vandenhoeck und Ruprecht: Göttingen.

Kant, Immanuel (1997): Grundlegung zur Metaphysik der Sitten. In: Kant Immanuel: Kritik der Praktischen Vernunft. Grundlegung zur Metaphysik der Sitten. Herausgegeben von Weischedel Wilhelm: Suhrkamp, S. 7-102.

Kiechl, Rolf (1995): Managing diversity. Subkulturen nutzbringend einbeziehen, Organisationsentwicklung, 4, S. 44-54.

Kohlberg, Lawrence (1974): Zur kognitiven Entwicklung des Kindes. Drei Aufsätze. Suhrkamp: Frankfurt/M. (Original 1969: Stage and Sequence: The Cognitive Development Approach to Socialization. In: D. A. Goslin (Ed.): Handbook of socialization theory and research. Rand McNally & Company: Chicago, S. 347-480.

Löhnert, Bettina (1998): Die kulturellen Grundlagen amerikanischer Unternehmensethikprogramme – Eine interkulturelle Analyse. In: Ulrich, Peter/ Wieland, Josef (Hrsg.): Unternehmensethik in der Praxis. Impulse aus den USA, Deutschland und der Schweiz. Haupt: Bern/Stuttgart/Wien, S. 91-118.

Nutzinger, Hans- G. (1994): Unternehmensethik zwischen ökonomischen Imperialismus und diskursiver Überforderung. In: Forum für Philosophie. Bad Homburg. (Hrsg.) Markt und Moral: die Diskussion um die Unternehmensethik. Haupt: Bern/Stuttgart/Wien, S. 181-214.

Remisova, Anna (1995): Tolerancia ako nenásilný spôsob komunikácie. In: Svobodná společnost – svobodná morálka. Freie Gesellschaft – freie Moral. UP: Olomouc, S. 36-42.

Remisova, Anna (1998): On the Problems of the Conflict between Economic and Ethical Rationality. Ekonomický časopis: 46, Nr. 1, S. 61-71.

Remisova, Anna (2002): Ethische Grundlagen des Personalmanagements. In: Lang, R. (Hrsg.) (2002): Personalmanagement im Transformationsprozess. V. Chemnitzer Ostforum. 20.-23. März 2001. Hampp: München/Mering, S.125-138.

Schein, Edgar. H (1985): Organisational Culture and Leadership: A dynamic view. Jossey-Bass Publishers: San Francisco/Oxford.

Slovnaft Group Ethical Council (2001), Bratislava.

Slovnaft in Brief (2002), Bratislava.

Slovnaft: http://www.slovnaft.sk.

Spielthenner, Georg (1996): L. Kohlbergs Theorie des moralischen Begründens. Eine philosophische Untersuchung. Lang: Frankfurt/M./Berlin/Bern at al.

Steinmann, Horst/Löhr, Albert (Hrsg.) (1989): Unternehmensethik. Schäffer-Poeschel: Stuttgart.

Steinmann, Horst/Löhr, Albert (1994): Unternehmensethik. 2., überarb. und erw. Aufl., Schäffer-Poeschel: Stuttgart.

Stuber, Michael (2002a): Diversity als Strategy. In: Personalwirtschaft, 01, S. 28-33.

Stuber, Michael (2002b): Diversity Mainstreaming. In: Personal, 03, S. 48-53.

Ulrich, Peter (1995): Führungsethik. Ein grundorientierter Ansatz. Institut für Wirtschaftsethik, Beiträge und Berichte Nr. 69: Universität St. Gallen.

Ulrich, Peter (1998): Worauf kommt es in der ethikbewussten Unternehmensführung grundlegend an? – Eine Einführung. In: Ulrich, Peter/ Wieland, Josef (Hrsg.): Unternehmensethik in der Praxis. Impulse aus den USA, Deutschland und der Schweiz. Haupt: Bern/Stuttgart/Wien, S. 15-27.

Ulrich, Peter (2002a): Ethische Vernunft und ökonomische Rationalität zusammendenken. Ein Überblick über den St. Galler Ansatz der Integrativen Wirtschaftsethik. Berichte des Instituts für Wirtschaftsethik Nr. 96: Universität St. Gallen.

Ulrich, Peter (2002b): Der entzauberte Markt. Eine wirtschaftsethische Orientierung. Herder: Freiburg/Basel/Wien.

Ulrich, Peter/Lunau, York/ Weber, Theo (1996): 'Ethikmassnahmen' in der Unternehmenspraxis. Zum Stand der Wahrnehmung und Institutionalisierung von Unternehmensethik in schweizerischen und deutschen Firmen. Ergebnisse einer Befragung. Institut für Wirtschaftsethik, Beiträge und Berichte Nr. 73: Universität St. Gallen.

Unternehmensethik. Konzepte-Grenzen-Perspektiven. Schriftleitung: Albach Horst (1992), ZBF, 1, Gabler, Wiesbaden.

Welsch, Wolfgang (1988): Unsere postmoderne Moderne. VCH: Weinheim.

Wieland, Josef (1993): Formen der Institutionalisierung von Moral in amerikanischen Unternehmen. Die amerikanische Business-Ethics-Bewegung: Why and how they do it. Haupt: Bern/Stuttgart/Wien.

Wieland, Josef (1994): Warum Unternehmensethik? In: Markt und Moral. Die Diskussion um die Unternehmensethik. Haupt: Bern/Stuttgart/Wien, S. 215-239.

Wieland, Josef (1998): Wie kann Unternehmensethik praktiziert werden? – Aufgabenfelder und strategische Anknüpfungspunkte. In: Ulrich, Peter/ Wieland, Josef (Hrsg.): Unternehmensethik in der Praxis. Impulse aus den USA, Deutschland und der Schweiz. Haupt: Bern/Stuttgart/Wien, S. 29-46.

Wittmann, Stephan (1998): Ethik im Personalmanagement. Grundlagen und Perspektiven einer verantwortungsbewussten Führung von Mitarbeitern. Haupt: Bern/Stuttgart/Wien.

Value through Diversity –
Managing Diversity bei Vattenfall Europe

Christine Geißler, Laura Wendisch[*]

Inhalt

1   Vattenfall Europe – Der Konzern 92
2   Managing Diversity – Selbstverständnis und Chance 92
3   Perspektiven & Ausblick 104

---

[*] Beide: Vattenfall Europe AG, Personalmanagement.

1 Vattenfall Europe – Der Konzern

Vattenfall Europe wurde im Jahr 2002 durch die Zusammenführung der vier Unternehmen Bewag, HEW, LAUBAG und VEAG gegründet und ist seither Deutschlands drittgrößter Energiekonzern. Die Geschäftsbereiche des Konzerns sind entlang der gesamten Wertschöpfungskette organisiert. Sie reichen vom Bergbau/Erzeugung über Stromübertragung, Stromhandel, Stromvertrieb bis hin zum Geschäftsbereich der Stromverteilung und dem Wärmegeschäft. Der Mutterkonzern ist Vattenfall AB mit Sitz in Stockholm, der mit weiteren Tochtergesellschaften auch in Finnland und Polen vertreten ist. Die Gesamtheit der Aktivitäten konzentriert sich derzeit auf Nord-, Mittel- und Osteuropa. Eine weitere Ausweitung auf dem europäischen Markt ist angedacht. Strategisches Ziel ist es, die Position des Unternehmens auf dem europäischen Energiemarkt weiter auszubauen und vor allem nachhaltig zu festigen. Derzeit ist die Vattenfall-Gruppe das fünftgrößte Energieunternehmen Europas. Vattenfall Europe als deutscher Unternehmensteil der Gruppe erwirtschaftet 60 Prozent des Umsatzes der Konzerngruppe, hat rund 21.000 Beschäftigte und versorgt rund 3 Millionen Kunden, zu denen sowohl Privat-, Gewerbe- und Geschäftskunden als auch regionale Energieversorger und Stadtwerke gehören. Die deutsche Konzernzentrale hat ihren Sitz in Berlin.

2 Managing Diversity – Selbstverständnis und Chance

Die Zusammenführung etablierter, traditionsreicher Unternehmen und ihrer jeweils gewachsenen Kulturen stellt große Anforderungen an Mitarbeiter und Management. Eine Integration der Unternehmensteile allein auf sachlich-organisatorischer Ebene schafft noch keine hinreichende Voraussetzung für ein fruchtbares und motiviertes Zusammenwirken aller Kräfte. Vielmehr müssen gerade die lokalen Kulturen berücksichtigt werden. Ein Prozess der kulturellen Integration bedeutet jedoch nicht die vollkommene Gleichschaltung aller Unternehmensteile. Unterschiede dürfen nicht als Störung empfunden werden. Die Herausforderung besteht darin, die auf den historischen Wurzeln basierende Vielfalt im Unternehmen als Chance zu erkennen und sie dazu zu nutzen, Kompetenzen über die Business Units hinaus zu erweitern, das Verständnis für die Bedürfnisse der Kunden zu fördern und die Innovationsfähigkeit zu verbessern. Aus diesen Überlegungen heraus wurde das Projekt „Value Through Diversity" in der Vattenfall-Gruppe ins Leben gerufen, um dem Diversity-Gedanken im Konzern gerecht zu werden und vorhandene sowie zu fördernde Unterschiede zu einem selbstverständlichen Teil des Alltags zu machen.

Value through Diversity – Managing Diversity bei Vattenfall Europe

Die Gesamtheit an Diversity-Aktivitäten bei Vattenfall Europe fügt sich im Wesentlichen aus den Aktivitäten der einzelnen Unternehmensbereiche zusammen, die zunächst historisch bedingt selbständig Themen wie Chancengleichheit zwischen Frauen und Männern oder die Integration von Menschen mit Behinderungen bearbeiteten, bevor es überhaupt zur Begriffsprägung „Diversity Management" kam. Die bereits begonnene Arbeit auf diesem Gebiet soll im Konzern, so wie er heute besteht, fortgesetzt und weiterentwickelt werden. Daher existieren in den einzelnen Unternehmenseinheiten bereits Arbeitskreise zur Chancengleichheit, werden Themen wie Vereinbarkeit von Beruf und Familie aufgegriffen und gibt es Betriebsvereinbarungen zur Frauenförderung sowie zur Jugend- und Auszubildendenförderung. Sie haben sich im Laufe der Jahre fest in das Unternehmensgefüge integriert und können bereits Fortschritte aufzeigen. Fortan sollten alle intern vorhandenen Erfahrungen und Erfolge transparent gemacht und konzernweit zusammengefasst werden. Dieser Schritt erfordert große Anstrengungen und wird eine personalpolitische Aufgabe für die nächsten Jahre darstellen.

Das Diversity Management stellt also ein strategisches Thema dar, das in die strategische Planung 2005-2007 integriert wurde. Die Vision, nach der Zusammenführung der vier Traditionsunternehmen „Ein Vattenfall" zu werden, bedeutet im Sinne des Diversity Management aber nicht „Einheit durch Gleichmachung", sondern vielmehr „Einheit durch Vielfalt". Folgender Auszug aus der strategischen HR-Planung macht deutlich, zu welchen Prinzipien sich der Konzern bekennt und verpflichtet:

> „In Vattenfall Europe we work with diversity to create a more profitable, effective and attractive company. It means that all employees should have the same opportunities and rights regardless of gender, age and/or ethnic culture background. We do not accept any form of insulting treatment or harassment. Everyone is to be treated with respect. Our view comprises all areas of HR such as recruitment, salary, benefits, work environment, education, promotion, leadership. The overall diversity strategy is to firmly establish diversity as a natural part of our daily lives by increasing knowledge, acceptance and the will to work with diversity aspects of our business."

Der offene Umgang mit Vielfalt und die Etablierung von Diversity Management basiert auf den Grundgedanken der Chancengleichheit & Gerechtigkeit, ökonomischer und marktorientierter Zielsetzungen sowie einer Mitarbeiter- und Lernorientierten Unternehmensführung.

Es ist für die Mitarbeiter wichtig, dass ihr Arbeitgeber dem Gleichberechtigungsgrundsatz folgt und ein partnerschaftlicher Umgang untereinander gepflegt wird. Als Arbeitgeber möchte Vattenfall damit jedem Beschäftigten die Möglichkeit geben, sich persönlich und beruflich weiterzuentwickeln, in einem sicheren, gesunden sowie motivierenden und sozialen Arbeitsumfeld, in dem auch Chancengleichheit unabhängig von Geschlecht, ethnischer Zugehörigkeit und Alter gewährleistet wird.

Durch Heterogenität in der Mitarbeiterstruktur können Markt- und Wettbewerbsentwicklungen besser festgestellt und die Wahrnehmung der Kundensicht geschärft werden. Daraus folgt, dass den Kunden bedürfnisgerechte Produkte und Dienstleistungen angeboten werden können. Zudem ist es auch notwendig, Organisationsformen und eine Unternehmenskultur zu schaffen, die diesem Anspruch gerecht werden. Hieraus kann ein beachtlicher Wettbewerbsvorteil entstehen. Je vielfältiger die Kompetenzen und Perspektiven der Mitarbeiter sind, desto größer ist die Chance, dass sie ein erhebliches Potenzial an Kreativität und Wissen bergen. Dafür müssen in geeigneten Teamstrukturen engagierte Kompetenz- und Potenzialträger zusammenarbeiten, um von einander lernen und dabei neue Ideen entwickeln zu können.

Vattenfall Europe hat sich für das Diversity Management zunächst folgende Schwerpunkte gesetzt, die das Unternehmen vorrangig bearbeiten möchte: Chancengleichheit von Frauen und Männern, Age Diversity, Integration von Menschen mit Behinderungen, Interkulturelle Vielfalt sowie Work-Life-Balance.

Die konkrete Umsetzung dieser grundsätzlichen Diversity-Gedanken werden im Folgenden veranschaulicht.

2.1 Chancengleichheit von Frauen und Männern

Die Energiebranche ist nach wie vor eine männlich dominierte Branche. Der Anteil der weiblichen Mitarbeiter an der Gesamtheit aller Beschäftigten bei Vattenfall Europe liegt bei gerade 23,4%. Davon sind nur 10,7% der Frauen in Führungspositionen tätig. Das zeigt, dass Frauen im Konzern eindeutig unterrepräsentiert sind. Daher legt das Unternehmen ein besonderes Augenmerk auf die Förderung von Frauen. Vorgesetzte als erste Personalentwickler im Unternehmen sind dazu aufgefordert, besonders ihre Mitarbeiterinnen zu ihrem beruflichen Fortkommen anzuregen und sie dabei zu unterstützen. Das Unternehmen bemüht sich darüber hinaus, Netzwerke und Arbeitskreise zu unterstützen, die Frauen dazu ermutigen, ihre Interessen durchzusetzen.

Im Vattenfall International Network for Women wird Frauen in Führungspositionen und Frauen mit Führungspotenzial die Gelegenheit gegeben, regelmäßig zweimal jährlich, ihre Erfahrungen und ihr Wissen über die Landesgrenzen hinaus auszutauschen. Gleichzeitig bietet dieses Forum die Möglichkeit, strategische Themen wie „One Vattenfall", „Die Bedeutung von weiblichen Führungskräften" oder die Personalstrategie im Konzern zu diskutieren und ihre Perspektiven in die zukünftige unternehmerische Entwicklung einzubringen. Ein großes Vorbild für die Frauen im Konzern ist Ann-Charlotte Dahlström. Sie übernimmt die verantwortungsvolle Position des Personalvorstandes in der Vattenfall-Gruppe. Auf dem letzten Treffen sprach sie davon, wie wichtig Mentoren bei der persönlichen Entwicklung sind.

Auch auf nationaler Ebene setzen sich Frauen aus allen Business Units im Arbeitskreis Frauen im Dialog mit Themen und Aktionen auseinander, die für die individuelle Lebens- und Karriereentwicklung wichtig sind und welche Möglichkeiten bestehen, die Entwicklungschancen im Unternehmen zugunsten von Frauen zu beeinflussen. Ziel ist es, das klassische Rollenverständnis von Frauen und Männern aufzuweichen, noch bestehende Barrieren abzubauen und sich sichtbar im Unternehmen zu positionieren. Auf der Agenda stehen Punkte wie eine konzernweite Betriebsvereinbarung zur Chancengleichheit sowie die Vereinbarkeit von Familie und Beruf. Im Unternehmen existieren bereits eine ganze Reihe an betrieblichen Vereinbarungen zur Flexibilisierung der Arbeitszeit, Teilzeitangebote sowie Langzeiturlaube, die der Work-Life-Balance von Frauen und Männern zugute kommen sollen. Diese Angebote sollen weiter ergänzt werden. Betriebliche Unterstützung bei der Kinder- oder Seniorenbetreuung sind Themen, mit denen sich das Personalmanagement aktuell befasst. Kinderferienlagerplätze, finanzielle Unterstützungen für alleinstehende Mütter und Väter zur Unterbringung ihrer Kinder in Kindergärten, bei Tagesmüttern oder Kinderhorten werden bereits in einzelnen Unternehmensbereichen angeboten. Mit diesen unterstützenden Maßnahmen können den Frauen und Männern, die für Vattenfall Europe arbeiten, familiäre Sorgen abgenommen werden und sie können sich verstärkt ihrer beruflichen Entwicklung widmen. Es werden jedoch noch viel zu selten Teilzeitangebote oder Elternzeiten von Männern wahrgenommen.

Vattenfall Europe bemüht sich über diese Themen hinaus, jungen Frauen den Zugang zu technischen Berufsfeldern zu erleichtern. Es ist vielfach nachgewiesen worden, dass Teams, die aus Frauen und Männern bestehen und zudem interdisziplinär aufgestellt sind, effektiver und innovativer sind. Darüber hinaus hat Vattenfall Europe großen Bedarf an technisch ausgebildetem Nachwuchs. Deshalb werden neben Berufsinformationstagen auch Informationsveranstaltungen speziell für Schülerinnen und Absolventinnen von Hochschulen angeboten und ihnen ihre Entwicklungsmöglichkeiten in technischen Berufen aufgezeigt. Am Girls´Day als Aktionstag nur für Mädchen beteiligt sich Vattenfall Europe jedes Jahr mit großer Resonanz. An diesem Tag haben die jungen Frauen die Möglichkeit, sich über die Ausbildung in technisch-gewerblichen Berufen zu informieren, Kraftwerke in der Lausitz zu besichtigen, mit den Azubis vor Ort zu sprechen und selbst mal ein Werkzeug in die Hand zu nehmen. Ferner engagiert sich Vattenfall Europe auch in dem Verein LIFE e.V.. Der Verein versucht mit viel Engagement, durch Vorbilder und Information bei jungen Frauen bestehende Hemmschwellen gegenüber frauenuntypischen Berufsbereichen abzubauen.

Trotz aller Bemühungen ist an vielen Stellen noch Pionierarbeit zu leisten. Daher muss kontinuierlich über neue und nachhaltige Initiativen und Konzepte zu diesem Themenbereich nachgedacht werden. Der Fokus der Chancengleichheit liegt vorrangig auf den Frauen als benachteiligte Gruppe. Dennoch müssen im Rahmen der Diversity-Diskussion zukünftig auch verstärkt die Interessen von Männern, insbesondere auch von Familienvätern, thematisiert werden.

2.2 Age Diversity

Als Folge der tief greifenden, raschen Veränderungen am Markt und in der Gesellschaft stellen sich neue Anforderungen an den Umgang mit Mitarbeitern und Kompetenz. Der harte Wettbewerb um junge engagierte und qualifizierte Arbeitskräfte wird sich in den nächsten Jahren weiter verschärfen. Es besteht bereits heute die Herausforderung, jungen Nachwuchskräften und erfahrenen älteren Mitarbeitern chancengleich berufliche Perspektiven zu bieten. Unternehmen werden gezwungen, Fach- und Führungsnachwuchs heranzubilden und langfristig zu binden, um auch zukünftig am Markt erfolgreich auftreten zu können. Andererseits zeigt die Alterspyramide im Unternehmen einen großen Anteil an älteren Beschäftigten, die weiterhin aktiv am Berufsleben teilhaben möchten und auf Grund ihres Erfahrungswissens sehr wertvoll sind. Die strategische Aufgabe besteht also darin, eine ausgewogene Altersstruktur zu schaffen und allen Altersgruppen die gleichen Chancen einzuräumen.

Vattenfall Europe bietet entlang des Mitarbeiter-Lebenszyklus´ unterstützende Maßnahmen, um den Bedürfnissen der Mitarbeiter in jeder Lebens- und Arbeitsphase individuell unter Berücksichtigung betrieblicher Erfordernisse gerecht zu werden.

Die Nachwuchsförderung durch Ausbildungs- und Traineeprogramme ist für Vattenfall Europe ein strategisch wichtiger Baustein im Personalkonzept. Für die Ausbildung von Nachwuchskräften sind die Kompetenzen erfahrener Arbeitnehmer gefragt. Wichtige langjährige Erfahrungen und Know-how müssen mit jungen Mitarbeitern geteilt werden. Verschiedene Wissenstransfer-Methoden unterstützen beispielsweise den Übergangsprozesses eines ausscheidenden Mitarbeiters und die Einarbeitung eines Nachfolgers. Durch regelmäßige Gespräche, Workshops und begleitende Qualifizierungsmaßnahmen wird der Wissenstransfer systematisch und methodisch unterstützt. Der Wissenstransfer ist nicht immer ganz einfach und unproblematisch. Wichtig ist aber vor allem, dass in diesem Prozess allen Beteiligten Respekt und Wertschätzung vermittelt werden. Teamstrukturen mit einer ausgewogenen Altersstruktur tragen dazu bei, dem Unternehmen Innovationspotenziale zu erschließen, indem sich neue Ideen mit langjährigen Erfahrungen verbinden.

Auf vielfältige Art und Weise wird dem jugendlichen Nachwuchs bei Vattenfall Europe die Möglichkeit gegeben, einen Ausbildungsberuf zu erlernen, sich beruflich und persönlich für betriebliche Belange zu engagieren. Trainees können während ihres Traineeprogrammes ihr Fachwissen in die berufliche Praxis einbringen, sich einen generellen Überblick über betriebliche Zusammenhänge verschaffen und sich darüber hinaus fachlich spezialisieren. On- und Off-the-job-Aktivitäten sowie ein Mentoringprogramm unterstützen den Entwicklungsprozess.

Bei der innerbetrieblichen Förderung von Nachwuchskräften sind Mentoren wichtige Partner. Der Mentor als erfahrene Fach- oder Führungskraft wird dem jüngeren Mitarbeiter zur Seite gestellt. Sie oder er unterstützt die Karriereentwicklung, indem er informelles Wissen vermittelt, wichtige Kontakte und Netzwerke knüpft und bei der Positionierung im betrieblichen Umfeld hilft. Grundlage für eine fruchtbare Mentor- und Mentee-Beziehung ist eine echte Vertrauensbasis. Dem Mentor wird damit eine verantwortungsvolle Aufgabe übertragen.

Vattenfall Europe steht genauso wie andere große Unternehmen vor der Aufgabe, sich zukünftig verstärkt auf eine ältere Belegschaft einzustellen sowie sie effizient und altersgerecht in die Arbeitsprozesse einzubinden. Die demografische Entwicklung zeigt besorgniserregend, dass nicht mehr genügend junge Fachkräfte zur Verfügung stehen werden. Deshalb muss heute schon überlegt werden, wie sich Vattenfall Europe auf diese Problematik einstellt.

Ein anderer Ansatzpunkt im Rahmen des Diversity Managements ist auch, den Kontakt zu ehemaligen Mitarbeitern, die bereits im Ruhestand sind, aufrechtzuerhalten. Vattenfall Europe unterstützt daher den Seniorenverband Vattenfall Europe e.V.. Bei regelmäßigen Treffen und Erfahrungsaustauschen mit ehemaligen Kollegen haben aktive Mitarbeiter die Möglichkeit, auf den Erfahrungsschatz dieser ehemaligen Kollegen zurückzugreifen. Die Senioren selbst sind an einer Zusammenarbeit mit Tagebauen und Kraftwerken vor Ort interessiert und freuen sich über diese Art der Wertschätzung durch das Unternehmen.

Mitarbeiter, die einen großen Teil ihres Arbeitslebens bereits hinter sich haben und nun vermehrt das Bedürfnis spüren, sich mehr ihrer privaten Interessen widmen zu wollen, wird eine verstärkte Flexibilisierung ihrer Arbeitszeit angeboten. Sie haben die Wahl, ihre Arbeitszeit so zu gestalten, dass sie ihre tägliche Arbeitszeit auf eine bestimmte Stundenanzahl reduzieren und somit in Teilzeit arbeiten. Oder sie entscheiden sich dafür, einen Freizeitblock in Form von Zeitguthaben anzusparen und ihn am Ende des Arbeitslebens in Anspruch zu nehmen. Somit kann die Lebensphase nach dem „Arbeitsleben" vorgezogen werden.

Außerdem bietet Vattenfall Europe Seminare für Mitarbeiter an, die aus dem aktiven Berufsleben ausscheiden werden und den Übergang in den Ruhestand als schwierig empfinden. In einem Workshop wird mit den Teilnehmern erarbeitet, wie sie die Übergangsphase gestalten können, welche Chancen die Zeit nach dem Austritt für sie bietet und sie entwickeln gemeinsam einen individuellen Lebensplan für ihren neuen Lebensabschnitt.

Die Problematik des Age Diversity wird in den kommenden Jahren noch intensiver diskutiert werden müssen. Dieses Thema wird sich noch stärker in der strategischen Personalplanung niederschlagen.

2.3 Integration von Menschen mit Behinderungen

Einen weiteren Arbeitsbereich des Diversity Managements stellt die Integration von Menschen mit Behinderungen in den Berufsalltag dar. Vattenfall Europe engagiert sich dafür, dass Menschen mit Behinderungen gleichberechtigt am Arbeitsleben teilhaben können. Es gilt, die Stärken behinderter Menschen zu entdecken, ihnen Selbstvertrauen zu geben, von ihren „etwas anderen" Lebenserfahrungen zu profitieren und in gebotenem Maße auf ihre Situation Rücksicht zu nehmen. Wenn das gelingt, können sich Kreativität, Engagement und Begeisterung für die Arbeit im Konzern Vattenfall Europe entfalten.

Zentralisiert werden die Interessen schwerbehinderter Menschen im Konzern durch die Konzernschwerbehindertenvertretung. Die Schwerbehindertenvertretung fördert die Eingliederung schwerbehinderter Menschen in den Betrieb, vertritt ihre Interessen und steht ihnen beratend zur Seite. In allen Business Units gibt es Ansprechpartner, die sich als Vertrauenspersonen für alle persönlichen und arbeitsplatzbezogenen Anliegen einsetzen. Darüber hinaus werden Menschen mit Behinderungen auch durch Sozialarbeiter und Werksärzte betreut.

Wesentliche Basis für die Integration von Menschen mit Behinderungen in den Berufsalltag ist die behindertengerechte Arbeitsort- und Arbeitsplatzausstattung, die durch die Integrationsämter unterstützt wird. Bei Vattenfall Europe werden neue Betriebsgebäude entsprechend den DIN Normen errichtet. Hierbei wird auf einen barrierefreien Zugang zum Arbeitsplatz und die behindertengerechte Ausstattung der Sanitärräume geachtet. In den letzten Jahren sind mit dem Ziel, diesen Anforderungen gerecht zu werden, zahlreiche bauliche Gestaltungsmaßnahmen in den Gebäuden von Vattenfall Europe vorgenommen worden. Beispiele hierfür sind die Kraftwerke Lippendorf und Boxberg, die Hauptverwaltung der Business Unit Mining & Generation in Cottbus sowie die Regionalzentren der Vattenfall Europe Transmission GmbH in Ahrensfelde, Röhrdorf und Lübbenau. Nicht nur Gebäude, sondern auch einzelne Arbeitsplätze werden für Menschen mit Behinderungen bedürfnisgerecht ausgestaltet. Für sehbehinderte Mitarbeiter werden die Arbeitsplätze mit Rechentechnik, Sprachausgabe, Brailtastaturen, großen Monitoren, angepassten Softwarelösungen und individuellen Hardwarelösungen ausgestattet. Hörbehindertengerechte Arbeitsplätze werden mit Freisprecheinrichtungen für Telekommunikationsanlagen und individueller Hörgerätetechnik eingerichtet. Für Menschen im Rollstuhl stellt das Unternehmen unterfahrbare Arbeitstische und höhenverstellbare Bürotechnik zur Verfügung.

Das über die bauliche Gestaltung hinausgehende Engagement für die Integration dieser Menschen konzentriert sich vor allem auf die Förderung und Unterstützung schwerbehinderter Frauen und Jugendlicher. So werden zum Beispiel Jugendliche mit Behinderung in den normalen Ausbildungsprozess zu technischen und kaufmännischen Berufen einbezogen. Auch ihre Übernahme in ein unbefristetes Arbeitsverhältnis wird durch das Unternehmen unterstützt. Bei der Ausbildung eines gehörlosen Jugendlichen in Hamburg entstand das Projekt „Gebärdensprache", das von Mitauszubildenden ins Leben gerufen wurde. Auf freiwilliger Basis können Auszubildende lernen, mit Gehörlosen zu kommunizieren. Sie beschäftigen sich dabei mit der Situation von Gehörlosen im Beruf und in der Ausbildung. Bei Personal- und Beurteilungsgesprächen werden gehörlose Mitarbeiter durch Gebärdendolmetscher begleitet.

Schwerbehinderte Menschen, die nach langer Krankheit wieder in das Arbeitsleben zurückkehren, werden besonders betreut. Dabei werden beispielsweise individuelle Arbeitszeitmodelle entwickelt und wenn es erforderlich ist, wird die Arbeitsorganisation in diesem Bereich angepasst. Überdies werden auch externe Angebote durch Integrationsämter, Arbeitsagenturen und Sozialträger (finanziell und materiell) angenommen, um die Eingliederung dieses Mitarbeiters zu fördern.

Über die internen Maßnahmen hinaus setzt sich Vattenfall Europe auch extern für die Belange von Menschen mit Behinderungen ein. Hierzu gehört unter anderem die Auftragsvergabe an anerkannte Behindertenwerkstätten in den Regionen, die Unterstützung regionaler Behinderteneinrichtungen durch Spenden sowie das alljährlich stattfindende Weihnachtsfest von Vattenfall Europe Hamburg für bedürftige schwerbehinderte Menschen. Auch ist Vattenfall Europe in zahlreichen Gremien vertreten, die die Interessen schwerbehinderter Menschen im Berufsalltag vertreten, zum Beispiel im beratenden Ausschuss der Integrationsämter, in regionalen Behindertenbeiräten sowie in Reha-Arbeitskreisen bei der Bundesagentur für Arbeit.

2.4 Interkulturelle Vielfalt

Gerade in einem internationalen Konzern wie Vattenfall kommt dem interkulturellen Austausch und der Offenheit gegenüber einem anderen als dem eigenen ethnischen, kulturellen Hintergrund eine bedeutende Rolle zu. Die Zusammenarbeit von Menschen mit unterschiedlichen Traditionen, Kulturen, Sprachen und Mentalitäten kann erhebliche Konfliktpotenziale bergen.

Eine Befragung zu den Kulturwerten innerhalb des Konzerns (Schweden, Deutschland, Finnland und Polen) hat ergeben, dass die Wertvorstellungen in den einzelnen Unternehmenseinheiten sehr verschieden sind. Daher ist es umso notwendiger, eine länderübergreifende Identität zu schaffen, in der alle Mitarbeiter ihren Platz finden. Kulturelle Sensibilität sowie das Wissen um die Unterschiede im Verhalten als auch in der Arbeitsmethodik unterstützen eine erfolgreiche Integration und Kooperation. Daher wird ein Arbeitsumfeld angestrebt, das Mitarbeitern und Führungskräften die Gelegenheit gibt, sich mit anderen Kulturen vertraut zu machen und die notwendige Offenheit zu entwickeln.

Vattenfall Europe setzt genau an dieser Stelle an. Internationale Trainee- und Rotationsprogramme sowie die Vattenfall Management Programme bieten die Chance, für einen begrenzten Zeitraum im Ausland zu arbeiten, an international aufgesetzten Projekten mitzuwirken oder an Entwicklungstrainings teilzunehmen. Bei der internationalen Zusammenarbeit, sei es während der täglichen Arbeit oder im Training, zeigt sich schnell, wo die Gemeinsamkeiten und Unterschiede liegen. In diesem Umfeld erkennt der Mitarbeiter rasch, wie er sich in ungewohnten Situationen verhält. Er lernt damit umzugehen und entwickelt dabei eine interkulturelle Kompetenz. Zukünftig ist ihm der Umgang mit anderen

Kulturen weniger fremd. Ziel ist es, kontaktfähige und bewegliche Mitarbeiter und Führungskräfte in einem internationalen und multikulturellen Umfeld zu beschäftigen. Dafür schafft Vattenfall Europe Entwicklungsmöglichkeiten, die das Kulturverständnis der Mitarbeiter fördert.

Zur Vorbereitung auf eine interkulturelle Zusammenarbeit in einem gemeinsamen Projekt zwischen schwedischen und deutschen Geschäftseinheiten oder auf einen Auslandsaufenthalt in Schweden werden Seminare angeboten, in denen auf kulturelle Gepflogenheiten und Unterschiede eingegangen wird und die sich auf Geschäftskontakte, Umgangsformen und die Kommunikation auswirken können. Darüber hinaus erhalten die Teilnehmer eine Einführung in die schwedische Landeskunde sowie in die Organisationsstruktur und Unternehmenskultur der schwedischen Vattenfall-Gruppe. Besonders hilfreich ist auch das persönliche Gespräch mit Kollegen, die im Rahmen eines Austauschprogrammes in Schweden gearbeitet haben und nun ihre Erfahrungen gerne weitergeben.

Da in der Vattenfall-Gruppe Englisch die Konzernsprache ist, besteht für deutsche, schwedische, finnische und polnische Mitarbeiter die gleiche Anforderung, in einer Fremdsprache zu kommunizieren und das gegenseitige Verständnis zu sichern. Allein durch die Kommunikation in einer Fremdsprache können auf Grund von unsicheren Sprachkenntnissen Missverständnisse entstehen. Daher ist der Qualifizierungsbedarf an Fremdsprachen, insbesondere Englisch, bei Vattenfall Europe besonders hoch.

Neben Weiterbildungsangeboten wird derzeitig eine Richtlinie für längerfristige Auslandseinsätze – Expatriation Policy – ausgearbeitet, die allen Mitarbeitern in der Vattenfall-Gruppe die gleichen Konditionen und Rahmenbedingungen für ihren Aufenthalt im Ausland definiert. Dadurch soll eine Gleichberechtigung innerhalb der Gruppe sichergestellt werden.

Als ein sehr gutes Beispiel für die interkulturelle Zusammenarbeit gilt die Business Unit Trading, die unter der Firmierung Vattenfall Trading Services agiert. Im Laufe des Jahres 2004 wurden die Handelseinheiten aus Stockholm und Hamburg (VAB Supply & Trading und Vattenfall Europe Trading) unter einem gemeinsamen Dach integriert. Diese erste internationale Einheit verbindet die Kompetenz von gut 150 Mitarbeitern aus 12 Ländern. Der Großteil der Mitarbeiter ist im Headquarter in Hamburg ansässig, für die nordischen Aktivitäten besteht weiterhin ein regionales Office in Stockholm.

Das Bedürfnis nach ethnischer und kultureller Vielfalt resultiert aus der zunehmenden ethnischen und kulturellen Vielfalt in der Gesellschaft. Die Belegschaft soll demnach die Kundenstruktur am Markt widerspiegeln. Durch eine international und multikulturell aufgestellte Mitarbeiterstruktur soll das Bewusstsein für die Bedürfnisse der Kunden geschärft werden. Dadurch sichert sich das Unternehmen einen weiteren Wettbewerbsvorteil im hart umkämpften Energiemarkt. Die Kundenbetreuung in Berlin ist beispielsweise so aufgestellt, dass Kunden türkischer Herkunft individuell in ihrer Muttersprache beraten und bedient werden können. Dafür gibt es türkische Mitarbeiter im Call Center ebenso wie Informationsbroschüren in türkischer Sprache. Außerdem beschäftigt Vattenfall Europe Mitarbeiter mit polnischen, schwedischen und englischen Sprachkenntnissen, um sich auf das multikulturelle Umfeld, insbesondere in Berlin, einzustellen.

Als Konzern mit der Präsenz in mehreren europäischen Ländern ist Vattenfall Europe für Bewerber ein attraktiver Arbeitgeber. Dadurch wird Vattenfall Europe auch der Zugang zum internationalen Arbeitsmarkt erleichtert, auf dem qualifizierte Fachkräfte angeworben werden können. Durch Mitarbeiter mit unterschiedlicher kultureller Prägung wird das Kompetenzportfolio der Human Resources erweitert, das für die weitere Entwicklung des Unternehmens wertvoll ist.

2.5 Work-Life-Balance

Auch individuelle Arbeits- und Lebensbedürfnisse werden im Diversity-Konzept bei Vattenfall Europe berücksichtigt. Dieser Anspruch verlangt nach einer flexiblen Arbeitsorganisation. Daher engagiert sich das Unternehmen in einem Gemeinschaftsprojekt zum Thema Work-Life-Balance, das durch das Bundesministerium für Familie, Senioren, Frauen und Jugend sowie das Bundesministerium für Wirtschaft und Arbeit initiiert wurde. Führende Konzerne beschäftigen sich mit der Frage, wie mit Hilfe neuer Konzepte und Modelle versucht werden kann, das Verhältnis zwischen Erwerbstätigkeit und privaten Lebenszusammenhängen vor dem Hintergrund des wirtschaftlichen, technologischen und gesellschaftlichen Wandels neu zu definieren.

Im Rahmen eines Treffens, das im Frühjahr 2004 stattfand, kamen die Beteiligten (u.a. Bertelsmann AG, Commerzbank AG, DaimlerChrysler AG, Deutsche Telekom AG u. v. m.) zur Übereinkunft, dass Unternehmen die Verantwortung dafür tragen, Arbeitsbedingungen so zu gestalten, dass die Vereinbarkeit von Beruf und Privatleben sichergestellt wird. Unternehmen würden dadurch kostbare Ressourcen und Potenziale sichern können und auch einen Beitrag zur sozialen Stabilisierung leisten. In diesem Projekt wird erstmals der Zusammenhang zwischen den Effekten von Work-Life-Balance auf Unternehmen, Beschäftigte,

Value through Diversity – Managing Diversity bei Vattenfall Europe

Volkswirtschaft und Gesellschaft untersucht. Es soll demnach herausgefunden werden, inwiefern an Work-Life-Balance orientierte Arbeitsbedingungen einen Beitrag zur Stärkung der Innovationskraft, zum Wirtschaftswachstum und gesellschaftlicher Stabilität leisten können.

Übergeordnetes Ziel Vattenfall Europe´s ist es, durch den Kontakt zu anderen Konzernunternehmen zu erfahren, wie die eigenen Rahmenbedingungen im Vergleich zu anderen Unternehmen eingeschätzt werden können und welche Schritte zur kontinuierlichen Optimierung der konzerninternen Arbeitsabläufe, die auch den Mitarbeitern zugute kommt, angegangen werden können. Als Arbeitgeber möchte Vattenfall Europe deshalb für seine Mitarbeiterinnen und Mitarbeiter eine ausgewogene Balance zwischen beruflichen Anforderungen und privaten Interessen ermöglichen.

Eine von vielen Maßnahmen ist das Angebot flexibler Arbeitszeitmodelle und differenzierter Teilzeitmöglichkeiten, die die Freiräume der Beschäftigten erweitern. Gerade im gewerblichen Schichtbetrieb werden diese unter modernen gesundheitlichen Aspekten konzipierten Teilzeitmöglichkeiten genutzt. Größere Spielräume für private Belange bei der Beibehaltung der intensiven beruflichen Anbindung können damit gleichermaßen gewährleistet werden.

Ferner bietet Vattenfall Europe individuell nutzbare Freistellungsphasen in Form von Sabbaticals an. Diese können von Mitarbeitern für ihre ganz eigene, individuelle Lebensgestaltung wie Freizeit für Familie, Weiterbildung, Erweiterung des Erfahrungshorizontes o. ä. genutzt werden.

Aber nicht nur das Personalmanagement setzt sich mit dem Thema auseinander. Auch jedem einzelnen Mitarbeiter wird die Möglichkeit geboten, in einem Seminar seine persönlichen Lebensbereiche Beruf, Freizeit, Familie und soziales Umfeld zu analysieren. Hierbei werden Zielkonflikte und Stresssignale herausgearbeitet, die der Mitarbeiter somit zukünftig vermeiden kann.

Weitere wichtige Aspekte im Diversity-Bereich Work-Life-Balance bilden ärztliche Vorsorgeuntersuchungen und Gesundheitsberatungen für die Mitarbeiter. Darüber hinaus besteht die Absicht, Gesundheitszirkel im Konzern zu implementieren. Deren Aufgabe wird es sein, als Teil eines kontinuierlichen Verbesserungsprozesses Belastungsfaktoren und Gefährdungspotenziale am Arbeitsplatz aufzudecken und Vorschläge zu ihrer Beseitigung zu erarbeiten. Damit übernimmt Vattenfall Europe die gesundheitliche Verantwortung gegenüber den Mitarbeitern, die sich auch auf die Arbeitszufriedenheit und das Arbeitsergebnis auswirken. Mitarbeiter werden bei der Entwicklung gesundheitsförderlichen

Verhaltens unterstützt, zum Beispiel durch arbeitsplatzbezogene Rückenschulen, Seminare zum Erlernen von Entspannungsmethoden, Ernährungsberatung, u. v. m.. Ferner ist das Angebot an Betriebssportarten vielfältig. Mit dem breiten Sportangebot sollen die Mitarbeiter dazu angeregt werden, für einen Ausgleich zu ihrer Arbeit durch körperliche Betätigung zu sorgen. Darüber hinaus trägt der Sport dazu bei, soziale Kontakte zu knüpfen und Kollegen aus anderen Unternehmensbereichen abseits des Arbeitsplatzes kennen zu lernen. Konzernweite Sportfeste stoßen bei den Mitarbeitern auf eine rege Beteiligung.

3 Perspektiven & Ausblick

Die breite Palette an Aktivitäten des Diversity Managements zeigt, dass es sich für Vattenfall Europe um ein Thema von strategischer Bedeutung handelt. Gleichwohl gibt es Handlungsfelder, in denen die Anstrengungen intensiviert werden müssen. Das betrifft zum einen die Organisation des Diversity Managements und zum anderen die inhaltliche Ausrichtung und Intensität in den Schwerpunkten Chancengleichheit zwischen Frauen und Männern, Age Diversity, Integration von Menschen mit Behinderungen, Interkulturelle Vielfalt und Work-Life-Balance.

Im Zuge der weiteren Integration der Konzernunternehmen gilt es auch, die Kompetenzen und Aktivitäten auf dem Gebiet des Diversity Management stärker auf nationaler und internationaler Ebene zu bündeln. Dabei ist es wichtig, die Erfahrungen, die bereits auf lokaler Ebene gemacht wurden, aufzugreifen und einzubeziehen. Daraus lässt sich die Forderung ableiten, das Diversity Management besser organisatorisch einzubetten und zu institutionalisieren. Die Verantwortung für die nachhaltigere Realisierung des Diversity-Gedankens tragen gegenwärtig das Personalmanagement, jede einzelne Führungskraft sowie viele einzelne engagierte Mitarbeiter. Damit auf diesem Sektor noch erfolgreicher gearbeitet werden kann, sind überregionale Diversity-Arbeitskreise erforderlich, die zwischen den einzelnen „Interessengruppen" die Schnittstellen bilden und mehr Sensibilität für das Diversity Management schaffen.

Ein Arbeitsschwerpunkt dieser Teams sollte die interne und externe Kommunikation sein. Es ist wichtig, Ziele, Fortschritte und Erfolge als auch Optimierungsfelder des Diversity Managements transparent zu machen, so dass durch die Übertragung von erfolgreichen Diversity-Maßnahmen andere Konzernbereiche profitieren können. Im nächsten Schritt sollte hier ein ganzheitlicher Ansatz erfolgen.

Eine stetige Weiterentwicklung des Maßnahmenkatalogs zur Gestaltung von Vielfalt und Chancengleichheit im Konzern ist selbstverständlich. Kurzfristig werden durch die Personalpolitik Akzente auf die Förderung von Frauen, das Age Diversity und die Work-Life-Balance gesetzt.

Zur Förderung von Chancengleichheit zwischen Frauen und Männern ist es erforderlich, die Ziele noch detaillierter, beispielsweise in Form einer Agenda, zu benennen, um die Aktivitäten effizienter und zielsicherer ausrichten zu können. Eine weitere Aktion im Rahmen des Maßnahmenkataloges könnte sein, Frauen in frauenuntypischen Berufsfeldern und in Führungspositionen sowie Männer in heute noch ungewohnten beruflichen Situationen (z.B. Männer in Teil- oder Elternzeit) in internen Medien vorzustellen, um das klassische Rollenbild von berufstätigen Frauen und Männern neu zu definieren. Hierdurch können Vorbilder geprägt werden, die der Orientierung dienen und zur „Nachahmung" anregen. Vattenfall Europe engagiert sich darüber hinaus auf internationalen und nationalen Konferenzen und sucht den gedanklichen Austausch mit anderen Unternehmern, zum Beispiel auf der World-Women-Work-Konferenz. Dies ist wichtig, um neue Impulse für die Aktivitäten des Diversity Managements zu erhalten. Durch spezielle Gender-Trainings könnte darüber hinausgehend das Gleichstellungsbewusstsein im Unternehmen gefördert werden. Betriebliche Arbeitssituationen und Personalentwicklungsprozesse werden dabei aus der Gender-Perspektive betrachtet, hinterfragt und individuelle Lösungen erarbeitet.

Zukünftig müssen personalpolitische Konzepte erarbeitet werden, die das „Lebens- und Arbeitsalter" der Mitarbeiter berücksichtigen. Das jeweilige Arbeitsumfeld muss entsprechend dieser Anforderungen und Bedürfnisse gestaltet werden. Alters- und altersgerechte Arbeitsbedingungen sind in der Praxis zum großen Teil noch ein Arbeitsbereich, deren Bedeutung bereits ernsthaft diskutiert wird, bei dem aber noch konkrete und pragmatische Handlungsansätze fehlen. Nach der Devise „Lebenslanges Lernen" müssten beispielsweise Entwicklungskonzepte angepasst werden, damit Lernen bzw. Entwickeln chancengleich und lebenslang praktiziert werden kann.

Im Austausch mit anderen Unternehmen beteiligt sich Vattenfall Europe weiterhin am Projekt Work-Life-Balance. In einem gemeinsamen Forum werden partnerschaftlich die Diskussionen und Überlegungen zur Optimierung von Arbeitsbedingungen für die Beschäftigten fortgesetzt. Der eigene Angebotskatalog an Work-Life-Balance-Maßnahmen muss merklich erweitert werden.

Langfristig werden Entwicklungsfelder besonders in der Erweiterung der kulturellen Vielfalt, in einer größeren Mobilität auf internationaler Ebene und in der

Kompetenzbündelung durch Bildung multikultureller Teams gesehen. Daher wird der Aufbau eines konzerneinheitlichen Arbeitsmarktes angestrebt, der Mitarbeitern Entwicklungschancen im In- und Ausland aufzeigt und deren internationalen Einsatz fördert.

Für die weitere Arbeit im Diversity Management ist es wichtig zu wissen, wie wirkungsvoll die Diversity-Maßnahmen umgesetzt werden. Daher nutzt Vattenfall Europe interne und externe Instrumente, um diese Wirksamkeit zu messen, um zielgerichteter und nachhaltiger agieren zu können. Daher wird die jährliche Mitarbeiterbefragung als eines dieser Mess- und Feedbackinstrumente verstanden. Themenblöcke wie Mitarbeiterzufriedenheit, Kundenorientierung, Work-Life-Balance und Chancengleichheit im Fragebogen erlauben eine Bewertung von Diversity-Maßnahmen aus Mitarbeitersicht und liefern Ausgangspunkte für die weitere Gestaltung.

Natürlich ist es auch wichtig einschätzen zu können, wie Vattenfall Europe im Vergleich zu anderen Unternehmen dasteht. Daher stellt sich der Konzern dem externen Vergleich. Beispielhaftes Handeln im Sinne einer an Chancengleichheit ausgerichteten Personalführung wird mit dem Total E-Quality Prädikat ausgezeichnet. An dem Bewerbungsverfahren um dieses Prädikat nimmt Vattenfall Europe als Konzern zukünftig regelmäßig teil. Im vergangenen Jahr hat Vattenfall Europe erstmalig diese Auszeichnung für die gesamte Gruppe der deutschen Konzernunternehmen erhalten. Dieser Erfolg zeigt, dass der richtige Weg eingeschlagen wurde.

Als europäischer Konzern mit Aktivitäten in Schweden, Finnland, Deutschland und Polen will Vattenfall Europe für seine Mitarbeiter ein attraktiver Arbeitgeber sein, für seine Kunden ein interessantes Produkt- und Dienstleistungsportfolio anbieten und für die Mitbewerber am Markt ein herausfordernder Partner sein. Dies kann erreicht werden, indem das Unternehmen ein Arbeitsumfeld schafft, das bei seinen Mitarbeitern die Arbeitszufriedenheit fördert, Kompetenzen bündelt und innovative Lösungen für die bedürfnisgerechte Gestaltung von Produkten hervorbringt sowie einen effizienteren Ablauf von Arbeitsprozessen ermöglicht. Dieser Anspruch sollte in einer gruppenweiten Diversity Policy festgehalten werden.

Überlegungen zur Ökonomie von Managing Diversity – Diversity am Wirtschaftsstandort Deutschland

Matthias Großholz, Bernd-Friedrich Voigt [*]

Inhalt

1 Wissenschaftliche Relevanz des Themas 108
2 Diversity im öffentlichen Bereich 109
3 Ausweitung der Produktionsmöglichkeiten durch Wirtschaftswachstum 112
4 Ausweitung der Produktionsmöglichkeiten durch Altruismus 115
5 Nutzenerhöhung durch die Realisierung des gesellschaftlich optimalen Konsums 120
6 Fazit 123
7 Literatur 125

---

[*] Beide: Wiss. Mitarbeiter, Professur für Betriebswirtschaftslehre mit dem Schwerpunkt Organisation und Personalwesen, Universität Potsdam.

108   B   DiM als personalpolitisches und strategisches Konzept

1   Wissenschaftliche Relevanz des Themas

Der Wirtschaftsstandort Deutschland sieht sich immer schwieriger werdenden Bedingungen der internen Leistungserstellung und internationalen Wettbewerbssituation gegenübergestellt. Die Entwicklung der Bevölkerungsstruktur, die anhaltend schwache Konjunktur sowie die Folgen der EU- Osterweiterung bringen eine Reihe von nicht zu unterschätzenden Problemen mit sich, die sich sowohl kurzfristig als auch mittel- und langfristig negativ auf die Konkurrenzfähigkeit und damit das wirtschaftliche Wachstum bzw. die Existenz des Standortes Deutschland auswirken werden. Ein bisher kaum systematisch verfolgter Ansatz, die Performanz und Attraktivität des Wirtschaftsstandortes Deutschland zu verbessern, liegt in der Nutzung der Diversity, d. h. der vielfältigen Fähigkeiten und Fertigkeiten der hier lebenden Menschen. Allerdings ist festzustellen, dass das Thema Diversity in Deutschland zwar bekannt ist bzw. es einige Großunternehmen, auch öffentliche Institutionen gibt, die bereits intensive und auch sehr erfolgreiche Diversityprogramme betreiben, aber von einer weiträumigen Verbreitung kann noch nicht gesprochen werden. Vor allem im öffentlichen und gesamtgesellschaftlichen Bereich fristet das Konzept eher ein Schattendasein und findet, wenn überhaupt, lediglich als „nicht notwendiger Luxus"[1] bei Unternehmen im Non-Profit Sektor begrenzte Anwendung.

Da die Effekte von Maßnahmen des Diversity Managements genauso vielschichtig und komplex sind, wie das Thema selbst und in Organisationen, welche sich mit der Vielfältigkeit ihrer Mitarbeiter, Geschäftspartner und Stakeholder auseinandersetzen, die unterschiedlichsten Reaktionen und Fragen hervorrufen, ist es kaum erfolgversprechend, die Antworten und Maßnahmen darauf nur im Bereich der Betriebswirtschaftslehre zu suchen. So lassen sich das Verhalten bzw. die Einstellungen und Werte, die jemand am Arbeitsplatz vertritt bzw. auslebt, nicht lediglich auf diesen Ort begrenzen. Vielmehr wird man sie und ihre Auswirkungen auch im privaten und gesellschaftlichen Leben beobachten können, wo durch sie der Anstoß von Lernprozessen und kulturellen Diskursen initiiert werden kann.[2] Somit ist es unumgänglich, das Thema auch aus der Sichtweise von Nachbardisziplinen, wie der Psychologie, der Politikwissenschaft, der Sprachwissenschaft und auch der Volkswirtschaft, d. h. im Hinblick auf den Nutzen des Konzeptes für die gesamte Gesellschaft, zu betrachten.

Ein Grund für die bisher mangelnde Akzeptanz des Themas liegt in der bis heute recht einseitigen Betrachtung von Managing Diversity. So fokussiert die Viel-

---

[1] Vgl. Ospina, Sonja (2001), S. 2.
[2] Vgl. Aretz, Hans-Jürgen/Hansen, Katrin (2003), S. 10.

zahl der erschienenen Publikationen eher die demographischen sowie die soziokulturellen Unterschiede von Organisationsmitgliedern und kommt damit meist über den Gedanken der „Integration von Problemgruppen" nicht hinaus[3]. Aus gesamtwirtschaftlicher Perspektive ist festzustellen, dass eine organisations- und gruppenzentrierte Betrachtung das Potenzial des Konzeptes Diversity nur zu einem Bruchteil ausschöpft. So finden z.B. die Effekte von Diversitymaßnahmen auf das Wachstum eines Wirtschaftsstandortes kaum Beachtung, obgleich gerade die Liberalität und Offenheit eines Landes von ausländischen Investoren als wichtige Entscheidungsgrundlage für ein unternehmerisches Engagement angesehen werden.[4]

Aus diesem Grund wird Diversity in diesem Beitrag als ganzheitlicher Ansatz definiert, mit dem eine organisationsinterne Mikroebene mit einer gesellschaftsbezogenen Makroebene verknüpft wird. Im Speziellen erfolgt eine Fokussierung auf „welfare to society"[5] Effekte, die durch eine konstruktive Zusammenarbeit von privaten Unternehmen und staatlichen Einrichtungen generiert werden können. Unter dem Stichwort produktiver Diversity erfolgt eine systematisierte Darstellung möglicher volkswirtschaftlicher Effekte eines ganzheitlichen Diversity Managements. Es werden dabei vor allem wohlfahrtstheoretische Aspekte betrachtet, mit deren Hilfe sich die zu zeigenden Gewinne für Individuen und Gesellschaft besonders gut darstellen lassen. Positive Effekte auf den Wirtschaftsstandort Deutschland sind in diesem Sinne zumindest theoretisch zu identifizieren, müssen jedoch angesichts der Vielzahl weiterer Einflussfaktoren hinsichtlich ihrer Wirkungsstärke relativiert werden. Dennoch erscheint es uns unerlässlich, im Hinblick auf die Interaktion mit öffentlichen und politischen Entscheidungsträgern eine geeignete Darstellungsform gesamtgesellschaftlicher positiver Effekte von Diversity Management zu erarbeiten. Insbesondere das Vorbild Australien zeigt die positiven Aussichten einer systematischen und integrierten Förderung von Diversity aus wirtschaftlicher, politischer und wissenschaftlicher Perspektive.

2 Diversity im öffentlichen Bereich

Über die Sinnhaftigkeit von Maßnahmen im Bereich der privaten Unternehmen, d. h. der Nutzung von Vielfalt und der damit verbundenen Effekte nach innen

---

[3] Vgl. Hansen, Katrin/Müller, Ursula (2003), S. 10.
[4] Vgl. Wrench, John (2004):, S. 10ff.
[5] Vgl. Mor Barak, Michálle (2000): S. 57ff.

und außen, besteht in der einschlägigen Literatur wenig Zweifel.[6] Kaum wissenschaftlich erarbeitet wird demgegenüber der Nutzen, den eine Gesellschaft und die in ihr lebenden Individuen aus einer starken Verbreitung des Konzeptes ziehen. Handlungsleitende Fragestellung ist der Nachweis von welfare to state bzw. welfare to community Effekten. Hier ist ein wesentlicher Aspekt zur Begründung von (auch staatlichen) Aktivitäten im Bereich der Förderung von Vielfalt verankert. Im Folgenden soll daher von der bisher recht einseitigen Betrachtung betriebswirtschaftlicher Benefits abgewichen werden, und eine Erklärung für die Vorteilhaftigkeit und Notwendigkeit von staatlichem Engagement für mehr Vielfalt und/oder deren gewinnbringender Nutzung gefunden werden. Es soll außerdem ein geeignetes Kommunikationsinstrument gefunden werden, um politische Entscheidungsträger durch eine (ihnen möglicherweise verständlichere und anschaulichere) Sprache dem Thema näher zu bringen.

Aus volkswirtschaftlicher Perspektive gibt es mehrere Möglichkeiten, staatliches Eingreifen im Bereich Vielfalt zu begründen. So bietet z.B. die Ökologie eine interessante Grundlage, die Vorteile und Notwendigkeit von Systemdiversity biologischer Einheiten auf einen ökonomischen Kontext zu übertragen.[7] Weiterhin besteht die Möglichkeit den Diversitygedanken im Hinblick auf die von ihm ausgehenden positiven externen Effekte aus Sicht der Umweltökonomik zu betrachten. Insbesondere eignen sich nach Meinung der Autoren jedoch die angesprochenen wohlfahrtstheoretischen Überlegungen zur Rechtfertigung staatlicher Eingriffe, um die Brücke zwischen einer traditionellen Betrachtung der Individual-, Gruppen- und Organisationsebene und der hier im Vordergrund stehenden gesellschaftlichen Perspektive zu schlagen.[8]

Die Begründung staatlichen Handelns ist angesichts der vornehmlich betriebswirtschaftlichen Relevanz des Themas notwendig.[9] Auf eine theoretisch erschöpfende volkswirtschaftliche Abhandlung wird an dieser Stelle jedoch verzichtet und für den interessierten Leser auf das Standardwerk von Musgrave[10] verwiesen werden. Das Hauptargument der meisten Abhandlungen über die Erfordernis der Rechtfertigung staatlichen Handelns ist, dass eine Zunahme an staatlicher Aktivität (in Abbildung 20, am Beispiel öffentlicher Güter dargestellt, von Punkt ö¹

---

[6] Vgl. z.B. Krell, Gertraude (2004), S. 45ff. Zur Logik der ursprünglichen Business Case Argumentation siehe Cox, (1993). Kritischer dazu auch Kochan et al (1999).
[7] Spehl, Harald (2003), S. 2f.
[8] Wobei anderen Ansätzen dabei in keiner Weise ihre Aktualität, Bedeutung oder Relevanz für das Thema abgesprochen werden soll. Denn gerade in den vielfältigen Möglichkeiten, sich dem Ansatz zu nähern, liegt der Grundstein, die Potenziale ganz auszuschöpfen.
[9] Vgl. Hansen, Katrin (2003), S. 167.
[10] Vgl. Musgrave, R.A./Musgrave, P.B./Kullmer, L. (1994).

Überlegungen zur Ökonomie von Managing Diversity 111

auf Punkt ö²), immer eine Beschränkung der privaten Nutzung (in Abbildung 20 von Punkt p¹ auf Punkt p²) von Ressourcen zur Folge hat. Der Staat wird hier als ein von den Individuen einer Volkswirtschaft zur Ausübung von hoheitlichen Handlungen legitimierte Organisation verstanden, welche Güter und Dienstleistungen bereit stellt, die von allen Mitgliedern der Gesellschaft gemeinschaftlich genutzt werden können.[11]

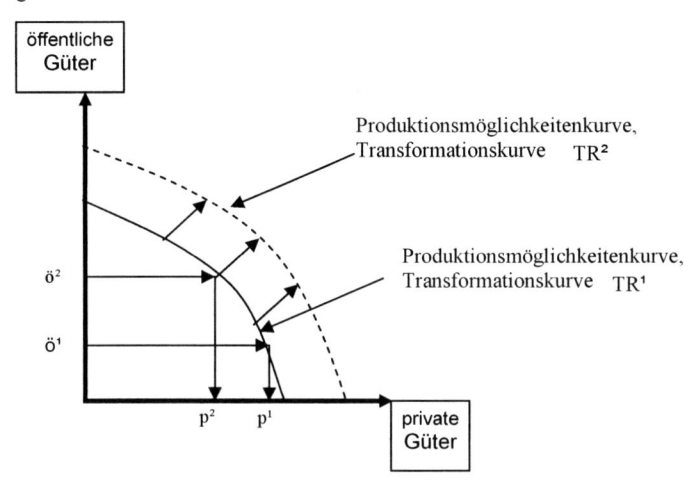

Abbildung 20: Die Ausweitung der Produktionsmöglichkeitenkurve durch Wirtschaftswachstum

Die Einschränkung des privaten Konsums liegt in den nur begrenzt zur Verfügung stehenden Produktionsfaktoren einer Volkswirtschaft begründet. Jegliche staatliche Aktivität führt somit zwangsläufig zu einem Entzug an privater Kaufkraft und muss deshalb von den Entscheidungsträgern vor den Individuen der Gesellschaft zu rechtfertigen sein (Konsumentensouveränität[12]). Dies gilt auch für die staatliche Investition in Diversityprogramme und hat zur Folge, dass sich viele Entscheidungsträger eher für die in der öffentlichen Diskussion favorisier-

---

[11] In diesem Zusammenhang spricht man von öffentlichen Gütern, die durch den Staat auf Grund von Marktversagen bereitgestellt werden müssen, da für sie das Nichtausschlussprinzip gilt. Dieses Marktversagen resultiert aus dem strategischen Verhalten (Free Riding, (vgl. Cornes, R.C./Schweinberger, A.G. (1996)) der Bürger.
[12] Scitovsky, Tibor (1962).

ten Einsatzmöglichkeiten (wie z.B. den Ausbau der Infrastruktur) der knappen Ressourcen entscheiden. Aufgabe wissenschaftlicher Forschung ist es daher, den politischen Akteuren geeignete Argumente an die Hand zu geben, um ihr Engagement im Bereich Vielfalt schlüssig zu begründen. Im Nachstehenden werden hierzu drei methodische Ansätze entwickelt.

3 Ausweitung der Produktionsmöglichkeiten durch Wirtschaftswachstum

Die dem ersten Ansatz zu Grunde liegende Überlegung ist dabei nicht die üblicherweise favorisierte Argumentation der besseren Nutzung der vorhandenen Ressourcen Arbeit und Kapital, sondern liegt in der Generierung von neuen, für die gesellschaftliche Nutzung ebenfalls verwendbaren, Produktionsfaktoren. Bei der Zielsetzung der Ausweitung der Produktionsmöglichkeiten einer Volkswirtschaft (in Abbildung 21 von IP^1 auf IP^2) stellt sich in diesem Kontext die Frage, welchen Beitrag kann und muss Diversity bei einem solchen anspruchsvollen Vorhaben leisten und welche social benefits lassen sich erzielen? Auf das Thema Diversity bezogen bedeutet das zunächst die Generierung von mehr (ausländischem) Kapital[13] (in Abbildung 21 von K^1 auf K^2) und/oder die Rekrutierung von neuen Arbeitskräften (in Abbildung 21 von A^1 auf A^2).

Vor allem im Hinblick auf die initiierten Versuche zur Gewinnung von neuen Investoren und zur Anwerbung ausländischer Arbeitskräfte, wie zum Beispiel die mit Inkrafttreten des Zuwanderungsgesetzes am 01. Januar 2005 abgelöste, als Green-Card-Verordnung bekannte „Verordnung über die Arbeitsgenehmigung für hoch qualifizierte ausländische Fachkräfte der Informations- und Kommunikationstechnologie (IT-ArGV)[14], muss sich die Politik die Frage stellen, warum die gewählten Maßnahmen hinter den Erwartungen zurück bleiben?[15]

---

[13] Welches natürlich auch die Vermeidung der Abwanderung von inländischem bzw. bereits investiertem Kapital beinhaltet und somit zwar nicht direkt zum Wachstum beiträgt, aber doch der Reduzierung vorhandener Ressourcen und somit der Einschränkung der Produktionsmöglichkeiten entgegenwirkt.
[14] Vgl.Bundesministerium der Justiz: § 19 Aufenthaltsgesetz / § 18 Aufenthaltsgesetz i.V.m. § 27 Beschäftigungsverordnung.
[15] Statt der maximal möglichen 20.000 Arbeitserlaubnisse hat die Bundesanstalt für Arbeit vom 1.8.2000 bis 31.12.2003 nur 15.658 erteilt, Quelle: Bundesministerium des Innern, Migrationsbericht, Bericht des Sachverständigenrates für Zuwanderung und Integration im Auftrag der Bundesregierung in Zusammenarbeit mit dem europäischen Forum für Migrationsstudien (efms) an der Universität Bamberg, 1. Auflage Dezember 2004.

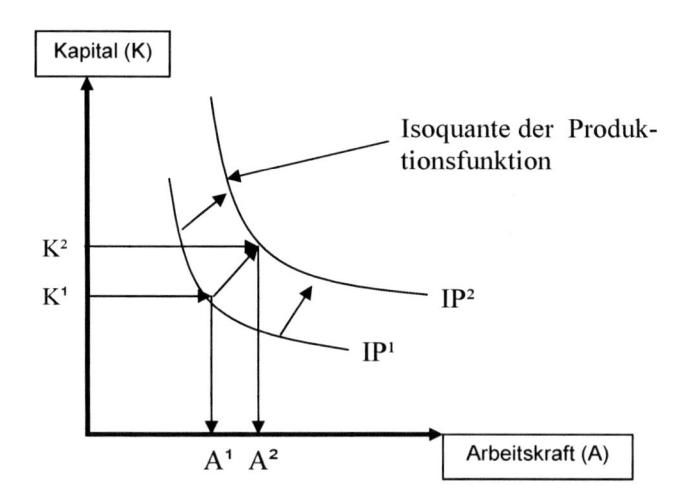

Überlegungen zur Ökonomie von Managing Diversity

Abbildung 21: Ausdehnung der Produktionsmöglichkeiten durch die Erhöhung von Kapital und/oder Arbeit

Zwei Aspekte scheinen bei näherer Betrachtung von besonderer Relevanz zu sein. Einerseits scheint es in unserer Gesellschaft im Vergleich zu anderen Gesellschaften an einem Wertebewusstsein zu mangeln, welche sozialen und ökonomischen Vorteile durch die Integration von Menschen anderer Kulturkreise entstehen können.[18] Zum anderen lassen sich Überlegungen anstellen, nach denen es die deutsche Politik noch nicht geschafft hat, mit eindeutigen Positionen zu Liberalität und Integration gesellschaftlich vorherrschendem Halbwissen und Vorurteilen entgegenzutreten. Betrachtet man in diesem Zusammenhang die menschliche Natur und die Hintergründe menschlicher Entscheidungsprozesse, ist davon auszugehen, dass ein vermeintlich fremdenfeindliches Klima und Gewalttaten gegen Ausländer nicht nur in Deutschland, sondern auch weltweit zur Kenntnis genommen werden und enorme Imageverluste zur Folge haben. So ist beispielsweise bekannt, dass begehrte Arbeitskräfte, wie z.B. Softwarespezialisten, sehr wohl überlegen, in welchem Land sie ihre Arbeitskraft anbieten und dabei nicht nur rationale Kriterien berücksichtigen, sondern auch emotionale Aspekte, wie Sicherheit, Sympathie mit den Menschen und der Mentalität des

---

[18] Vgl. Hansen, Katrin (2003), S.161.

Landes, mit in ihre Überlegungen einbeziehen. Das daraus resultierende negative Image des Standortes Deutschland hat wiederum fatale Auswirkungen auf die Investitionsbereitschaft von Unternehmen. Explizite Untersuchungen, wie hoch der dadurch entstehende Schaden für die Volkswirtschaft ist, gibt es wegen der Vielzahl der Einflussfaktoren, die auf ausländische Direktinvestitionen wirken nicht und dürften auch in Zukunft schwer zu erheben sein. Es wäre allerdings ein verhängnisvoller Fehler anzunehmen, dass bei Entscheidungen ausländischer Unternehmen bzw. gut ausgebildeter Arbeitskräfte für oder gegen den Standort Deutschland der Aspekt Offenheit und Toleranz gegenüber anderen Menschen völlig unberücksichtigt bleibt. So äußerten sich bei einer Umfrage des DIHT bei den deutschen Auslandshandelskammern 85% der Befragten, dass durch die ausländerfeindlichen und rechtsradikalen Vorfälle in Deutschland das Interesse von ausländischen Investoren und Arbeitnehmern, sich in Deutschland niederzulassen, erheblich beeinträchtigt wird.[19] Analog lassen sich beispielsweise ebenso wenig die möglichen negativen Auswirkungen der in Deutschland im Jahr 2004 höchsten Durchschnittssteuerbelastung für Kapitalgesellschaften im EU-Vergleich auf die Höhe ausländischer Direktinvestitionen nachweisen. Dennoch steht die entscheidende Rolle die steuerliche Belastungen bei der Wahl des Standortes innehaben außer Frage.

Selbst unter der Annahme, dass mittels gesellschaftsorientierten Diversity Managements neu gewonnene Inputfaktoren eine Mengensteigerung der produzierten Güter und Dienstleistungen zur Folge hat, lässt sich noch nicht schließen, welche welfare to state- bzw. welfare to community-Potenziale ein konstruktives und funktionierendes Management der Vielfalt besitzt. Der eigentliche Wohlfahrtsgewinn liegt gesellschaftlich betrachtet in der möglichen Erhöhung des individuellen Nutzens der Gesellschaftsmitglieder. Diese Argumentationslogik wird hier am Beispiel einer Volkswirtschaft mit zwei Individuen (A und B) dargestellt. Die gezeigten Effekte lassen sich, wenngleich erheblich aufwendiger, analog auf ein Modell mit einer Vielzahl an Wirtschaftssubjekten übertragen. Unter der Annahme, dass der Nutzen eines jeden Individuums von der Anzahl der von ihm konsumierten Güter und Dienstleistungen und seinem zur Verfügung stehenden Budget abhängt[20], lässt sich der Nutzenzuwachs der Bevölkerung in der Verschiebung der großen Nutzenmöglichkeitenkurve (Envelope der individuellen Nutzenmöglichkeitenkurven)[21] (in Abbildung 22 von Ua^1 auf Ua^2 bzw. Ub^1 auf Ub^2) erkennen. Legt man eine soziale Wohlfahrtsfunktion an (hier vom Typ

---

[19] Vgl. Deutscher Industrie- und Handelskammertag: Pressemitteilung vom 06.09.2002: Ausländerfeindlichkeit in Deutschland beunruhigt im Ausland: http://www.dihk.de.
[20] Vgl. Samuelson, Paul. A., (1967).
[21] Vgl. Kenen, Peter B. (1957), S. 434.

Nash), welche die Aggregation der einzelnen Nutzenniveaus aller Gesellschaftsmitglieder (gemeint ist damit eine Gerechtigkeitsvorstellungen bzw. die Höhe der von den Individuen gewünschten freiwilligen Umverteilung)[22] widerspiegelt, zeigt sich der Wohlfahrtsgewinn in der Nord-Ost-Bewegung der großen Nutzenmöglichkeitenkurve (in Abbildung 22 von P^1 auf P^2 und der nun möglichen Verschiebung der sozialen Indifferenzkurven (in Abbildung 22 von I^1 auf I^2).

4 Ausweitung der Produktionsmöglichkeiten durch Altruismus

Aber nicht nur durch die Ausweitung der Produktionsmöglichkeiten lässt sich eine Erhöhung der sozialen Wohlfahrt erreichen. Durch eine gezielte und erfolgreiche Kommunikation des Themas Vielfalt und seiner Vorteile, wie sie z.B. in Australien erfolgt[23], lässt sich, wie Best Practice Beispiele zeigen[24], eine Sensibilisierung für die individuellen Unterschiede der Mitmenschen und ein Abbau von Informationslücken erreichen. Ein positiver Nebeneffekt ist außerdem ein offener und toleranter Dialog über unterschiedliche Bedürfnisse und Sichtweisen. Die Beseitigung derartiger Informationsdefizite ist ein wichtiger Schritt, um Fremdenfeindlichkeit und bestehenden Vorurteilen entgegenzuwirken und Verständnis, aber auch Einfühlungsvermögen in die Situation anderer zu schaffen. Wenn man so erreicht, dass den Individuen einer Gesellschaft „der Andere" nicht mehr als Fremder mit merkwürdigen Gepflogenheiten und Werten erscheint, sondern als Bekannter, der lediglich eine andere kulturelle Herkunft oder Hautfarbe hat, ist die Grundlage für eine Generierung von Wohlfahrtsgewinnen durch altruistische Denkweise geschaffen, welche als zweiter Ansatz nachfolgend diskutiert werden soll.

---

[22] Vgl. Kaneko, Mamoru/Nakamura, Kenjiro (1979).
[23] D'Netto, Brian/Smith, Duncan/Da Gama Pinto, Clarence (2002), S. 59.
[24] Vgl. z.B. Peters, Olaf, Personalleiter im europäischen Forschungszentrum von Proctor&Gamble in Schwalbach (2002), S. 350.

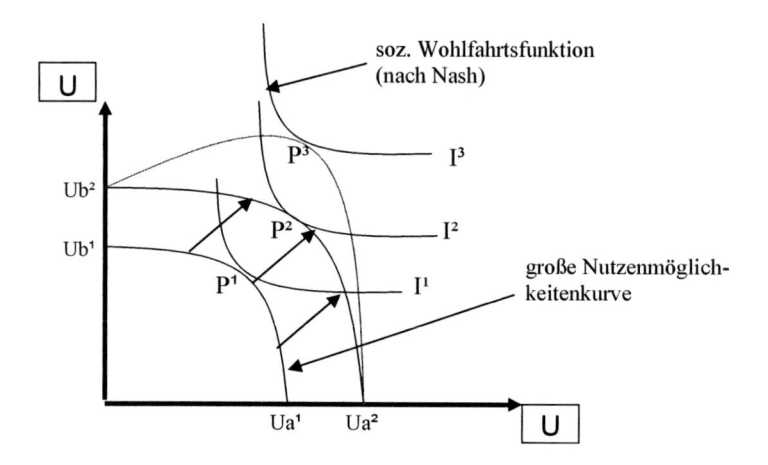

116 B DiM als personalpolitisches und strategisches Konzept

Abbildung 22: Soziale Wohlfahrtsgewinne durch mehr Konsummöglichkeiten und Altruismus

Die theoretischen Wurzeln des Altruismus sind schon in der old welfare economy verankert[25]. Für die Argumentation, die Vorteile von Vielfalt für die Gesellschaft über gesteigertes altruistisches Handeln[26] zu begründen, sei zunächst auf die in der Volkswirtschaft übliche Annahme der positiven Korrelation zwischen dem Nutzen der Individuen und den von ihnen konsumierten Gütern und Dienstleistungen verwiesen werden. Mit anderen Worten heißt das, je mehr ein Individuum konsumiert, desto höher ist sein Nutzen. Diese rein egoistische Denkweise ist in der Realität aber (glücklicherweise) nicht eins zu eins zu beobachten. Vielmehr liegt jedem Individuum einer Gesellschaft - zumindest zu einem gewissen Teil - auch die Lage und das Wohlbefinden anderer am Herzen. Dies ist zwar theoretisch sehr schwer oder gar nicht nachzuweisen, kann aber täglich beobachtet werden. Rein egoistischem Verhalten, welches z.b. im Menschenbild des homo oeconomicus[27] unterstellt wird, steht beispielsweise die enorme Solidarität mit den Opfern der schweren Tsunami-Katastrophe 2004 in Südasien gegenüber, für welche, so eine Schätzung des Deutschen Zentralinstituts für soziale Fragen, mindestens 670 Millionen € allein von Bürgerinnen und Bürgern

---

[25] Vgl. z.B. Walras, Léon (1874).
[26] Vgl. Petersen, Hans-Georg/Müller, Klaus (1999), S.95ff.
[27] Vgl. Kirchgässner, Gebhard (1991), S 12ff.; Diekmann, Andreas (1996), S. 90.

Überlegungen zur Ökonomie von Managing Diversity 117

der Bundesrepublik Deutschland an Spenden eingegangen sind[28]. Freiwillige Umverteilung ist somit ausschließlich durch altruistische Komponenten in der Nutzenfunktion erklärbar. Werte wie Freundschaft, Sympathie, Mitgefühl und Vertrauen sind eng mit dem Begriff des Altruismus verbunden und auch sie lassen sich schwerlich in theoretische Zusammenhänge einfügen bzw. durch ein Messinstrument oder einen Indikator einem bestimmten Wert zuordnen. Nichts desto trotz sind sie ein wesentlicher Bestandteil unseres täglichen Zusammenlebens und spielen auch im Zusammenhang mit Vielfalt eine beträchtliche Rolle, weil in ihnen Regeln, Einstellungen und Vorstellungen, wie wir unsere zwischen-menschlichen Beziehungen gestallten und mit auftretenden Konflikten umgehen, verankert sind. Formal bedeutet das, dass der Nutzen eines jeden Individuums nicht nur von seinem eigenen Konsum, von Gütern und Dienstleistungen abhängt, sondern auch von der Menge an Produkten, die anderen Individuen zum Konsum zur Verfügung stehen, beeinflusst wird. Es ist also denkbar, dass sich, obwohl die in der Volkswirtschaft zur Verfügung stehenden Produktionsmöglichkeiten temporär konstant sind, ein Wohlfahrtsgewinn realisieren lässt, der allein darauf beruht, dass der Verlust an Nutzen, den ein Individuum erfährt, weil es einem Anderen aus altruistischen Gedanken ohne Gegenleistung einen Teil seiner Güter zur Verfügung stellt, geringer ist als der Nutzenzuwachs, den es selbst auf Grund der Besserstellung des Anderen generiert. Graphisch lässt sich dies in der Ausbeulung der großen Nutzenmöglichkeitenkurve in Abbildung 22 erkennen. Legt man nun wieder die soziale Wohlfahrtsfunktion an, stellt sich der durch Altruismus verwirklichte Wohlfahrtsgewinn in der Nord-Ost-Bewegung der großen Nutzenmöglichkeitenkurve (in Abbildung 22 von P^2 auf P^3) bzw. der nun möglichen Verschiebung der sozialen Indifferenzkurven (in Abbildung 22 von I^2 auf I^3) dar. Der Effekt ist umso höher, je stärker eine altruistische Denk- und Handlungsweise in einer Gesellschaft ausgeprägt ist. Des Weiteren kann eine Steigerung des Effektes durch die Unterstellung eines abnehmenden Grenznutzens herbeigeführt werden. Bei dieser Argumentation resultiert der Wohlfahrtsgewinn aus der Tatsache, dass der Nutzenverlust des Individuums, welches ein Teil seiner Güter zu Verfügung stellt, geringerer ist als der Nutzenzuwachs bei dem Individuum, das etwas erhält.[29] Die Bereitschaft auf eigenen Konsum zu verzichten, um einen Anderen besser zu stellen, entsteht natürlich nur unter der Vorraussetzung, dass die Individuen von der Hilfebedürftigkeit oder den besonderen Bedürfnissen Anderer wissen und diese auch akzeptieren. Eine Tatsache, die auch hierbei die besondere Notwendigkeit von (Diversity bezogenem) Wissen aufzeigt. Die Aufgabe öffentlicher Einrichtungen könnte es daher sein, die

---

[28] Vgl. Jahresbilanz der Partnerschaftsinitiative, http://www.bundesregierung.de/Anlage930294/.pdf.
[29] Diese ist aber gerade im Bezug auf monetäre Werte stark umstritten und soll daher nur am Rande erwähnt werden.

dafür notwendigen Informationen bereitzustellen,[30] oder die bereits im Bereich „offener und toleranter Umgang mit Vielfalt" tätigen Unternehmen aktiv zu unterstützen. Um ein Klima des Verständnisses und der Hilfsbereitschaft zu erzeugen reicht es nicht, staatliches Engagement lediglich auf Lippenbekenntnisse zu reduzieren, da es nicht möglich sein wird, kurzfristig entscheidende Veränderungen herbeizuführen. Die Veränderung von traditionellen Einstellungen und Werten, die für einen solchen „Klimawandel" erforderlich ist, wird von allen Beteiligten große Anstrengungen und einen langen Atem abverlangen. Wenig hilfreich ist daher auch die bisherige öffentliche Bearbeitung von Vielfalt durch die einzelnen, möglicherweise noch um die knappen Ressourcen konkurrierenden, staatlichen Stellen, wie z.b. Frauenbeauftragte oder Ausländerbeauftragte. Dieses Vorgehen und die Tatsache, sich in der Vergangenheit lediglich auf die Kerndimensionen Gender, Alter, sexuelle Orientierung, ethnische Herkunft oder eine mögliche Behinderung beschränkt zu haben, trägt kaum zu einer ganzheitlichen Sichtweise des Themas bei. Im Gegenteil - es führt eher noch zu einer Betonung und Verfestigung der wahrgenommenen Unterschiede und nicht zu einer Fokussierung der Gemeinsamkeiten. Hierdurch wird nicht nur die Chance der freiwilligen Umverteilung gefährdet, es kann unter Umständen sogar zum Entstehen von Neid und damit zum Verlust von Nutzen trotz konstanten individuellen Konsums kommen.[31] Auf die Theorie der Unternehmung übertragen zeigt sich dies in Abbildung 23 in der Süd-West-Verschiebung der großen Nutzenmöglichkeitenkurve von Punkt P^1 auf Punkt P^3 bzw. von Isoquante I^1 auf Isoquante I^3.

---

[30] Z.B. durch die Einrichtung von Begegnungsstätten oder multikultureller bzw. schwul/lesbischer Veranstaltungen.
[31] Der Konsum anderer Gesellschaftsmitglieder, korreliert dabei negativ mit dem Nutzen des Individuums welches „neidisch" ist. Es kommt nun nicht zum konkaven Verlauf der großen Nutzenmöglichkeitenkurve, sondern zu einem konvexen.

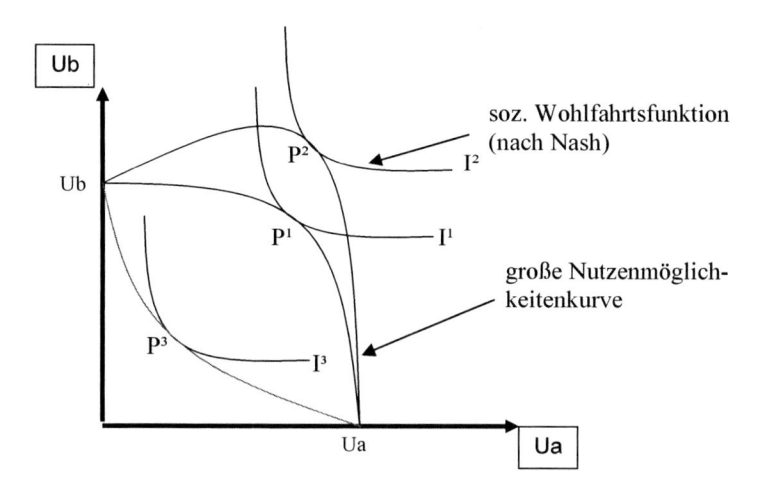

Überlegungen zur Ökonomie von Managing Diversity 119

Abbildung 23: Nutzenverlust durch die Entstehung von Neid

Sinnvoll wäre daher eine Bündelung der Kompetenzen, z.B. in einem Diversity-Ministerium[32], welches in der Lage wäre, die gemeinschaftlichen Aspekte koordiniert und vernetzt zu bearbeiten und nicht durch die derzeit praktizierte Bearbeitung von Einzelinteressen Synergieeffekte zu verschenken. Diversity würde somit aus dem öffentlichen Schattendasein treten und zu einem öffentlichen und politischen Anliegen werden.[33]

---

[32] Department of Immigration and Multicultural and Indigenous Affairs (DIMIA) (2001) Diversity Management: The Big Picture – Programme For The Practice Of Diversity Managemnet, S.11. In Australien werden alle staatlichen Aktivitäten im Bereich Diversity in einer Zusammenarbeit des Department of Immigration and Multicultural Affairs (DIMA), dem Australien Centre for International Business (ACIB) und der Universität Melbourne bzw. der Victoria University koordiniert und durchgeführt.

[33] D'Netto, Brian/Smith, Duncan/Da Gama Pinto, Clarence (2002), S. 59.

5 Nutzenerhöhung durch die Realisierung des gesellschaftlich optimalen Konsums

Bei den bisherigen volkswirtschaftlichen Ansätzen zur Begründung staatlicher Eingriffe waren die bereitgestellten Güter tatsächlich in ihrem bereitgestellten Ausmaß in den Präferenzen der Individuen verankert und konnten somit deren Nutzen steigern. Im Fokus des dritten Ansatzes liegt die Existenz von Gütern, die zwar in den Präferenzen der Bürger verankert sind, jedoch nicht in dem für sie und für die Gesellschaft optimalen Umfang. Man spricht dabei von verzerrten Präferenzen der Individuen. Würde das Gut also in nach kollektivem Empfinden ausreichender Menge nachgefragt, wäre ein Nutzengewinn sowohl für das Individuum als auch für die Gesellschaft zu realisieren.[34] Hier stellt der individuelle Nutzenzuwachs also nur einen Teil der zu generierenden Gewinne dar. Der andere, nicht weniger bedeutsame Teil, kann als gesellschaftlicher Nutzenzuwachs bezeichnet werden, der durch die positiven externen Effekte von mehr Diversity entsteht.

Als Begründung für die oben genannten verzerrten Präferenzen der Bürger werden u.a. mangelhafte bzw. unvollständige Informationen angeführt, welche sich z.B. in Vorurteilen oder in einer ablehnenden Haltung gegenüber Neuem bzw. Veränderungen niederschlagen können. Mit anderen Worten - das Individuum würde seinen Konsum anders gestalten, wenn es die positiven Auswirkungen und möglichen Nutzenzuwächse durch einen verstärkten Konsum des meritorischen Gutes kennen würde. Ein mögliches Beispiel ist die in Deutschland per Gesetz geregelte Schulpflicht von mindestens neun Jahren[35], welche im Grundgesetz §7 Abs. 1 und 2. verankert ist.[36] Sie mag dem Einzelnen subjektiv vielleicht zu lang erscheinen und somit nicht seinen individuellen Präferenzen entsprechen, sichert ihm aber im Späteren eine realistische Chance auf dem Arbeitsmarkt und gibt ihm so die Möglichkeit für den Erwerb der finanziellen Mittel, die er für seinen Lebensunterhalt benötigt.[37] Für die Gesellschaft hat die Pflicht einer – aus ihrer Sicht – ausreichenden Schulbildung den Vorteil, dass hierdurch der Grundstein für die Kreativität, Innovativität und somit auch die Wettbewerbsfähigkeit des Landes im internationalen Vergleich gelegt wird.

---

[34] Sandmo, Agnar (1983). S. 21f.
[35] Vgl. z.B. Hessisches Schulgesetz § 59.
[36] Spezielle Regelungen, wie die Dauer der Schulpflicht oder der viel umstrittene Religionsunterricht werden dagegen in den Länderverfassungen geregelt.
[37] Hierbei ist auch die dringliche Notwendigkeit einer guten schulischen und beruflichen Ausbildung von Migranten zu erkennen, durch die einerseits die sozialen Sicherungssysteme entlastet werden könnten und sich andererseits die Nutzung der kreativen und innovativen Potenziale dieser Menschen realisieren lässt.

Überlegungen zur Ökonomie von Managing Diversity

Auch im Bereich Vielfalt sind ähnliche Effekte zu beobachten. Hier kommt es, auf Grund von mangelnder Kommunikation und Information über die Nutzenpotenziale des Konzeptes, zu einem nicht dem Idealzustand entsprechenden Konsum durch die Gesellschaftsmitglieder und Unternehmen. In der Anwendung der Überlegungen zu meritorischen Gütern auf die Theorie der Unternehmung kann sich dies in der von den Unternehmen empfundenen Isoquante der Produktionsfunktion (in Abbildung 24 Isoquante a) zeigen. Im Punkt P^1 kommt es nun zur fehlerhaften Zusammenstellung der Produktionsfaktoren (in Abbildung 24 AI^1 und Div^1). Legt man ihre wahre Produktionsfunktion zugrunde, läge dieser Punkt aber auf Isoquante b. Nun lässt sich erkennen, dass auf dieser ineffizient produziert wird und man durch die Verschiebung auf Punkt P^2 (sprich die neue Einsatzfaktorenkombination AI^2 und Div^2) ein deutlich höheres Outputniveau erreichen kann (in Abbildung 24 Isoquante c).

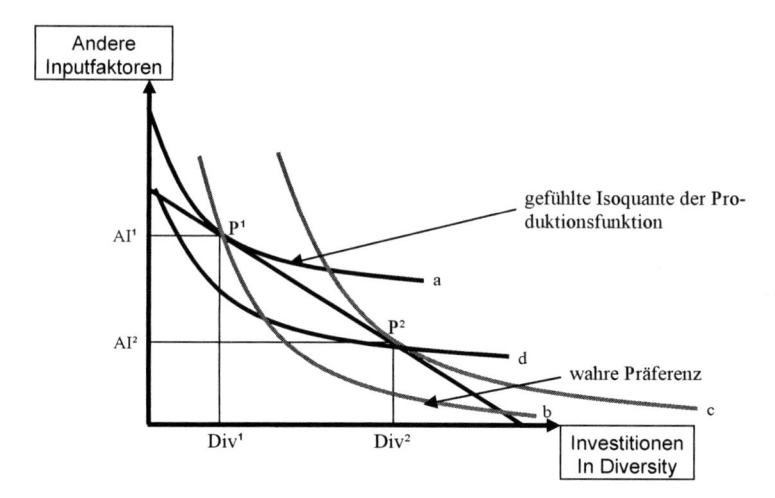

Abbildung 24: Effizienzerhöhung durch den Einsatz von mehr Diversität

Offen bleibt zunächst, wie in diesem vereinfachten Modell ein staatlicher Eingriff zur Verwirklichung der sowohl für das Unternehmen als auch für die Gesellschaft optimalen Lösung[38] ausgestaltet sein könnte. Zu berücksichtigen ist dabei vor allem, dass diese kollektiven Präferenzen zum Konsum eines derartigen Gutes von den einzelnen Individuen als zu hoch empfunden und damit abgelehnt werden.

Eine Möglichkeit ist die Einführung einer gesetzlich geregelten Mindestmenge an bestimmten Produktionsfaktoren. Als Praxisbeispiel im Diversitykontext wäre dafür die Frauenquote im öffentlichen Dienst zu nennen, in welcher es - so wörtlich - heißt „ ... [B]ei gleichwertiger Eignung, Befähigung und fachlicher Leistung sind Frauen bei Begründung eines Beamten- oder Richterverhältnisses vorrangig zu berücksichtigen, wenn sich in der betreffenden Laufbahn im Geschäftsbereich der für die Personalauswahl zuständigen Dienststelle weniger Frauen als Männer befinden".[39] Hier wird neben dem Argument des höheren und besseren Outputs auch eine Verhinderung von Diskriminierung als Begründung für eine gesetzliche Regelung angeführt. Eine solche Maßnahme lässt sich zwar schnell und mit geringem finanziellen Engagement implementieren, jedoch setzt sie zur konstruktiven Umsetzung voraus, dass man die wahren Produktionsfunktionen aller Unternehmen kennen würde bzw. sie ermitteln könnte. Da diese im spezifischen Kontext sehr unterschiedlich sind und somit für jedes Unternehmen explizit zu analysieren wären, würden hieraus finanzielle Belastungen entstehen, welche die bei der Implementierung eingesparten Kosten schnell überkompensieren dürften. Weiterhin würde man damit auf erhebliche Widerstände seitens der Unternehmen treffen, da diese sich nun subjektiv auf einem niedrigeren Outputniveau befinden (in Abbildung 24 Isoquante d).

Die Realisierung des gewünschten Ergebnisses durch die Einführung einer Quote, sei es die Erreichung der Reflektion der Grundgesamtheit der potenziellen Käufer in der Belegschaft, oder die Vermeidung von Diskriminierung auf Grund von persönlichen Merkmalen, z.B. Geschlecht oder Hautfarbe, ist außerdem nur dann ein adäquates Mittel, wenn die bevorzugte Gruppe nicht unabhängig von Ihrer erbrachten Leistung begünstigt wird.[40] Ein solches Verhalten wird bei der sich zurückgesetzt fühlenden Gruppe starke Abwehrreaktionen hervorrufen und keinesfalls zu dem angestrebten Zustand des gegenseitigen Verständnisses und

---

[38] Soweit man überhaupt von einer solchen sprechen kann, oder besser den Begriff des besten Kompromisses zur Verwirklichung der meist heterogenen Ziele und Bedürfnisse der Beteiligten verwenden sollte.

[39] Vgl. Gesetz zur Durchsetzung der Gleichstellung von Frauen und Männern (Gleichstellungsdurchsetzungsgesetz – DGleiG) vom 30.November 2001, § 8.

[40] Vgl. zu den Effekten positiver und negativer Diskriminierung auch Göbel, Elisabeth (2003), S. 125.

Respekts beitragen, sondern dazu führen, dass sie sich dem Thema „gleichberechtigter und toleranter Umgang mit Vielfalt" möglicherweise ganz verschließt.

Aus Sicht der Autoren ergibt sich eine ergänzende Möglichkeit aus der Bereitstellung der Informationen, die zu den oben genannten Informationslücken und damit auch zur Verzerrung der Präferenzen der Individuen geführt haben. Eine wichtige Rolle können in diesem Zusammenhang Best Practice Beispiele und Business Cases spielen, durch die den Akteuren ein anschaulicher und verständlicher Überblick über die Potenziale des Konzeptes sowohl für die Gesellschaft als auch für sie selbst gegeben werden kann. Die Besserstellung der Unternehmen durch die Optimierung ihrer Produktionsfaktorkombination kann, wie oben beschrieben als interner Nutzen bezeichnet werden. Der externe Nutzengewinn liegt in der in Ansatz 1 beschriebenen möglichen Ausdehnung der Produktionsmöglichkeiten der Gesellschaft.

6 Fazit

Die gesellschaftlichen Vorteile eines toleranten und offenen Umgangs mit den vielfältigen Fähigkeiten und Charakteristiken der Menschen in unserem Land liegen so offen zu Tage, dass weitaus stärker als bisher auf diese Effekte eingegangen werden müsste. Dies sollte sinnvoller Weise nicht - wie bisher - nur von einzelnen „Pionieren" ausgehen, sondern in einer koordinierten und strukturierten Zusammenarbeit von privaten Unternehmen und öffentlichen Einrichtungen erfolgen. Anhand der Ausführungen wird ersichtlich, dass das Interesse an Vielfalt und deren Nutzung nicht auf eine oder zwei Ebenen beschränkt ist. Vielmehr ist ein Nutzengewinn in allen Bereichen wirtschaftlichen Handelns zu erreichen. Natürlich gehen die verwendeten Ansätze von stark vereinfachten Modellwelten aus und sind daher nicht in der Lage, die Vorteile der verschiedenen Persönlichkeiten von Menschen, ihre Fähigkeiten und Bedürfnisse widerzuspiegeln und diese exakt messbar zu machen. Sie bieten dennoch interessante Blickwinkel auf das Thema und ermöglichen zudem in Ansätzen die Effekte abzubilden, die ein konstruktives Diversity Management nicht nur auf den bisher fokussierten Bereichen Individualebene, Gruppenebene, Organisationsebene, sondern auch auf gesellschaftlicher Ebene hervorrufen kann.

Ziel weiterer wissenschaftlicher Bearbeitung des Themas sollte es daher sein, die Grundlage für die oben erwähnte Zusammenarbeit zwischen privatem und öffentlichem Sektor zu liefern. So wird ermöglicht, gemeinsame Interessen zu extrahieren, positive Auswirkungen darzustellen sowie ein sinnvolles Paket an Fördermaßnahmen zu erarbeiten, durch das sich private sowie öffentliche Unternehmen in die Lage versetzt sehen, die vorhandene Diversity sinnvoll zu nutzen. Diese ganzheitliche Sichtweise des Themas erlaubt nicht nur, die Ziele aller Beteiligten zu verwirklichen, sondern ist auch in der Lage, Wohlfahrtsgewinne zu generieren, die keine der Parteien im Alleingang erreichen können. Nur so besteht die Aussicht, das Potenzial des Ansatzes umfassend auszuschöpfen und die Herausforderungen der Zukunft zu bewältigen.

7 Literatur

Monographien:

Kirchgässner, Gebhard (1991): Homo Oeconomicus. Das ökonomische Modell individuellen Verhaltens und seine Anwendung in den Wirtschafts- und Sozialwissenschaften. Tübingen,

Krell, Gertraude (2004): Chancengleichheit durch Personalpolitik, Wiesbaden u.a.

Ospina, Sonja (2001): Managing Diversity in Civil Service: A Conceptual Framework for Public Organisations.

Petersen, Hans-Georg/Müller, Klaus (1999): Volkswirtschaftspolitik, München u.a.

Samuelson, Paul. A. (1967): Economics: An Introductory Analysis, New York.

Walras, Léon (1874): Elements of Pure Economics: Or the theory of social wealth, Homewood, u.a.

Sammelwerke:

Göbel, Elisabeth (2003): Diversity Management und Gerechtigkeit, in: Wächter, Hartmut/Vedder, Günther/Führing, Meik (2003): Personelle Vielfalt in Organisationen, München und Mering u.a., S.115-135.

Hansen, Katrin (2003): Diversity – ein Fremdwort in deutschen Arbeits- und Bildungsorganisationen? – Eine Auswertung teilstrukturierter Interviews in Unternehmen, Hochschulen und öffentlichen Einrichtungen, in: Belinszki,Eszter/Hansen, Katrin/Müller, Ursula (2003): Diversity Management – Best Practices im internationalen Feld, Münster u.a., S. 155-205.

Hansen, Katrin/Müller, Ursula (2003): Diversity in Arbeits- und Bildungsorganisationen – Aspekte von Globalisierung, Geschlecht und Organisationsreform, in: Belinszki,Eszter/Hansen, Katrin/Müller, Ursula (2003): Diversity Management – Best Practices im internationalen Feld, Münster u.a., S. 9-60.

Musgrave, R.A./Musgrave, P.B./Kullmer, L. (1994): Die öffentlichen Finanzen in Theorie und Praxis 1, Tübingen u.a.

Krell, Gertraude (2003): Personelle Vielfalt in Organisationen als Herausforderung für Forschung und Praxis, in: Wächter, Hartmut/Vedder, Günther/Führing, Meik (2003): Personelle Vielfalt in Organisationen, München und Mering u.a., S. 219-232.

Meyer, Harald (2002): Globalisierung und Diversity im Kleinen - Messen und Managen, in: Auer-Rizzi, Werner/Szabo, Erna/Innreiter-Moser, Cäcilia (2002): Management in einer Welt der Globalisierung und Diversität – Europäische und nordamerikanische Sichtweisen, Stuttgart u.a., S. 355-370.

Peters, Olaf, (2002), S. 350, in: Belinszki, Eszter/Hansen, Katrin/Müller, Ursula (2003): Diversity Management – Best Practices im internationalen Feld, Münster u.a., S. 338-350.

Spehl, Harald (2003): Zur Bedeutung von Vielfalt in Ökonomie und Ökologie, in: Wächter, Hartmut/Vedder, Günther/Führing, Meik (2003): Personelle Vielfalt in Organisationen, München und Mering u.a., S. 1-11.

Vedder, Günther (2003): Vielfältige Personalstrukturen und Diversity Management, in: Wächter, Hartmut/Vedder, Günther/Führing, Meik (2003): Personelle Vielfalt in Organisationen, München und Mering u.a., S. 13-27.

Wächter, Hartmut (2003): Interdisziplinäre Zugänge zu den Chancen und Risiken von Diversität, in: Wächter, Hartmut/Vedder, Günther/Führing, Meik (2003): Personelle Vielfalt in Organisationen, München und Mering u.a., S. III-VIII.

Zeitschriften:

Aretz, Hans-Jürgen/Hansen, Katrin (2003): Erfolgreiches Management von Diversity. Die multikulturelle Organisation als Strategie zur Verbesserung einer nachhaltigen Wettbewerbsfähigkeit, in: Zeitschrift für Personalführung, 17., Jg., Heft 1 (Jan 2003), S. 9-36.

Cornes, R.C./Schweinberger, A.G. (1996): Free Riding and the Inefficiency of the Private Production of Pure Public Goods, in: The Canadian Journal of Economics, Vol. 29, No. 1 (Feb., 1996), S. 70-91.

Diekmann, Andreas (1996): Homo ÖKOnomicus. Anwendungen und Probleme der Theorie rationalen Handelns im Umweltbereich, in: Kölner Zeitschrift für Soziologie und Sozialpsychologie, Sonderheft 36, Jg. 48, 1996, S. 89-118.

Kaneko, Mamoru/Nakamura, Kenjiro (1979): The Nash Social Welfare Function, in: Econometrica, Vol. 47, No. 2 (Mar., 1979), S. 423-436.

Kenen, Peter B. (1957): On the Geometry of Welfare Economics: A Suggested Diagrammatic Treatment of Some Basic Propositions, in: The Quarterly Journal of Economics, Vol. 71, No. 3 (Aug., 1957), S. 426-447.

Mor Barak, Michálle (2000): "Beyond Affirmative Action: Toward a Model of Diversity and Organizational Inclusion", in: Administartion in Social Work, Vol. 23, No. 3-4, S. 47-68.

Sandmo, Agnar (1983): Ex Post Welfare Economics and the Theprie of Merit Goods, in: Economica, New Series, Vol. 50, No. 197 (Feb., 1983), S. 19-33.

Scitovsky, Tibor (1962): On the Principle on Consumers' Sovereignity, in: The American Economic Review, Vol. 52, No. 2 (May, 1962), S. 262-268.

Wrench, John (2004): Multikulturelles Europa, in: Personal, 56. Jg., Heft 9 (Sep 2004), S. 10-13.

Berichte:

Bundesministerium des Innern (2004), Migrationsbericht: Bericht des Sachverständigenrates für Zuwanderung und Integration im Auftrag der Bundesregierung in Zusammenarbeit mit dem europäischen Forum für Migrationsstudien (efms) an der Universität Bamberg, 1. Auflage Dezember 2004.

Department of Immigration and Multicultural and Indigenous Affairs (DIMIA) (2001): Diversity Management: The Big Picture – Programme for the Practice of Diversity Management.

D'Netto, Brian/Smith, Duncan/Da Gama Pinto, Clarence (2002), Diversity Management: Benefits, Challenges and Strategies – Study from the Department of Immigration and Multicultural Affairs of Australia.

Internetquellen:

Bundesministerium der Justiz: Aufenthaltsgesetz (AufenthG) vom 01.01.2005, verfügbar: http://bundesrecht.juris.de/aufenthg_2004/index.html (Zugriff am 19.07.2006).

Deutscher Industrie- und Handelskammertag: Pressemitteilung vom 06.09.2002: Ausländerfeindlichkeit in Deutschland beunruhigt im Ausland, verfügbar: http://www.dihk.de (Zugriff am 10.02.06).

Gesetz zur Durchsetzung der Gleichstellung von Frauen und Männern (Gleichstellungsdurchsetzungsgesetz – DGleiG vom 30.November 2001, verfügbar: http://www.bmfsfj.de/RedaktionBMFSFJ/Abteilung4/PdfAnlagen/-PRM-13097-Gesetz-zur-Durchsetzung-der-Gl,property=pdf,bereich=,rwb=true.pdf (Zugriff am 19.07.2006).

Jahresbilanz der Partnerschaftsinitiative, verfügbar: http://www.bundesregierung.de/Anlage930294/.pdf (Zugriff am 11.02.2006).

C Ansatzpunkte und Objekte von Diversity-Management

Managing Demographical Diversity – A Way of Improving the Learning and Performance of Top Management Teams

Sylvie Boisard-Castelluccia[*]

Content

1 Introduction 130
2 A Review of the literature related to the effects of demographical diversity: the absence of theoretical consensus 133
3 About the link diversity – cognitive dissonance 135
4 The effects of cognitive dissonance on the individual learning process ... 137
5 Conclusion 149
6 Bibliography 150

---

[*] Ph. D. Sylvie Boisard-Castelluccia, University of Toulon (Var, France) – ERMMES.

1 Introduction

The world economic environment has changed significantly over the last decade. Globalization has had a major impact on the manpower of many companies. These companies now hire employees who come from many countries and from different cultures. Consequently, the management of diversity has become a significant concern for a majority of multinationals. Unfortunately, the concept of diversity is not very well understood and its management is, therefore, mysterious and quite difficult to grasp. Even if the majority of these companies agree on the need for promoting diversity, only few of them manage to take concrete measures.

We have chosen the top management team as our research unit because it is characterized by a certain intrinsic heterogeneity. The top management team is composed of individuals with various competencies. Each actor is characterized by his own culture. I will consider the concept of culture in a very broad sense: it will include national origins as well as fields of competence, shared values, etc... Consequently, this team is characterized by a certain heterogeneity which can be profitable if properly exploited.

According to Eisenhardt et al. (1999), the markers of diversity that have to be considered are those which, in a given situation, are the most visible and relevant. To be consistent with past research, I will only consider diversity in terms of the demographical criteria which are the most appropriate to describe the differences which exist between members of a same top management team. Demographical diversity (or heterogeneity) refers to the degree to which a unit (i. e. a top management team or an organization) is heterogeneous with respect to demographical attributes. Attributes classified as demographical generally include "immutable characteristics such as age, gender and ethnicity; attributes that describe individuals' relationships with organizations, such as organizational tenure or functional area; and attributes that identify individuals' positions within society such as marital status"[1].

The aim of this article is to clarify the effects of demographical diversity by explaining how demographical diversity can cause learning and then performance.

According to Hackman (1987), a work group is performant if: the production of the group meets or exceeds the standards of performance of the customer; if the

---

[1] Eisenhardt et al., 1999.

social processes used to achieve the task preserve or increase the members' capacity to collaborate on the later tasks; if the group's experience satisfies the personal needs. The literature in management covers forty years of research on the effects of the demographical diversity of a top management team upon its performance. Although it is generally agreed that the demographical diversity of a group has an unquestionable influence upon its processes and its performance, this literature does not manage to clearly state if heterogeneity causes performance.

In order to specify the effects of diversity, it seems necessary to study in greater detail the mechanisms implied in the heterogeneity-performance link. A team would benefit from its diversity and then become performant if it manages to learn collectively, i. e. to create a common mental model or a consensus characterized by the values, beliefs and representations shared by the members[2]. The theories about individual learning are essential to the comprehension of organizational learning[3]. The literature teaches us a lot about organizational learning and very little about individual learning which is however a prerequisite for the collective learning. In order to contribute to the understanding of the mechanisms implied in the relation between demographical heterogeneity and performance, it seems significant to us to study in details the concept of individual learning.

When an individual codes his experience, he builds representations which play an essential part in his understanding and treatment of information, his mental models. His cognitive system continuously interacts with his environment so that it constantly receives and integrates new information. This information will either reinforce or invalidate some of his mental representations, leading to a modification of the structure of his model, in other words, to learning.

When certain members have mental representations which are not completely compatible, their confrontation can cause cognitive dissonance to the individuals expressed in the form of cognitive intragroup conflicts. The cognitive conflict is a conflict of ideas within the group, a dissension related to the contents and results of the tasks. It arises from the differences in judgment or from the confrontations between various individual representations.

According to Festinger (1957), there is cognitive dissonance when an individual realizes that the reality he observes is different from the mental representation he

---

[2] Fiol, 1994.
[3] Kim, 1993.

has of it. This dissonance constitutes a painful psychological state for a human being, who needs to maintain the greatest consonance possible. Therefore the dissonance will compel the individual to modify his mental model. Consequently I have focused the analysis on the cognitive dissonance – individual learning link.

Our research field is composed of four teams of French top executives who belong in turn to four different European multinationals, that is to say a total of 30 individuals. I have tried to identify the individual learning of each leader and the cognitive dissonance each experienced in order to establish a relation between these two concepts. We questioned the managers using questionnaires and semi-directive interviews during the follow-up of one-week itinerant seminars they attended in Silicon Valley (California, the United States). This seminar is dedicated to top executives. Its main goal is to place the participants in a situation of learning about given work topics by causing a cultural and emotional shock. This week consists of many visits to American companies, presentations, and team-building activities, and it is based on a teaching aid focused on the individual learning within a work group.

This article will consist of three parts.

First, I will give a review of the literature related to the effects of demographical diversity while highlighting the absence of theoretical consensus.

Secondly, I will explain how diversity causes cognitive dissonance by creating cognitive conflict. I will outline Festinger's 1957 theory of cognitive dissonance, and I will demonstrate how the top management team is a significant source of cognitive dissonance.

Finally, I will define the concept of individual learning, then I will outline a theoretical model describing the effects of cognitive dissonance upon individual learning. I will demonstrate the empirical validity of this model by analyzing the quantitative information with a simple linear regression and by treating the qualitative data according to the Miles and Huberman (1991) protocol. I will demonstrate how cultural diversity may be the strongest cause of cognitive dissonance and individual learning for the questioned managers.

2 A Review of the literature related to the effects of demographical diversity: the absence of theoretical consensus

Due to recent consideration of the "learning" dimension, there has been growing interest in the management of diversity over the last decade. The management of diversity no longer consists in increasing only the representation of various minorities in the workplace. It is now based upon a new paradigm of "learning and efficacy"[4] which no longer considers the individuals on the basis of their appearances or their origins, but of the different knowledge and prospects they can contribute. In other words, diversity is no longer required within a logic of equity alone but also within a logic of learning from one's differences.

Over the last four decades field surveys have demonstrated that variations in the composition of the group could have significant effects on its functioning[5]. Demographical heterogeneity in terms of tenure, gender, and nationality would have negative effects on behavior in the workplace and upon performance[6]. Conversely, an increased demographical homogeneity would have positive effects upon the appreciation, satisfaction, engagement, seniority and performance, and would reduce turnover[7].

Earley and Mosakowski (2000) and Murray (1989) have highlighted an intermediate approach. According to them, homogeneity and heterogeneity could both be a source of performance. Earley and Mosakowski (2000) have demonstrated that team diversity could cause both an increase and a decrease in performance. The latter studied transnational teams and proved that in this case, the most determining characteristic of heterogeneity was nationality. They consider three types of team heterogeneity: homogeneity, medium-level heterogeneity and high-level heterogeneity.

1. A team is homogeneous when all its members think that they share fundamental elements;
2. A team is medium-level heterogeneous when there are only a few differences among the members. In this case, sub-groups appear;
3. A team is high-level heterogeneous when the majority of the team members disagree on fundamental characteristics. They can, for example, not share

---

[4] Thomas and Ely, 1996.
[5] O' Reilly and Williams, 1998.
[6] Chatman, Polzer, Barsad and Neale, 1998; Pelled, Eisenhardt, and Xin, 1999; Smith et al., 1994.
[7] Elfenbein and O' Reilly, 2002.

the same vision of the role that each individual has to play, or they may disagree about the appropriate procedures to the actions' realization.

The authors highlighted the existence, in the long-term, of a curvilinear relation between nationality diversity and the results of the team. The homogeneous and highly heterogeneous teams would be more performant than the medium-level heterogeneous teams. According to Murray (1989), the heterogeneous groups would be more effective in a changing environment whereas the homogeneous groups would be more performant in stable and competitive environments. He explains this as follows:

Homogeneous teams:

- Tend to be more welded[8]. Thus, they achieve their objectives more easily except if these goals are in opposition to their personal situations and their desires[9];
- Have higher levels of interpersonal communication[10];
- Are composed of individuals who have lived and have been raised in similar environments. Thus, they share the same values. As a matter of fact, newly-arrived members who have different values will break the balance of the group, by causing incomprehension and mistrust, which in turn will increase conflict[11]. To solve conflicts is expensive in terms of time and therefore reduces the group performance.

The heterogeneous groups are more adaptable and creative[12]. Although these teams are composed of individuals whose utility can be disputed at a given time, their competences can appear as very useful in the case of a change in situation. Heterogeneity in terms of competences and opinions increases the number of conflicts. These conflicts can have a positive effect if they help the group to find new and more effective solutions to the environmental adaptation[13]. While the homogeneous teams contribute to company efficacy[14], the heterogeneous groups make a firm more adaptable.

---

[8] Back, 1951.
[9] Shaw and Shaw, 1962.
[10] Lott and Lott, 1961.
[11] Hambrick and Mason, 1984.
[12] Katz, 1982.
[13] Deutsch, 1969.
[14] Hambrick and Mason, 1984.

3 About the link diversity – cognitive dissonance

In this paragraph, I will explain how diversity causes cognitive dissonance by creating cognitive conflict.

3.1 About the link diversity - cognitive conflict

When members of a top executive team do not have the same demographical antecedents, they can have different belief structures i. e. different priorities, expectations of the future, a different comprehension of the alternatives they can choose among. Thus, it is possible for these individuals to have different preferences and a different interpretation of the tasks to be accomplished; these divergences generally appear as conflicts, and particularly as cognitive conflicts. The importance of such conflicts grows with the diversity level.

There is conflict when "the implied parts realize their divergences or the incompatibility of their desires"[15]. More precisely, it is an interactive process which appears in case of dissension, incompatibility, or dissonance between or within the social entities (i.e. individual, group, organization)[16]. The cognitive conflict is a conflict of ideas within the group, a dissension related to the contents and results of the tasks. It arises from differences in judgement or from the inadequacies of various individual representations. In consequence, it causes an internal conflict at the individual level, expressed as cognitive dissonance.

The following paragraph is devoted to the definition of the concept of cognitive dissonance.

3.2 The contributions of cognitive psychology: the theory of cognitive dissonance

Cognitive consonance theories are about the process of managing new information and of changing cognitive states. They suppose that the existence of a cognitive world is conditioned by the search for harmonious organization. If the harmony is disturbed, the organization sets up cognitive work allowing its re-establishment.

Festinger's theory of cognitive dissonance (1957) has been the most successful one. Festinger's fundamental assumption is that cognitive dissonance is a very

---

[15] Jehn, 1997.
[16] Baron, 1990.

painful state for a human being, who needs to maintain the greatest consonance possible. Therefore if an individual happens to be in dissonance, he will have some psychological problems that will compel him to reduce his dissonance and try to go back into a consonance mode. Moreover, an individual endeavors to avoid situations and information likely to increase dissonance.

The terms "dissonant" and "consonant" refer to relationships which exist between pairs of cognitions. An individual's cognitions represent all the knowledge, opinions or beliefs in his environment, about himself, or about a third person's behavior constituting his mental model[17]. In other words, most people consider that cognition elements correspond to what an individual does or feels, or to what exists in the environment "Two concepts are consonant if one rises from the other one i.e. if one psychologically implies the other one"[18]. The psychological implication is a subjective implication, it is not strictly logical. Let us consider two cognitive elements x and y of an individual mental model. x and y are in a dissonant relationship if, by considering only these two elements, the opposite of x is implied by y.

Let us consider the example of a manager who has been instructed to reduce to a minimum his expenditure and who, at the same time, makes the decision to set up an E-business strategy which he considers fundamental for the good functioning of his company. These two elements are dissonant because the cognition "to set up an E-business strategy" is a direct result of the opposite of "not to have a limited budget".

Cognitive elements can be dissonant for one individual and not for an another one, who has a different culture or life experience.

3.3 The top management team, a source of cognitive dissonance

A social group such as a top management team is a major source of cognitive dissonance and represents a significant means of elimination and reduction of the cognitive dissonance felt by an individual A[19]. In other words, the cognitive elements corresponding to an individual opinion can be dissonant with the cognition (expressed itself as knowledge) that another individual has a contrary opinion. On the one hand, information and opinions which are communicated to member A by the other group members can introduce new elements which are

---

[17] Festinger, 1957.
[18] Poitou, 1974.
[19] Festinger, 1957.

dissonant with pre-existing cognitions and thus can generate cognitive intragroup conflicts. On the other hand, A can use the group in order to reduce the cognitive dissonance that he feels because of a dissension with one of his colleagues, B. If a great number of his colleagues share the disputed cognitive elements, A will be able to easily discredit the cognitive elements of B and thus to reduce his own psychological discomfort.

4 The effects of cognitive dissonance on the individual learning process

4.1 Individual learning

4.1.1 A general definition

In this article, I consider exclusively the individual learning process related to the modification or even complete change of individual representations. Giordan (1993) proposes the following definition: "learning is not a simple recording of information by a subject, but implies a transformation of its mental structures [...] To learn is to transform its conceptions or rather, to go from an explanatory network to another more relevant, to treat a given context". Therefore, it is a complex and often unpleasant process for the individual.

The mismatch between an individual's representation and perceived reality must convince him that his representation is incorrect or incomplete. He will not be able to solve his problem unless he gets a different representation. "It is necessary, at the beginning of any learning phase, to introduce one or more dissonances to disturb the original conceptions. This dissonance generates a stress that upsets the fragile balance that the brain has created"[20].

4.1.2 Individual learning, as an evolution of individual representations

An individual perceives and understands his external environment through his mental models. A mental model is a set of articulated mental representations whose structure corresponds to the individual's perception of the world structure[21]. A mental representation is "the product and the process of a mental activ-

---

[20] Giordan, 1993.
[21] Johnson-Laird, 1991.

ity by which an individual or a group reconstitutes the reality he has to deal with, and by which he ascribes a specific meaning to that reality"[22]. The representation is then an organized set of opinions, attitudes, beliefs and information which refer to an object or a situation. The consideration of the representations implies that the subject approaches and evolves with the situations that are proposed to him, with a whole set of preconceived notions, systems of preestablished thoughts and interpretative schemes. Consequently, "[...] the experimenter does not react to the reality he imagines but to the represented reality i.e. the adapted, structured, transformed reality: the reality of the subject"[23].

The mental concept or representation is formed in interaction with the immediate, or social, environment. Each individual builds an "individual vision" of the world from his observations and his experience of relationships with others and with objects. These visions act like filters to decode reality and allow the individuals to act, to find explanations, to formulate assumptions, to anticipate or to make decisions. However, these representations can only perceive the information likely to interfere with them.

Thus, an individual's representation of his external world can only be an incomplete, relative and partial vision of reality. But while it may act as a support, one may seek to refine it, or even reject it when its limits get too great and when a more effective and easier representation appears. "One can only learn what one can interpret through one's own system of thoughts"[24]. In other words, the individual learns through what he is. His cognitive resources determine his learning. He will then interpret external information according to his cerebral potential. He will take into account his past experiences and his project.

4.1.3 Cognitive dissonance leads to learning

"To learn is destruction as much as construction". The appropriation of knowledge proceeds from upheavals and crises. "To learn, an individual must be disturbed in his certainty"[25].

In other words, a cognitive dissonance, such as I defined it in the preceding paragraph, must address the "hard core" or the central core or the prototype of

---

[22] Abric, 1989.
[23] Abric, 1989.
[24] Giordan, 1999.
[25] Giordan, 1999.

the representation. It must create a tension that disrupts the fragile balance that the learner's brain has attained.

Any successful learning entails a change of conceptions, due to the discrepancy between new information and the previous knowledge of the individual. His mental structure is then transformed and his reference grid largely revised. Each modification is perceived by the individual as an unpleasant experience. Indeed, this learning will change the meaning of his past experiences and will disturb the way he interpreted reality.

I shall describe hereafter the theoretical model I have established in order to explain the effects of cognitive dissonance on individual learning.

4.2 The theoretical model

4.2.1 Radical learning versus incremental learning

When someone encounters information which is in contradiction with his past experience and which makes it difficult for him to understand the world, he enters into conflict with himself. This incoherent situation is what one calls "cognitive dissonance". To reduce dissonance the individual will use one of the following two strategies:

1. First strategy : "learn in a radical way" i. e. change one's attitude or opinion and to accept new information as an indisputable reference. This change is often painful, as the persistence of the representations is indeed easier and more automatic than their destabilization.
2. Second strategy: "learn in an incremental way". With this strategy, an individual will only integrate information in conformity with "his reality". This information will be added to his mental model without modifying its structure.

Two variations of this strategy can be defined: «marginal incremental learning» and «selective incremental learning». They will be detailed later in this article. These strategies which aim to re-establish well-being correspond to two types of learning: «radical learning» and «incremental learning». Radical learning can be compared to exploration and incremental learning to the exploitation of the dilemma "exploitation-exploration" defined by March (1991) and highlighted by various authors such as Nelson and Winter (1982) and Holland (1986).

4.2.2 Cognitive dissonance and Individual learning

The individual will choose his strategy according to the level of cognitive dissonance. This dissonance is measurable only at the individual level. Its evaluation is therefore very subjective and personal. I will consider the following parameters:

Let Pi be the weight of the new information in terms of the quality and significance of the contents for the individual. It is a subjective parameter personal to each individual.

Let us note Pic, the weight of information in conformity with the represented reality, and Pin, the weight of information not in conformity with the represented reality.

Let DC be the cognitive dissonance, discomfort felt by the individual when the reality he observes is different from the conception he has of it.

More precisely, the individual is dissonant as soon as he receives new information. Consistent information will show him that his initial representation is incomplete and, in the worst case, inconsistent information will show that his representation is inadequate.

When the individual receives new information, he can learn in three different ways according to the level of the generated dissonance.

First case	Second case	Third case
DC→0	Medium-level DC	High-level DC
Pic~0 with Pic ≠ 0 and Pin=0	Pic ≥ Pin ⇔ dissonance reduction via selectivity of information	Pic < Pin ⇔ **representation change**
«marginal incremental» learning	«selective incremental» learning	«radical» learning

Tabelle 1: The effects of cognitive dissonance on individual learning

I will describe these three cases in detail:

4.2.2.1 First case

$DC \rightarrow 0^{26}$, the cognitive dissonance tends towards 0. This corresponds to a situation where Pic~0 and Pin=0: the individual receives new information whose weight is small or even equal to 0. The weight of information inconsistent with the represented reality is zero (which could correspond to a situation where the individual does not receive information from this type) and the weight of information in conformity is very weak, near 0. Thus, this information disturbs the mental models of the individual only slightly. He will integrate it as it is. Due to its marginal weight, this information represents only a tiny contribution of knowledge. One can then talk about "marginal incremental learning", the representation is modified only marginally.

4.2.2.2 Second case

The level of cognitive dissonance DC is moderate. The weight of new information is significant, i. e. different from 0. Information is then considered as credible. In this case, the weight of information in conformity is equal to or higher than the inconsistent one. I am referring to a medium-level cognitive dissonance because it is larger than zero but sufficiently weak so that the individual still has the cognitive capacities to implement a mechanism of reduction of the dissonance: the selectivity of information. By seeking consonance, an individual will tend to neglect any new information which would be concurrent with his initial representations.

In other words, he will look for and store the information in conformity with his representation and will avoid other information. Since the individual only integrates information in conformity with his representation, I will refer to "selective incremental learning". The representation is modified in accordance with its initial logic. It is simply expanded.

4.2.2.3 Third case

The level of cognitive dissonance is high. The weight of new information is significant i. e. different from 0. Here, the weight of information in conformity is, contrary to the second case, strictly lower than the weight of the inconsistent one. The weight of the inconsistent information is so significant that the individual can no longer avoid it, the selectivity of information no longer enables him to reduce his dissonance. He must change his representation structure. I am referring to "radical learning".

---

[26] According to Festinger (1957), it is impossible for an individual to feel a null cognitive dissonance. An individual will have at least two dissonant cognitive elements.

There is also a fourth case which is extreme.

4.2.2.4 Fourth case

The cognitive dissonance CD is at a maximal level. This case is similar to the preceding one, with the exception that the suffering endured by the individual is such that he is paralyzed. He cannot learn, and as a result he will maintain his representation as such. This is a deadlocked situation. Thus, when the cognitive dissonance is low or moderate, the individual will prefer to practice an incremental learning. Conversely, when dissonance is at a high level, he will adopt radical learning.

4.3 The empirical validation

4.3.1 The research field

Our research field includes four teams of French managers from four different European multinationals, that is to say a total of 30 individuals. These top executives were placed in situations of individual learning when they attended an itinerant learning seminar, a Learning Expedition (LX). These seminars were organized by a Californian consulting company where I worked for one year. Each team participated in a different Learning Expedition.

The Learning Expedition is, as its name indicates, focused on the top executives' learning process, at the individual level as well as at the level of the group they constitute for the seminar. It brings from 12 to 35 participants together and aims at making them learn while placing them in a situation of cultural and emotional shock.

The four seminars took place in Silicon Valley (California, United States of America). They were devoted to specific work topics related to E-business, to the cultural differences between French and American people, and to human resources management.

4.3.2 The methodology

In my thesis, I have combined both a qualitative and quantitative analysis. In order to identify the French leaders' individual learning process and the cognitive dissonance that they felt during their seminar, as well as to establish a relationship between these two concepts, I sent a questionnaire to the entire sample, via electronic mail. This questionnaire consists of 31 questions, including 20 closed questions aiming at collecting quantitative information and 11 open questions allowing the questioned managers to freely express themselves about certain closed interrogations referring to the same topic.

The answer rate is satisfactory, about 59%. This high level of leader participation can primarily be explained by the very good image of the consulting company and by the great confidence resulting from this; but also by the fact that the participants were offered this survey as a free additional service to their training week.

In addition, I carried out 11 semi-directive interviews. The participation rate is thus 37%, which means a third of all managers responded to the questionnaire. The qualitative data resulting from the open questions and the interviews were analyzed according to the Miles and Huberman (1991) protocol.

4.3.3 The results of the linear regression

I began by checking the reliability of the two exploratory scales that I created in order to measure the Individual learning and Cognitive dissonance concepts. Despite the small size of the sample (30 individuals), I applied a simple linear regression to the quantitative information. Individual learning (IL) is the explanatory variable and Cognitive dissonance (CD), is the dependent variable. I used SPSS 9.0 software. I initially performed the simple linear regression upon the entire sample (30 individuals).

Regression applied to the entire sample:

The group of dots (AI, DC)

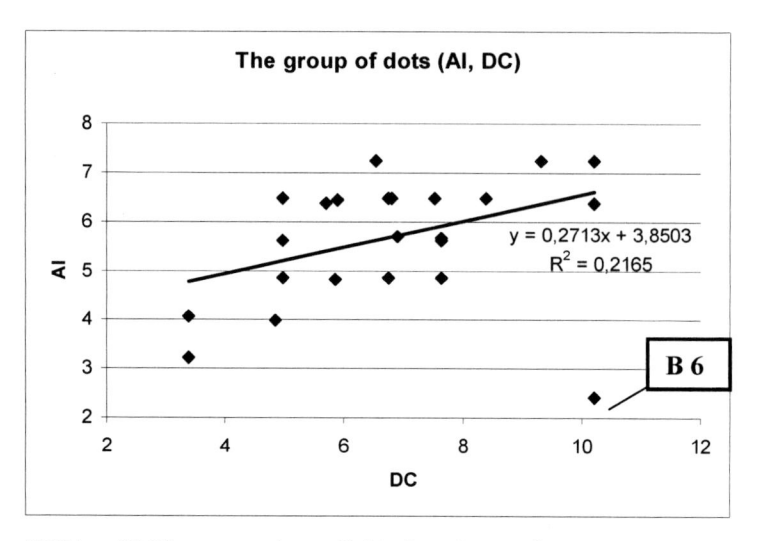

[Scatter plot with regression line: y = 0,2713x + 3,8503; R² = 0,2165. Point B6 labeled at approximately (10, 2.4).]

Abbildung 25: Linear regression applied to the entire sample

This linear regression describes IL as a linear function of CD:

$$IL = 0{,}2713\ CD + 3{,}8503$$

The SPSS 9.0 software calculated R^2, it is equal to 0,2165. This coefficient is very weak because it is much lower than 1. Therefore, this model is not appropriate to explain the relationship which characterizes IL and CD.

By observing in detail the group of dots in the figure above, one can see that one individual is located far from the other participants. This individual is named B6. His co-ordinates are (10,2; 2,42). This manager, compared to the others, seems to have felt a particularly high level of dissonance for a relatively low level of learning. In consequence, he has a dissimilar behavior compared to his counterparts. It then seems interesting to attempt a new linear regression by removing B6 from the sample.

Linear regression applied to the sample without B6:

Managing Demographical Diversity

Group of dots (IL, CD)

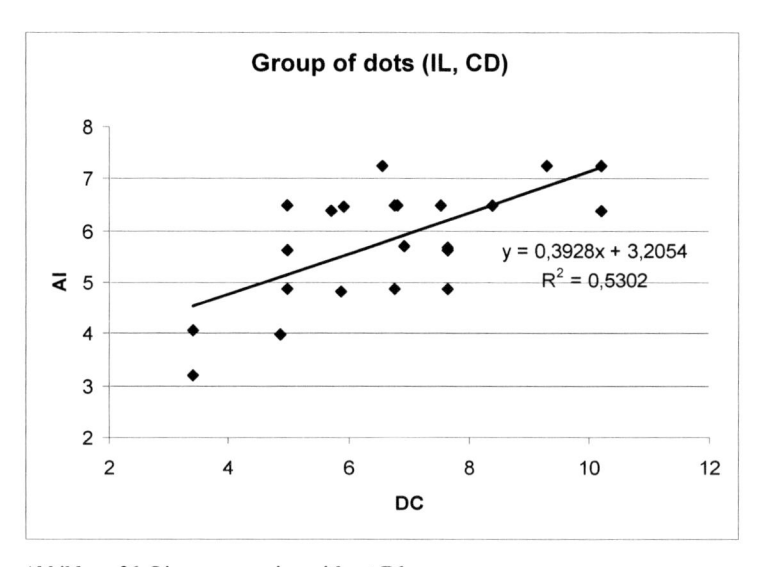

$y = 0{,}3928x + 3{,}2054$
$R^2 = 0{,}5302$

Abbildung 26: Linear regression without B6

This linear regression describes IL as a linear function of CD:

$$IL = 0{,}3928\ CD + 3{,}2054$$

The R² of this regression is now at a good level. It is equal to 0,5302.

Let us observe the other parameters allowing which will allow us to accurately evaluate the quality of this regression.

As table 2 indicates it, the test of Fisher-Snedecor is significant.

Model	Sum of square	ddl	Mean square	F	Significance
1 Régression	19,648	1	19,648	30,348	,000
Résidu	17,480	27	,647		
Total	37,129	28			

Tabelle 2: Test de Fischer Snedecor

The same applies to the test of Student.

Model	B	Erreur standard	Bêta	T	Significance
1	3,210	,486		6,605	,000
Cognitive dissonance	,392	,071	,727	5,509	,000

Tabelle 3: Test de Student

Theoretical interpretations: The linear model expressed as: IL = 0,3928 CD + 3,2054 is quite representative of the relationship which exists between Individual learning and Cognitive dissonance. Individual learning, in consequence, would seem to be an increasing function of Cognitive dissonance.

These results confirm our theoretical reflection: Cognitive dissonance causes Individual learning, and the more the individual is dissonant, the more he is likely to learn. However, this model does not predict the behavior of the B6 individual. This case seems to confirm the existence of an extreme situation: when an individual feels a maximum-level dissonance, he will not be able to learn. He will be as if "paralyzed".

4.3.4 The confirmation of the Cognitive dissonance –Individual learning relationship (qualitative analysis)

The aim of this qualitative analysis is to illustrate and indeed confirm the relationship which exists between Cognitive dissonance and Individual learning. I have identified three topics of study which, during the learning expeditions, caused the most cognitive dissonance to the participants. Moreover, I have managed to demonstrate that each subject made the managers learn. I have set them out below, from the most to the least quoted: cultural differences between French and American people, the methodology and pedagogy of the consulting company, the creation of a network, and the team work.

1. The cultural differences between French and American people:

Cultural differences between French and American people were, for all the participants, the most significant source of cognitive dissonance. The managers quoted four events which were particularly dissonant:

- a Gospel mass,
- a Treasure Hunt, a game organized in an American city. The French participants discovered, in small groups, the diversity and the rich culture of the city,
- a talk about the cultural differences between French and American people, by an expert on the subject, the Franco-American president of the consulting company,
- various company visits which highlighted a different operating mode characterized by a strong task-focused team spirit. The participants were dissonant because they are used to thinking of the French, conversely, as being very individualistic in their job.

This dissonance generated individual learning since the participants realized that their mental representations of the topic were not complete. Moreover, they enriched their knowledge of the differences characterizing French and American culture.

2. The methodology and pedagogy of the consulting company:

Most of the managers questioned have highlighted the great efficacy of the consulting company in choosing and arranging the company visits for the seminar. The methodology and, in particular, the debriefing sessions were mainly aimed at placing the participants in a situation of cognitive dissonance and accompanying them in order to stimulate individual learning. The debriefings lasted, on average, two hours and were held in three stages. To start with, the individuals were asked to work on a paper medium provided by the consulting company and which I cannot describe here for reasons of confidentiality. They took stock of what challenged them and of what they had acquired. The next step was to exchange their personal reflections, in small groups. These groups, of two to three people, changed every day. Finally, the meetings ended in a "circle" where all the participants gathered together with a consultant, dedicated to the seminar, in order to exchange impressions and discuss.

The participants described these debriefings as moments of very interactive exchange, made particularly as a result of their conflicts of opinions, which in turn are sources of dissonance. The early debriefings are, in general, a good source of learning because they allow the different participants to hear varying types of evidence and thus to learn several representations of the same event. The efficacy of this methodology would, according to the leaders interviewed, depend heavily upon the qualities and the culture of the consultant leading the seminar.

3. The creation of a network and team work:

The creation or reinforcement of a relational network among the participants was mainly cited by the leaders questioned as one of the positive aspects of this seminar. This focus on the relational aspect allowed the participants to see how their colleagues react and to get to know them better within a different context. The managers quoted two principal events which made them feel a cognitive dissonance and then created an individual learning experience: the Ropes course and the visit of a consulting company.

Let us describe them successively:

The Ropes course is an outside team building tool. It includes several sports activities in a group requiring a high level of interaction between the members. These physical activities can be considered as extreme sports, in terms of emotional state and of feelings. The participants said the Ropes course was a very surprising activity. It allowed them a different perception of their colleagues from work and enabled them to gain an experience of sharing, something which they are not used to at the office. Most of them were astonished to realize that they could do certain things only thanks to the support of the others. This activity thus allowed them to get to know each other better as individuals and to collaborate as staff members.

The participants also frequently cited, as a dissonant event, the visit to an American consulting company whose objective is to support innovation while helping to create an adapted environment, infrastructure, and culture. The participants were placed in a destabilizing context, different from their everyday life, in order to generate innovative ideas. As a result this visit enabled the managers to learn by improving their mental representation of work methodologies.

To conclude, on the basis of the results of this qualitative analysis, I have managed to confirm the Cognitive dissonance - Individual learning link. The research field demonstrated that the cognitive dissonance felt by an individual and caused by a given event went on to stimulate his learning. Moreover, this study highlighted the importance of cultural diversity. It represents, indeed, the most important source of cognitive dissonance and learning.

5 Conclusion

My review of literature on the effects of demographical diversity demonstrated a significant flaw: it is difficult to clearly state whether diversity is a factor of performance. One can conclude that diversity can be a source of performance only if it is efficiently managed. This complexity of diversity management requires a precise study of the mechanisms implied in the relation between Heterogeneity and Performance. The literature has taught us that a group can profit from its diversity only if it can manage to learn collectively from its differences. Consequently, one can conclude that each member must learn from the diversity of his colleagues and that it is necessary to study in greater detail the concept of Individual learning.

I have been able to demonstrate that cognitive dissonance was a source of Individual learning. To be more precise, Individual learning is an increasing function of Cognitive dissonance. The more the individual is dissonant, the more he will be able to learn. However, there is a threshold, a maximum level of dissonance, beyond which learning cannot occur. As B6 illustrates, an individual can be in such a state of psychological discomfort that he is virtually paralyzed. The qualitative study confirmed the causal relation existing between Cognitive dissonance and Individual learning. In addition, it highlighted the cultural diversity between French and American people as the most important source of dissonance and learning for the leaders questioned.

In my opinion, the limits of this work arise mainly from the specificity of the learning context and from the size of the sample. Because of the limited time available to carry out this research, the analysis of individual learning was limited to the behavior of the French leaders who attended the four Learning Expeditions. The results were therefore influenced by the composition of the group of participants and by its dynamics, by the topics studied and by the events (company visits, talks and other activities) which structured these weeks. In addition, the size of the sample (30 individuals) is right at the lower limit acceptable to guarantee significant statistical results.

I have considered several future openings for research. Insofar as Individual learning is a complex process, it can be initiated by numerous factors. I have demonstrated the effects of Cognitive dissonance. A research perspective would consist in determining one or more other factors. It would be also interesting to study in greater depth the concept of demographical diversity, and to determine the characteristics which, in the case of a "top management team", are the most significant and have the greatest influence on performance.

6 Bibliography

Abric J.C. (1989), «L'étude expérimentale des représentations sociales» Dans:Les représentations sociales, PUF, collection «sociologie d'aujourd'hui».

Baron R.A. (1990), Behavior in organizations: Understanding and managing the human side of work, Third edition.

Chatman et al. (1998), «Being different yet feeling similar: The influence of demographic composition and organizational culture on work processes and outcomes», Working Paper, Hass Business School, University of California, Berkeley.

Eisenhardt K.M. (1999), «Strategy as strategic decision making», Sloan Management Review, Spring.

Eisenhardt K.M., Hope Pelled L. et Xin K.R. (1999), «Exploring the black box: an analysis of work group diversity, conflict and performance», Administrative Science Quarterly, Vol. 44, pp. 1-28.

Festinger L. (1957), A Theory of Cognitive Dissonance, Stanford, Stanford University Press.

Festinger L. (1964), Conflict, Decision, and Dissonance, Stanford, Stanford University Press.

Fiol C.M. (1994), «Consensus, diversity, and learning in organizations», Organization Science, Vol. 5, n 3, August.

Giordan A. (1993), «Des représentations à transformer», Sciences Humaines, n 32, Octobre.

Giordan A. (1999), «(Ré)construire les connaissances», Sciences Humaines, n 98, Octobre.

Giordan A. (1999), Apprendre!, Paris, Belin.

Glick W.H., Huber G.P. et Miller C.C. (1993), «The impact of upper-echelon diversity in organizations» Dans: Organizational change and redesign, New York, Oxford University Press, pp. 176-214.

Hackman J. (1987), «The design of work teams» Dans: Handbook of organizational behavior, Lorsch J. (Ed.), Prenctice-Hall, Englewood Cliffs.

Hambrick D.C. et Mason P.A. (1984), «Upper echelons: The organizations as a reflection of its top managers», Academy of Management Review, Vol. 9, n 2, pp. 193-206.

Holland J.H. et al. (1986), Induction: Processes of inference, learning and discovery, The MIT press, Cambridge.

Huberman, A. et Miles M.B. (1991), Analyse des données qualitatives, Recueil de nouvelles méthodes, De Boeck, Bruxelles.

Jehn K.A. (1997) , «Affective and cognitive conflict in work groups: Increasing performance through value-based intragroup conflict» Dans: Using conflict in organizations, De Dreu C.K.W. et Van De Viliert E. (Eds), pp. 87-100.

Jehn K.A., Northcraft G.B. et Neale M.A. (1999), «Why differences make a difference: A field study of diversity, conflict, and performance of workgroups», Administrative Science Quarterly , Vol. 44 , pp. 741-763.

Johnson-Laird P.N. (1991), «A model theory of induction», Journal of Technology and Social Studies on Society and Technology.

Kim D.H. (1993), «The link between Individual and Organizational Learning», Sloan Management Review, pp. 37-50.

March J.G. (1991), «Exploration and exploitation in organizational learning», Organization science, Vol 2, n 1, pp. 71-87.

Murray A.I. (1989), «Top management group heterogeneity and firm performance», Strategic Management Journal, Vol. 10, pp. 125-141.

Nelson R.R. et Winter S.G. (1982), An evolutionary Theory of Economic Change, Cambridge, M.A., The Belknap Press of Harvard University Press.

Poitou J.P. (1974) , La dissonance cognitive, Armand Colin, Paris, Collection «U».

Smith K. et al. (1994), «Top management team demography and process: The role of social integration and communication» , Administrative Science Quaterly, Vol. 39 ,pp. 412-438.

Williams K.W. et O'Reilly C.A. (1998), «Demography and diversity in organizations: A review of 40 years of research» , Research in Organizational Behavior, Vol. 20 , pp. 77-140.

Gender- und Diversitätsmanagement: Qualifikationsbedürfnisse in der betriebswirtschaftlichen Universitätsausbildung

Edeltraud Hanappi-Egger, Roswitha Hofmann[*]

Inhalt

1 Einleitung 154
2 Curriculumsentwicklung entlang der antizipierten
  Kompetenzbereiche 157
3 Didaktische Aspekte 160
4 Bisherige Erfahrungen - Evaluierungsergebnisse 162
5 Zusammenfassung und Ausblick 168

---

[*] Edeltraud Hanappi-Egger, Professorin für Gender and Diversity in Organizations, WU Wien, Austria.
Roswitha Hoffman, Wiss. Mitarbeiterin im Fachbereich Gender and Diversity in Organizations, WU Wien, Austria.

1 Einleitung

Obwohl gegenwärtig viel über ein neues Verständnis von Geschlechterrollen und –verhältnissen diskutiert wird, ist es bis dato nicht gelungen, die Geschlechtssegmentierungen in sozialen Bereichen, Ausbildung und Erwerbstätigkeit zu überbrücken und Diversitätsfaktoren entsprechend zu berücksichtigen. Vielmehr sind nach wie vor traditionelle Rollenbilder, Zuschreibungen und Ausgrenzungsmechanismen vorzufinden. Dies ist nicht nur aus gesellschaftspolitischer Sicht alarmierend, sondern auch hinsichtlich ökonomischer und betriebswirtschaftlicher Zusammenhänge, Strukturen und Prozesse, wodurch geschlechtsspezifische Forschung und Diversitätsforschung auch für die betreffenden „scientific communities" zunehmend an Bedeutung gewinnt. Nicht zuletzt durch die Vorgaben der EU zur Umsetzung des Gendermainstreaming wächst auch international der Bedarf an der Erarbeitung wissenschaftlich fundierter Konzepte und Methoden im Bereich der „Gender- und Diversitätsstudien". Zwar sind Maßnahmen zum Gendermainstreaming bisher nur im öffentlichen Bereich bindend zu implementieren, angesichts der absehbaren demographischen Entwicklungen und rechtlichen Veränderungen (Ausbau der Antidiskriminierungsgesetzgebung) treten mehr und mehr auch Non-/Profit-Organisationen in diese Entwicklung ein, denn sie bewegen sich in neuen Spannungsfeldern: Zum einen ist es eben bis dato noch nicht gelungen, geschlechtsspezifische Segmentierungen im Arbeitsmarkt und in Organisationen aufzuweichen und die damit verbundenen Nachteile zu beseitigen. Zum anderen beeinflussen neue gesellschaftliche Konzepte, die vor allem auf die Veränderungen bestehender Geschlechtsbegrifflichkeiten und Zuschreibungen abzielen, auch organisationsinterne Prozesse. Während sich in international tätigen Unternehmen Fragen z.B. des interkulturellen Managements schon seit langem stellen, reagieren nationale, aber auch öffentliche und halb-öffentliche Organisationen nur zögerlich und mit einer gewissen Unsicherheit auf die mit Gender- und Diversitätsfragen verbundenen strategischen und organisatorischen Notwendigkeiten. Die Nachfrage an wissenschaftlichen Analysen, theoretische Modellen, aber auch Handlungsanleitungen sind organisationsseitig und insbesondere auch im Beratungsbereich entsprechend groß.

EntscheidungsträgerInnen und UnternehmensberaterInnen werden sich demnach der Tatsache zunehmend bewusster, dass Organisationen an der Ausgestaltung von Lebensrealitäten mitwirken und dass sich dies in der Produktivität der MitarbeiterInnen widerspiegelt. Gender- und Diversitätsmanagement braucht daher, soll es nachhaltige Veränderungsprozesse in Gang setzen und halten, den Anschluss an die gesamtgesellschaftlichen Bedingungen, die sich in den unterschiedlichen Existenzbedingungen und Chancen von Menschen manifestieren (so finden sich zunehmend Gender- und Diversitätsmaßnahmen im Rahmen von Corporate Social Responsibility Programmen). Theoretische Modelle und empirische Analysen sind hier wichtige Ausgangspunkte, um Problemfelder zu identifizieren und situationsbezogen Maßnahmen zu entwerfen und umzusetzen.

Neben Theorien der sozialen Konstruktion von Geschlechterverhältnissen im alltäglichen Handeln[1], sind daher Theorien zur menschlichen Diversität grundlegend für eine fundierte Konzeption von praxistauglichen Gender- und Diversitätsmanagement-Modellen. So haben Gardenswartz und Rowe eine Konzeption vorgelegt, die im gegenwärtigen Diskurs häufig als Bezugspunkt genommen wird[2]. Sie differenzieren mehrere Diversitätsebenen und –faktoren, die bei Personen auf Grund ihrer Sozialisation und ihrer Lebensbedingungen unterschiedliche ausgeprägt sein können.

Die internen Dimensionen beziehen sich auf z.B. Alter, sexuelle Orientierung, Ethnizität, physische Gegebenheiten usw. und können im Prinzip nicht willentlich verändert werden. Externe Dimensionen, wie z.B. Familienstand, Einkommen, persönliche Gewohnheiten, Religion, Ausbildung, Arbeitserfahrungen, Erscheinung, geographischer Lebensmittelpunkt usw. sind für Erwachsene bis zu einem gewissen Grad veränderbar. Dazu gesellen sich aus organisationsbezogener Sicht noch Faktoren, die sich aus den Arbeitszusammenhängen ergeben, wie z.B. funktionale Zugehörigkeit, Seniorität, Arbeitsinhalt, Interessenvertretungen, Management Status, Abteilungszugehörigkeit usw.

---

[1] Vgl. dazu das „doing-gender" Konzept von Fenstermaker/West (2002) oder Acker J. in Mills (1992).
[2] Gardenswartz und Rowe 1994: 23.

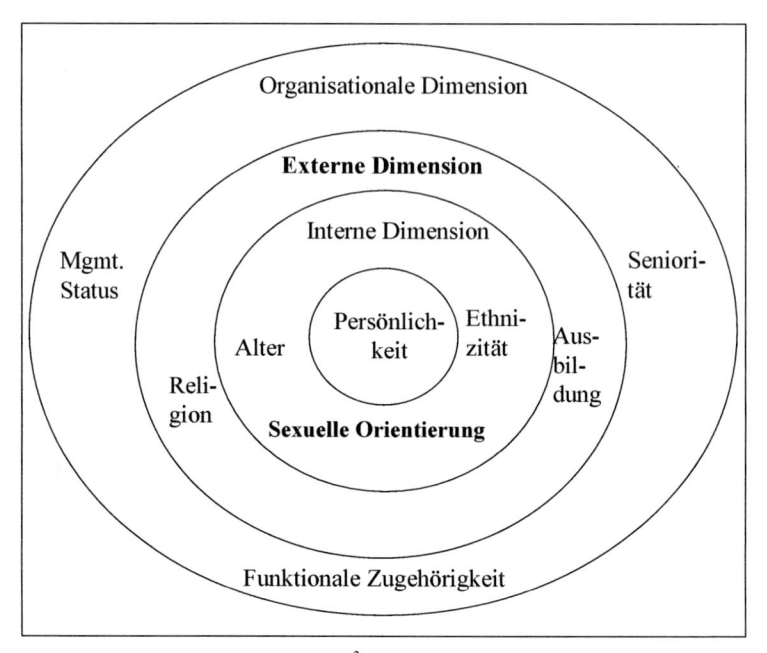

C Ansatzpunkte und Objekte von Diversity-Management

Abbildung 27: Diversitätsdimensionen[3]

Diese und andere theoretischen Grundlagen werden von anderen AutorInnen in Bezug gesetzt zu betriebswirtschaftlichen Begründungszusammenhängen[4]: Stuber (2004) identifiziert vor allem betriebswirtschaftliche Gründe für einen verstärkten Fokus auf Diversitätsmanagement:

- Kostenreduktion - Die Berücksichtigung diverser Bedürfnislagen und Lebenssituationen der MitarbeiterInnen stärkt die Bindung an die Organisation (sinken von Fluktuationsrate und Ausfallszeiten) und motiviert MitarbeiterInnen.
- Personalressourcen – Ein bewussterer Umgang mit Minoritäten und benachteiligten Gruppen macht Unternehmen attraktiver für qualifiziertes Personal.

---

[3] Nach Gardenswartz und Rowe (1994: 23), vgl. auch Hanappi-Egger (2004).
[4] Vgl. u.a. Krell 1999, Sepehri/Wagner 2002.

- Marketing – GDM ist ein Faktor bei der Erschließung neuer KundInnengruppen und fördert positives Image[5].
- Kreativität und Problemlösungskompetenz – Vielfalt vermehrt Perspektiven und kann Fehlentscheidungen verhindern. Die Qualität von Lösungen steigt.
- Flexibilisierung der organisationalen Zusammenhänge und bessere Wahrnehmung der organisationalen Umwelt – Erhöhung der Reaktionsfähigkeit auf Veränderungen und rechtzeitige Reaktion darauf verhindert Krisen.

Die Wirtschaftsuniversität Wien hat diesen Bedürfnissen in wissenschaftlich-theoretischer wie praxisbezogener Hinsicht Rechnung getragen und im Oktober 2002 einen entsprechenden Arbeitsbereich eingerichtet, dessen Aufgabe es ist, Gender- und Diversitätsaspekte in Forschung und Lehre einzubringen.

Es wurde daher im Rahmen des Betriebswirtschaftsstudiums ein entsprechendes Kompetenzfeld eingerichtet, das gleichwertig mit anderen traditionellen „speziellen" Betriebswirtschaftslehren von Studierenden gewählt werden kann und dessen Fokus auf eine umfassende Qualifizierung der Studierenden im Bereich Gender- und Diversitätsmanagement abzielt. Das Kompetenzfeld und die daran geknüpften Begleitmaßnahmen werden aus budgetären Mitteln des österreichischen Bundesministeriums für Bildung, Wissenschaft und Kultur, aus Mitteln des Europäischen Sozialfonds und WU-Mitteln finanziert.

2 Curriculumsentwicklung entlang der antizipierten Kompetenzbereiche

Als wichtiger Aspekt der Personaleinstellung, -führung und –entwicklung ist Diversität im Human Ressource Management anzusiedeln. In diesem Zusammenhang identifiziert Metzen (2003) mehrere Stufen der Entwicklung von individueller, kollektiver, organisationaler und gesellschaftlicher Diversitätskompetenzen: der erste Schritt bezieht sich auf die Akzeptanz von Differenzen, der zweite auf Diversitäts-Toleranz, der dritte auf Diversitätsgestaltung, der vierte auf Diversitätskultur und schließlich der fünfte auf Koevolution.

Kompetenz in Gender- und Diversitätsfragen bedeutet also einerseits die Wahrnehmung von - in Prozessen, Strukturen, Symbolen und Interaktionen und der eigenen Identität - eingeschriebenen Stereotypien und Verhaltenserwartungen, die zu Chancenungleichheit und Diskriminierung führen und andererseits die

---

[5] Vgl. dazu z.B. Gay Marketing.

Fähigkeit, auf betrieblicher Ebene Veränderungen herbeizuführen. Metz-Göckel und Roloff (2004) weisen am Beispiel der Genderkompetenz darauf hin, dass diese Schlüsselqualifikation aus mehreren Wissensblöcken besteht, nämlich aus Wissen über gesellschaftliche Strukturdaten nach Geschlecht, Ansätze der Geschlechtertheorien und aktuellem Forschungsstand zur Konstitution und Hierarchisierung von Geschlechterverhältnissen, ein Prozess- und Verfahrenswissen im Umgang mit Menschen, mit Gruppenprozessen, mit Konflikten in Arbeitszusammenhängen, sowie kontextbezogenes Detailwissen. Aus Sicht des Diversitätsmanagements müssen für den Kompetenzerwerb zusätzliche Sozialkategorien einbezogen werden, wie eben Alter, sexuelle Orientierung, Ausbildung, ethnische Zugehörigkeit usw.

Aus diesem sehr komplexen Anforderungsprofil wurde an der WU Wien ein Ausbildungsmodul entwickelt, das insbesondere folgende Schlüsselkompetenzen vermitteln soll:

- betriebswirtschaftliche Kompetenz
  (organisationstheoretische Kenntnisse, Personalführung und –entwicklung, Kalkulationsmodelle: Kosten-Nutzen, BSC,…)
- Theoriekompetenz
  (Organisations-, Gender- und Diversitätstheorien)
- Methodenkompetenz
  (Methoden und Instrumente des Gender- und Diversitätsmanagements)
- soziale und kommunikative Kompetenz
  (Kenntnisse von Gruppen- und Interaktionsprozessen)
- strategische Kompetenz
  (Zugänge, Anreizsysteme, partizipative Verfahren, …)
- juristische Kompetenz
- Kenntnisse über volks- und betriebswirtschaftliche Zusammenhänge
- sachbezogene und persönliche Reflexionsfähigkeit

Das Kompetenzfeld wurde entlang dieser Erfordernisse aufgebaut und entsprechend interdisziplinär angelegt.

Aufbau des Kompetenzfeldes:

Das Kompetenzfeld entspricht den entsprechenden formalen Richtlinien der WU und besteht aus 22 Wochenstunden. 12 SWS sind der BWL zugeordnet, 4 SWS werden als integrative Lehrveranstaltungen angeboten, 6 SWS kommen aus anderen Fachbereichen (VWL, Soziologie, Recht).

Struktur des Kompetenzfeldes:

Das Kompetenzfeld ist in 3 Semestern absolvierbar, 4 SWS Grundkurse sind die Voraussetzung für den Besuch weiterer Lehrveranstaltungen (ausgenommen ist die Lehrveranstaltung „Instrumente des Gender- und Diversitätsmanagements"):

Lehrveranstaltungen:

Grundkurse (4 SWS):

- *Konzepte und Instrumente des Personalmanagements* (2 SWS)
  Grundlagen des Personalmanagements und der Personalentwicklung
- *Einführung in die Organisationstheorie unter besonderer Berücksichtigung von Gender- und Diversitätsaspekten* (2 SWS)
  Organisationsmodelle, Gender- und Diversitätsansätze in Organisationen

Vertiefungskurse: (18 SWS):

- *Instrumente des Gender-und Diversitätsmanagements* (2 SWS):
  Konzepte und Instrumente hinsichtlich der Einführung von Equality-Projekten, Gender-Mainstreaming, geschlechtergerechte Personalpolitik
- *Spezielle Methoden der Organisationsstudien* (2 SWS):
  Methoden der Gender-Analysen in Organisationen, Gender-Assessment-Verfahren
- *Partizipative Organisationsgestaltung* (2 SWS):
  Partizipationsmodelle, Implementierungsverfahren von Diversitätskonzepten
- *Teambuilding* (2 SWS)
  Gruppentheorien, multikulturelle/diverse Teams, Kooperation und Konkurrenz, Selbsterfahrung der Studierenden

- *Integrative Lehrveranstaltung I: Persönlichkeitsentwicklung* (2 SWS):
Die Studierenden bearbeiten eine spezielle Fragestellung wie z.B. Zeitmanagement, Karriereplanung, Work-Life-Balance usw. aus einer selbstreflektorischen Sicht.
- *Grundlagen der Gender- und Diversitätstheorien* (2 SWS)
Strömungen in den Gender-Studies, Gender-Begrifflichkeiten, soziale Konstruktion und Reproduktion von Gender
- *Arbeitsmarkttheorien unter besonderer Berücksichtigung von Gender- und Diversitätsaspekten* (2 SWS)
Ökonomische Grundlagen, Arbeitsmarktmodelle, gender-spezifische Segmentierung, Trends
- *Rechtsgrundlagen der Gender- und Diversitätskonzepte* (2 SWS)
EU-Richtlinien, österreichische Rechtsgrundlagen, Anti-Diskriminierungsgesetze und deren Bedeutung aus unternehmerischer Sicht
- *Integrative Lehrveranstaltung II* (2 SWS):
Im Rahmen eines Projektseminars bearbeiten die Studierenden Fallbeispiele aus der Praxis.

Anhand des Lehrangebots wird deutlich, dass auf die eingangs formulierten Schlüsselkompetenzen in den einzelnen Veranstaltungen entsprechend bezug genommen wird.

3 Didaktische Aspekte

Die Einbindung von Gender- und Diversitätsthemen in universitäre Lehrpläne bestimmte wesentlich die Rahmenbedingungen für die Methoden in der Lehre (Nachweise, zeitliche Einbettung, Kosten, ...)[6]. Die methodisch-didaktischen Belange wurden bisher in der universitären Lehre allgemein stark vernachlässigt und spielten daher auch im Rahmen der Einführung von Gender Studies und ähnlichem keine Rolle. Dabei ist insbesondere in diesem Bereich, der darauf

---

[6] Vgl. dazu Spieß/Rentmeister 2003:12.

aufbaut, Alltagstheorien, (Rollen-) Zuschreibungen und Erwartungshaltungen zu hinterfragen, didaktische Fähigkeiten ein wesentlicher Erfolgsfaktor in der Vermittlung und Herstellung von Wissen und Kompetenz, da Grundannahmen in der eigenen Disziplin bzw. gar hinsichtlich der eigenen Identität in Frage gestellt werden. Die Lehrenden werden daher häufig mit Verwirrung und Unmut konfrontiert, womit methodisch entsprechend professionell umzugehen ist (Vermeidung von Polarisierungen, ansetzen wo die Studierenden stehen, ...). Es kann daher der Schluss gezogen werden, dass Lehre mit Gender- und Diversitätsbezug besonderer didaktischer Methoden bedarf, um den zu erwartenden Dynamiken in den Lehrveranstaltungen konstruktiv zu begegnen bzw. sie möglicherweise bewusst herbeizuführen. Insbesondere kann durch folgende Maßnahmen geschlechtergerechte Lehre generell realisiert werden.

- Auf der sprachlichen Ebene ist auf geschlechtergerechte Sprache und Wahl von Beispielen (z.B. von gewählten Autoren und Autorinnen usw.) zu achten.
- Durch den Verzicht auf diskriminierenden humoristischen Bemerkungen wird stereotypisierenden Tendenzen vorgebeugt.
- Ein bewusster Umgang mit der Macht der Medien vermeidet Ausschließungsmechanismen auf der technologischen und symbolhaften Ebene.
- Bewusste gerechte Verteilung von Aufmerksamkeit erschließt das Lernpotenzial aller Beteiligten.
- Geschlechtergerechte Gestaltung des Lehrumfeldes (z.B. Zeiten, Erreichbarkeit und Zugänglichkeit von Lernmaterialien) erlaubt Personen mit unterschiedlichen Lebenszusammenhängen an der Lehre teilzunehmen.
- Durch Methodenvielfalt erschließt sich der Lehrinhalt den Studierenden auf unterschiedlichen Ebenen.
- Die Rollenklarheit der Lehrenden vermeidet geschlechtsspezifische Hierarchisierungen.

Hinsichtlich der Lehrveranstaltungen mit speziellem Gender- und Diversitätsbezug ist die Vermittlung von Genderkompetenzen und Theorien ein wesentliches Moment. Wenngleich es sehr hilfreich sein kann, immer wieder am Erfahrungsbereich der Studierenden anzusetzen, ist es wesentlich, die Auseinandersetzung mit Gender und Diversität auf eine abstraktere, strukturelle Ebene zu bringen, die die sozialen Mechanismen zur Hierarchisierung von Personenverhältnissen erkennen lassen.

Ein über die Lehre hinaus gehendes wichtiges Ziel ist es, Gender- und Diversitätswissen im Rahmen der Disziplin und der Organisation darzustellen und zu bearbeiten, um die wissenschaftliche Akzeptanz des Themenfeldes zu sichern.

Diese Vielzahl an Lernzielen kann nur durch eine Methodenvielfalt erreicht werden, wie z.b. diskursorientierte Unterrichtsweise, Rollenspiel, Textarbeit, Entwicklung geeigneter Lehrmaterialien, usw.

Rettke (2003) identifiziert dabei unterschiedliche Ebenen, auf denen Genderaspekte integriert werden können, nämlich „als zu berücksichtigendes Element, um Rollenprozesse nicht einfach ablaufen zu lassen, als zu thematisierendes Element für die Wahrnehmungsschärfung und Reflexion aller Beteiligten und zur Erprobung von Veränderungen."

Im Rahmen des Kompetenzfeldes wurde dies weitgehend zu realisieren versucht. Insbesondere wurde das Kompetenzfeld von einem Train-the-Trainers Programm für die Lehrenden zur geschlechtergerechten Hochschuldidaktik begleitet und von einer Vortragsreihe aus Wissenschaft und Praxis, um den Studierenden konkrete Berufsbilder und aktuellen Forschungstrends anzubieten.

4 Bisherige Erfahrungen - Evaluierungsergebnisse

Im ersten Semester des Kompetenzfeldes (Wintersemester 2003/04) wurde eine interne Lehrveranstaltungsevaluierung unter den Studierenden mittels Fragebogen durchgeführt. Ziel der Erhebung, die in allen Semestern des Kompetenzfeldes durchgeführt werden wird, ist die laufende Verbesserung des Lehrangebots und deren didaktischen Qualität durch Feedback seitens der Studierenden. Um den Theorie-Praxisbezug des Lehrangebotes zu überprüfen, wurde, wie bereits erwähnt, flankierend zum Kompetenzfeld im Wintersemester und Sommersemester 2003/04 eine Vortragsreihe zur Theorie und Praxis des Gender – und Diversitätsmanagement konzeptiert, welche von den Studierenden verpflichtend zu besuchen war. Dadurch konnten Praxisanforderungen und –erfahrungen sowie theoretische Positionen in die Lehre hereingeholt und die Qualifikationsprofile von den Studierenden sowie die Adäquatheit des Lehrangebots reflektiert werden.

Gender- und Diversitätsmanagement in der Universitätsausbildung

Lehrveranstaltungsevaluierung:

Der Fragebogen bestand aus Einschätzungsfragen (Ränge 1 = trifft nicht zu, 6 = trifft völlig zu) und einem Block mit offenen Fragen, um den Studierenden die Möglichkeit zu geben, konkrete Themen anzusprechen, die spezifisch für die jeweilige Lehrveranstaltung waren.

Insgesamt wurden im Rahmen von fünf Lehrveranstaltungen 60 TeilnehmerInnen (70% weiblich, 30% männlich) mittels Fragebogen erfasst, wobei die Vertiefungskurse erst nach positiver Absolvierung der beiden Grundkurse belegbar waren. Daraus ergab sich folgender Rücklauf an Fragebögen:

- Grundkurs I – Gender- und Diversitätsmanagement (15)
- Grundkurs II – Grundlagen des Personalmanagements (Kooperation) (11)
- Vertiefungskurs I – Instrumente des Gender- und Diversitätsmanagements (16)
- Vertiefungskurs II – Spezielle Methoden der Organisationsstudien (8)
- Vertiefungskurs III – Teambuilding (10)

- Summe (60)

Die Evaluierungsergebnisse wurden den LehrveranstaltungsleiterInnen übermittelt und werden gemeinsam mit der im Sommersemester stattfindenden Evaluierung im Herbst 2004 im Rahmen einer Feedback-Veranstaltung, an der LehrveranstaltungsleiterInnen und StudentInnen teilnehmen werden, diskutiert.

Die Lehrveranstaltungen erreichten bei den quantitativen Fragen, die auf sechs Rängen bewertet wurden (1 = trifft nicht zu, 6 = trifft völlig zu) alle ihre Gesamthöchstwerte auf Rang 6 mit Ausnahme des Grundkurses II bei dem die Bewertung über alle Ränge streute und auf Rang 2 der höchste Gesamtwert erzielt wurde.

4.1 Erwartungen und Motivation der Studierenden

Die Erwartungen der Studierenden hinsichtlich der gestellten Anforderungen wurden mehrheitlich erfüllt.

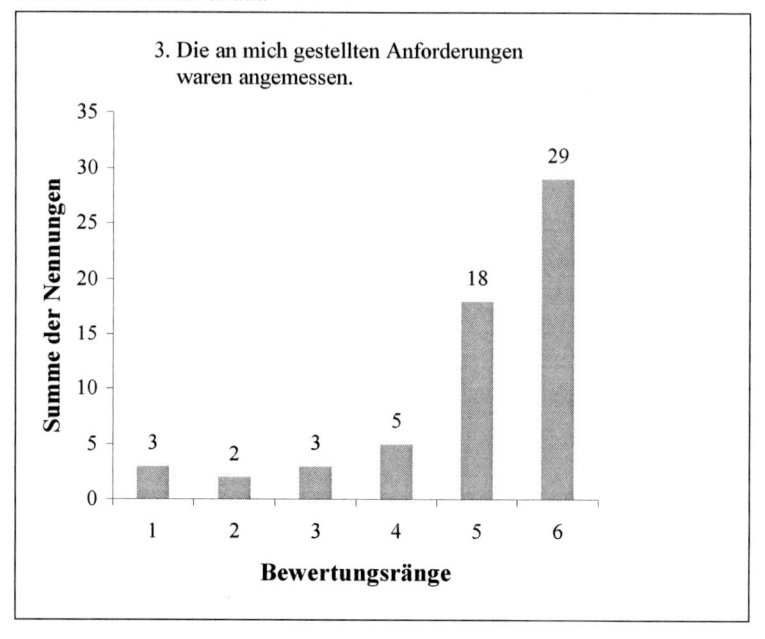

3. Die an mich gestellten Anforderungen waren angemessen.

[Balkendiagramm: Summe der Nennungen nach Bewertungsrängen 1–6: 1=3, 2=2, 3=3, 4=5, 5=18, 6=29]

Abbildung 28: Verteilung der Studierendenbewertungen zur Anforderungserwartung auf Ränge von 1-6.

Die Lehrinhalte wurden in Bezug auf berufliche Perspektiven mehrheitlich als relevant angesehen. Insbesondere die thematische Sensibilisierung, die Vermittlung fundierter Fakten und Argumentationen, so wie von Kenntnissen über Instrumente und deren Implementierungsmöglichkeiten in die Praxis, oder die Ausführungen hinsichtlich Gruppenprozesse und des „doing-gender" wurden als wesentlich angemerkt.

Dies bedeutet also, dass die Studierenden ein starkes Interesse an die Umsetzung in die Praxis haben und mit entsprechenden Erwartungshaltungen in die Lehrveranstaltungen kommen.

Gender- und Diversitätsmanagement in der Universitätsausbildung

Bezüglich der Motivation der Studierenden, das Kompetenzfeld zu wählen, zeigte sich, dass bei den Studierenden oft persönliche Motivation im Sinne von „Interesse" im Vordergrund stand oder aber die Erwartung, einen Vorsprung auf dem Arbeitsmarkt durch entsprechende Qualifikation zu haben. Jedenfalls wurde von den Studierenden die Relevanz des Themas als hoch und weiter wachsend eingestuft. Deutlich höher ist das Interesse bei Studentinnen, allerdings hat sich in den zwei Semestern eine klar wachsende Nachfrage auch bei Männern gezeigt.

Seitens der Studierenden wurde die gemischtgeschlechtliche Zusammensetzung der Gruppe als positiv eingeschätzt, da dadurch verschiedene Perspektiven präsent waren.

4.2 Wissenstransfer und Praxisbezug

Wie bereits erwähnt, sind der Praxisbezug und das Bemühen, an den Erfahrungen der Studierenden anzusetzen, wichtige Leitlinien des Kompetenzfeldes. In diesem Sinne wurde evaluiert, wie diese Ansprüche bei den Studierenden ankam. Es kann auf Grund der Rückmeldungen gesagt werden, dass insgesamt die Andockung an das vorhandene Wissen gut verlief.

Der Theorie-Praxis-Bezug der Veranstaltungen wurde von 55% (33 Nennungen) als sehr gut befunden, von weiteren 14 Nennungen als gut.

Das Feedback der Studierenden macht deutlich, dass die Anbindung des Kompetenzfeldes an Praktiken in Organisationen wichtig ist und wenn erfüllt, auch positiv hervorgehoben wird. Dies scheint gerade für eine betriebwirtschaftliche Ausbildung ein wesentlicher Faktor zu sein, da insbesondere diese Studierenden eine starke Orientierung an der Verwertung von Wissen haben. Der in dem betriebswirtschaftlichen Setting hohe Verwertungsanspruch erzeugt auch hinsichtlich der Gender- und Diversitätskompetenzen entsprechenden Legitimationsdruck.

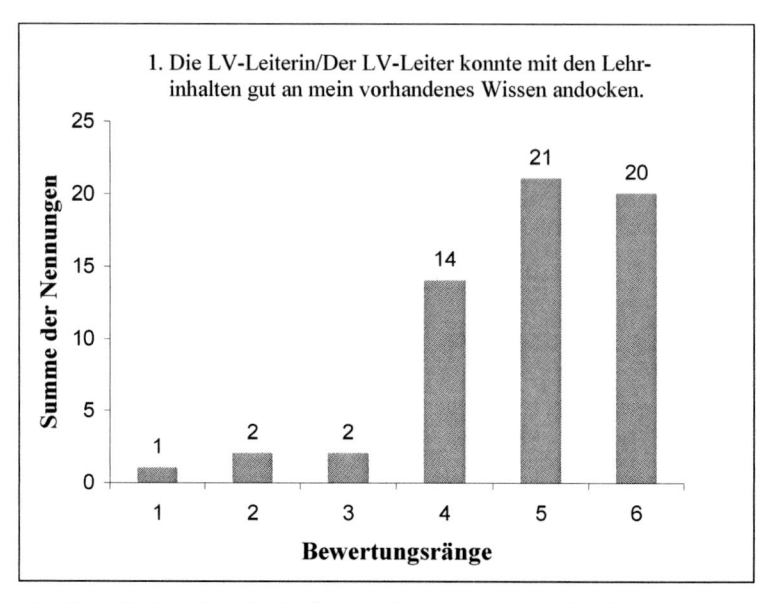

Abbildung 29: Verteilung der Studierendenbewertungen zum Theorie-Praxis-Bezug auf Ränge von 1-6.

4.3 Akzeptanz der didaktischen Methoden

Die eingesetzten Methoden wurden von 91% der Studierenden als angemessen erachtet. Insbesondere wurde der Einsatz von Rollenspielen – learning by doing – als positiv hervorgehoben, sowie die eingesetzten Reflexionsphasen. Vereinzelt wurde nur zusätzliche Literatur zur Vertiefung gewünscht. Methodenvielfalt wurde also positiv bewertet.

4.4 Gestaltung des Lernumfeldes und didaktische Fähigkeiten der Lehrenden

Das Lernumfeld empfanden die Studierenden als überaus positiv: Es wurde nahezu durchgehend der konstruktive Umgang mit Vorschlägen und Kritik seitens der Lehrenden betont, wie auch Ausmaß und Qualität der Diskussionen.

Gender- und Diversitätsmanagement in der Universitätsausbildung 167

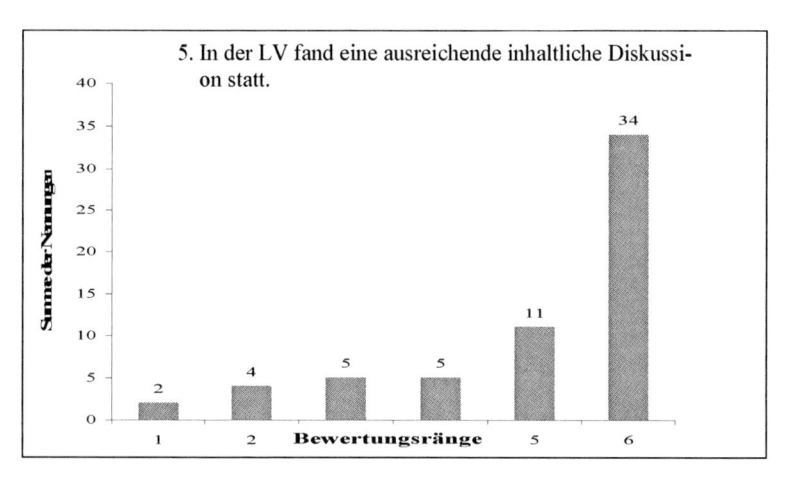

5. In der LV fand eine ausreichende inhaltliche Diskussion statt.

(Bar chart — Summe der Nennungen vs. Bewertungsränge 1–6: 2, 4, 5, 5, 11, 34)

Abbildung 30: Verteilung der Studierendenbewertungen zur inhaltlichen Diskussion auf Ränge von 1-6.

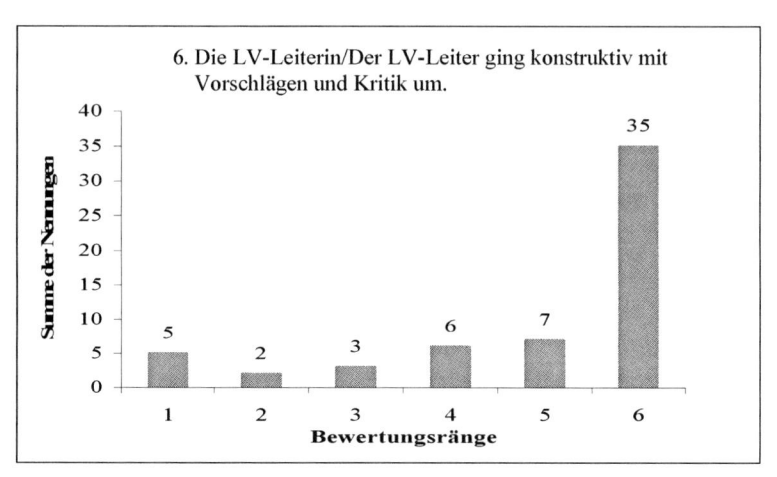

6. Die LV-Leiterin/Der LV-Leiter ging konstruktiv mit Vorschlägen und Kritik um.

(Bar chart — Summe der Nennungen vs. Bewertungsränge 1–6: 5, 2, 3, 6, 7, 35)

Abbildung 31: Verteilung der Studierendenbewertungen zur Anforderungserwartung auf Ränge von 1-6.

Diskriminierende Aspekte auf sprachlicher, medientechnischer und auf der Beispielsebene sowie in der Interaktion wurden von den Studierenden keine festgestellt, was den Lehrenden eine hohe Gender- und Diversitätskompetenz bestätigt. Auch in diesem Evaluierungspunkt wird ersichtlich, dass Methodenvielfalt und geschlechtergerechte Lehre von den Studierenden positiv aufgenommen wird.

Neben dieser Befragung wurde, um einen diskursiven Prozess zwischen Lehrenden und Studierenden über die Konzeption, den Ablauf und die Praxisbezüge des Lehrangebots und die diesbezüglichen Rahmenbedingungen in Gang zu setzen, für Herbst 2004 eine moderierte Feedback-Veranstaltung geplant, die einen gemeinsamen Erfahrungsaustausch zwischen Studierenden und Lehrenden ermöglichen wird. Hierbei sollen Stärken und Schwächen des Kompetenzfeldes diskutiert, sowie konkrete Verbesserungsvorschläge entwickelt werden.

5 Zusammenfassung und Ausblick

Die ersten Erfahrungen mit der Einführung eines Ausbildungsmoduls zu Gender- und Diversitätsmanagement in ein reguläres Studienprogramm am Beispiel der BW an der WU Wien können als positiv bewertet werden. Die Nachfrage nach Kompetenzfeldplätzen auf Grund einer Studienplanänderung und den damit verbundenen Beschränkungen und des erstmaligen Angebots von Kompetenzfeldern an der WU blieb noch unter den Erwartungen. Auch stellt das Thema Gender- und Diversitätsmanagement ein Novum im Bereich betriebswirtschaftlicher Lehre da, wodurch sich ein entsprechendes Berufsbild noch nicht etablieren konnte. In dieser Hinsicht erweisen der Einbezug von PraxisexpertInnen in die Lehre, wie auch die im Rahmen der Kompetenzfeldeinführung durchgeführten Vorträge als wesentlich. Auf Grund der auf unterschiedlichen Ebenen (Konferenz- und Publikationsaktivitäten, Lehrgangsangebote, mediale Präsenz des Themas, u.a.) merklich steigenden Nachfrage nach Gender- und Diversitätskompetenz auf Management und Beratungsebene, kann jedoch von einem Anstieg in der Nachfrage nach Kompetenzfeldplätzen ausgegangen werden.

Insgesamt zeigt sich, dass Studierende das Angebot gerne annehmen, wenngleich sicher eine spezielle Selektion gegeben ist, da die TeilnehmerInnen bereits eine gewisse Sensibilität für die Relevanz des Themas mitbringen. Die Studierenden gehen davon aus, dass Gender- und Diversitätsfragen zunehmend an Bedeutung gewinnen werden und erwarten sich einen Arbeitsmarktvorteil, jedenfalls aber persönliche Bereicherung von der Absolvierung des Kompetenzfeldes. In den meisten Fällen wurde bereits der Wunsch geäußert, auch eine entsprechende Diplomarbeit zu schreiben.

Gender- und Diversitätsmanagement in der Universitätsausbildung

Es ist im Rahmen der ersten Evaluierung aber auch klar geworden, dass die Einführung eines solchen Ausbildungsmoduls entsprechender Vorbereitung in Bezug auf die universitäre – insbesondere der normativen - Einbettung bedarf. Zum einen ist ein weitaus stärkerer Legitimierungsdruck gegeben, da es sich bei dieser speziellen Schwerpunktsetzung um ein noch sehr neues, wenngleich innovatives Projekt handelt. Gerade in den Augen „traditioneller" betriebswirtschaftlicher Spezialisierungen scheint die Notwendigkeit der Qualifizierung nicht immer ganz nachvollziehbar zu sein. In diesem Sinne wird gerne nach den „Stellenausschreibungen" gefragt.

Auf der Ebene der Curriculumsentwicklung haben sich viele Ansätze als sehr fruchtbringend gezeigt, insbesondere Methodenvielfalt und aufeinander abgestimmte inhaltliche und didaktische Konzepte sind wesentliche Erfolgsfaktoren. Noch weiter ausgebaut gehört der Praxisbezug, also die Auseinandersetzung mit dem Berufsbild. Hier zeigt sich, dass Studierende entsprechende Glaubwürdigkeit eher aus der Praxis kommenden Vortragenden zuschreiben, reine wissenschaftliche Untersuchungsbeispiele scheinen für Studierende nicht das gleiche Gewicht zu haben. Hier ist anzudenken, gerade in neuen Ausbildungsmodulen Personen als Vortragende einzuladen, die Einblick geben in betriebliche Realitäten und Umsetzungen. Darüber hinaus sind noch Überlegungen anzustellen, wie ein ausgewogenes Geschlechterverhältnis bei den Vortragenden erzielt werden kann, um das Berufsbild des Gender- und Diversitätsmangements nicht zu „feminisieren" (vgl. dazu die Debatte zur Feminisierung von Berufsbildern) und auch entsprechende Akzeptanz bei männlichen Studierenden (Rollenvorbilder) zu erhalten. Denkbar wären z.B. Tandems, also gemischte Vortragsteams. Aber das ist angesichts der budgetären Situation der meisten Universitäten wohl eher Zukunftsmusik.

6 Literatur

Fenstermaker S., W. C., (Ed.) (2002): Doing Gender Doing Difference. New York, London,, Routledge, New York, London.

Hanappi-Egger, E. (2004): Einführung in die Organisationstheorien unter besonderer Berücksichtigung von Gender- und Diversitätsaspekten, In: Bendl, R./Hanappi-Egger, E./Hofmann, R. (Hrsg.) (2004): Gender- und Diversitätsmanagement in Organisationen, Linde International, forthcoming.

Krell, G. (1999): Managing Diversity: Chancengleichheit als Erfolgsfaktor. In: Personalwirtschaft, Heft 4/99, 24ff.

Metzen H. (2003): Diversity Management. Interaktionsproblem – Wandlungsmoment – Kooperationsgewinn, http://www.shopfloor.de/diversity/divman7.pdf [17.5.2004, MEZ 21.00].

Metz-Göckel, S. (Hrsg.) (2002): Lehren und Lernen an der Internationalen Frauenuniversität. Ergebnisse der wissenschaftlichen Begleituntersuchung. Leske + Budrich Opladen.

Metz-Göckel S., Roloff (2004): Genderkompetenz als Schlüsselqualifikation, http://www.medienbildung.net/pdf/themen_seiten/metz_goeckel_roloff.pdf [19.5.2004, MEZ 10.00].

Mills A. J., T. P., (Ed.) (1992): Gendering Organizational Analysis. London, New Delhi, Sage Publications.

Mittag, S./Bornmann, L./Daniel, H.-D. (2003): Evaluation von Studium und Lehre an Hochschulen. Handbuch zur Durchführung mehrstufiger Evaluationsverfahren. Waxmann, Münster.

Rettke U. (2003): Genderkompetenz in der Ausbildung – eine Schlüsselkompetenz der Zukunft, In: Cramer, G./Schmidt, H./Wittwer, W. (Hrsg.): Praxis-Know-how für Ausbilder. Handlungsfelder betrieblicher Bildungsarbeit. (Deutscher Wirtschaftsdienst), August 2003.

Sepehri, P./Wagner, D. (2002): Diversity und Managing Diversity. In: Peters, S./Bensel, N. (Hrsg.): Frauen und Männer im Management. Diversity in Diskurs und Praxis. 2. Auflage, Gabler, Wiesbaden.

Spieß, G./Rentmeister, C. (Hrsg.) (2003): Gender in Lehre und Didaktik. Eine europäische Konferenz in Erfuhrt. Peter Lang, Frankfurt/M.

Wirtschaftsuniversität Wien (2004): Evaluationsbericht Wintersemester 2003/04 – Kompetenzfeld Gender- und Diversitätsmanagement. Abteilung Gender- and Diversität in Organizations.

Stuber, M./Achenbach, S./Kirschbaum, A. (2004): Diversity. Luchterhand, Neuwied.

Polyzentriertheit in Unternehmensnetzwerken – Führungstheoretische Erklärungsansätze zur Beschreibung der Entstehung und Existenz mehrerer Akteure mit Steuerungswirkung

Ingo Winkler[*]

Inhalt

1 Einleitung 174
2 Literaturanalyse 176
3 Führungstheoretische Erklärungsansätze zur Beschreibung der Entwicklung und Existenz mehrerer Akteure mit Steuerungswirkung 179
4 Erklärungsansätze aus der Perspektive der Attributionstheorie der Führung 180
5 Erklärungsmuster aus der Perspektive des Idiosynkrasiemodells der Führung 185
6 Erklärungsmuster aus der Perspektive des psychodynamischen Führungsansatzes 189
7 Erklärungsmuster aus der Perspektive des mikropolitischen Führungsansatzes 192
8 Zusammenhang von Führungsanspruch und Führungszuschreibung 199
9 Fazit – Konsequenzen der Existenz mehrerer Akteure mit Steuerungswirkung 200
10 Literatur 203

---

[*] Dr. Ingo Winkler, Wiss. Mitarbeiter, Professur für Organisation und Arbeitswissenschaft, TU Chemnitz, D-09107 Chemnitz, Email: ingo.winkler@wirtschaft.tu-chemnitz.de.

1 Einleitung

Betrachtet man die Netzwerkforschung, so zeigt sich, dass die polyzentrische Organisation interorganisationaler Netzwerke seit jeher bei der Beschreibung von Netzwerken angeführt wird. An Netzwerken sind unterschiedliche Akteure beteiligt, die man als eigene Macht- und Entscheidungszentren begreift. Daraus abgeleitet wird auch die Steuerung interorganisationaler Netzwerke als eine mehr oder weniger polyzentrische Steuerung begriffen. Mehr oder weniger bedeutet dies, dass in Netzwerken mit strategischer Führung eine fokale Unternehmung die Zusammenarbeit (strategisch, d.h. zentral) führt, wohingegen bei Netzwerken ohne strategische Führung die Koordination und Steuerung der Netzwerkaktivitäten, eher dezentral, d.h. von mehreren Akteuren, übernommen wird[1]. Obwohl in beiden Fällen von einer verteilten Macht- und Entscheidungskompetenz ausgegangen wird, fokussiert der vorliegende Beitrag insbesondere auf die letztgenannte Form der Zusammenarbeit von Unternehmen, die häufig als regionales oder KMU-Netzwerk bezeichnet wird[2]. Es zeigt sich, dass an der Steuerung dieser polyzentrischen Netzwerke eine Reihe von Netzwerkakteuren unterschiedlich stark beteiligt sind.

Betrachtet man die Ausführungen in der Netzwerkliteratur eingehender, so stellt man fest, dass die polyzentrische Organisation der überbetrieblichen Zusammenarbeit als Merkmal zur strukturellen Beschreibung von Netzwerken herangezogen wird, wobei die Akteure i.d.R. als kollektive Akteure (Organisation, Unternehmen) konzeptualisiert werden. Als Erklärungshintergrund für diese Polyzentriertheit von Netzwerken wird häufig vor einer institutionalistischen Netzwerkperspektive argumentiert. Das weitgehende Fehlen einer Hierarchie und somit eines zentralen Akteurs mit (uneingeschränkter) Macht- und Steuerungsposition verhindert demnach eine zentrale Lenkung in Netzwerken. Diese Mainstreamargumentation erscheint in zweierlei Hinsicht kritikwürdig. Erstens ist zu hinterfragen, ob die an Netzwerken beteiligten Akteure hauptsächlich kollektive Akteure sind, wie z.B. von Håkansson (1989:20f.) oder Sydow (1995a:1623) konzeptualisiert. Ich schließe mich in diesem Beitrag der gegenteiligen Auffassung von Brödner et al. (1996:304) an, dass Zusammenarbeit, egal ob innerhalb eines Betriebes, zwischen Betrieben oder zwischen unterschiedlichen Gruppen in Politik und Wirtschaft, notwendig zwischen menschlichen Akteuren stattfindet. Menschen sind somit Träger der Zusammenarbeit, womit diese auch menschlichen Interessen und Bedürfnissen unterworfen ist. Zweitens erscheint die Argumentation in der Netzwerkliteratur als statisch. Polyzentriertheit als strukturelles

---

[1] Vgl. Windeler 2001:40ff.
[2] Vgl. Sydow 1992:81f., Sydow et al. 1995:20.

Merkmal wird als irgendwie existent begriffen, ohne dass das Fehlen eines Entstehungs- oder auch Veränderungsprozesses problematisiert wird.

Auf Basis dieser zwei Kritikpunkte versucht der vorliegende Beitrag, vor dem Hintergrund einer interpersonellen Netzwerkperspektive, die polyzentrische Organisation und Steuerung von und in Netzwerken als Ergebnis der Entwicklung und Existenz von mehreren Akteuren mit Steuerungswirkung zu beschreiben. Als Akteure werden hier Menschen verstanden, die als Vertreter bzw. Repräsentant einer Organisation bzw. eines Teiles einer Organisation und/oder als Individuum, allein oder in einer Gruppe, interorganisationale Beziehungen eingehen, unterhalten oder abbrechen[3]. In einer solchen Betrachtungsperspektive werden die individuellen Interessen und Rationalitäten sowie die sozialen Interaktionsprozesse der Netzwerkebene in den Mittelpunkt gerückt[4].

Zunächst wird die Netzwerkliteratur dahingehend untersucht, inwieweit aus einer Perspektive, die auf die individuellen Akteure fokussiert, Polyzentriertheit in Netzwerken gefasst wird. Daran anschließend wird der Frage nachgegangen, wie es zu mehreren Akteuren mit Steuerungswirkung kommt. Es wird nach möglichen Prozesserklärungen ihrer Entstehung gefragt. Unter der Annahme, dass die Entstehung und Entwicklung von Netzwerken sehr eng mit den sich entwickelnden „face-to-face"-Beziehungen zusammengeht und sich somit ein Netz aus personalen Beziehungen ergibt[5], scheint das Forschungsgebiet der personalen Führung, das sich mit der Steuerungswirkung direkter Interaktionsbeziehungen beschäftigt, fruchtbare Anknüpfungspunkte zu liefern. Insbesondere führungstheoretische Erklärungsmuster zur Entstehung, Reproduktion und Veränderung von Führerschaft lassen sich zum Teil auch auf interorganisationale Netzwerke übertragen. Zur Erklärung der Existenz mehrerer Akteure mit Steuerungswirkung lassen sich insbesondere attributionstheoretische[6], idiosynkratische[7], psychodynamische[8] sowie mikropolitische[9] Interpretationen heranziehen, wobei man analytisch in passive sowie aktive Erklärungsmuster unterscheiden kann.

Der Beitrag schließt mit einem Fazit, in dem herausgestellt wird, wie sich die parallele und/oder sequentielle Existenz mehrerer Akteure mit Steuerungswirkung darstellt. Die Begrenztheit von Steuerungsmöglichkeiten und -wirkung

---

[3] Vgl. Winkler 2004:10.
[4] Vgl. Pohlmann et al. 1995:16.
[5] Vgl. Schenk 1994:89, Pohlmann et al. 1995:20f., Voß 2002:280ff.
[6] Calder 1977, Lord 1985.
[7] Hollander 1960, 1995.
[8] Northouse 1997.
[9] Bosetzky 1977, Küpper/Ortmann 1992.

wird dabei in örtlicher, zeitlicher und funktionaler Hinsicht näher erläutert. Zudem werden Verhaltenswirkungen für Akteure mit und ohne zugeschriebener Führungs- bzw. Steuerungsfunktion aufgezeigt.

Das Einnehmen der interpersonalen Netzwerkperspektive bei der Betrachtung von Polyzentriertheit in Netzwerken ermöglicht zum einen die Problematisierung von Verhaltenswirkungen für die beteiligten individuellen Akteure. Zum anderen lassen sich, unter Bezugnahme auf anschlussfähige führungstheoretische Aussagen, Erklärungsvarianten zum Entstehungsprozess von mehreren Akteuren mit Steuerungswirkung aufzeigen.

2 Literaturanalyse

Wesentlich für polyzentrisch organisierte Netzwerke ist, dass mehrere gleichrangige Partner existieren. Sie müssen für eine kollektive Handlungsfähigkeit gemeinsame Regeln etablieren[10]. Wildemann (1996:306) versteht in diesem Zusammenhang Netzwerkmanagement als „...Aufbau, Pflege und Erhaltung der Netzwerkstrukturen und -beziehungen in sachlicher, zeitlicher und sozialer Dimension". Auch Sydow (1995a:1624) argumentiert, dass Netzwerkbildung u.a. durch intentionale, proaktive Netzwerkführung geschieht. Strukturen und Prozesse in Netzwerken unterliegen jedoch nur zu einem Teil aktiver Planung und Kontrolle. Daneben findet auch emergente Strukturbildung statt oder wie Håkansson/Johanson (1993:37) es in Anlehnung an Weick (1969) ausdrücken: "activity chains and structures ... are enacted; they are emergent phenomena that are formed and modified through different interaction amongst the actors". Es entsteht spontan Ordnung[11], die zudem über die Absicht und Wirkung von Einzelhandlungen hinausgeht[12].

Die Organisation von Netzwerkbeziehungen bedarf wiederholter Kommunikation, Entscheidung und Verhandlung. Dabei erfolgt eine wechselseitige Abstimmung zwischen den Teilnehmern[13]. In der Netzwerkliteratur wird i.d.R. davon ausgegangen, dass die Herausbildung von Kommunikations-, Entscheidungs- und Verhandlungsstrukturen machtdominiert[14] und unter der Beteiligung vieler

---

[10] Vgl. Osterloh/Weibel 2000:88.
[11] Vgl. Schertler 1995:32.
[12] Vgl. Wetzel et al. 2001:15.
[13] Vgl. Alter/Hage 1993:79.
[14] Vgl. u.a. Aldrich/Whetten 1981:390, Sydow 1992:311f., Hardy 1994:288, Sydow 1995a:1624, Sydow et al. 1995:385f.

abläuft[15]. Das in dieser Hinsicht wesentliche Merkmal von Unternehmensnetzwerken ist deren dezentral verteilte Macht- und Entscheidungskompetenz. Somit existieren keine klaren hierarchischen Weisungs- und Kontrollbeziehungen zwischen den Netzwerkakteuren. Hieran anschließend wird die Steuerung von Unternehmensnetzwerken überwiegend als politischer, machtdominierter Prozess verstanden, in dem Steuerungs- und andere Rollen über „bargaining"-Prozesse, Machtspiele etc. ausgehandelt werden[16]. Machtausübung ist dabei nie ein vollständig einseitiger, sondern immer ein wechselseitiger Prozess[17] und die Machtverteilung kann in Beziehungen zwischen Unternehmen fluktuieren[18]. Bei neuen Projekten und veränderten Situationen können sich Machtrelationen verschieben. So kann z.B. die Aufnahme neuer Mitglieder für dominante Akteure problematisch werden, da die neuen Akteure Beziehungen redefinieren und damit bestehende Machtverhältnisse in Frage stellen und potenziell ändern könnten[19].

In Netzwerken existieren i.d.R. wenig formale Autoritäts-, Steuerungs- und Kontrollstrukturen auf die sich die Akteure beziehen können. Somit müssen sie sich auf andere, häufig informale Mechanismen und Praktiken berufen, wenn sie Einfluss ausüben wollen. Dabei besteht die Notwendigkeit, andere Akteure zu involvieren und zu mobilisieren, um Veränderungen zu bewirken, da kein Akteur dazu allein in der Lage ist[20].

In den Beziehungen zwischen den Netzwerkmitgliedern werden die verschiedenen Rollen mit Steuerungsfunktion auf unterschiedlichen Ebenen der Vernetzung von unterschiedlichen Akteuren ausgefüllt. Zündorf fand in den von ihm und Kollegen untersuchten Netzwerken zur betriebsübergreifenden Problembewältigung heraus, dass sich ein ökonomisches Netzwerk der Manager sowie ein kollegiales Netzwerk der Experten etablierte, die unterschiedlich funktionierten und in denen unterschiedliche Akteure Führungsrollen innehatten[21]. Franke (1999:204) geht noch einen Schritt weiter und postuliert die parallele Existenz mehrerer Akteure mit Steuerungswirkung auf mehreren Ebenen als eines der wichtigsten Organisationsprinzipien von Netzwerkorganisationen.

Neben dem Aspekt der Gleichzeitigkeit ist auch der Aspekt der temporären Existenz von Rollen von Bedeutung. Rollen mit Steuerungsfunktion in Netzwerken

---

[15] Vgl. Schertler 1995:32.
[16] Vgl. z.B. Boje/Whetten 1981:382.
[17] Vgl. z.B. Windeler et al. 2000:200.
[18] Vgl. Lampel/Shapira 1997:4.
[19] Vgl. Hardy 1994:287.
[20] Vgl. Håkansson/Snehota 1995:283.
[21] Vgl. Zündorf 1994:246ff.

werden von den Akteuren zum Teil nur zeitlich begrenzt ausgefüllt. Situations- und problemspezifisch werden solche Rollen immer wieder neu ausgehandelt. Sie können somit während eines zeitlich abgegrenzten Projektes wechseln, wenn dies die Aufgabe bzw. der Fortgang des Projektes notwendig macht[22]. „Roles are continuously redefined on the basis of experience, and specific tasks are determined by negotiation. The parties to the bargain are determined not by an organization chart but by the character of the issues at hand"[23]. Die Steuerung von und in Netzwerken kann aus dieser Perspektive als eine Art Ad-hoc-Arrangement verstanden werden, welches in Umfang und Dauer begrenzt ist[24]. In diesem Zusammenhang sprechen Mohrman/Cohen (1995:389ff.) vom „Quasi-Manager", welcher in einer Gruppe die Führungsrolle innehat und in einer anderen Gruppe lediglich Mitglied ist.

Es ist festzuhalten, dass Rollen mit Steuerungsfunktion von vielen, wenn nicht allen Mitgliedern des Netzwerkes, gleichzeitig und/oder sequentiell ausgefüllt werden[25]. Feyerherm (1994:260) spricht in diesem Zusammenhang in Anlehnung an Burns (1996) von so genannten kollektiven Führungsnetzen, da Rollen mit Führungsfunktionen über die Gruppe der Netzwerkmitglieder verteilt sind. Daran anschließend werden auch Entscheidungen in Netzwerken eher kollektiv, in mikropolitischen Verhandlungs- und wechselseitigen Beeinflussungsprozessen zwischen mehreren Akteuren gefällt[26].

Zusammengefasst zeigt sich, dass die Netzwerkliteratur, wenn man sie aus einer interpersonellen Netzwerkperspektive betrachtet, die sich auf die Beziehungen zwischen den am Netzwerk beteiligten individuellen Akteuren konzentriert, die polyzentrische Organisation der Beziehungen quasi als gegeben annimmt. Eine dezentrale Macht- und Entscheidungsstruktur wird, ebenso wie bei der strukturellen Netzwerkperspektive, als ein Merkmal von Unternehmensnetzwerken definiert, wobei nur selten thematisiert wird, wie sie konkret entsteht. Einige Autoren[27] liefern erste Erklärungsansätze zur Entstehung von mehreren Akteuren mit Steuerungswirkung, jedoch existiert hier noch ein erheblicher Forschungsbedarf. Nachfolgend wird an diesem Bedarf angeknüpft und es wird untersucht, ob aus der Perspektive neuerer führungstheoretischer Ansätze erklärt werden kann, wie in Netzwerken mehrere Akteure mit Steuerungswirkung entstehen.

---

[22] Vgl. Shamir 1999:54.
[23] Chisholm 1989:12.
[24] Vgl. Shamir 1999:58.
[25] Vgl. Shamir 1999:54.
[26] Vgl. Saxton 1997:446f., Evers 1998:192ff., Windeler 2001:233.
[27] Z.B. Chisholm 1989, Feyerherm 1994, Zündorf 1994.

3 Führungstheoretische Erklärungsansätze zur Beschreibung der Entwicklung und Existenz mehrerer Akteure mit Steuerungswirkung

Zieht man zur Erklärung der Entstehung und Existenz mehrerer Akteure mit Steuerungswirkung in Netzwerken neuere Ansätze[28] der führungstheoretischen Forschung heran, so lassen sich passive und aktive Erklärungsmuster unterscheiden. Passive Darstellungen basieren darauf, dass auch in Netzwerken Führungsqualitäten zugeschrieben werden (Attributionstheorie der Führung), Führung sich aus einem sozialen Kredit ergibt (Idiosynkrasiekreditmodell der Führung) bzw. dass Führung auf Grund einer Projektion von Ich-Idealen zustande kommt (psychodynamischer Führungsansatz). Führung wird also bestimmten Akteuren des Netzwerken durch andere zugeschrieben, wobei unterschiedliche Zuschreibungen die Entstehung mehrerer so genannter Führungsakteure zur Folge hat. Jedoch zeigt sich darüber hinaus auch, dass Netzwerkmitglieder aktiv versuchen, ihre Interessen durchzusetzen. Somit generieren sie quasi Führungsanspruch, der durch entsprechendes Verhalten umgesetzt werden soll. Daran anschließend lässt sich die mikropolitische Führungstheorie heranziehen, die unterschiedliche Führungsakteure auf Grund des aktiven interessengeleiteten Verhaltens von Akteuren konzeptualisiert.[29]

In der nachfolgenden Darstellung werden die eben aufgezeigten Führungstheorien nacheinander für eine Interpretation von Führung in Netzwerken herangezogen. Dabei wird aus der Perspektive jeder Theorie erklärt, wie Führung in Netzwerken entsteht und wie es zu mehreren Akteuren mit Steuerungswirkung kommt. Im Anschluss an diese Einzelinterpretationen wird der Zusammenhang von Führungsanspruch und Führungszuschreibung dargestellt. Damit wird betont, dass die Entstehung und Existenz von mehreren Führungsakteuren in Netzwerken, zwar analytisch getrennt interpretiert werden kann, jedoch realiter als Zusammenspiel aktiver und passiver Prozesse zu verstehen ist.

---

[28] Eine Übersicht zu den Charakteristika neuerer führungstheoretischer Ansätze findet sich bei Neuberger (1995d:177), Lang (2002) oder Winkler (2004:116).
[29] Diese Interpretationen finden sich so oder so ähnlich auch schon in Winkler (2004:118ff.).

4 Erklärungsansätze aus der Perspektive der Attributionstheorie der Führung

Es kann davon ausgegangen werden, dass die Akteure eines Netzwerkes versuchen, Ursachen von Handlungen und Ereignissen zu ergründen. Sie bilden Urteile über das eigene und das Verhalten anderer Akteure, wobei Schritt für Schritt Hinweise zusammengefügt werden, die zur Erklärung dienen können[30]. Basierend auf dieser Ursachenzuschreibung entstehen eine Reihe Kategorien, in die bestimmte Netzwerkakteure eingeordnet, und zu denen verschiedene Führungsqualitäten zugeschrieben werden. Zur Erklärung der Entstehung von Führung in Netzwerken lässt sich insbesondere die eigenschaftsorientierte Attributionstheorie der Führung[31] heranziehen.[32] Zum einen ist dabei das von Calder (1977) entwickelte Prozessmodell und zum anderen die Weiterentwicklung durch Lord und Kollegen[33] interessant. Diese Arbeiten scheinen gut geeignet, die Zuschreibung von Führung zu bestimmten Akteuren des Netzwerkes zu erklären. Dabei muss man bei der Interpretation jedoch davon ausgehen, dass es sich in polyzentrischen Netzwerken um eine Gruppe von Akteuren handelt, die ähnliche Macht- und Entscheidungskompetenz haben. Somit muss man von einer Attribution durch (andere) Akteure sprechen und sich von einer Setzung „Vorgesetzter – Mitarbeiter" lösen. Die Netzwerkmitglieder attribuieren bestimmten Akteuren, auf Grund deren Verhaltensweisen verschiedene Führungseigenschaften. Dabei ist anzunehmen, dass auch hier Persönlichkeitsdispositionen sowie implizite Theorien[34] der Akteure eine wichtige Rolle spielen. Das Attributionsmodell nach Calder stellt sich vor einem solchen Hintergrund wie folgt dar.

Die Akteure des Netzwerkes (z.B. Geschäftsführer und Mitarbeiter der beteiligten Unternehmen, Koordinatoren, Berater, Mitarbeiter von forschungsbegleitenden Einrichtungen) haben ein allgemeines Vorverständnis von möglichen Führungsqualitäten von Personen in einer bestimmten Gruppe, welches insbesondere durch die Sozialisation in der Gesellschaft sowie die Erfahrungen in ihrer beruf-

---

[30] Vgl. Kelley 1967, 1972, 1973.
[31] Vgl. Staehle 1999:368.
[32] Die verhaltensorientierte Perspektive der Attributionstheorie der Führung, die sich damit beschäftigt, wie Vorgesetzte Ursachen bezüglich des Verhaltens von Mitarbeitern attribuieren (vgl. z.B. Green/Mitchell 1979, Mitchell/Wood 1980, Mitchell/Green/Wood 1981), scheint für die Interpretation zu Führung in Netzwerken kaum geeignet. Aus einer Netzwerkperspektive erscheint es problematisch, dass dieser Teil der attributionstheoretischen Führungsforschung Vorgesetzte und Mitarbeiter explizit setzt, da in Netzwerken in der Regel keine solchen formalen Rollen existieren.
[33] Vgl. z.B. Lord et al. 1984.
[34] Vgl. Ayman 1993, Lord/Maher 1993.

lichen Laufbahn beeinflusst ist[35]. Bei den Netzwerkteilnehmern existieren demnach Vorannahmen darüber, welche Handlungen (z.b. alle an einem Tisch bringen, Streitigkeiten schlichten, gemeinsame Ziele definieren) oder Wirkungen (z.b. Gefühl der Gemeinsamkeit) von einem Führer erwartet werden. Zwei Aspekte beeinflussen die allgemeinen Vorverständnisse der Netzwerkakteure.

- Zum einen kommen die am Netzwerk beteiligten Akteure aus unterschiedlichen Organisationen und haben somit verschiedene Erfahrungshintergründe. Diese Hintergründe bestimmen nicht unwesentlich das Vorverständnis von möglichen Führungsqualitäten in der Gruppe der Netzwerkakteure. Es ist davon auszugehen, dass bei den verschiedenen Akteuren unterschiedliche Verständnisse von Führungsqualitäten existieren, die bei der Bewertung von Verhalten und Verhaltenskonsequenzen zum Tragen kommen. So haben z.B. die Mitarbeiter ein anderes Vorverständnis von Führung als die Geschäftsführer. Zudem differieren diese Verständnisse von denen eines extern eingesetzten Netzwerkkoordinators, der Mitarbeiter einer Professur an einer Hochschule ist.

- Zum anderen ist anzunehmen, dass die Akteure unterschiedlich viele Erfahrungen mit zwischenbetrieblicher netzwerkartiger Kooperation besitzen. Somit ist es durchaus unklar, ob sie für die spezielle Situation der Zusammenarbeit im Netzwerk allgemeine Vorverständnisse von möglichen Führungsqualitäten haben oder ob in diesem speziellen Kontext, auf Grund fehlender Erfahrungen, keine solchen Vorverständnisse aktiviert werden können.

Betrachtet man die verschiedenen Stufen des Modells nach Calder und versucht diese auf den Kontext von polyzentrischen Netzwerken zu übertragen, so kann man Folgendes festhalten. In der *ersten Stufe* beobachten die Netzwerkakteure wechselseitig ihr Verhalten. Verhalten kann direkt beobachtet werden oder es wird von beobachteten Wirkungen auf Verhalten geschlossen. So wird z.B. beobachtet, wer sich besonders für das Vorwärtskommen des Netzwerkes einsetzt oder wer nur seine eigene Interessen verfolgt. Ebenso werden beispielsweise die Ergebnisse gemeinsamer Entscheidungen, z.B. bezüglich eines gemeinsamen Netzwerkziels, interpretiert und auf das Verhalten bestimmter, an der Entscheidung direkt und indirekt beteiligter Akteure zurückgeführt. In der *zweiten Stufe* werden beobachtete oder erschlossene Verhaltensweisen einzelner Akteure daraufhin bewertet, ob sie sich vom Verhalten der anderen Netzwerkakteure unterscheiden. Insbesondere versuchen die Akteure zu differenzieren, ob dieses Ver-

---

[35] Vgl. House et al. 1998.

halten sich qualitativ und quantitativ von den „üblichen" Verhaltensweisen der am Netzwerk beteiligten Akteure abhebt.

Weiterhin wird in dieser Stufe Verhalten vor dem Hintergrund von impliziten Führungstheorien der Beteiligten bewertet. Die Akteure des Netzwerkes haben bestimmte kognitive Schemata über Organisationen und Organisieren[36] und über sich selbst als Teil davon sowie über „richtige" und effiziente Führung. Diese vorgefassten Meinungen für typische Führereigenschaften, typisches Verhalten eines Führers sowie typische Folgen von Führung[37] bestimmen zu einem wesentlichen Teil die Zuschreibung von Führungsqualitäten zu bestimmten Akteuren. Wie Führungstheorien von Netzwerkakteuren aussehen und welche konkreten Einflusslinien sich ergeben, darüber liegen bisher noch keine Erkenntnisse vor.[38] In Anlehnung an Calder variieren sie jedoch zum Teil erheblich und sind insbesondere von der sozialen Schicht und bisherigen Erfahrung mit Führung abhängig. Nach House et al. (1998:188f.) sind implizite Führungstheorien kulturell beeinflusst. Erstens sieht er einen erheblichen Einfluss gesellschaftlicher Werte, Normen und Praktiken. Daneben existieren zweitens Einflüsse aus Erfahrungen des Berufslebens. Hier sind insbesondere organisationale Werte, Normen und Praktiken zu nennen. Für die Entstehung von Führung in Netzwerken ist noch ein dritter, oben bereits erwähnter Einfluss zu berücksichtigen. Erfahrungen mit überbetrieblicher Zusammenarbeit, dass heißt mit typischen Werten, Normen und Praktiken, die in Netzwerken entstehen, beeinflussen die impliziten Vorstellungen der Akteure über Führung im Netzwerk. Alle drei Einflüsse bestimmen die kognitiven Schemata, die bei der Bewertung beobachteten Verhaltens im Netzwerk angewandt werden. Je mehr ein Akteur den impliziten Führungsverständnissen und den daraus abgeleiteten Erwartungen der Netzwerkteilnehmer entspricht, desto höher ist die Wahrscheinlichkeit, dass ihm Führung zugeschrieben wird.

Im Zusammenhang mit der Prüfung von Verhaltensweisen, versuchen die Akteure mittels einer Kovarianzanalyse[39] zu erschließen, ob das beobachtete bzw. erschlossene Verhalten zeitlich und situativ konstant ist sowie interpersonell übereinstimmend beurteilt wird.

---

[36] Vgl. Meindl 1990:162.
[37] Vgl. Emrich 1999:991.
[38] Ich habe in meiner Dissertation versucht, die impliziten Führungsverständnisse von Geschäftsführern kleiner und mittlere Unternehmen nachzuzeichnen und deren Wirkung auf KMU-Netzwerke aufzuzeigen (vgl. Winkler 2004). Jedoch erfolgte dies nicht als eigene empirische Untersuchung, sondern als eine Interpretation, die wesentlich auf Ergebnisse aus der KMU-Forschung zurückgreift.
[39] Vgl. Kelley 1973.

1. Erstens wird analysiert, ob das Verhalten des beobachteten Akteurs charakteristisch für ihn ist, d.h. ob es zeitlich, sachlich und interpersonell konsistent oder lediglich zufällig ist. Damit im Zusammenhang wird auch geprüft, ob andere Netzwerkakteure dieses Verhalten ähnlich bewerten, es also interpersonell zumindest ähnlich interpretiert wird (z.b. Nehmen auch andere Netzwerkakteure eine Person als Netzwerkpromotor wahr?).
2. Zweitens wird beurteilt, ob das Verhalten eventuell sozial erwünscht war. Je mehr soziale Widerstände zu überwinden sind (z.B. Durchsetzen gegen eine Reihe von Vetoakteuren), desto weniger wird das Verhalten als sozial erwünscht interpretiert.
3. Drittens wird untersucht, ob das Verhalten extrem genug war und sich gravierend vom üblichen Verhalten unterscheidet (z.B. Konsensorientierung eines Akteurs, wenn die anderen eher „zerstritten" sind).

Basierend auf dieser Bewertung attribuieren die Netzwerkakteure Führungsqualitäten zu bestimmten Teilnehmern des Netzwerkes. Die drei Punkte zeigen jedoch, dass eine verlässliche Kovarianzanalyse nur bei häufiger Interaktion möglich ist. Erst dann sind die Netzwerkakteure in der Lage, verschiedene Verhaltensweisen differenziert zu bewerten[40].

In der *dritten Stufe* des Modells von Calder wird geprüft, ob der Akteur nicht noch andere Verhaltensalternativen gehabt hätte. Es wird versucht herauszufinden, ob der Akteur nur so hätte handeln können oder ob nicht auch jede andere Handlung (z.B. Nichtstun im Gegensatz zu aktivem Handeln) dieselbe Wirkung hervorgerufen hätte. Je mehr sich die Effekte seines Handelns für das Netzwerk von den Wirkungen alternativer Verhaltensweisen unterscheiden, desto eher wird ihm Führertum zugeschrieben[41]. In der *vierten Stufe* finden die persönlichen Dispositionen der beobachtenden Akteure Eingang in das Modell. Diese haben, wie bei der Darstellung der Netzwerkliteratur gezeigt, in Netzwerken eine hohe Relevanz. Da die Akteure mit ihrer Teilnahme am Netzwerk immer auch eigene Ziele verfolgen, ist es für sie wichtig abzuschätzen, inwieweit sie vom Verhalten eines Akteurs mit potenziellen Führungsqualitäten betroffen sind und wie stark dieses Verhalten ihre eigenen Ziele und Interessen tangiert. Die Netzwerkakteure werden wahrgenommenes Verhalten umso eher auf Führereigenschaften des Beobachteten attribuieren, je mehr sie sich davon eine Erfüllung ihrer persönlichen Interessen erhoffen.

---

[40] Vgl. Winkler 2004:128.
[41] Vgl. Neuberger 1995d:211.

Bezieht man die Arbeiten von Lord und Kollegen in die Betrachtungen ein, so kann man für Netzwerke annehmen, dass bestimmte Akteure auf Grund eines vereinfachten Vergleichsprozesses als Führer klassifiziert werden[42].[43] In Anlehnung an die bereits erwähnten impliziten Führungstheorien der Beteiligten, scheinen innerhalb dieser kognitiven Schemata Prototypen von Führungspersonen zu existieren[44]. In einem quasi-automatischen Prozess[45], der unbewusst abläuft, werden bestimmtes Verhalten (z.B. das aktive Einsetzen eines Akteurs zur Herbeiführung einer Entscheidung) und bestimmte Situationen oder Ereignisse (z.B. eine Entscheidung im Netzwerk und das Wissen oder die Vermutung, wer daran wie beteiligt war) miteinander verlinkt und auf ihren Fit mit so genannten „generic knowledge structures" (ebenda) geprüft. Diese Wissensstrukturen umfassen auch implizite Organisations- und Führungstheorien sowie die darin eingebetteten Führungsprototypen, anhand deren „entschieden" wird, ob personenspezifische Verhaltensweisen oder Personen zuzurechnende Ereignisse führungstypisch sind. So werden als Experten geltende Akteure – z.B. ein Berater, der schon einige Netzwerke begleitet hat – im Gegensatz zu „Neulingen" eher als Führungspersonen wahrgenommen, da sie den Führungsprototypen der Akteure mehr entsprechen.[46]

Auf Grund der nur begrenzten Wahrnehmungs- und Verarbeitungskapazität des Beobachters gehen Lord/Maher (1993:73) davon aus, dass häufig entweder nur Verhalten oder nur Ereignisse in den automatischen Prozess einfließen und somit die Entscheidung dominieren. Berücksichtigt man den bereits angesprochenen Aspekt, dass differenzierte Beurteilungen von Verhalten eine gewisse Interaktionshäufigkeit voraussetzen, so kann man vermuten, dass zu Beginn der Zusammenarbeit bei noch wenigen Interaktionen eher die Wahrnehmung und Beurteilung von bestimmten Ereignissen, d.h. Ergebnissen von Handlungen, dominiert. Erst nach einer gewissen Dauer der Zusammenarbeit sind die Netzwerkmitglieder in der Lage, verschiedene Verhaltensweisen distinktiv wahrzunehmen und zu beurteilen.

---

[42] Vgl. Lord 1985:67.
[43] Dies ist insbesondere dann der Fall, wenn auf Grund geringer Interaktionshäufigkeit nur wenige Informationen vorliegen.
[44] Lord/Foti (1986:25) definieren, dass ein Prototyp ein „...abstract set of features commonly associated with the members of a category" ist. Ein Führungsprototyp ist demnach nichts anderes als eine Art „Personen-Schema", also eine Abstraktion der repräsentativsten Merkmale (Eigenschaften und Verhalten) einer Person der Kategorie „Führer". Hier zeigt sich, dass Führungsprototypen und implizite Führungstheorien zusammenhängende Konzepte sind.
[45] Vgl. Lord/Maher 1993:72.
[46] Hier zeigt sich, dass frühere Erfahrungen eine nicht unwesentliche Rolle bei der Bildung und Veränderung von impliziten Führungstheorien und den darin idealtypisch konstruierten Führungspersonen spielen – Experten sind aus der Erfahrung heraus eher in der Lage, Probleme zu lösen.

Die Gedanken der Attributionstheorie der Führung zusammengefasst entsteht Führerschaft in Netzwerken auf Grund zugeschriebener Führungsqualitäten. Jedoch lässt dieser Führungsansatz offen, ob die Zuschreibung dabei nur zu einer oder zu mehreren Personen erfolgt.[47] Berücksichtigt man die Unterschiedlichkeit der Akteure, die sich in unterschiedlichen impliziten Führungstheorien, differenzierten Erfahrungshintergründen mit netzwerkartiger Zusammenarbeit sowie unterschiedlichen Ziel- und Interessenlagen konkretisiert, so erscheint es eher zweifelhaft, dass die Netzwerkakteure nur einer Person Führerschaft zuschreiben. Vielmehr ist zu erwarten, dass verschiedene Netzwerkmitglieder, auf Grund der eben angeführten Aspekte, unterschiedlichen Akteuren Führungsqualitäten zuschreiben, so dass mehrere Führungsakteure entstehen. Weiterhin ist zu erwarten, dass bei veränderten Ziel- und Interessenlagen und/oder anders wahrgenommenen Situationen und Aufgaben nun andere, als bisherige Führungsakteure Führerschaft zugeschrieben bekommen. Somit ergibt sich hier ein erstes Erklärungsmuster des Entstehens und der Existenz mehrerer Akteure mit Führungs- und erweitert Steuerungswirkung in zwischenbetrieblichen Netzwerken.

5 Erklärungsmuster aus der Perspektive des Idiosynkrasiemodells der Führung

Das Idiosynkrasiekreditmodell der Führung fokussiert insbesondere darauf, dass bestimmte Personen einer Gruppe Führungsrollen deshalb inne haben, weil sie auf Grund ihres von den anderen Gruppenmitgliedern als positiv wahrgenommenen Verhaltens eine Art Kredit erhalten der es ihnen erlaubt, Einfluss auf die anderen auszuüben[48]. Dieser führungstheoretische Ansatz kann einen Erklärungsbeitrag zu Führung in Netzwerken dahingehend leisten, dass die Entstehung von Führung in Form der Zuschreibung eines idiosynkratischen Kredits[49] zu einem oder mehreren Akteuren beschrieben werden kann. Jedoch ist bei der Betrachtung dieses Aspektes zwischen einem noch relativ jungen Netzwerk und einem etablierten Netzwerk zu unterscheiden, da in beiden Fällen das Idiosynkrasiemodell unterschiedlich gut in der Lage ist, die Entstehung und Existenz von polyzentrischer Führung in Netzwerken zu erklären.

---

[47] In diesem Ansatz wird implizit angenommen, dass Personen Verhaltenswirkung gleich wahrnehmen und interpretieren (vgl. Shaver 1985:39).
[48] Vgl. Hollander 1958, 1960, 1992, 1993, 1995.
[49] Idiosynkratisch heißt diese Anerkennung oder dieser Kredit deshalb, weil er „ ... spezifisch auf eine einzelne Person bezogen gewährt wird" (Weibler 2001:170).

5.1 Entstehen eines idiosynkratischen Kredites in einem jungen Netzwerk

Verdeutlicht man sich die Situation zu Beginn der netzwerkartigen Zusammenarbeit zwischen Unternehmen, so ist diese in der Regel durch Unsicherheit und Mehrdeutigkeit gekennzeichnet. Einerseits ist für die Beteiligten relativ unklar, was solch ein Netzwerk leisten kann, wie es am sinnvollsten strukturiert werden sollte, welche Aufwendungen zum Betrieb notwendig sind sowie, ob und wann Erträge aus der Zusammenarbeit erwartet werden können. Andererseits haben die Beteiligten häufig unterschiedliche Ziele, die sie mit der Teilnahme am Netzwerk verbinden, und es existiert i.d.R. noch kein gemeinsames Ziel. In einer solchen Situation scheinen den Netzwerkmitgliedern mehrere Akteure „geeignet", Führungsfunktionen zu übernehmen. Wer jedoch Führungsrollen zugeschrieben bekommt und wie sich weitere Rollen im Netzwerk konstituieren ist zu Beginn der Zusammenarbeit meist noch offen.

Aus der Perspektive des Idiosynkrasiemodells[50] müssten diejenigen Akteure eher Führerschaft erlangen, die:

1. Beiträge zur Hauptaufgabe des Netzwerkes leisten und
2. Loyalität zu Netzwerknormen zeigen.

Hier zeigen sich jedoch Erklärungsschwierigkeiten. Erstens ist es, wie eben geschildert, zu Beginn der Zusammenarbeit häufig unklar, was die Hauptaufgabe des Netzwerkes ist. Wegen des Fehlens gemeinsam definierter Ziele, existiert zunächst nur ein mehr oder weniger stimmiges Konglomerat aus den Einzelzielen der Akteure. Zweitens bilden die Akteure eines jungen Netzwerkes keine Gruppe im organisatorischen Sinn, so dass man hier nicht von der Existenz gemeinsamer Gruppennormen sprechen kann. Betrachtet man die folgenden Merkmale von Gruppen:

- direkte Interaktion zwischen den Mitgliedern,
- physische Nähe,
- Mitglieder nehmen sich als Gruppe wahr,
- gemeinsame Ziele, Werte und Normen,
- Rollendifferenzierung, Statusverteilung,
- eigenes Handeln und Verhalten wird durch andere beeinflusst sowie
- relativ langfristiges Überdauern des Zusammenseins[51],

---

[50] Vgl. Hollander 1995:927.
[51] Vgl. Staehle 1999:267.

Polyzentriertheit in Unternehmensnetzwerken

so muss man konstatieren, dass die Akteure in Netzwerken zu Beginn der Zusammenarbeit keine Gruppe darstellen. Da das Idiosynkrasiemodell an der Existenz einer Gruppe festmacht, ist für die weitere Interpretation ein differenzierter Standpunkt bezüglich der (notwendigen) Existenz einer Gruppe erforderlich.

Weitet man die Sichtweise aus und integriert auch die subjektive Ebene der einzelnen Akteure dann kann man diesen führungstheoretischen Ansatz fruchtbar machen. Auch im Netzwerk bewerten sich die Akteure dahingehend, ob sie einen Beitrag zur Zusammenarbeit leisten. Relevante Kompetenzen können beim Fehlen von gemeinsamen Zielen und nur vagen Vorstellungen über die eigentliche Aufgabe des Netzwerkes z.B.

- die Fähigkeit mit kritischen Situationen umzugehen,
- Beiträge zur Definition gemeinsamer Ziele oder
- der kompetente Umgang mit Unsicherheit sein.

Somit müssen Beiträge zur Hauptaufgabe der Gruppe hier anders, d.h. als Beiträge zum Aufbau der Gruppe bzw. des Netzwerkes interpretiert werden.[52] Wenn die Netzwerkmitglieder wahrnehmen, dass einzelne Akteure sich dahingehend verdient machen, werden sie ihnen daraufhin einen gewissen Kredit (Verdienst) zuschreiben. Bei der Netzwerkgenerierung kommt es dazu, dass sich einzelne Akteure, insbesondere die Promotoren, stark für das Netzwerk engagieren. „Sie werben für die Sache bzw. Idee, sie investieren Zeit und Energie, müssen gegen Widerstände hartnäckig ankämpfen und Überzeugungsarbeit leisten"[53]. Dieses Engagement führt dazu, dass (Führungs-)Rollen und damit verbundene Rechte emergieren. Wichtig ist jedoch, dass die beteiligten Akteure ähnliche subjektive Wahrnehmungen dahingehend haben, dass für sie in der Anfangsphase der Zusammenarbeit die angeführten Beiträge zur Formierung des Netzwerkes relevant sind. Erst die relativ ähnliche Wahrnehmung ermöglicht die kollektive Zuschreibung eines Krediles zu Akteuren, die diese Beiträge leisten. Die Netzwerkmitglieder haben jedoch, so ist für eine noch wenig entwickelte Zusammenarbeit anzunehmen, unterschiedliche Vorstellungen darüber, welches die Hauptaufgabe des Netzwerkes ist, d.h. welches kollektive Ziel mit der Zusammenarbeit verfolgt wird. Somit bewerten sie inhaltliche oder sachliche Beiträge durch einzelne Netzwerkakteure verschieden.

---

[52] Die hier aufgezählten Aspekte können dabei auch als Verhaltensmomente, die zur Zuschreibung von charismatischen Führungseigenschaften führen, interpretiert werden (vgl. zu einer Interpretation von Führung in KMU-Netzwerken aus der Perspektive des neocharismatischen Führungsansatzes Winkler 2004:162ff.).
[53] Vgl. Wetzel et al. 2001:16.

Bezüglich der Konformität mit Gruppennormen besteht das Problem, dass zu Beginn der Zusammenarbeit eine Existenz solcher Normen kaum angenommen werden kann. Jedoch tragen die Akteure bestimmte subjektive Normvorstellungen in das Netzwerk hinein. Vor dem Hintergrund dieser subjektiv gefärbten und auf den unterschiedlichsten Erfahrung beruhenden Vorstellungen, welchen „verbindlichen" Regeln Verhalten im Netzwerk folgen sollte, bewerten die Akteure wechselseitig ihr Verhalten während der Zusammenarbeit. Fraglich erscheint dabei jedoch, ob und wie auf Grund dieser subjektiven Normbewertungen intersubjektiv ähnliche Zuschreibungen von Führungsstatus erfolgen. Als eine Erklärungskomponente kann man hier die bei der Betrachtung der attributionstheoretischen Führungsforschung angeführten Organisations- und Führungsverständnisse heranziehen. Diese drücken ein gutes Stück weit die Normvorstellungen der am Netzwerk beteiligten Akteure aus. Konformität oder Non-Konformität von Verhalten würde in einem jungen Netzwerk vor dem Hintergrund intersubjektiv ähnlicher Normvorstellungen bezüglich adäquaten Verhaltens auf Netzwerkebene bewertet werden, jedoch ist hier anzunehmen, dass diese Normvorstellungen subjektiv verschieden sind, da sie auf unterschiedlichen Erfahrungshintergründen und Bewertungsmaßstäben entspringen.

5.2 Entstehen eines idiosynkratischen Kredites in einem etablierten Netzwerk

Eine über längere Zeit stabile netzwerkartige Zusammenarbeit von Unternehmen mit entwickelten sozialen Beziehungen zwischen den Akteuren kommt der Vorstellung einer Gruppe von Akteuren im organisationalen Sinne nahe. Hier kann man davon ausgehen, dass sich gewisse gemeinsame Zielvorstellungen hinsichtlich der Aufgabe und der Leistungsfähigkeit des Netzwerkes entwickelt haben. Zudem haben die Akteure ein gewisses Wir-Gefühl entwickelt und es haben sich eine Reihe von Regeln etabliert, wie man sich im Netzwerk verhält. Es kann von einer kollektiven Normenbasis der Netzwerkakteure ausgegangen werden. Unter diesen Bedingung scheint das Idiosynkrasiemodell ähnlich gut zur Erklärung der Entstehung von Führung geeignet zu sein, wie bei Gruppen in Organisationen. Auch wenn Ziele sowie Normen in Netzwerken häufig nicht so klar umrissen sind, wie es in Unternehmen der Fall ist, kann man festhalten, dass diejenigen Akteure eher Führungspersonen werden, die Beiträge zur Hauptaufgabe des Netzwerkes leisten und Loyalität zu Verhaltensnormen im Netzwerk zeigen. „Autorität erlangen in Netzwerken jene Personen, die über ein herausragendes Fachwissen verfügen, bei allen Partnern Vertrauen genießen und Strategien für die Zukunft des Netzwerkes entwerfen können"[54]. Im Falle eines etablierten Netzwerkes sollten nach diesem führungstheoretischen Ansatz die Netzwerkmitglieder ähnliche Wahrnehmungen über Leistungen und Normeinhaltungen haben. Aus diesem Grund ist zu erwarten, dass Führerschaft kollektiv ähnlich interpretiert wird, so dass die Entstehung mehrerer so genannter Führungsakteure weniger wahrscheinlich ist.

6 Erklärungsmuster aus der Perspektive des psychodynamischen Führungsansatzes

Nach dem psychodynamischen Führungsansatz lässt sich Führung in Netzwerken, ebenso wie Führung in Organisationen allgemein[55], als Folge der frühkindlichen Sozialisation und den darin erlebten und erlernten Reaktions- und Verhaltensmustern erklären.[56] Die nachfolgende Darstellung fokussiert darauf, wie aus Sicht dieses Ansatzes Führung in Netzwerken entsteht und wie Führerschaft über die Zeit erhalten wird. Die dabei ablaufenden, meist unbewussten Mechanismen sind dieselben, wie bei der Entstehung von Führung in Organisationen. Da dieser führungstheoretische Ansatz an der Existenz eines unterbewusst wirksamen psychischen Apparates ansetzt, der im Wesentlichen durch charakteristische Entwicklungsphasen im Kindes- und Jugendalter geprägt wurde, kann das Gedankengebäude relativ leicht auf verschiedene Kontexte übertragen werden. In jedem organisationalen Kontext müssten ähnliche Mechanismen wirken.

Die Entstehung und Reproduktion von Führung vollzieht sich über die unbewussten Mechanismen der Projektion, Identifikation und Spaltung. Die Darstellung beginnt bei der Dyade. Ein Akteur des Netzwerkes projiziert das eigene Ich-Ideal auf eine andere, von ihm bewunderte Person. Diese wird auf Grund verschiedener Aspekte als qualitativ hervorgehoben wahrgenommen. Dabei stehen nicht „ ... vermeintlich tatsächliche Qualitäten ... "[57] im Vordergrund, sondern vorgestellte und gewünschte. Die Bewunderung kann direkt mit der interorganisationalen Zusammenarbeit in Verbindung stehen. So kann der Grund der Bewunderung darin liegen, dass der andere Akteur sich als kompetent im Umgang mit den vielfältigen Schwierigkeiten der Zusammenarbeit erweist. Er wird z.B.

---

[54] Brussig et al. 2001:128.
[55] Vgl. z.B. Northouse 1997:184ff.
[56] Der hauptsächlich von US amerikanischen Autoren entwickelte psychodynamische Führungsansatz macht regen Gebrauch von Begriffen, Hypothesen und Modellen der Psychoanalyse (vgl. Hofstätter 1995:1035).
[57] Neuberger 2002:171.

als fähig wahrgenommen, klare gemeinsame Ziele zu umreißen, Streitigkeiten zu schlichten, bei Krisen zu vermitteln und opportunistische Akteure in ihre Schranken zu verweisen. Oder er schafft für das Netzwerk wichtige Aufträge heran und bringt die Zusammenarbeit damit zum Laufen. Darüber hinaus kann die Bewunderung auch ganz allgemein auf Grund seiner persönlichen (z.b. als netter Kerl, der mit allen gut zurecht kommt) oder fachlichen (z.b. als kompetenter Macher) Ausstrahlung oder wegen seines exzellenten Rufes in der Region (z.b. als erfolgreicher Wirtschaftsförderer) zustande kommen. Akteur A nimmt diese Qualitäten als außergewöhnlich und bewundernswert wahr und projiziert daraufhin sein eigenes Ich-Ideal auf Akteur B[58]. Durch die Projektion des eigenen Ich-Ideals auf den potenziellen Führungsakteur wird diese Person idealisiert und es kommt zu einer Identifikation mit ihr. „Damit gilt nicht mehr das eigene Ichideal als Maßstab und Orientierungspunkt für Handeln und Denken, sondern ausschließlich das idealisierte Objekt".[59] Zu dem idealisierten Akteur B wird eine gefühlsmäßige Bindung aufgebaut. Er steht für das, was ein anderer Netzwerkakteur gern sein möchte.

Die empirische Beobachtung, dass in Netzwerken eine Reihe von Führungsakteuren parallel existieren, lässt sich im Anschluss an das eben Beschriebene dadurch erklären, dass verschiedene Netzwerkakteure idealisiert werden. Auf Grund der Unterschiedlichkeit der am Netzwerk teilnehmenden Akteure und ihrer unterschiedlichen Sozialisation kann einerseits nicht angenommen werden, dass alle Akteure dieselbe Person als bewundernswert wahrnehmen und idealisieren. Somit kann es sein, dass sich die Netzwerkakteure mit verschiedenen Personen identifizieren, was dazu führt, dass mehrere Führer-Geführten-Beziehungen mit jeweils verschiedenen Akteuren existieren. Dies kann sich einerseits so ausdrücken, dass im Netzwerk z.B. zwei Akteure als kompetent genug wahrgenommen werden, die Führungsrolle zu übernehmen, da es sich hierbei um den Geschäftsführer eines größeren Unternehmens und den Inhaber einer Unternehmensberatung mit Erfahrungen in der Betreuung von Netzwerken handelt. Verschiedene Netzwerkmitglieder identifizieren sich mit dem einen oder anderen Akteur, woraus zwei verschiedene Führer-Geführten-Gruppen folgen können. Andererseits kann es sein, dass innerhalb des Netzwerkes funktionsteilig mehrere Führungsakteure existieren (z.B. ein Aufgaben- und ein Beziehungsführer). Beide Akteure adressieren unterschiedliche Teile der Ich-Ideale der Netzwerkmitglieder. Bezüglich der Entwicklung und Aufrechterhaltung eines positiven Klimas in der Netzwerkbeziehung identifizieren sich die Akteure mit dem Beziehungsführer und bezüglich der Erfüllung gemeinsamer Aufgaben mit

---

[58] Vgl. Kunczik 1972:267.
[59] Steyrer 1995:285.

dem Aufgabenführer. Dass die parallele Existenz von Führungsakteuren Spannungen und Probleme im Netzwerk produziert, erscheint offensichtlich, da es innerhalb der Netzwerkbeziehungen zu einer Konkurrenz zwischen den unterschiedlichen Gruppen bezüglich Dominanz und Legitimation kommen kann.

Die durch Projektion entstandene Führerschaft wird dadurch Aufrechterhalten, dass der Führungsakteur als „grundsätzlich gut"[60] wahrgenommen wird. Schlechte Eigenschaften und von ihm gemachte Fehler werden geleugnet oder anderen Faktoren zugeschrieben. Es ist nicht das ungenügende Engagement des Führungsakteurs oder dessen Unfähigkeit, dass er in einer speziellen Situation die falsche Entscheidung für das Netzwerk trifft, sondern das ungenügende Engagement anderer Akteure (Die hatten ja von Anfang an schon keine Lust!) oder externer Faktoren (Ein großes Unternehmen von außerhalb hat den Auftrag erhalten. Wir hatten gar keine Chance!). Durch diesen unbewussten Prozess der Spaltung wird der Führungsakteur konstant als positiv wahrgenommen, wodurch die Identifikation mit ihm erleichtert und u.U. noch verstärkt wird. Durch den Mechanismus der Spaltung wird die Führer-Geführten-Beziehung reproduziert.

Gelingt der dargestellte Prozess der Spaltung nicht mehr, werden also als negativ interpretierte Erlebnisse den Eigenschaften oder Verhaltensweisen des Führungsakteurs zugeschrieben, so wird Führerschaft nicht weiter reproduziert. Es wird z.B. „erkannt", dass der Akteur zwar fachlich fähig ist, die wichtige soziale Kompetenz ihm aber völlig fehlt oder das eine zunehmend wahrgenommene Unflexibilität des Netzwerkes auf Grund der starken Entscheidungszentralisation durch diesen Akteur zustande kommt. Der Führungsakteur wird den Identifikationsbedürfnissen der Netzwerkmitglieder nicht mehr gerecht. Er ist nicht länger eine Person, die als bewunderungswürdig gilt. Er wird demontiert, als „grundsätzlich schlecht"[61] wahrgenommen und muss nun z.B. als Sündenbock für eine Reihe von Problemen herhalten. Bei wahrgenommenen Veränderungen in der Situation oder Aufgabenstellung kann sich somit auch die gefühlsmäßige Beziehung zum Führungsakteur ändern. Er kann als unfähig oder unpassend für die veränderte Situation wahrgenommen werden was dazu führt, dass negative Erlebnisse nicht mehr dauerhaft von ihm abgespalten werden. Daraus ergibt sich eine weitere Erklärungsvariante der parallelen Existenz verschiedener Führungsakteure. Gelingt es den Akteuren nicht mehr, einem Führungsakteur stabil gute Eigenschaften und erfolgreiche Verhaltensweisen zuzuschreiben und dabei alles Negative zu leugnen, so setzt ein Prozess der Verunsicherung und der Suche nach einem neuen Führungsakteur ein. Dieser Prozess lässt sich wieder

---

[60] Weibler 2001:157.
[61] Weibler 2001:158.

durch die Projektion des Ich-Ideals auf eine bewunderte Person und die Identifikation mit dieser Person erklären. Während der „Auswechslung" des ursprünglich als Führer idealisierten Akteurs suchen die Netzwerkakteure bewusst und unbewusst nach anderen Personen, die als außergewöhnlich oder bewundernswert wahrgenommen werden und mit denen sie sich identifizieren können. Dieser Prozess dauert jedoch eine gewisse Zeit, innerhalb derer die Akteure zumindest gelegentlich und in gewissen Situationen noch auf den ursprünglichen Führungsakteur zurückgreifen, insbesondere um die Stabilität innerhalb der Gruppe der Netzwerkakteure zu bewahren. Dies hat zur Folge, dass für eine gewisse Zeit alter und (potenziell) neuer Führungsakteur parallel existieren bzw. parallel Einfluss auf das Netzwerk haben können.

7 Erklärungsmuster aus der Perspektive des mikropolitischen Führungsansatzes

Macht und Einfluss sowie politisches Verhalten werden, wie oben aufgezeigt, in der bisherigen Forschung als relevante Themen bei der Formation und Organisation von Netzwerken verstanden. Vor diesem Hintergrund scheint die mikropolitische Führungsperspektive, die davon ausgeht, dass jede Position innerhalb von Unternehmen gleichzeitig Quelle und Ziel einer großen Zahl von Einflusslinien ist[62], an die bisherige Netzwerkforschung anschlussfähig zu sein. Zudem scheint auch der offene und für die Beteiligten häufig unsichere Kontext in Netzwerken zu einer erhöhten Wahrnehmung der Wichtigkeit von politischem Verhalten beizutragen, da wenig routinisierbare und/oder rational bestimmbare Prozesse allgemein als politisch beeinflusst bzw. beeinflussbar wahrgenommen werden[63]. Weiterhin zeigt sich, dass im mikropolitischen führungstheoretischen Ansatz Führer und Geführte formal zwar existieren, jedoch spielt ihre Verankerung in der organisatorischen Struktur (insb. der Hierarchie) nur eine untergeordnete Rolle. Es wird eine polyzentrische Auffassung von Führung vertreten, an die bei der Interpretation angeknüpft werden kann.

In der nachfolgenden Darstellung werden die von Neuberger[64] aufgezeigten Bedingungen mikropolitischen Handelns und Begriffselemente einer mikropolitischen Führungsperspektive auf Netzwerke angewendet. Dabei werden auch netzwerkspezifische mikropolitische Techniken angeführt.

---

[62] Vgl. Neuberger 1995d:261 und 2002:681.
[63] Vgl. Gandz/Murray 1980:249.
[64] 1995d:263f., 2002:682 und 696ff.

7.1 Intersubjektivität, Multipersonalität

Die am Netzwerk beteiligten Akteure sind nicht durch eine (formale) Struktur, sondern auf vielfältige, informelle und zum Teil intransparente Weise miteinander verbunden. Auch, wenn im Netzwerk ein Set von, häufig informellen, Regeln existiert, müssen diese nicht allen Akteuren gleich bewusst sein. Zum Erreichen von gemeinsamen und individuellen Interessen müssen die Akteure ihrer wechselseitigen Verflechtung Rechnung tragen. Dabei sind sie in ein Beziehungsnetzwerk eingebunden, welches bei Handlungen berücksichtigt werden muss, die Wirkung von Handlungen jedoch verkompliziert. Insbesondere durch das häufige Fehlen eines starken Akteurs oder einer fokalen Unternehmung, die das Netzwerk strategisch führt, bestehen immer mehrere Macht- und Entscheidungszentren nebeneinander. Diese, insbesondere deren Interessen und Absichten, müssen berücksichtigt werden, was für den einzelnen Akteur wegen der häufig nur subjektiv wahrgenommenen und vermuteten Interessen der anderen Beteiligten sowie der Eigendynamik der vielfältigen interpersonellen Beziehungen nur ansatzweise und nie vollständig möglich ist. Zudem können sich Interessen verändern, Beziehungen neu- oder weiterentwickeln und Akteurskonstellationen sowie Mitgliedschaften wechseln – sichtbar und latent. Das Ergebnis bestimmten Handelns ist durchaus offen[65] und es gibt immer mehrere Mittel, Ziele zu erreichen. Dabei eröffnen die netzwerkartigen Beziehungen den Akteuren einerseits Räume für soziale Ressourcen, andererseits begrenzen sie jedoch auch politische Verhaltensmöglichkeiten.

7.2 Interessen, Konflikte

Die Ziele und Interessen der beteiligten Akteure sind nur begrenzt aufeinander abgestimmt. Dass die Akteure durchaus unterschiedliche Interessen haben, wurde bereits mehrfach aufgezeigt. Zudem werden Ziele und Interessen nicht immer öffentlich gemacht[66]. Insbesondere solche Ziele, die gemeinsam vereinbarten Vorstellungen widersprechen oder ausgehandelte Regeln torpedieren würden, werden nicht bekannt gemacht, sondern (erst mal) zurückgestellt und nur latent verfolgt. Die unterschiedlichen Vorstellungen der Akteure eröffnen nicht nur Raum für vielfältige Konfliktmöglichkeiten, sondern auch für Koalitionen und abgestimmtes Verhalten. In Anlehnung an Weibler (1994:165) gehen die Akteure dabei Kooperationen ein, wobei diese jeweils nur zu temporären Konstellationen führen, die durch veränderte Interessenlagen und/oder neu zu verteilende Ressourcen sich wieder verschieben können. Aus mikropolitischer Perspektive

---

[65] Vgl. Huxham/Vangen 2001:1160.
[66] Vgl. Huxham/Vangen 1996:9, Eden/Huxham 2001:377.

steht hierbei immer der Eigennutz der Akteure im Vordergrund. Somit erfolgt das Einlassen auf andere Akteure oder die Zustimmung zu gemeinsamen Zielen und Regeln immer vor dem Hintergrund, dadurch auch die eigenen Ziele verwirklichen zu können. Altruistisches Verhalten, Vertrauen, Harmonie, Konsens und Kooperation in Netzwerken sind aus einer mikropolitischen Perspektive immer Ausdruck kalkuliert angepassten Verhaltens der Akteure zur Durchsetzung eigener Interessen.

Dabei sind Ziele und Interessen nicht unbedingt bewusst. Die Beantwortung der Frage, warum die Akteure am Netzwerk teilnehmen, erfolgt häufig erst nachdem die Zusammenarbeit schon ein gutes Stück weit entwickelt ist. Erst dann sind die Akteure in der Lage, die Potenziale und Risiken netzwerkartiger Zusammenarbeit abzuschätzen und diesbezüglich halbwegs eindeutige Ziele zu formulieren.[67] Ziele vorgeben und als sinnhaft „zu verkaufen" wäre demnach in einer relativ frühen Phase der Zusammenarbeit eine Erfolg versprechende Taktik, die Akteure zu beeinflussen. Weiterhin sind Ziele und Interessen nicht stabil. Zunächst kooperativ eingestellte und auf gegenseitigen Nutzen fokussierte Akteure können z.b. dadurch, dass sie ein bestimmtes Machtpotenzial im Netzwerk erlangen, ihre Ansichten ändern und nun, basierend auf zugeschriebener Macht, zu Opportunisten werden. Weiterhin, auch das ist bereits bekannt, beeinflusst auch der wahrgenommene Erfolg des Netzwerkes ganz erheblich die mit der Zusammenarbeit verbundenen Ziele der Akteure. So werden mit einer als erfolgreich interpretierten Zusammenarbeit eine Reihe von Zielen und Interessen verbunden, jedoch lässt das Interesse der Akteure an einer wenig erfolgreichen Kooperation sehr schnell nach[68].

7.3 Machtgrundlagen, Machtdemonstrationen

Die verteilte Existenz von Machtgrundlagen und die Fähigkeit der Akteure, vorhandene oder vorgetäuschte Machtpotenziale zu demonstrieren, sind wichtige Merkmale von politischen Situationen. In Netzwerken sind Machtgrundlagen polyzentrisch, d.h. über das Netzwerk verteilt. Diese Machtgrundlagen sind nicht nur materielle Ressourcen, sondern auch die vielfältigen immateriellen „Besitztümer" der beteiligten Akteure, wie technisches oder fachliches Know-how sowie netzwerkinterne und -externe Beziehungen. Gerade diese Ressourcen bzw.

---

[67] Hier zeigt sich ein Aspekt der so genannten „Action Generating Theory" (vgl. z.B. Starbuck 1983), dass Handlungen nachträglich legitimiert werden. Indem Vorstellungen und Ziele erst im Laufe der Teilnahme am Netzwerk entwickelt werden, wird diese Teilnahme nachträglich mit Sinn versehen und legitimiert.
[68] Vgl. Winkler 2004:99.

der mögliche Zugang zu ihnen sind ein wichtiger Grund für Unternehmen, mit anderen netzwerkartig zusammenzuarbeiten[69]. Dabei bringen die unterschiedlichen Akteure verschiedene Ressourcen in die Kooperation ein. Je nachdem, wie relevant und anderweitig als schwierig zu beschaffen diese Ressourcen erscheinen, definieren sie die Machtgrundlage der Akteure. Jedoch spielt das Wort „erscheinen" hier eine wichtige Rolle. Die Relevanz von Ressourcen wird von den Akteuren interpretiert, wobei diese die Existenz von Ressourcen erst einmal wahrnehmen und sie als irgendwie wichtig für sich und/oder das Netzwerk bewerten müssen. Ressourcenbesitz ist demzufolge nicht mit einem bestimmten Machtpotenzial im Netzwerk gleichzusetzen, obwohl dies der mikropolitische führungstheoretische Ansatz teilweise postuliert. Vielmehr kommt es auf die interpretierte Relevanz dieser Ressourcen an. So zeigen z.B. Elg/Johansson (1997:367), dass der Erfolg von Ideen oder Techniken nicht von vornherein durch eine bestehende Netzwerk- und damit auch Einflussstruktur bestimmt ist. Vielmehr wird die Akzeptanz bzw. der Erfolg von der Dynamik der interorganisationalen Entscheidungsprozesse beeinflusst. Der Interpretationsprozess kann dabei von politisch motivierten Netzwerkakteuren „unterstützt" werden, indem z.B. der Besitz von Know-how geschickt kommuniziert und die Bedeutung von Beziehungen zu wichtigen Abnehmern oder zu Geldgebern besonders herausgehoben wird. Zu Beginn der Zusammenarbeit, wenn sich die Akteure noch wenig kennen, kann auch das Vorgeben des Besitzes wichtiger Ressourcen eine Erfolg versprechende mikropolitische Taktik sein. Man kann unter Ausnutzung des Informationsdefizits vortäuschen, bestimmte (insbesondere immaterielle) Ressourcen zu besitzen, um dadurch Vorteile für sich zu erlangen. Da jedoch Mikropolitik kein einmaliges Spiel ist und netzwerkartige Zusammenarbeit über einem gewissen Zeitraum erfolgt, kann eine solche Taktik später u.U. „enttarnt" werden.

7.4 Interdependenz, wechselseitige Nutzenstiftung

Die Akteure des Netzwerkes sind wechselseitig voneinander abhängig, d.h. viele Akteure kontrollieren knappe Ressourcen, die für andere wertvoll sind. Diese Abhängigkeit eröffnet für den Einzelnen Möglichkeiten, andere Akteure bis zu einem gewissen Grad auszunutzen. Allerdings wird dieser Grad von der Wechselseitigkeit der Verhältnisse bestimmt. Dass der andere Netzwerkakteur auch relevante Ressourcen hat oder kontrolliert (oder später einmal haben/kontrollieren kann), muss berücksichtigt werden. Insofern eröffnet die Interdependenz zwar gewisse Spielräume für mikropolitisches Verhalten im Netz,

---

[69] Vgl. z.B. Child/Faulkner 1998:1, Evers 1998:61, Kenis/Knoke 2002:3.

jedoch sind diese Spielräume begrenzt und für die Akteure teilweise schwierig zu definieren.

Bezieht man die wechselseitige Nutzenstiftung in die Überlegungen ein, so eröffnet sich ein erweitertes Handlungsfeld. Mikropolitik muss „ ... nicht als Nullsummenspiel gesehen werden"[70]. Das Einbringen von Ressourcen in die Zusammenarbeit und deren gemeinsame Nutzung kann zur Nutzensteigerung aller oder vieler Akteure des Netzwerkes führen, was in aller Regel auch gewollt ist. Es können neue, gemeinsame Möglichkeiten entstehen. Der mögliche kollektive Nutzenzuwachs wiederum eröffnet neue Möglichkeiten mikropolitischen Verhaltens, indem z.b. Akteure gemeinsam gestifteten Nutzen (z.b. den Erfolg eines Netzwerkprojektes) als Wirkung ihres Verhaltens deklarieren und somit eine gewisse Abhängigkeit der anderen Netzwerkmitglieder aufbauen.

7.5 Spielräume, Ambiguität, Informationsabhängigkeit

Die nur selten vorhandene oder häufig offen gestaltete formale Struktur in Netzwerken gepaart mit der oftmals nur schwer zu durchschauenden informalen Struktur, eröffnet für die beteiligten Akteure eine Reihe von Spielräumen für mikropolitisches Verhalten. Viele Situationen sind mehrdeutig, was Unsicherheit bezüglich adäquaten Verhaltens erzeugt[71], jedoch auch Spielräume für bestimmte Verhaltensweisen eröffnet, die in eng definierten Strukturen nicht möglich wären. Die Akteure haben die Möglichkeit, einiges auszuprobieren, ohne gleich gravierende Sanktionen fürchten zu müssen, denn neben Verhaltens- bestehen auch Interpretationsspielräume. So kann man den Versuch, möglichst viele Akteure auf seine Seite zu bringen, entweder als Erzeugung eines Machtungleichgewichts oder als Versuch zur Stabilisierung der Beziehungen interpretieren. Diese Mehrdeutigkeit ermöglicht es den Akteuren im Netzwerk, ihre Handlungen auch mit entsprechenden Deutungsanleitungen zu versehen. Der Ausschluss eines Akteurs aus dem Netzwerk kann, auf Grund mangelnder Informationen über diesen Akteur, mit seiner geringen Leistung für das Netzwerk begründet und durchgesetzt werden, wogegen die eigentliche Intention, das „Austauschen" des Akteurs durch einen guten Bekannten, nicht öffentlich gemacht wird.

7.6 Zeit

In Netzwerken spielt Zeit eine wichtige Rolle für mikropolitisches Verhalten. Sie sind auf eine gewisse Dauer angelegt, auch wenn diese im Einzelfall nur kurz ist.

---

[70] Neuberger 2002:702.
[71] Vgl. Shamir 1999:56.

Es wurde bereits angeführt, dass zu Beginn der Zusammenarbeit die Spielräume für geschicktes politisches Verhalten größer sein dürften, so dass sich durch politisches Taktieren Chancen eröffnen, Vorteile zu erlangen (z.B. in Form einer zentralen Netzwerkposition). Diese Spielräume werden im Verlauf der Zusammenarbeit, wenn sich Regeln etablieren und die Partner sich gegenseitig besser kennen lernen, geringer. Die Fähigkeit oder auch nur das Vorgeben, sich mit Kooperationen auszukennen und somit ein geeigneter Partner zu sein, der die Koordination des Netzwerkes kompetent übernehmen kann, könnte sich für eine an der Zusammenarbeit teilnehmende Unternehmensberatung langfristig lohnen, da sie dadurch sowie durch ihr geschicktes Verhalten bei der Institutionalisierung der Koordinatorstelle, zu einem zentralen Koordinations- und eventuell auch Informationsknoten werden kann. Die in den frühen Phasen der Zusammenarbeit genutzten oder nicht genutzten Chancen können für die Akteure wie auch das Netzwerk durchaus langfristige Auswirkungen haben. In Anlehnung an Gray/Ariss (1985:711), die unterschiedliche politische Verhaltensweisen in den einzelnen Lebensphasen einer Organisation untersuchten, lässt sich auch für Netzwerke vermuten, dass in unterschiedlichen Entwicklungsphasen verschiedene politische Taktiken sinnvoll sind. So zeigt sich, dass in der frühen Phase der überbetrieblichen Zusammenarbeit Techniken des symbolischen Managements (z.B. definieren, was relevant ist) sowie „Impression Management" (z.B. Eindruck erwecken, eigene Kompetenz hervorheben, Besitz von Machtgrundlagen vorgeben/kommunizieren) sinnvoll sind. In der späteren Reifephase scheinen aus mikropolitischer Perspektive dagegen solche Techniken sinnvoll, die vorhandene Machtverhältnisse institutionalisieren und somit stabilisieren. Die Verankerung von Einflussmöglichkeiten in Regeln und Strukturen sichert ein für einige Akteure günstiges Machtungleichgewicht über eine gewisse Zeitdauer. Die letzte Phase adressiert die Auflösung des Netzwerkes sowie Veränderungen z.B. in der Struktur oder der Mitgliederzahl. Insbesondere bei anstehenden Veränderungen (z.B. Austausch von Akteuren, Redefinition der Ziele der Zusammenarbeit) sind für mächtige Akteure Techniken der Verhinderung solcher Veränderungen (z.B. Herunterspielen der Notwendigkeit, neue Ziele zu finden, oder Schlechtmachen von potenziellen neuen Mitgliedern) und damit die Sicherung der für sie günstigen Verhältnisse relevant.

Über die bisher behandelten Aspekte hinaus spielt Zeit ganz allgemein eine relevante Rolle für mikropolitisches Verhalten der Netzwerkakteure. Eine gewisse Dauerhaftigkeit der Beziehungen ermöglicht es ihnen, auf Gelegenheiten zu warten. Man kann abwarten, bis sich gewisse Konstellationen ergeben, bestimmte Themen auf die Tagesordnung kommen, kurz: Chancen für mikropolitisches Verhalten auftun, mit dem man für sich etwas mehr herausholen kann. Zudem lässt die Zeit vergessen. Missglückte frühere Einflussversuche geraten in Vergessenheit, insbesondere dann, wenn man sich danach als guter und vertrauenswürdiger Partner präsentiert oder wenn neue Netzwerkteilnehmer hinzukommen und bisherige Akteure das Netzwerk verlassen.

7.7 Legitimität, Ordnung

Wie innerhalb von Unternehmen[72] findet Mikropolitik auch in Netzwerken nicht als regelloses „Hauen und Stechen" statt. Politisches Verhalten der Netzwerkakteure läuft innerhalb gewisser Grenzen ab. Grenzen die festlegen, was gestattet ist, sowie Regeln die festlegen, wie weit man diese Grenzen überschreiten darf. Wenn politisches Verhalten der Akteure zu einer Instabilität des Netzwerkes oder zu dessen Auflösung führt, hat es aus mikropolitischer Perspektive sein Ziel verfehlt. Die Akteure wollen mit ihrer Teilnahme am Netzwerk gewisse Vorteile erzielen und durch ihr politisches Verhalten diese Vorteile maximieren. Dazu benötigen sie jedoch eine gewisse Stabilität des Netzwerkes sowie eine strukturelle Ordnung innerhalb der Netzwerkbeziehungen, die bestimmtes Verhalten ermöglicht und/oder legitimiert und anderes verhindert und/oder sanktioniert. Zudem kann eine sich herausbildende Struktur in den überbetrieblichen Beziehungen auch gewisse Vorteile stabilisieren, die durch politisches Verhalten erworben wurden. Die in Netzwerken bestehende Ordnung begrenzt:

- in Form einer bestimmten Beziehungsstruktur,
- in Form von formellen Regelungen oder
- durch informelle Verhaltensregeln des Umgang miteinander

die Möglichkeiten der Akteure, durch interessengeleitetes, politisches Verhalten (zusätzliche) Vorteile zu erlangen. Gleichzeitig ermöglicht die Existenz von Ordnung in Netzwerken sowie die Offenheit informaler Regelungen und Übereinkünfte mikropolitisches Verhalten indem z.B. feststeht, welche Ressourcen relevant sind und welche Verhaltensweisen schon von vorn herein ausgeschlossen, weil nicht legitim sind. Darüber hinaus ist die bestehende Ordnung, in Anlehnung an Pfeffer (1981:31) als politische Arena zu verstehen, das Produkt von politisch motivierten Interaktionen („negotiated order") und politisches Verhalten der Akteure schafft neue Strukturen und neue Spielräume (ein erstarkter Akteur definiert die Spielregeln neu) und/oder begrenzt Verhaltensspielräume für andere Netzwerkakteure.

---

[72] Vgl. dazu Neuberger 1995a:18 und 1995d:263.

Aus der Perspektive des Mikropolitischen Führungsansatzes entstehen, das bisherige zusammenfassend, mehrere Akteure mit Führungswirkung, indem die Netzwerkmitglieder aktiv versuchen, durch den Einsatz der ihnen zur Verfügung stehenden Ressourcen sowie durch geschicktes politisches Verhalten, ihre Interessen durchzusetzen. Die Akteure in Netzwerken haben somit auch einen gewissen Führungsanspruch und wollen die Netzwerkbeziehungen in eine bestimmte Richtung beeinflussen. Das Ergebnis ist, dass mehrere Netzwerkakteure gleichzeitig oder nacheinander versuchen, Einfluss auf die Zusammenarbeit auszuüben. Die Existenz mehrerer Akteure mit Führungsanspruch kann dazu führen, dass auf Grund ihres aktiven Verhaltens und der verschiedenen Interpretationen durch die anderen Netzwerkmitglieder auch mehreren Akteuren Führungsstatus zugeschrieben wird.

8 Zusammenhang von Führungsanspruch und Führungszuschreibung

Die Interpretationen aus der Perspektive verschiedener neuerer führungstheoretischer Ansätze zeigen das Folgende. In einer passiven Darstellungsvariante existieren im Netzwerk mehrere Führungsakteure, da erstens die Zuschreibung von Führung zu verschiedenen Personen erfolgt und zweitens Führerschaft „schrittweise" entsteht und sich verändert. Aktiv dargestellt versuchen gleichzeitig und mit unterschiedlichem Erfolg mehrere Netzwerkmitglieder, durch den Einsatz der ihnen zur Verfügung stehenden Ressourcen sowie durch geschicktes politisches Verhalten, ihre Interessen durchzusetzen. Diese Trennung in passive und aktive Erklärungsmuster ist jedoch nur analytisch sinnvoll. Realiter verschränken sich Führungsanspruch und die Zuschreibung von Führung. Beide Aspekte hängen eng zusammen und beeinflussen sich wechselseitig, zugeschriebene Führerschaft kann bei den entsprechenden Akteuren auch Führungsanspruch generieren und Führungsanspruch bzw. darauf aufbauendes politisches Verhalten kann die Attribution von Führerschaft befördern.

- Akteure, denen auf Grund bestimmter Verhaltensweisen, z.B. aktive Rolle beim Abschluss eines Kooperationsvertrages, der Ziele und Inhalte festschreibt, Führung attribuiert wird, z.B. in Form der Zuschreibung der Rolle des Integrators oder desjenigen, der arbeitsfähige Strukturen schafft, können daraufhin Führungsanspruch entwickeln, z.B. aktiv bei der Lösung aller zukünftigen Probleme des Netzwerkes dabei sein zu wollen, und im Weiteren versuchen, Führerschaft aktiv zu erhalten, z.B. durch den Versuch, einen Netzwerkausschuss zu initiieren und den Vorsitz zu übernehmen. Die

Identifikation mit fremdzugeschriebenem Führungsstatus und der dadurch entstehenden Rolle eines Führungsakteurs kann Verhaltensmuster generieren, die auf den Erhalt oder den Ausbau von Führerschaft zielen[73].

- Zudem kann auf Führungsanspruch basierendes, geschicktes politisches Verhalten, z.B. Berufen auf frühere Kooperationserfahrung zur Vorspiegelung von Kompetenz, dazu führen, dass solche Akteure auch als steuerungsrelevant wahrgenommen werden und ihnen Führung zugeschrieben wird, z.B. Einräumen eines dauerhaften Mitspracherechtes bei Aufgaben der Netzwerkkoordination. Führungsanspruch und entsprechendes Verhalten kann die Attribution von Führungsstatus und somit die Entstehung von Einflusspotenzialen für die Umsetzung eigener Ziele und Interessen zur Folge haben.

9 Fazit – Konsequenzen der Existenz mehrerer Akteure mit Steuerungswirkung

Die Existenz mehrerer Führungsakteure hat für die Steuerung in Netzwerken und damit für die Netzwerkakteure eine Reihe von Konsequenzen. Führung in Netzwerken und somit die Steuerungswirkung von einzelnen Akteuren ist in ihrer Wirkung begrenzt. Diese Begrenztheit lässt sich analytisch zeitlich, funktional und örtlich näher bestimmen. Einem Akteur wird z.B. nur für bestimmte Situationen (zeitliche Begrenztheit) oder Aufgaben (funktionale Begrenztheit) Führerschaft (oder Steuerungspotenzial) zugeschrieben oder ein Akteur mit Führungsanspruch schafft es, durch sein Verhalten nur bei einem Teil der Netzwerkmitglieder Führungsstatus zu erlangen und somit Anhängerschaft zu gewinnen (örtliche Begrenztheit).

- Fokussiert man zunächst auf die örtliche Begrenztheit so beschränkt sich Führerschaft und somit Steuerungswirkung auf eine bestimmte Anzahl der im Netzwerk involvierten Akteure. Die Präsenz von Führerschaft ist begrenzt, was bedeutet, dass auch die Einflusspotenziale von Führungsakteuren beschränkt sind. Eine Grenzziehung ist hierbei jedoch kaum möglich, da Führerschaft in Netzwerken sich in ihrer Wirkung überlappt.
- Die funktionale Begrenztheit von Führung zeigt sich darin, dass Akteuren für bestimmte Aufgabenbereiche oder Funktionen innerhalb des Netzwerkes Steuerungswirkung zugeschrieben wurde. Sie werden für bestimmte Gebiete (z.B. Akquise von Fördergeldern, Marketing oder Projektmanage-

---

[73] Vgl. Wetzel et al. 2001:93f.

ment) als Spezialisten interpretiert und haben dort Steuerungswirkung. Die meist vielfältigen Interaktionsbeziehungen im Netzwerk lassen eine klare Aufgabengliederung jedoch nur teilweise zu. Hinzu kommt, dass auch die unscharfen Ziel- und Interessenlagen des Netzwerkes und der Akteure eine eindeutige Differenzierung in verschiedene Funktionen erschweren. Anders als in Unternehmen wird in Netzwerken die Arbeitsteilung für konkrete Projekte oder die Verantwortlichkeit für bestimmte Funktionen häufig immer wieder neu ausgehandelt. Damit im Zusammenhang kann auch Führung anders bewertet werden und konkrete Akteure, denen bei früheren Aufgaben Steuerungsrelevanz zugeschrieben wurde, werden nun nicht mehr als Führungsakteure interpretiert.

- Zeitliche Begrenztheit von Führung in Netzwerken bedeutet, dass nacheinander unterschiedliche Akteure mit Führerschaft das Netzwerk beeinflussen. In verschiedenen Phasen der Netzwerkentwicklung oder für verschiedene, nacheinander anfallende Aufgaben können unterschiedliche Netzwerkakteure Führerschaft erlangen. Das bei wechselnden Aufgabenstellungen verschiedene Akteure Führerschaft haben können, wurde im vorangegangenen Aufzählungspunkt dargestellt. Legt man den Betrachtungsfokus auf die Entwicklung des Netzwerkes rückt die Frage nach der zeitlichen Abgrenzbarkeit von Führerschaft und Steuerungswirkung in den Mittelpunkt. Hierbei einen zeitpunktbezogenen Wechsel von Führerschaft anzunehmen, ist unrealistisch. Der Übergang, z.B. von der turbulenten Gründungsphase zur einer stabilen Zusammenarbeit, erfolgt fließend, so dass sich in diesem Zusammenhang auch Führerschaft in Netzwerken eher evolutionär verändert. In den verschiedenen Phasen der Zusammenarbeit können neue vorläufige Führungsakteure entstehen, deren Führerschaft sich stabilisiert, wenn sie sich über die Zeit bewähren. Dagegen können bisherige Führungsakteure schrittweise ihren Führungsstatus verlieren.

Die Steuerung von Netzwerken stellt sich aus der Sicht von Führungsakteuren als Steuerung von Ausschnitten des Netzwerkes dar. Sie existieren zusammen mit anderen Führungsakteuren und deren Wirkungsbereichen. Die Begrenztheit von Führung bedeutet, dass vorläufige oder etablierte Führungsakteure, um Führungswirkung zu erzielen bzw. Führerschaft zu reproduzieren, in der Lage sein müssen, die zeitlichen, funktionalen und/oder örtlichen Rahmen zu bestimmen und damit so genannte Führungs- oder Steuerungsbereiche abzugrenzen. Die Mehrdeutigkeit der Netzwerkbeziehungen lässt vermuten, dass den Akteuren diese Abgrenzung unterschiedlich gut gelingt, so dass zugeschriebene Führerschaft nicht die erwartete Steuerungswirkung zeigt oder das Führungsanspruch nicht umgesetzt werden kann, weil die Situation oder die beteiligten Netzwerkmitglieder falsch eingeschätzt wurden. Direkte Einflusslinien sind kaum auszumachen. Vielmehr existiert ein Einflussnetz, dessen Wirkungen oft unscharf oder unbestimmt bleiben.

Betrachtet man die Konsequenzen für diejenigen Netzwerkmitglieder, die keinen konkret zugeschriebenen Führungsstatus haben und sich damit, in der Terminologie der Führungsforschung in so genannten Geführtenrollen befinden, lässt sich festhalten, dass auch bei diesen Akteuren Unsicherheit darüber bestehen kann, wer aktuell Führungswirkung hat oder haben soll. Eine solche Mehrdeutigkeit führt dazu, dass adäquates Verhalten nur schwer möglich ist. Für eine stabile Orientierung und Handlungssicherheit wäre ein beständiges Hinterfragen oder Prüfen der aktuellen Netzwerk- und damit auch netzinternen Führungsbeziehungen nötig. Das ist jedoch von den Akteuren in aller Regel nicht zu leisten, da z.B. für die Geschäftsführer und Mitarbeiter der involvierten Unternehmen das Netzwerk nur einen Teil ihrer unternehmensbezogenen Handlungswirklichkeit darstellt, der mit anderen Handlungskontexten konkurriert. Es ist also zu erwarten, dass Führerschaft zum Teil nur unscharf wahrgenommen wird und die Wirkung von Führung auch für Nicht-Führungsakteure nur schwer zu bestimmen ist.

10 Literatur

Aldrich, H./Whetten, D. (1981): Organization-sets, action-sets and networks: Making the most of simplicity, in: Nystrom, B.C./Starbuck, W.H. (Hrsg.), Handbook of organizational design, Oxford University Press (Oxford etc.), S. 385-408.

Alter, C./Hage, J. (1993): Organizations working together, Sage (Newbury Park et al.).

Ayman, R. (1993): Leadership perception: The role of gender and culture, in: Chemers, M./ Ayman, R. (Hrsg.), Leadership theory and research: Perspectives and research directions, Academic Press (San Diego et al.), S. 137-166.

Boje, D.M./Whetten, D.A. (1981): Effects of organizational strategies and contextual constraints on centrality and attributions of influence in interorganizational networks, in: Administrative Science Quarterly, 26/3, S. 378-395.

Bosetzky, H. (1977): Machiavellismus, Machtkumulation und Mikropolitik, in: Zeitschrift für Organisation (zfo), 46, S. 121-125.

Brödner, P./Pekruhl, U./Rehfeld, D. (1996): Kooperation als problematische Produktivkraft, in: Brödner, P./Pekruhl, D./Rehfeld, D. (Hrsg.), Arbeitsteilung ohne Ende, Rainer Hampp (München/Mering), S. 303-309.

Brussig, M./Böhm-Ott, S./Drinkuth, A./Kinkel, S./Lay, G./Storch, K. (2001): Leidfaden: Regionale Netze erfolgreich gestalten und betreiben, VDMA (Frankfurt a.M.).

Burns, J.M. (1996): Empowerment for change: A conceptual working paper, in: Presented to the Kellogg Leadership Studies Project, University of Maryland, September 1996.

Calder, B.J. (1977): An attribution theory of leadership, in: Staw, B.M./Salancik, G.R. (Hrsg.), New directions in organizational behavior, St. Clair (Chicago), S. 179-204.

Child, J./Faulkner, D. (1998): Strategies of co-operation. Managing alliances, networks, and joint ventures, Oxford University Press (Oxford).

Chisholm, D. (1989): Coordination without hierarchy, University of California Press (Berkeley et al.).

Eden, C./Huxham, C. (2001): The negotiation of purpose in multi-organizational collaborative groups, in: Journal of Management Studies, 38/3, S. 373-391.

Elg, U./Johansson, U. (1997): Decision making in inter-firm networks as a political process, in: Organization Studies, 18/3, S. 361-384.

Emrich, C.G. (1999): Context effects in leadership perception, in: Personality & Social Psychology Bulletin, 25/8, S. 991-1007.

Evers, M. (1998): Strategische Führung Mittelständischer Unternehmensnetzwerke, Rainer Hampp (München/Mering).

Feyerherm, A.E. (1994): Leadership in collaboration: A longitudinal study of two interorganizational rule-making groups, in: Leadership Quarterly, 5/4, S. 253-270.

Franke, U.J. (1999): The virtual web as a new entrepreneurial approach to network organizations, in: Entrepreneurship and Regional Development, 1/1, S. 203-229.

Gandz, J./Murray, V.V. (1980): The experience of work place politics, in: Academy of Management Journal, 23/2, S. 237-251.

Gray, B./Ariss, S.S. (1985): Politics and strategic change across organizational life cycles, in: Academy of Management Review, 16/4, S. 707-723.

Green, S.G./Mitchell, T.R. (1979): Attributional processes of leaders in leader-member interactions, in: Organizational Behavior and Human Performance, 23/3, S. 429-458.

Håkansson, H. (1989): Corporate technological behaviour: Co-operation and networks, Routledge (London/New York).

Håkansson, H./Johanson, J. (1993): The network as a governance structure: Interfirm cooperation beyond markets and hierarchies, in: Grabher, G. (Hrsg.), The embedded firm: On the socioeconomics of industrial networks, Routledge (London), S. 35-51.

Håkansson, H./Snehota, I. (1995): Developing relationships in business networks, Routledge (London/New York).

Hardy, C. (1994): Underorganized interorganizational domains: The case of refugee systems, in: Journal of Applied Behavioral Science, 30/3, S. 278-297.

Hofstätter, P.R. (1995): Tiefenpsychologische Führungstheorien, in: Kieser, A./Reber, G./ Wunderer, R. (Hrsg.), Handwörterbuch der Führung, C.E. Poeschel (Stuttgart), S. 1035-1044.

Hollander, E.P. (1958): Conformity, status, and idiosyncrasy credit, in: Psychological Review, 65/2, S. 117-127.

Hollander, E.P. (1960): Competence and conformity in the acceptance of influence, in: Journal of Abnormal & Social Psychology, 61/3, S. 361-365.

Hollander, E.P. (1978): Leadership dynamics: A practical guide to effective relationships, Macmillan (New York).

Hollander, E.P. (1980): Leadership and social exchange processes, in: Gergen, K.J./Greenberg, M.S./Willis, R.H. (Hrsg.), Social exchange: Advances in theory and research, Plenum (New York), S. 103-118.

Hollander, E.P. (1992): The essential interdependence of leadership and followership, in: Current Directions in Psychological Science, 1/2, S. 71-75.

Hollander, E.P. (1993): Legitimacy, power, and influence, in: Chemers, M./Ayman, R. (Hrsg.), Leadership theory and research: Perspectives and research directions, Academic Press (San Diego et al.), S. 29-48.

Hollander, E.P. (1995): Führungstheorien - Idiosynkrasiekreditmodell, in: Kieser, A./Reber, G./ Wunderer, R. (Hrsg.), Handwörterbuch der Führung, C.E. Poeschel (Stuttgart), S. 926-940.

House, R.J./Delbecq, A./Taris, T.W. (1998): Value based leadership: An integrated theory and an empirical test, unveröffentlichtes Manuskript.

Huxham, C./Vangen, S. (1996): Working together. Key themes in the management of relationships between public and non-profit organizations, in: International Journal of Public Sector Management, 9/7, S. 5-17.

Huxham, C./Vangen, S. (2001): Leadership in the shaping and implementation of collaboration agendas: How things happen in a (not quite) joined up world, in: Academy of Management Journal, 43/6, S. 1159-1175.

Kelley, H.H. (1967): Attribution theory in social psychology, in: Levine, D. (Hrsg.), Nebraska symposium on motivation, University of Nebraska Press (Lincoln), S. 192-238.

Kelley, H.H. (1972): Causal schemata and the attribution process, in: Jones, E./Kanouse, D./ Kelley, H./Nisbett, R./Valins, S./Weiner, B. (Hrsg.), Attribution: Perceiving causes of behavior, General Learning Press (Morristown), S. 151-176.

Kelley, H.H. (1973): The process of causal attribution, in: American Psychologist, 28/2, S. 107-128.

Kenis, P./Knoke, D. (2002): How organizational field networks shape interorganizational tie-formation rates, in: Academy of Management Review, 27/2, S. 275-293.

Kunczik, M. (1972): Der Stand der Führungsforschung, in: Kunczik, M. (Hrsg.), Führung. Theorien und Ergebnisse, Econ (Düsseldorf/Wien), S. 260-302.

Küpper, W./Ortmann, G. (1992): Mikropolitik: Rationalität, Macht und Spiele in Organisationen, Westdeutscher Verlag (Opladen).

Lampel, J./Shapira, Z. (1997): The influence of decision heuristics on strategic surprises in industries with interactive norms, Papier präsentiert auf dem 13. EGOS Kolloquium: Organizational Responses to Radical Environmental Changes, Budapest, 3.-5. Juli 1997.

Lang, R. (2002): Lehrbrief "Führung", www.tu-chemnitz.de/wirtschaft/bwl5/lehrbrief/index.html.

Lord, R.G. (1985): An information processing approach to social perceptions, leadership and behavioral measurement in organizations, in: Cummings, T.G./Staw, B.M. (Hrsg.), Research in organizational behaviour, JAI-Press (Greenwich, Conn.), S. 87-128.

Lord, R.G./Foti, R.J. (1986): Schema theories, information processing, and organizational behavior, in: Sims, H.P. Jr./Gioia, D.A. et al. (Hrsg.), The thinking organization. Dynamics of organizational social cognition, Jossey-Bass (San Francisco/London), S. 20-48.

Lord, R.G./Foti, R.J./DeVader, C. (1984): A test of leadership categorization theory: Internal structure, information processing, and leadership perceptions, in: Organizational Behavior and Human Performance, 34, S. 343-378.

Lord, R.G./Maher, K.J. (1993): Leadership and information processing: Linking perceptions to performance, Routledge (London).

Meindl, J.R. (1990): On leadership: An alternative to the conventional wisdom, in: Cummings, T.G./ Staw, B.M. (Hrsg.), Research in organizational behaviour, JAI-Press (Greenwich, Conn.), S. 159-203.

Mitchell, T.R./Green, S.B./Wood, R.E. (1981): An attributional model of leadership and the poor performing subordinate. Development and validation, in: Cummings, T.G./Staw, B.M. (Hrsg.), Research in organizational behaviour, JAI-Press (Greenwich, Conn.), S. 197-234.

Mitchell, T.R./Wood, R.E. (1980): Supervisors' responses to subordinate poor performance. A test of an attributional model, in: Organizational Behavior and Human Performance, 25, S. 123-138.

Mohrman, S.A./Cohen, S.G. (1995): When people get out of the box: New relationships, new systems, in: Howard, A. (Hrsg.), The changing nature of work, Jossey-Bass (San Francisco), S. 365-410.

Neuberger, O. (1995a): Mikropolitik. Der alltägliche Aufbau und Einsatz von Macht in Organisationen, Ferdinand Enke (Stuttgart).

Neuberger, O. (1995d): Führen und Geführt werden, Ferdinand Enke (Stuttgart).

Neuberger, O. (2002): Führen und führen lassen. Ansätze, Ergebnisse und Kritik der Führungsforschung, Lucius & Lucius (Stuttgart).

Northouse, P.G. (1997): Leadership: Theory and practise, Sage (London et al.).

Osterloh, M./Weibel, A. (2000): Ressourcensteuerung in Netzwerken: Eine Tragödie der Allmende?, in: Sydow, J./Windeler, A. (Hrsg.), Steuerung von Netzwerken: Konzepte und Praktiken, Westdeutscher Verlag (Opladen/Wiesbaden), S. 88-106.

Pfeffer, J. (1981): Power in organizations, Mass (Marshfield).

Pohlmann, M./Apelt, M./Buroh, K./Martens, H. (1995): Industrielle Netzwerke. Antagonistische Kooperationen an der Schnittstelle Beschaffung-Zulieferung, Rainer Hampp (München/ Mering).

Saxton, T. (1997): The effects of partner and relationship characteristics on alliance outcomes, in: Academy of Management Journal, 40/2, S. 443-461.

Schenk, M. (1994): Soziale Netzwerke und Kommunikation, Mohr (Tübingen).

Schertler, W. (1995): Management von Unternehmenskooperationen - Entwurf eines Bezugsrahmens, in: Schertler, W. (Hrsg.), Management von Unternehmenskooperationen, Ueberreuter (Wien), S. 19-54.

Shamir, B. (1999): Leadership in boundaryless organizations: Disposable or indispensable?, in: European Journal of Work and Organizational Psychology, 8/1, S. 49-71.

Shaver, K.G. (1985): The attribution of blame. Causality, responsibility, and blameworthiness, Springer (New York).

Staehle, W. (1999): Management. Eine verhaltenswissenschaftliche Perspektive, Franz Vahlen (München).

Starbuck, W.H. (1983): Organizations as action generators, in: American Sociological Review, 48, S. 91-102.

Steyrer, J. (1995): Charisma in Organisationen. Sozial-kognitive und psychodynamisch-interaktive Aspekte von Führung, Campus Verlag (Frankfurt/New York).

Sydow, J. (1992): Strategische Netzwerke: Evolution und Organisation, Gabler (Wiesbaden).

Sydow, J. (1995a): Netzwerkbildung und Kooptation als Führungsaufgabe, in: Kieser, A./Reber, G./ Wunderer, R. (Hrsg.), Handwörterbuch der Führung, C.E. Poeschel (Stuttgart), S. 1622-1635.

Sydow, J./Windeler, A./Krebs, M./Loose, A./Van Well, B. (1995): Organisation von Netzwerken: Strukturationstheoretische Analysen der Vermittlungspraxis in Versicherungsnetzwerken, Westdeutscher Verlag (Opladen).

Voß, W. (2002): Ganzheitliche Bewertung von Unternehmensnetzwerken. Konzeption eines Bewertungsmodells, Peter Lang (Frankfurt a. M. et al.).

Weibler, J. (1994): Führung durch den nächsthöheren Vorgesetzten, DUV (Wiesbaden).

Weibler, J. (2001): Personalführung, Franz Vahlen (München).

Weick, K.E. (1969): The social psychology of organizing, Addison-Wesley (Reading, Mass.).

Wetzel, R./Aderhold, J./Baitsch, C./Keiser, S. (2001): Moderation in Netzwerken - Theoretische, didaktische und handlungsorientierte Betrachtungen aus einer internen Perspektive, in: Baitsch, C./Müller, B. (Hrsg.), Moderation in regionalen Netzwerken, Rainer Hampp (München/ Mering), S. 7-124.

Wildemann, H. (1996): Entsorgungsnetzwerke, in: Bellmann, K./Hippe, A. (Hrsg.), Management von Unternehmensnetzwerken. Internationale Konzepte und praktische Umsetzung, Gabler (Wiesbaden), S. 305-348.

Windeler, A. (2001): Unternehmensnetzwerke - Konstitution und Strukturation, Westdeutscher Verlag (Opladen).

Windeler, A./Lutz, A./Wirth, C. (2000): Netzwerksteuerung durch Selektion - Die Produktion von Fernsehserien in Projektnetzwerken, in: Sydow, J./Windeler, A. (Hrsg.), Steuerung von Netzwerken: Konzepte und Praktiken, Westdeutscher Verlag (Opladen/Wiesbaden), S. 178-205.

Winkler, I. (2004): Personale Führung in Netzwerken kleiner und mittlerer Unternehmen. Theoretische und empirische Betrachtungen zur Entstehung, Reproduktion und Veränderung von Führungsbeziehungen bei überbetrieblicher netzwerkartiger Kooperation, Rainer Hampp (München und Mering).

Zündorf, L. (1994): Manager- und Expertennetzwerke in innovativen Problemverarbeitungsprozessen, in: Sydow, J./Windeler, A. (Hrsg.), Management interorganisationaler Beziehungen, Westdeutscher Verlag (Opladen), S. 244-255.

Akquisition von Diversity-Zielgruppen – Management potenzieller Spill-Over-Effekte

Torsten Tomczak, Marcus Schögel, Markus Koch [*]

Inhalt

1 Einleitung 212
2 Diversität prägt die Märkte 212
3 Inter-Segement-Wirkungen als integrierte Perspektive der
  Zielgruppen-Akquisition 223
4 Management von Spill-Over-Effekten bei der Akquisition von
  Diversity-Zielgruppen 231
5 Zusammenfassung und Ausblick 239
6 Literatur 240

---

[*] Prof. Dr. Torsten Tomczak, Dr. Marcus Schögel, lic. oec. HSG Markus Koch, alle Institut für Marketing und Handel der Universität St. Gallen, Schweiz.

1 Einleitung

Diversity-Zielgruppen stellen derzeit einen wesentlichen Bestandteil aktuell diskutierter Marketingtrends dar: «Ethno-Marketing», «Silver-Marketing» oder «Gay-Marketing», um nur die bekanntesten zu nennen.[1] Während in den USA diese Zielgruppen bereits seit längerer Zeit eine hohe Aufmerksamkeit des Marketing genießen, wenden sich derzeit auch in Europa immer mehr Anbieter diesem neuen Kundenpotenzial zu.

Die Marketing-Literatur konzentriert sich bisweilen überwiegend darauf, die Attraktivität dieser Segmente zu betonen. Deshalb dominieren momentan Beiträge, welche für spezifische Diversity-Segmente Relevanz, Bedürfnisse sowie Best Practices darlegen. Unabhängig von einer spezifischen Zielgruppe lassen sich jedoch zielgruppenübergreifend sowohl Kriterien für die Relevanz der Thematik wie auch typische Problemkonstellationen für das Marketing identifizieren.

Die zentrale Problematik der Akquisition von Diversity-Zielgruppen besteht u.E. in der potenziellen Gefahr von negativen Spill-Over-Effekten auf die bestehenden Kundensegmente eines Unternehmens. Die Akquisition neuer Zielgruppen ist immer im Kontext des gesamten Kundensegment-Portfolios zu betrachten, weshalb die isolierte Betrachtung der neu zu akquirierenden Zielgruppe zu kurz greift. Die Akquisitionsmaßnahmen sind derart zu gestalten, dass sie sich bezogen auf die Gesamtheit der Kundenwerte eines Unternehmens optimal auswirken.

2 Diversität prägt die Märkte

Die zunehmende Relevanz von Diversity-Zielgruppen für das Marketing lässt sich aus zwei Perspektiven erörtern. Erstens bewirkt marktseitig eine zunehmende Dynamik in der „Segmentlandschaft", dass einerseits neue attraktive Kundensegmente entstehen und sich andererseits die Größenverhältnisse bestehender Zielgruppen verändern. Zweitens lässt sich die ansteigende Bedeutung neuer Zielgruppen auch aus Anbietersicht begründen.

---

[1] Der vorliegende Artikel fokussiert schwergewichtig auf die drei Diversity-Zielgruppen Senioren, ethnische Minderheiten sowie das homosexuelle Segment. Diese Zielgruppen sind in der Marketingliteratur hinreichend diskutiert, so dass sich vergleichende Dokumentenanalysen durchführen lassen. Zudem repräsentiert jede der drei Zielgruppen ein vergleichsweise überdurchschnittliches Wachstums- und Kaufkraftpotenzial, weshalb diese Segmente eine hohe Praxisrelevanz aufweisen.

Akquisition von Diversity-Zielgruppen 213

2.1 Marktseitige Relevanz: zunehmende Dynamik in der Segementlandschaft und Emergenz kaufkräftiger Kundengruppen

Für die zunehmende Dynamik in der Segmentlandschaft sind mehrere Faktoren ursächlich. Soziodemographische Veränderungen wie die Überalterung der Gesellschaft oder weltweite Migrationsströme führen dazu, dass sich die relativen Größenverhältnisse zwischen den Segmenten verändern und neue Segmente entstehen. Neue Segmente entwickeln sich auch durch die Etablierung moderner Lebensformen wie homosexuelle Partnerschaften, Patchworkfamilien oder die veränderte Rolle der Frau in Beruf und Gesellschaft. Letztlich wird diese beschriebene Vielfalt durch ein Phänomen ermöglicht, das in der Marketingwissenschaft unter dem Begriff „Postmodernismus"[2] diskutiert wird; darunter wird die zunehmende Fragmentierung und Liberalisierung der Lebensformen subsumiert.

2.1.1 Soziodemographische Veränderungen

Zielgruppe Senioren: Die Senioren erhalten als Zielgruppe bereits seit längerer Zeit eine erhöhte Aufmerksamkeit. Gründe hierfür sind die zunehmende Diskussion um die Überalterung der Gesellschaft sowie die Tatsache, dass sich die ins Alter gekommene Babyboomer-Generation gesellschaftlich wie wirtschaftlich nicht mehr so einfach übergehen lässt. Ein Blick auf die Statistiken verdeutlicht die Situation. In der Schweiz haben zwischen 1990 und 2000 die Anteile der Hochbetagten über 80-Jährigen (+17,4%) und der älteren Erwachsenen zwischen 45 und 64 Jahren (+14,8%) stark zugenommen, während gleichzeitig die Anteile der Kinder (-1,1%) und der jungen Erwachsenen (-17,6%) abgenommen haben.[3]

Neben der Quantität sind es jedoch v.a. qualitative Argumente, die dieses Segment für das Marketing interessant machen. Im Vergleich zu früher stellt die „Silver Generation" heute eine gut situierte Bevölkerungsgruppe dar, die über eine hohe Kaufkraft verfügt. Bereits heute haben die über 50-Jährigen deutlich mehr Geld zur Verfügung als die 14-49-Jährigen.[4] In den USA bspw. verfügen die über 55-Jährigen über 77% der gesamten Vermögenswerte.[5] In der Schweiz sind die allgemeine Wohlstandsentwicklung, der Ausbau der Altersvorsorge sowie der zunehmend höhere Bildungsstand verbunden mit einem höheren beruf-

---

[2] Vgl. Belk/Costa 1998; vgl. Brown 1993; vgl. Cova 1996; vgl. Cova 1997; vgl. Cova/Cova 2001; vgl. Firat 1991; vgl. Firat/Dholakia/Venkatesh 1995; vgl. Firat/Venkatesh 1995; vgl. Firat/Shultz II 1997; vgl. Schouten/McAlexander 1995.
[3] Vgl. Bundesamt für Statistik 2003b, S. 1.
[4] Vgl. Wadlinger 2002, S. 8.
[5] Vgl. Dychtwald 1997, S. 275.

lichen Status für den Wohlstand ursächlich.⁶ Jene Schweizer, die sich gerade jenseits des AHV-Alters befinden, haben ein Vermögen von durchschnittlich SFr. 180'000.– zur Disposition; im Kanton Zürich sind es sogar gegen SFr. 700'000.–.⁷ Im Gegensatz zum Vorurteil, wonach reifere Konsumenten zur extremen Sparsamkeit und Anspruchslosigkeit neigen, zeigen die heutigen „Best Agers" ein stark hedonistisch geprägtes Konsumverhalten.⁸ Zahlreiche Autoren fordern deshalb auch ein vehementes Umdenken im Marketing, welches bisweilen noch vom Primat der Jugendlichkeit und von stereotypen Vorstellungen über Senioren dominiert wird.

Zielgruppe ethnische Minderheiten: Die Problematik der Überalterung der Gesellschaft ist eng verknüpft mit dem wachsenden Anteil ethnischer Minderheiten. Denn die Einwanderung und die relativ hohe Fertilitätsrate innerhalb ethnischer Minderheiten leisten in den westlichen Industrienationen einen wesentlichen Beitrag zur Stabilisierung der Bevölkerungsstruktur. So wird in der Schweiz eine Geburtenziffer von 1,48 nur dadurch erreicht, dass die höhere Kinderzahl ausländischer Frauen die niedrige Fertilitätsrate von Schweizer Frauen (1,28) kompensiert.⁹ Die Auswirkungen manifestieren sich in einem höheren Ausländeranteil bei jüngeren Generationen: In der Schweiz hat die Zahl ausländischer Kinder im Alter von 0-5 Jahren zwischen 1990 und 2000 um 36% zugenommen; in den städtischen Gebieten haben 31% der 0-5-jährigen Kinder keine schweizerische Staatsangehörigkeit, in den fünf Großstädten sind es gar 45%.¹⁰

Das Segment ethnischer Minderheiten ist ein Wachstumsmarkt: Asian-Americans bspw. sind die am schnellsten wachsende Bevölkerungsgruppe in den USA, zählen derzeit ca. 10 Mio. Einwohner und verfügen über eine jährliche Kaufkraft von 200 Mrd. US-$.¹¹ In Deutschland leben ca. 2,6 Mio. Türken mit einer jährlichen Nettokaufkraft von rund 17 Mrd. €.¹² Und in der Schweiz besteht ein Drittel der Gesamtbevölkerung aus Migranten oder Nachkommen von Migranten.¹³ Die Einschätzungen über diese Kundengruppen sind jedoch oft mit Vorurteilen behaftet, weshalb die Attraktivität dieser Segmente teils unterschätzt wird. Entgegen dem weitverbreiteten Meinungsbild verfügen in zahlreichen Ländern einzelne ethnische Minderheiten über ein höheres Bildungsniveau als

---

⁶ Vgl. Hock/Bader 2001, S. 11.
⁷ Vgl. Brandenberger 2003, S. 51.
⁸ Vgl. GfK 2002, S. 75 f.
⁹ Vgl. economiesuisse 2002, S. 2.
¹⁰ Vgl. Bundesamt für Statistik 2003b, S. 1 f.
¹¹ Vgl. Kaufman-Scarborough 2000, S. 249.
¹² Vgl. Cinar 2003, S. 24.
¹³ Vgl. Bundesamt für Statistik 2002b.

die „Locals". In den USA ist bspw. die chinesische Minderheit besser gebildet (12,6% Master Degree; 21,6% Bachelor Degree) als der nationale Durchschnitt (4,7% Master Degree; 13,1% Bachelor Degree).[14] Verstärkend kommt hinzu, dass Länder wie Kanada, Australien oder Deutschland zunehmend Einwanderungen auf Grund von fachlichen und sprachlichen Fähigkeiten bewilligen.[15] Der hohe Bildungsstand führt – zusammen mit dem typischerweise stark vorherrschenden Unternehmertum – zu einem überdurchschnittlichen Einkommen.

2.1.2 Transformation der Geschlechterrollen und neue Formen des Zusammenlebens

Eine weitere Treibkraft der Diversity besteht in der Transformation der Geschlechterrollen und neuen Formen des Zusammenlebens. Grundsätzlich kann festgehalten werden, dass der Individualisierungsschub immer stärker in die Bereiche Familie, Ehe und Elternschaft eingreift und dabei die Beziehungen zwischen den Geschlechtern wie zwischen den Generationen nachhaltig verändert.[16] Als wesentliche Triebfeder dieser gesellschaftlichen Fragmentierung gilt der Liberalismus. GROSS bezeichnet den Liberalismus als eine Methodologie des Abschaffens, Sprengens, De-Regulierens.[17] HASLOP/HILL/SCHMIDT weisen diesbezüglich auf die Bedeutung der postmodernen Fragmentierung hin, die es Minderheiten wie den Homosexuellen erst ermöglicht hat, einen sozialen Status zu erlangen.[18] Exemplarisch wird an dieser Stelle auf das veränderte Rollenbild der Geschlechter sowie auf die Variantenvielfalt in der Ausgestaltung des Zusammenlebens eingegangen.

Zielgruppe Frauen: Einstige Normierungen der Geschlechterdifferenz werden zunehmend in Frage gestellt; was bei den (Groß-)Eltern noch als kulturelle Selbstverständlichkeit galt – insbesondere durch das patriarchal-männliche Diktat – ist heute Gegenstand von Aushandlungsprozessen zwischen den Partnern.[19] Im Laufe der vergangenen Jahrzehnte hat sich besonders die Rolle der Frau wesentlich verändert, wobei vor allem die zunehmende Integration der Frau in die Arbeitswelt evident ist.[20] Hierbei muss allerdings angefügt werden, dass dieser

---

[14] Vgl. Kumar 2002, S. 10.
[15] Vgl. o.V. 2002c, S. 4.
[16] Vgl. Beck-Gernsheim 1998, S. 18.
[17] Vgl. Gross 1994, S. 16.
[18] Haslop/Hill/Schmidt 1998, S. 324.
[19] Vgl. Krüger 2001, S. 71.
[20] Vgl. Scott 1997, S. 135 ff.: Die gesellschaftliche Akzeptanz der weiblichen Erwerbstätigkeit unterscheidet sich von Land zu Land. Anhand einer international durchgeführten Studie (bis 1994)

substantielle Wandel bereits in den 1960er Jahren begonnen hat und damals in seiner Ausprägung noch stärker war.[21] Dennoch ist die Zunahme der weiblichen Erwerbstätigen weiterhin beträchtlich. So ist die Zahl der weiblichen Erwerbspersonen in der Schweiz zwischen 1990 - 2000 um 21% angestiegen; 1990 machten die Frauen gerade 39,4% der Arbeitskräfte aus, während es im Jahr 2000 bereits 44,2% waren.[22] Gleichzeitig hat in dieser Zeitperiode der Anteil angestellter Frauen mit Vorgesetztenfunktion oder in der Unternehmensleitung von rund 16% auf 21% zugenommen.[23] Und auch im Bereich der Bildung ist die Transformation ersichtlich: 2001 haben erstmalig mehr Frauen (51%) ein Diplomstudium an einer schweizerischen Universität in Angriff genommen als Männer.[24] Damit wird auch die Zielgruppe der Frauen für das Marketing zunehmend interessanter.

Patchwork-Familien und Singles als Zielgruppen: Mit dem veränderten Rollenbild der Frau geht – wie bereits angesprochen – eine Neukonstruktion der (heterosexuellen) Partnerschaften und der Familie einher. Im Jahr 1996 geht in 33,9% der schweizerischen Haushalte der Mann einer Vollzeit- und die Frau einer Teilzeitbeschäftigung nach und bei fast 20% der Paare sind beide Partner 100% erwerbstätig.[25] Immer weniger Frauen sind bereit, sich ausschließlich der Haus- und Familienarbeit zuzuwenden, es wird immer später geheiratet und Singlehaushalte nehmen zu. Allein zwischen 1982 und 2002 ist die Anzahl der Singles im Alter von 20 bis 49 Jahren in der Schweiz von rund 750.000 auf 1 Mio. angestiegen.[26] Im gleichen Zeitraum hat sich die Anzahl der geschiedenen Personen von rund 180.000 auf rund 360.000 erhöht. Aufgelösten Partnerschaften folgen heute sogenannte „Fortsetzungsfamilien", welche ein Ensemble an biologischen, juristischen und soziologischen Familienbeziehungen darstellen.[27] Das soziale Konstrukt Familie kann daher immer weniger als Orientierungs- und Zielgröße für das Marketing dienen.

Zielgruppe Homosexuelle: Eine weitere moderne Figur nichtkonventioneller Lebensformen stellt die gleichgeschlechtliche Partnerschaft dar. Es wird davon ausgegangen, dass rund 45% der schwulen Männer und 55% der lesbischen

---

belegt SCOTT, dass die Akzeptanz in Grossbritannien und den USA weit größer ist als in Westdeutschland; auch ist die Verankerung traditioneller Rollenbilder in Westdeutschland stärker.

[21] Vgl. Brewster/Padavic 2000, S. 485.
[22] Vgl. Bundesamt für Statistik 2003a, S. 1.
[23] Vgl. Bundesamt für Statistik 2002a.
[24] Vgl. Bundesamt für Statistik 2002c, S. 19.
[25] Vgl. Bundesamt für Statistik 1996, S. 1.
[26] Vgl. Bundesamt für Statistik 2003c.
[27] Vgl. Schultheis/Böhmler 1998, S. 8.

Frauen in einer Partnerschaft leben.[28] Bzgl. des Anteils der Homosexuellen an der Gesamtbevölkerung variieren die Nennungen von 1% bis zu 10%.[29] In Studien, welche nach der Selbstdefinition der sexuellen Orientierung fragen, pendeln die Zahlen zwischen 2% und 4%.[30] Das mittlere Alter von schwulen Männern bewegt sich gemäß mehrerer unabhängiger Studien zwischen 31 und 37 Jahren[31], was auf eine vergleichsweise junge Bevölkerungsgruppe schließen lässt. Zudem gelten die Homosexuellen als überdurchschnittlich gebildet und kaufkräftig. In Deutschland haben Homosexuelle statistisch gesehen ein höheres Schulbildungsniveau und ein leicht höheres Einkommen als die heterosexuelle Vergleichsgruppe; zudem leben vergleichen mit der heterosexuellen Bevölkerung deutlich mehr Schwule in Singlehaushalten.[32] In den USA ist das durchschnittliche Haushaltseinkommen der Schwulen über 50% höher als das der Gesamtbevölkerung; 60% der Homosexuellen besitzen einen College-Abschluss (im Vergleich zu 18% bei der Gesamtbevölkerung).[33] Aus diesen Gründen gewinnt im Marketing auch das Segment der Homosexuellen zunehmend an Beachtung.

2.1.3 Postmodernismus als „Enabler"

Als wesentlicher Katalysator für die dargelegten Ausprägungen der Diversity in den westlichen Märkten ist der Postmodernismus zu erwähnen. Die Attribute der postmodernen Konsumentenwelt beschreiben zeitgenössische Phänomene wie Individualisierung, Liberalisierung, Fragmentierung sowie Neugruppierung. Diese Ausprägungen sozialer Prozesse stellen u.E. einen wesentlichen Eckpfeiler für die Relevanz neuer Zielgruppen dar.

Der Grundstein für eine postmoderne Gesellschaftsstruktur wird durch die „Befreiung" des Einzelnen und die nachfolgende Individualisierung gelegt. Dieser Liberalismus – genaugenommen noch eine Forderung der Moderne[34] – führt nach GROSS zu einer Entobligationierung in allen Lebensbereichen: Entgrenzung, Entzeitlichung, Enthierarchisierung, Enttraditionalisierung, Entstandardi-

---

[28] Vgl. Schneider/Rosenkranz/Limmer 1998, S. 99 ff.
[29] Vgl. Alsop 1999; vgl. Fugate 1993, S. 49.
[30] Vgl. Hewitt 1998, S. 390 f.; vgl. Schneider et al. 1998, S. 96 f.
[31] Vgl. Hewitt 1998, S. 391.
[32] Vgl. BBDO 2001, S. 17.
[33] Vgl. Fugate 1993, S. 48; vgl. Miller 1990, S. 2: Hierzu muss jedoch präzisiert werden, dass die Stichprobe der Homosexuellen aus Abonnenten von Gay-Magazinen gezogen wurde. Wie LUKENBILL ausführt, ist diese jedoch nur bedingt repräsentativ für die Grundgesamtheit aller Homosexuellen, vgl. Lukenbill 1995.
[34] Vgl. Cova 1997, S. 299; vgl. Gross 1994, S. 103.

sierung, etc.[35] Während der Modernismus diese Liberalisierung vorwiegend auf politische und ökonomische Belange bezogen hat, erkennen die Postmodernisten diese Befreiung als gegenwärtige und stärker noch zukünftige Lebensbedingungen des Einzelnen: „[...] the individual, freed of the constraints of collective ideals in matters concerning education, the family, sex, is operating a process of personalisation as a way of managing behaviour, not through the tyranny of details, but with as few constraints and as many choices as possible"[36]. Die „Erosion kollektiver Soziallagen und Sinnbezüge"[37] in der Gesellschaft führt in der Folge dazu, dass die verschiedensten (bisherigen) Minderheiten eine stärkere soziale Akzeptanz finden und für das Marketing eine relevante Zielgruppe darstellen. Die Erosion sozialer Grenzmuster ist daher konstitutiv für die Existenz neuer Zielgruppen; insofern kann der gesellschaftliche Postmodernismus als „Enabler" bezeichnet werden.

2.1.4 Fazit: Relevanz marktseitiger Entwicklungen für das Marketing

Aus den dargelegten Entwicklungen lassen sich für die Relevanz von Diversity-Segmenten mehrere Argumente ableiten. Auf der Segmentebene kann festgehalten werden, dass sich die Cluster der Segmentierungslandschaft – nach welchen Variablen auch immer die Segmentierung vorgenommen wird – in einem Transformationsprozess befinden. Die relativen Größenanteile spezifischer Segmente nehmen zu (Senioren) oder ab (Jugendliche) und neue Segmente entstehen (ethnische Minderheiten oder Homosexuelle). Auf der Individualebene ist zu erkennen, dass der einzelne Konsument seine Segmentzugehörigkeit in zunehmendem Maße selbst definiert und dieser daher für soziologische Analysen immer schwieriger greifbar wird.[38]

Anbieter sind daher gefordert, die Entwicklungen auf dem Markt möglichst zeitnah zu erfassen, um die Marketingplanung darauf abstimmen zu können. Weil jedoch die Analyseinstrumente mit der Dynamik des gesellschaftlichen Wandels heute oft nicht mehr Schritt halten, stellt alleine schon der Zugang zu realitätsnahen Marktdaten für Unternehmen eine Herausforderungen dar. GALLER/OTT wiesen in diesem Zusammenhang bereits 1993 darauf hin, dass sich zwischen den Erhebungsinstrumenten der empirischen Haushaltsforschung und den sozialen Strukturen eine zunehmende Diskrepanz abzeichnet (in dieser Betrachtung sind jedoch bspw. homosexuelle Haushaltskonstellationen noch nicht einmal mit

---

[35] Vgl. Gross 1994, S. 71 ff.
[36] Cova 1997, S. 299.
[37] Knapp 2001, S. 19.
[38] Vgl. Cova 1996, S. 19.

eingeschlossen).[39] Auch Jahre später spiegelt die öffentliche Statistik immer noch eine „enorme historische Beharrungskraft des traditionellen ‚bürgerlichen' Familienverständnisses und des der Institution ‚Ehe' zugewiesenen Legitimitätsmonopols wider".[40]

2.2 Unternehmensseitige Relevanz von Diversity-Zielgruppen

Auch die unternehmensseitige Relevanz wird durch mehrere Faktoren begründet. Eine realitäts- und zeitnahe Marketingplanung verlangt, dass Veränderungen in der Gesellschaft – und damit in der Kundenstruktur – in die Analyse- und Planungsprozesse integriert werden. Zudem stellen neue Zielgruppen aus mehreren Gründen ein attraktives Kaufkraftpotenzial dar – gerade vor dem Hintergrund zunehmend stagnierender und gesättigter Märkte. Des Weiteren eröffnen besonders neu evolvierende Segmente First-Mover Vorteile. Und letztlich zwingen zunehmende Forderungen von Minderheitenvertretern die Unternehmen, sich mit solchen Zielgruppen auseinander zu setzen.

2.2.1 Neue Kaufpotenziale erschließen

Überlegungen, welche neue Segmente wie die Senioren, die ethnischen Minderheiten oder die Homosexuellen als Zielgruppen in Betracht ziehen, kommen nicht von ungefähr. Mehrere Faktoren begründen die Attraktivität dieser neuen Segmente für die Anbieter:

Statusargument: Senioren haben heute mehr Geld zur freien Verfügung als die jüngere Generation. Ausgewählte ethnische Minderheiten weisen ein überdurchschnittliches Bildungsniveau und Unternehmertum auf und verfügen in der Folge pro Kopf über mehr Kaufkraft als die Bürger des „Gastlandes". Und auch das Gay-Segment verfügt über ein im Vergleich zum Durchschnitt höheres Haushaltseinkommen und Schulbildungsniveau.[41]

Konsumneigung: Die Silver Generation zeigt heutzutage einen vermehrt hedonistischen Lebensstil, „geniessen statt sparen" ist oft das Motto.[42] Das homosexuelle Segment verfügt über ein ausgeprägtes Markenbewusstsein und eine ü-

---

[39] Vgl. Galler/Ott 1993, S. 59 ff.
[40] Schultheis/Böhmler 1998, S. 10 f.
[41] Vgl. BBDO 2001, S. 17.
[42] Vgl. GfK 2002, S. 1.

berdurchschnittliche Konsumfreudigkeit – v.a. in den Bereichen Kleidung, Kosmetika, Internetdienste, Konzertkarten, Zigaretten und Reisen.[43]

Virales Marketing: Neue Segmente zeigen auf Grund ihres Minderheiten-Charakters teils einen starken inneren Zusammenhalt. Bspw. sind ethnische Minderheiten durch eine starke innere Bindung geprägt[44]. Auch das Segment der Homosexuellen stellt ein im Vergleich zum Mainstream dichtes Informationsnetzwerk dar. Die Mund-zu-Mund-Propaganda funktioniert in diesen Segmenten besonders schnell und effektiv, weshalb Viral Marketing Kampagnen eine hohe Effizienz aufweisen.[45]

Hoher Wirkungsgrad der Kommunikation: Minoritäten zeigen gegenüber Kommunikationsmaßnahmen, die sich an diese Minderheiten richten, eine höhere Aufmerksamkeit als der Mainstream. Diese Segmente stellen in der Folge eher eine Verbindung zwischen sich und bspw. einer Anzeige oder einem TV-Spot her.[46]

Diese Kriterien können nicht uneingeschränkt verallgemeinert bzw. auf weitere Zielgruppen ausgedehnt werden. Sie begründen jedoch, weshalb die benannten Zielgruppen derzeit im Marketing eine starke Beachtung finden.

2.2.2 First mover advantage

„Early identification of an emerging or neglected segment can offer an easy gateway for entry into a market."[47] Für einen Anbieter kann es sich lohnen, in einem neuen Segment frühzeitig – insbesondere vor der Konkurrenz – präsent zu sein.

Für neu evolvierende Segmente bestehen i.d.R. keine spezifischen Angebote. In der Folge kombinieren die Konsumenten ihre Leistungen selber bzw. wählen diese aus; so kann es passieren, dass gewisse Marken auf einmal mit Attributen dieser Zielgruppen behaftet sind, obwohl deren Anbieter keine bewusste Ausrichtung auf die Segmente vorgenommen haben. Beispiele hierfür bietet die Reisebranche, wo sich einzelne Ferienorte bzw. Hotels nachfragegetrieben zu Schwulendestinationen entwickelt haben. Erst in einer zweiten Phase haben die

---

[43] Vgl. BBDO 2001, S. 9 ff.; vgl. Strohmaier 2003.
[44] Vgl. Nwankwo/Lindridge 1998, S. 200.
[45] Vgl. Leventhal 1997, S. 279: LEVENTHAL identifiziert „word of mouth" auch für das Segment der Senioren als effizientes Marketing-Instrumentarium.
[46] Vgl. Grier/Brumbaugh 1999, S. 82 ff.
[47] Day 1990, S. 98.

Tour-Operator beschlossen, diese Destinationen aktiv im Segment der Homosexuellen zu bewerben.

Neu entstehende Segmente eröffnen den Anbietern jedoch die Möglichkeit, sich frühzeitig aktiv in einem spezifischen Segment etablieren zu können. Denn in diesem Stadium überwiegen die sogenannten Neuverwender und es müssen keine Kunden bei der Konkurrenz abgeworben werden. Gelingt es einem Anbieter, sich in dem Segment zu etablieren, so profitiert dieser von potenziellen Wechselkosten seiner Kunden sowie von deren treuem Kaufverhalten bei Unsicherheit.[48]

2.2.3 Dominanz stagnierender und gesättigter Märkte

Die meisten Märkte in den westlichen Industrienationen sind heute von einer zunehmenden Stagnation und Sättigung geprägt; Schätzungen gehen davon aus, dass sich bspw. in Deutschland 50 bis 75% aller Märkte in diesem Stadium befinden.[49] Eine Ursache für die zunehmende Marktsättigung stellen u.a. demographische Veränderungen dar, indem die Anzahl der Kunden – absolut betrachtet – abnimmt.[50] Bspw. sank in der Bundesrepublik Deutschland zwischen 1975 und 1980 die Bevölkerung um jährlich 0,3%, was einen jährlichen Kaufkraftverlust von 23 Mrd. DM zur Folge hatte.[51]

Stagnierende und gesättigte Märkte verursachen meist einen ruinösen Kampf um den einzelnen Kunden. „In umkämpften Märkten steigen die Akquisitionskosten oft drastisch. Dadurch werden ‚flottierende' Wechselkunden begünstigt, die Vorteile erreichen, weil sie wechseln. Aggressives Akquisitionsmarketing erreicht oft unattraktive Kunden."[52] Für das Management stellt diese Marktsituation eine wesentliche Herausforderung der Gegenwart dar. So identifiziert BELZ in einer aktuellen Umfrage die aggressive Konkurrenz und den Verdrängungswettbewerb als zwei der wichtigsten Probleme im Marketing.[53] Vor diesem Hintergrund eröffnen neue Zielgruppen Wachstumschancen, die in den angestammten Segmenten – wenn überhaupt – nur beschwerlich wahrgenommen werden können. Doch obwohl die soziodemographischen Entwicklungen als Ursache für

---

[48] Vgl. Lieberman/Montgomery 1988, S. 46 f.
[49] Vgl. Schaaff 1990, S. 123: SCHAAFF definiert diejenigen Märkte als *stagnierend*, bei welchen die Wachstumsrate das Maximum überschritten hat und sich gegen Null nähert. Als *gesättigt* werden Märkte mit einer Wachstumsrate von höchstens Null bezeichnet.
[50] Vgl. Bauer 1988, S. 1055; vgl. Harrigan 1980, S. 24.
[51] Vgl. Bauer 1988, S. 1055.
[52] Belz 1998, S. 279.
[53] Vgl. Belz 2002, S. 22.

Marktstagnation bzw. -sättigung anerkannt sind, wird der Eintritt in neue Marktsegmente – abgesehen von der Exportstrategie – in der Fachliteratur nur am Rande als Handlungsoption thematisiert.[54]

2.2.4 Konsumerismus: Potenzielle Forderungen diverser Anspruchsgruppen

Das Phänomen des Konsumerismus beschreibt die zunehmend kritische Auseinandersetzung der Konsumenten mit den zu kaufenden Erzeugnissen und Dienstleistungen. Ausgangspunkt dieser Entwicklungen sind gesetzliche Konsumentenschutzrichtlinien, ausführliche Konsumenteninformation und -bildung sowie auf institutioneller Ebene Konsumentenbeistände und -organisationen.[55] Besonders auf der Informations- und Institutionsebene erhalten Diversity-Zielgruppen Rückhalt und üben dadurch Druck auf die Anbieter aus. In den USA ist der „Minderheiten-Konsumerismus" besonders stark ausgeprägt: Die American Association of Retired Persons (AARP) bspw. vertritt über 30 Mio. Mitglieder[56]; zahlreiche Rankings wie z.B. „the top minority vendor programs" geben Aufschluss über die Bemühungen der Anbieter, Minderheiten zu berücksichtigen[57]; und bspw. der Reiseführer für Homosexuelle „Out and About" informiert, welche Fluggesellschaften, Hotelketten und Fahrzeugvermietungen sich für diese Kunden eignen[58]. Die Anbieter können es sich daher kaum mehr leisten, Minderheiten gänzlich zu ignorieren.

---

[54] Vgl. Bauer 1988; vgl. Harrigan 1980; vgl. Schaaff 1990.
[55] Vgl. Belz 1999, S. 19 ff.
[56] Vgl. Hock/Bader 2001, S. 1.
[57] Vgl. General Motors 2003.
[58] Vgl. Stuber 2002, S. 93.

3 Inter-Segement-Wirkungen als integrierte Perspektive der Zielgruppen-Akquisition

In der Literatur zur Akquisition von Diversity-Zielgruppen wird die Existenz bestehender Zielgruppen weitgehend ausgeblendet; im Vordergrund steht die Frage, weshalb und wie eine neue Zielgruppe effektiv akquiriert werden kann (Fokussierte Perspektive). Ausgehend von dieser fokussierten Perspektive erweitert nun dieser Abschnitt den Blickwinkel, indem zusätzlich zu der neu zu akquirierenden Zielgruppe die bestehende Kernzielgruppe betrachtet wird. Es wird erläutert, inwiefern sich die Akquisition neuer Zielgruppen auf die Kernzielgruppe auswirken kann und wie dies die Gesamtheit der Kundenpotenziale beeinflusst (Integrierte Perspektive). Aus diesem Zusammenhang wird eine ökonomische Prämisse für die Akquisition neuer Zielgruppen abgeleitet. Es wird aufgezeigt, wie unterschiedliche Differenzierungsintensitäten das Ausmaß potenzieller Wechselwirkungen beeinflussen und weshalb ein differenziertes Vorgehen einen möglichen Lösungsansatz darstellt.

3.1 Fokussierte Perspektive der Diversity-Zielgruppen-Akquisition als limitierte Betrachtung

Derzeit dominiert in der Literatur zum Thema Diversity-Zielgruppen die fokussierte Perspektive, welche die neu zu akquirierenden Diversity-Zielgruppen isoliert von bestehenden Kundensegmenten betrachtet. Vergleicht man die bestehende Literatur, so lassen sich drei Schwerpunkte identifizieren: die Erörterung der Relevanz neuer Diversity-Segmente für das Marketing und deren spezifische Bedürfnisse, Vorurteile und fehlendes Know-how in Marketing-Organisationen sowie die Diskussion über die Segmentstrukturen. Diese Betrachtungen sind für die Ausgestaltung von Akquisitionsmaßnahmen zwar bedeutsam, bieten hierfür jedoch nur eine limitierte Basis.

Ausgangspunkt bisheriger Beiträge zum Thema Akquisition von Diversity-Zielgruppen im weiteren Sinne ist meist nicht das Motiv, neue Kundenpotenziale zu erschließen, sondern ein Plädoyer für eine spezifische Zielgruppe. Während bspw. die zum Mainstream divergierenden mentalen Strukturen und Bedürfnisse von Senioren, ethnischen Minderheiten oder Homosexuellen ausführlich dokumentiert sind, gibt es bisher nur wenige Arbeiten, welche sich auf übergeordneter – und somit kontextunabhängiger Ebene – mit der Akquisition neuer Zielgruppen befassen. Eine Bestandsaufnahme bisheriger Auseinandersetzungen mit Diversity-Zielgruppen zeigt, dass sich diese Publikationen vorwiegend mit der Frage beschäftigen, weshalb, vor allem aber wie, eine Diversity-Zielgruppe im

Einzelfall erschlossen werden kann; solche Gestaltungsempfehlungen stellen jedoch eine isolierte Betrachtung der Problemstellung dar. Denn einerseits fokussieren die bestehenden Arbeiten zu sehr auf die operativ/instrumentelle – vorwiegend kommunikative – Umsetzung und lassen strategische Überlegungen weitgehend aus. Andererseits ignorieren die Handlungsanweisungen, dass die meisten Unternehmen bereits ein, wenn nicht mehrere, Kundensegmente bedienen und somit potenzielle Wechselwirkungen zwischen den bestehenden Kunden und den neu zu akquirierenden Segmenten bedacht werden müssen. U.E. ist es unerlässlich, die Kundenpotenziale ganzheitlich zu betrachten und somit die Kundenakquisition gleichermaßen wie die Kundenbindung als Kernaufgaben des Marketing[59] in der Diskussion zu berücksichtigen. Von zentraler Bedeutung ist für Unternehmen folglich insbesondere die Frage, wie das Marketing mit diesen Interdependenzen zwischen Kundensegmenten umgeht.

Beiträge, die sich auf strategischer Ebene mit der Kundenakquisition befassen, treffen ihrerseits keine explizite Unterscheidung zwischen der Akquisition von potenziellen Kunden, die zur bestehenden Kernzielgruppe zählen und der Akquisition neuer Kundensegmente. Die spezifischen Herausforderungen, welche die Akquisition neuer Zielgruppen an das Marketing stellt, wurden von der Marketingforschung bislang kaum thematisiert. Unter anderem wird die zentrale Problemstellung der potenziellen Wechselwirkungen vereinzelt zwar angesprochen, nie aber systematisch analysiert. Folgende Ausführungen sollen diesen Aspekt der Forschungslücke exemplarisch illustrieren: bspw. erwähnt KÖLZER in der Problemstellung ihrer Dissertation als ein Grund für die bislang geringe Aufmerksamkeit für Senioren im Handelsmarketing, es werde „befürchtet, dass durch eine stärkere Berücksichtigung der Senioren das Image des Handelsbetriebes bei jüngeren Zielgruppen leidet und diese als Kunden verloren gehen"[60]; diese identifizierte Gefahr findet jedoch danach keinen Einbezug in die Ausarbeitung der instrumentellen Gestaltungsempfehlungen. MOSCHIS/LEE/MATHUR beschreiben, wie sich genau diese Gefahr in der Praxis darstellen kann:[61] Die US-Supermarktkette Publix verlor in Florida einen großen Anteil ihrer jüngeren Kundschaft, weil der Händler seine Einrichtungen auf die betagte Klientel ausgerichtet hat. Die Autoren weisen zwar explizit auf die Problematik hin, benennen jedoch keine Lösungsansätze.

Nachfolgend wird diese zentrale Problematik der Akquisition von Diversity-Zielgruppen erörtert und es werden erste Lösungsansätze erläutert.

---

[59] Vgl. Tomczak/Reinecke 1996.
[60] Kölzer 1995, S. 2.
[61] Vgl. Moschis/Lee/Mathur 1997, S. 284 f.

Akquisition von Diversity-Zielgruppen 225

3.2 Wechselwirkungen: positive und negative Spill-Over-Effekte

Akquisitionsmaßnahmen, die sich ausschließlich auf das neu zu akquirierende Segment richten, können ungeplante Auswirkungen auf andere Segmente – hier die Kernzielgruppe – haben. Diese Wechselwirkungen stellen sogenannte Spill-Over-Effekte[62] dar.

Spill-Over-Effekte entstehen im vorliegenden Zusammenhang vor allem dadurch, dass Kunden, die nicht zum Adressatenkreis einer Marketingmaßnahme gehören, diese trotzdem wahrnehmen. Dies kann z.B. dadurch geschehen, dass der Kunde die auf die neue Zielgruppe ausgerichteten Marketinginstrumente des Anbieters erkennt (z.B. Anzeigenkampagne). In der Folge kann diese Wahrnehmung die Einstellung des Kunden gegenüber dem Produkt oder der Marke – und damit die psychologische Bindungswirkung – beeinflussen. Schematisch lässt sich dieses Wirkungsmuster wie folgt darstellen:

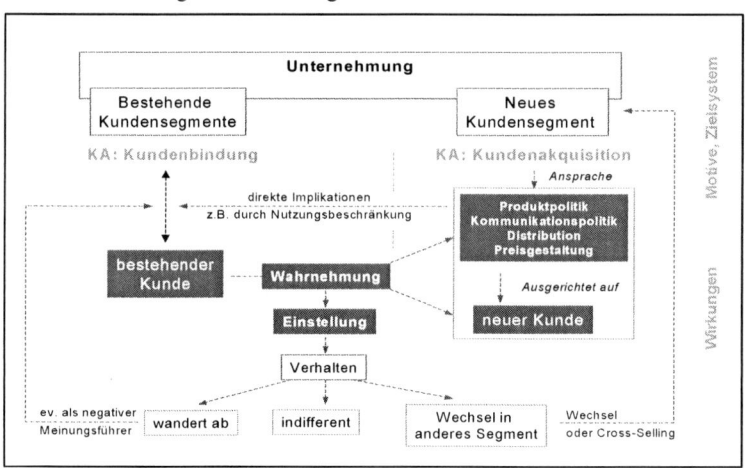

Abbildung 32: Wahrnehmungsprozess auf Kundenebene

---

[62] Vgl. Bruhn/Homburg 2001, S. 56: Als Spill-Over-Effekte (auch Ausstrahlungseffekt) werden Wirkungen bezeichnet, die eine Maßnahme auf Zielbereiche hat, welche nicht vorab in der Planung berücksichtigt wurden. Innerhalb des Marketing werden bspw. zeitliche, sachliche, unternehmensexterne oder eben segmentspezifische Ausstrahlungen als Spill-Over-Effekt bezeichnet.

226 C Ansatzpunkte und Objekte von Diversity-Management

Je nachdem, wie sich die Wahrnehmung auf die Einstellung auswirkt, wird der Kunde indifferent reagieren oder abwandern. Der bestehende Kunde kann sich unter Umständen jedoch auch von der neuen Ausrichtung des Marketing angesprochen fühlen und sich entweder zum neuen Kundensegment zählen oder zusätzliche Produkte konsumieren, die an das neue Segment gerichtet sind (Cross-Selling). Wirkt sich die Wahrnehmung stark negativ auf Einstellung und Verhalten aus, so kann sich die Problematik zudem verstärken, wenn der einzelne Kunde als Meinungsführer auftritt. Die Ausrichtung der Marketinginstrumente auf eine neue Zielgruppe kann auch direkt die Anzahl bestehender Kunden reduzieren. Dies ist dann der Fall, wenn für das Produkt eine Nutzungsbeschränkung besteht. Dies trifft bspw. bei Feriendestinationen zu – unter der Annahme einer vollen Auslastung.

Die Wahrnehmung muss sich nicht nur auf bewusst inszenierte Marketinginstrumente beziehen. Auch die passive Akquisition neuer Zielgruppen kann für einen Anbieter negative Folgen haben, wie das Beispiel Lonsdale zeigt: Das Unternehmen Lonsdale London – der Tradition nach mit dem Boxsport verbunden – produziert seit den 1980er Jahren Sportswear für Damen und Herren.[63] Seit Beginn der 1980er Jahren erfreute sich die Marke Lonsdale auch einer immer größeren Beliebtheit bei Skinheads. Diese Marke war bei den Neonazis besonders beliebt, da innerhalb des Markennamens die Buchstabenfolge NSDA enthalten ist. Gerade in solchen gesellschaftlichen Randgruppierungen übernehmen Codes, Embleme und Signale wichtige Identifikations- und Bindungsfunktionen. In der Folge sah sich das Unternehmen Lonsdale gezwungen, die Lieferungen an neonazistische Versände einzustellen. Um das „rechte" Image abzustoßen, engagierte sich Lonsdale zusätzlich in „Anti-Rechts-Projekten".[64]

In diesem Beispiel nimmt der Kunde die neue Zielgruppe in der Konsumsituation wahr. Daher dürfte diese Art der Wechselwirkungen insbesondere für demonstrative Konsumgüter wie Kleidung oder Autos eine hohe Relevanz aufweisen.

Nachfolgende Aussagen und Zitate zu den Zielgruppen Senioren, ethnische Minderheiten und Homosexuelle belegen die Annahme, dass Marketingaktionen für neue Zielgruppen grundsätzlich die Gefahr von negativen Wechselwirkungen in sich bergen:

---

[63] Vgl. Lonsdale 2003.
[64] Vgl. o.V. 2002a, S. 14 f.

Akquisition von Diversity-Zielgruppen

41% der Deutschen sind der Meinung, dass eine jugendliche Marke an Glaubwürdigkeit verliere, wenn sie mit Senioren verbunden wird; ein Drittel der deutschen Urlauber würde seniorenfreundliche Urlaubsziele meiden.[65]

„Some thought that the lack of older models was related to the advertiser's belief that they would alienate their most important audience – the youth market."[66]

In einer Befragung unter 19 Werbeagenturen in London fanden SZMIGIN/CARRIGAN heraus, dass ältere Models in der Werbung vor allem deshalb sehr selten eingesetzt werden, weil die Angst besteht, man könnte dadurch die Zielgruppe der Jungen verlieren.[67]

„ [...] give the ad a gay sensibility without offending straight customers. The objective is to send a little wink to gay men and not alert anyone else, [...]."[68]

Attila Ciftçi, Geschäftsführer der Berliner Agentur Beys, erläutert: „Wir haben Kunden, die durchaus was für die Türken machen wollen, aber so, dass es kein Deutscher merkt"[69].

In einer Untersuchung zur Wahrnehmung von Anzeigen durch Kunden der Zielgruppe und Kunden, die nicht zur Zielgruppe gehören, identifizieren GRIER/BRUMBAUGH zentrale Mechanismen solcher Wechselwirkungen. In dieser Studie erzeugten Anzeigen für die Segmente Gays und Blacks innerhalb des Mainstreams mehr Aufmerksamkeit als diejenigen Anzeigen, die eigentlich für den Mainstream adressiert waren. Der Mainstream interpretierte diese Anzeigen weitgehend basierend auf zielgruppenspezifischen Merkmalen, die deren Abweichung von der gesellschaftlichen Norm konstituieren. Die Gefahr von Wechselwirkungen entsteht, da verschiedene Kundensegmente auf Signale unterschiedlich reagieren: „[...] the same culturally based cues that engender increased resonance among distinctive target markets may confuse or turn off nontarget consumers"[70]. GRIER/BRUMBAUGH empfehlen daher, die Kommunikation hinsichtlich der Wirkung auf unterschiedliche Rezipienten zu überprüfen (Kommunikationsaudit) bzw. durch die Medienwahl sicherzustellen, dass eine zielgruppenspezifische Kommunikation für weitere Segmente unsichtbar bleibt (unsichtbare Differenzierung).

---

[65] Vgl. o.V. 2002b.
[66] Szmigin/Carrigan 2001, S. 23; vgl. Mathes/Brennan/Haugen/Rice 1985; vgl. Mazis/Ringold/Elgin/Denman 1992.
[67] Vgl. Szmigin/Carrigan 2000.
[68] Miller 1990, S. 2.
[69] Vgl. Keller 2000.
[70] Grier/Brumbaugh 1999, S. 90.

Die Gefahr der Wechselwirkungen beschränkt sich jedoch nicht nur auf die Instrumente Produkt und Kommunikation. FEINBERG/KRISHNA/ZHANG zeigen bspw. auf, wie zielgruppenspezifische Preisnachlässe negative Spill-Over-Effekte generieren können, indem andere Kunden hiervon Kenntnis nehmen; ein Gefühl der Benachteiligung führt dann bei diesen Kunden zu einer vermehrten Abwanderung.[71]

3.3 Ökonomische Prämisse – integrierte Betrachtung der Kundenpotenziale

Geht man nun davon aus, dass theoretisch durch das Erschließen neuer Zielgruppen bestehende Kunden abwandern könnten, so lässt sich für die integrierte Betrachtung eine ökonomische Prämisse formulieren. Hiernach dürfen grundsätzlich nicht mehr bestehende Kundenwerte abwandern, als neue hinzugewonnen werden können.[72] Halten sich die Zu- und Abgänge die Waage, so bleibt die Gesamtsumme der Kundenwerte eines Anbieters konstant. Dies lässt sich schematisch wie folgt darstellen:

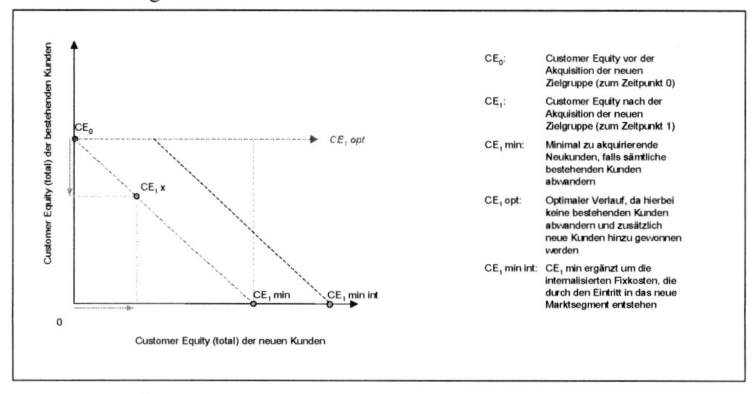

Abbildung 33: Ökonomische Prämisse

Trägt man auf der Ordinate die Summe der Kundenwerte der bestehenden Kunden ab und auf der Abszisse die Summe der Kundenwerte der neu akquirierten Kunden aus der neuen Zielgruppe, so ist diese Bedingung (konstante Summe der

---

[71] Vgl. Feinberg/Krishna/Zhang 2002, S. 277 ff.
[72] Bei dieser vereinfachten Betrachtung wird für die Kundenpotenziale keine spezifische Bewertungsmethode unterstellt.

Kundenwerte) auf der Geraden CE_0CE_1min erfüllt.[73] Werden keine neuen Kunden akquiriert, so dürfen auch keine bestehenden Kunden abwandern; dies entspricht der Ausgangssituation CE_0. Würden durch die Akquisitionsbemühungen sämtliche bestehenden Kunden abwandern, so müsste der Anbieter in gleichem Ausmaß Neukunden gewinnen, was dem Punkt CE_1min entspricht. Sämtliche Punkte auf der Geraden CE_0CE_1min repräsentieren Situationen, in den durch Akquisitionsmaßnahmen zwar Kunden der Kernzielgruppe abwandern, in gleichem Maße jedoch Neukunden hinzugewonnen werden (vgl. CE_1x). Sämtliche Punkte welche sich rechts dieser Geraden befinden stellen bezogen auf die Kundenwerte eine Gewinnsituation dar. Entlang der Geraden CE_1opt werden nur neue Kunden der neuen Zielgruppe hinzugewonnen; es sind keine Kundenabwanderungen im bestehenden Segment zu verzeichnen. Grundsätzlich ist auch ein Punkt CE_1 oberhalb der Gerade CE_1opt denkbar, wenn die Akquisitionsmaßnahmen positive Spill-Over-Effekte bewirken. Dies ist bspw. der Fall, wenn ein bestehender Kunde zusätzlich ein für die neue Zielgruppe konzipiertes Produkt kauft bzw. nutzt. Durch dieses Cross-Selling erhöht sich das Kundenpotenzial der bestehenden Kunden. Diese Betrachtung wird jedoch nicht weiter vertieft.

Die bisherige Betrachtung vernachlässigt jedoch noch, dass das Erschließen einer neuen Zielgruppe Initialkosten verursacht. Hierzu gehören bspw. Erwerb oder Zukauf von zielgruppenspezifischem Know-how sowie sämtliche Kosten welche durch die Differenzierung der Marketinginstrumente entstehen. Internalisiert man diese Kosten, so verschiebt sich die Gerade nach rechts. Dies bedeutet, dass die Kundenzuwanderung die -abwanderung im Minimum um den Betrag der Initialkosten übersteigen muss.

3.4 Situative Einflussfaktoren auf das Ausmaß von Spill-Over-Effekten

Es ist anzunehmen, dass sich sowohl die Problematik der Wechselwirkungen wie auch allfällige Lösungsansätze nicht uneingeschränkt verallgemeinern lassen. Nachfolgend wird daher aufgezeigt, welche situativen Einflussfaktoren relevant sein können.

Distanz zwischen der Kernzielgruppe und der neu zu akquirierenden Zielgruppe: Das Image einer Produkt- oder Herstellermarke wird unter anderem auch von den stereotypen Vorstellungen der typischen Käufergruppe geprägt.[74]

---

[73] Zur Vereinfachung der Darstellung wird unterstellt, dass die variablen Akquisitionskosten sowohl bei der Kernzielgruppe als auch bei der neu zu akquirierenden Zielgruppe gleich hoch und konstant sind. Des Weiteren wird zur Reduktion der Komplexität angenommen, dass der Kundenwert eines Neukunden demjenigen eines bestehenden Kunden entspricht.
[74] Vgl. Grubb/Grathwhohl 1967, S. 25 ff.; vgl. Levy 1959, S. 119 ff.; vgl. Sirgy 1982, S. 287.

Negativ geprägte Vorstellungen von typischen Verwendern überträgt der Konsument auf das Produkt bzw. die Marke. In der Folge entwickelt dieser auch eine negative Einstellung gegenüber diesem Produkt bzw. dieser Marke.[75] Der Konsument wird gegenüber einer Marke daher umso mehr mit Ablehnung reagieren, je weniger er sich selbst mit dem typischen Verwender identifizieren kann. Gegenüber den in dieser Arbeit benannten neuen Zielgruppen Senioren, ethnischen Minderheiten und Homosexuellen bestehen nach wie vor negativ behaftete Vorurteile. Durch die Darstellung von Exponenten dieser Zielgruppen in der Werbung bspw. wird auch das Bild des typischen Verwenders der Absendermarke durch diese Zielgruppe geprägt. Es ist daher zu vermuten, dass eine große mentale Distanz zwischen der Kernzielgruppe und dem zu akquirierenden Segment bzw. eine geringe gesellschaftliche Akzeptanz dieses Segments ebenfalls eine größere Gefahr potenzieller Wechselwirkungen impliziert.

Art der Leistung: Wie im vorangegangenen Abschnitt ausgeführt wurde, beeinflussen Bezugsgruppen maßgeblich die Markenpräferenz des Konsumenten, wobei dieser mit konformem oder nicht-konformem, ablehnendem Verhalten reagieren kann.[76] Der Bezugsgruppeneinfluss wirkt besonders stark auf das Verhalten von auffälligen Produkten, wobei „auffällig" bedeutet, dass das Produkt von anderen nicht nur gesehen, sondern von diesen auch beachtet wird.[77] BEARDEN/ETZEL identifizieren für öffentlich konsumierte Luxusgüter einen starken Bezugsgruppeneinfluss sowohl für Produkte wie auch für Marken.[78] Daher lassen sich die Ausführungen über den Bezugsgruppeneinfluss nach KROEBER-RIEL/WEINBERG auch auf die Erklärung des demonstrativen Konsums übertragen.[79] Aus diesen Ausführungen lässt sich ableiten, dass die Problematik der Wechselwirkungen besonders bei demonstrativen Konsumgütern von vorrangiger Bedeutung ist. Der Grund liegt darin, dass durch den Konsum solcher Güter ein „erweitertes Selbst" dargestellt wird; der Konsument kommuniziert seine Identität über den Konsum. Wird nun eine neue Zielgruppe mit dem gleichen Produkt in Verbindung gebracht, so läuft der bisherige Kunde Gefahr, von Dritten mit dieser Gruppe verglichen zu werden.[80]

Enge der Positionierung und Vielfalt innerhalb des Segmentportfolios: Je enger eine Marke positioniert ist, umso spezifischer ist auch die avisierte Ziel-

---

[75] Vgl. Banister/Hogg 2001.
[76] Vgl. Bruhn/Homburg 2001, S. 82.
[77] Vgl. Kroeber-Riel/Weinberg 1999, S. 474.
[78] Vgl. Bearden/Etzel 1982, S. 185 ff.: BEARDEN/ETZEL teilen die Güter nach Alltagsgüter und Luxusgüter sowie nach öffentlich konsumierte Güter und privat konsumierte Güter ein.
[79] Vgl. Kroeber-Riel/Weinberg 1999, S. 476.
[80] Vgl. Koch/Schögel/Tomczak 2003, S. 38.

Akquisition von Diversity-Zielgruppen   231

gruppe. Diese Schlussfolgerung stellt quasi den Umkehrschluss des STP-Modells[81] dar. Somit ist auch die stereotype Vorstellung des typischen Verwenders viel konkreter bzw. enger gefasst. Folglich lässt sich die Vorstellung neuer Zielgruppen als Konsumenten bei einer breiten Positionierung eher realisieren als wenn eine Marke sehr eng positioniert ist.

4 Management von Spill-Over-Effekten bei der Akquisition von Diversity-Zielgruppen

Bei der Akquisition von Diversity-Zielgruppen ist von einer „market driven strategy"[82] auszugehen, d.h. das Unternehmen identifiziert attraktive Zielgruppen und versucht diese in der Folge bspw. durch Produkt- und/oder Kommunikationsdifferenzierung zu erschließen. In diesem Sinne beschreiben BELZ, CRAVENS/PIERCY, DALRYMPLE, HUGHES, KOTLER/BLIEMEL und KUSS/TOMCZAK die Leistungsdifferenzierung als eine zur Marktsegmentierung komplementäre Marketingstrategie.[83] Erst durch die anschließende Differenzierung wird die Segmentanalyse implementiert: „market segmentation strategy' usually refers to the use of information about market segments to design a program(s) to appeal to a specific existing segment(s)"[84]. Vor diesem Hintergrund ist das Vorgehen als „segment-based product differentiation"[85] zu bezeichnen. Segmentierung, Zielmarktbestimmung und Positionierung (STP-Modell) beschreiben ein solch sequenzielles Vorgehen innerhalb einer oben beschriebenen segmentbasierten Angebotsdifferenzierung.

4.1 Unterschiedliche Diffenrenzierungsintensitäten

Die in der Literatur weit verbreitete Darstellung dieses normativen Segmentierungsmodells impliziert jedoch einen totalitären Ansatz. Hierbei wird grundsätzlich davon ausgegangen, dass für eine identifizierte Zielgruppe eine eigenständige Positionierung sowie basierend darauf ein spezifischer Marketing-Mix ent-

---

[81] Das STP-Modell beschreibt eine segmentbasierte Angebotsdifferenzierung durch die Abfolge Segmentierung, Zielmarktbestimmung und Positionierung.
[82] Vgl. Day 1990, S. 98 ff.; vgl. Cravens/Piercy 2003, S. 117 ff.
[83] Vgl. Belz 1995, S. 44 ff. und Belz 2002, S. 31: BELZ fordert analog zum allgemeinen Marketing gezielte Marketingkonzepte für die definierten Segmente; vgl. Cravens/Piercy 2003, S. 116 ff.; vgl. Dalrymple/Parsons 1983, S. 230 ff.; vgl. Hughes 1978, S. 130 ff.; vgl. Kotler/Bliemel 2001, S. 415 ff.; vgl. Kuss/Tomczak 2002, S. 109 u. S. 203: Der Marketing-Mix setzt die Positionierungsstrategie – hier insbesondere das Element „Strategie-Feld" (Zielgruppen) – um.
[84] Dickson/Ginter 1987, S. 6.
[85] Vgl. Dickson/Ginter 1987, S. 7 f.

worfen wird. Wie hier aufgezeigt wird, eröffnet hingegen eine nuancierte Vorgehensweise einen viel größeren Handlungsspielraum für Anbieter, den Kunden dazu zu bewegen, erstmalig bei ihnen einen Kauf zu tätigen. Um die Abstufung alternativer Maßnahmen zu beschreiben wird fortan der Begriff der „Differenzierungsintensität" verwendet. Damit soll die Tatsache umschrieben werden, dass ein Anbieter unterschiedlich tief in die Positionierung und den Marketing-Mix eingreifen kann, um eine neue Zielgruppe zu erschließen.[86] So stellt bspw. die Überprüfung eines bestehenden kommunikativen Auftritts hinsichtlich neuer Zielgruppen eine sehr geringe Differenzierungsintensität dar; demgegenüber entspricht eine Neupositionierung der maximalen Differenzierungsintensität. Nachfolgend wird die Notwendigkeit einer solch differenzierten Vorgehensweise begründet und es werden alternative Differenzierungsintensitäten erörtert.

4.1.1 Begründung unterschiedlicher Differenzierungsintensitäten

Für Anbieter können grundsätzlich verschiedene Gründe ein abgestuftes Vorgehen indizieren:

Neue oder zusätzliche Zielgruppen können relativ *kleine Segmentgrößen* aufweisen. Dieser Umstand trifft insbesondere auch auf Diversity-Zielgruppen zu. YOUNG/OTT/FEIGIN gehen davon aus, dass sich ein Marketing für kleine Segmente aus ökonomischen Überlegungen nicht lohnt, weil der Aufwand für eine eigenständige Positionierung und instrumentelle Umsetzung nicht in einem angemessenen Verhältnis zur Ertragskraft des Segments steht.[87] Eine geringe Differenzierungsintensität kann hier jedoch den finanziellen Aufwand minimieren und dadurch die Profitabilität der Neukundenakquisition erhöhen.

Neue Zielgruppen können im Segmentportfolio eines Anbieters *„ergänzenden Charakter"* haben. Sie stellen in der Form einen Nebenschauplatz dar, und sind nicht Hauptfokus der Kundenbewirtschaftung. Diese marginale Aufmerksamkeit spiegelt sich auch im Marketingbudget wider, das für diese Zielgruppen zur Verfügung steht. Eine eigenständige Positionierung ist in diesen Fällen nicht realisierbar.

Über zukünftige Entwicklungsperspektiven einzelner Segmente herrscht oft *Unsicherheit*. Will sich ein Anbieter dennoch frühzeitig in einem Segment etablieren, so kann dies – auch vor dem Hintergrund der oben geschilderten Profita-

---

[86] Vgl. Koch et al. 2003, S. 38; vgl. Tomczak/Schmid/Schögel/Koch 2003, S. 82.
[87] Vgl. Young/Ott/Feigin 1978, S. 405.

Akquisition von Diversity-Zielgruppen

bilität – in einem ersten Schritt durch einen reduzierten Eingriff ins Marketing erfolgen.

Kundenpotenziale können dadurch erschlossen werden, indem *zielgruppenspezifische Kaufbarrieren reduziert* werden und dadurch der „*market pull*" besser ausgeschöpft wird. Solche Anpassungen betreffen oft nur Details und erfolgen daher auf einer geringen Differenzierungsintensität.

Für die integrierte Betrachtung der Kundenpotenziale sind vor allem zwei Gründe evident:

Die instrumentelle Ausrichtung auf neue Zielgruppen kann *negative Rückwirkungen auf die bestehende Kernzielgruppe* auslösen. Durch einen differenzierten Einsatz der Instrumente können solche Wechselwirkungen jedoch minimiert werden. Bspw. reduziert eine für die Kernzielgruppe weitgehend unsichtbare Kommunikation die potenziellen Wechselwirkungen.

Damit eng verknüpft ist die Frage nach der *Positionierungsrelevanz*[88] *einer Zielgruppe*. Bspw. definieren sich die Markenimages demonstrativer Konsumgüter auch über deren Verwender. RIES/TROUT formulieren dies treffend: „Was ist der Unterschied zwischen einem BMW und einem Mercedes? Der Unterschied liegt nicht beim Auto; er liegt beim Fahrer"[89]. Eine Kernzielgruppe ist daher für die Markenpositionierung relevant; Positionierung und Marketing-Mix müssen deshalb umfassend danach ausgerichtet werden. Demgegenüber existieren zahlreiche weitere Zielgruppen, die für die Marke jedoch nicht positionierungsrelevant sind. Diese können somit auf geringer Differenzierungsintensität mit einzelnen Instrumenten – bspw. durch zielgruppenspezifische below-the-line Kommunikation – erschlossen werden.

Nachfolgend wird beschrieben, mit welchen Akquisitionsmaßnahmen das Marketing auf unterschiedlichen Differenzierungsintensitäten neue Zielgruppen bearbeiten kann, wobei mit der geringsten Differenzierungsintensität begonnen wird.

---

[88] Vgl. Gröppel-Klein 2001, S. 543; vgl. Kotler/Bliemel 2001, S. 474; vgl. Tomczak/Roosdorp 1996, S. 26: Unter Positionierung versteht man die aktive Planung, Gestaltung und Kontrolle der Aussenwahrnehmung von Unternehmenseinheiten wie z.B. einer Marke basierend auf dem Marketing-Mix. Die Positionierung stellt daher die Leitidee für die Ausgestaltung des Marketing-Mix dar. Positionierungsrelevant ist eine Maßnahme somit dann, wenn sie die Aussenwahrnehmung bewusst gestalten soll (z.B. i.S. der Planung) oder aber diese verändert (z.B. i.S. der Kontrolle).
[89] Ries/Trout 1990, S. 88.

4.1.2 Formen der Akquisition von Diversity-Zielgruppen in unterschiedlichen Differenzierungsintensitäten

Die Akquisitionsformen lassen sich nach unterschiedlicher Intensität der Differenzierungsmaßnahmen grob in drei Gruppen unterteilen:

Instrumenten-Audit hinsichtlich spezifischer Zielgruppen: Durch die konsequente Ausrichtung auf die Kernzielgruppe bspw. in Forschung und Entwicklung oder in der Kommunikation können sich für andere Zielgruppen unbewusst Kaufbarrieren entwickeln. Anhand eines Audits der Marketing-Instrumente wird überprüft, ob durch die derzeitige Ausgestaltung des Marketing-Mix spezifische Zielgruppen – und somit potenzielle Kunden – ungewollt ausgegrenzt werden. Andere Zielgruppen können sich zwar durch die Ausrichtung des Marketing auf die Kernzielgruppe angesprochen fühlen, sich in wesentlichen kaufverhaltensrelevanten Kriterien jedoch von dieser unterscheiden. Daher gilt es diese Kriterien zu identifizieren und in der Folge allfällige Kaufbarrieren sinnvoll zu reduzieren.

Seit 1999 betreibt die Berlin Tourismus Marketing Gesellschaft ein gezieltes Gay-Marketing – u.a. auch durch aktive Unterstützung des amtierenden Bürgermeisters Klaus Wowereit. Und dies nicht ohne Grund - Schätzungen gehen davon aus, dass allein aus den USA jährlich 1,2 Mio. Homosexuelle eine Reise nach Europa antreten. Im Jahr 2000 wurden anlässlich des Christopher Street Day erstmalig Dienstleistungskomponenten auf ihre „gay-freundlichkeit" hin überprüft. So wurde das Callcenter von Berlin Tourismus spezifisch hinsichtlich der Bedürfnisse von homosexuellen Reisenden geschult: An den Telefonen des Callcenters saßen Experten, die wussten, in welchen Hotels schwule Paare keinen Anstoß erregen. Lesbische Touristinnen konnten informiert werden, wo sie Frauencafés finden und welche Galerien ausschließlich Werke von Künstlerinnen ausstellen. Des Weiteren wurden für Hoteliers Workshops angeboten, bei denen diese Ratschläge für den Umgang mit homosexuellen Gästen erhielten.[90]

Eingriffe in das Marketing, die auf Grund eines solchen Audits erfolgen, sind i.d.R. nicht weitreichend und weisen daher eine geringe Differenzierungsintensität auf. Dennoch können diese marginalen Anpassungen effektiv sein, indem der „market pull" besser ausgenutzt wird.

Differenzierung ausgewählter Marketing-Instrumente: Während basierend auf dem Audit nur einzelne Anpassungen am Produkt oder an der Kommunikation vorgenommen werden, geht die Differenzierung ausgewählter Marketing-

---

[90] Vgl. Haak 2000; vgl. Strohmaier 2003; vgl. Oloew 2003; vgl. o.V. 1999.

Akquisition von Diversity-Zielgruppen

Instrumente einen Schritt weiter. Hierbei werden einzelne Komponenten des Marketing-Mix gezielt auf die neu zu akquirierende Zielgruppe ausgerichtet. In diesem Zusammenhang wird derzeit in der Theorie wie auch in der Praxis insbesondere die Kommunikation dominant gewichtet; es werden Gestaltungsempfehlungen entworfen, wie sich Anbieter mit zielgruppenspezifischer Werbung an Senioren, ethnische Minderheiten oder Homosexuelle wenden sollen.[91] Das nachfolgende Beispiel zeigt auf, wie ein Unternehmen mit zielgruppenspezifischer Kommunikation erfolgreich Neukunden akquiriert:

1994 schaltete der Automobilkonzern DaimlerChrysler für die Marke Mercedes-Benz erstmalig Anzeigen in der Deutschlandausgabe der türkischen Tageszeitung Hürriyet und sendete TV-Spots in türkischen Fernsehsendern.[92] Bis ins Jahr 2002 konnte Mercedes-Benz durch diverse zielgruppenspezifische Werbemaßnahmen den Marktanteil bei den Deutschtürken von 7,9% auf 12,7% steigern. Ein Beispiel (Mai 2002): Mit einem eigens für die türkische Klientel produzierten Spot bewirbt Mercedes-Benz die E-Klasse in den türkischen TV-Sendern Kanal D, TRT-Int und TD1. In dem TV-Spot holt ein junger Deutschtürke seinen türkischen Geschäftspartner mit der E-Klasse vom Flughafen ab. Alleine durch die Vorzüge des Fahrzeugs gelingt es ihm, den vorerst zögerlichen Partner von einem Geschäftsabschluss zu überzeugen. Dieser Spot richtet sich in erster Linie an türkische Gewerbetreibende in Deutschland.[93]

Das Beispiel Mercedes-Benz zeigt auf, wie alleine durch die gezielte Kommunikation eine neue Zielgruppe erschlossen werden kann – das Produkt wird im Kern jedoch nicht verändert. Demgegenüber gibt es jedoch Anbieter, die spezifische Bedürfnisse neuer Zielgruppen identifizieren und hierfür gezielt neue Produkte konzipieren. Im Gegensatz zur kommunikativen Differenzierung erhält der Konsument hierbei einen umfassenderen Mehrwert.

Der „hispanic market" ist einer der am schnellsten wachsenden Märkte in den USA. Um die Jahrtausendwende lebten dort rund 30 Mio. Hispanics; Schätzungen gehen davon aus, dass die Zahl bis ins Jahr 2050 auf über 87 Mio. ansteigen wird.[94] Bereits heute leben allein in Los Angeles über 6 Mio. Hispanics.[95] Zahl-

---

[91] Zur Zielgruppe Senioren vgl. Leventhal 1997; vgl. Lewis 1997; vgl. Nielson/Curry 1997; vgl. Szmigin/Carrigan 2000; vgl. Yom/Wilhelm/Beger 2001. Zur Zielgruppe ethnische Minderheiten vgl. Kraus-Weyssser/Ugurdemir-Brincks 2002; vgl. Nwankwo/Lindridge 1998; vgl. Stuber 2003. Zur Zielgruppe Homosexuelle vgl. Fugate 1993; vgl. Stuber 2003.
[92] Vgl. Ebrahimi 2002.
[93] Vgl. Cinar 2002, S. 35.
[94] Vgl. Bristow/Asquith 1999, S. 185.
[95] Vgl. Frey/DeVol 2000, S. 22.

reiche Hispanics senden regelmäßig Geld nach Hause. Die Bank of America hat dieses Bedürfnis aufgegriffen und das Produkt „Safe Send" konzipiert, das es der hispanischen Kundschaft erlaubt, auf sicherem Wege Geld nach Mexiko zu transferieren. Per Telefon, Internet oder am Automaten kann der Kunde Geld auf das Safe-Send-Konto „laden". Innerhalb von Minuten erhalten Familienmitglieder in Mexiko bspw. an einem Geldautomaten Zugang zu diesem Konto.

Eigene Positionierung und selbständiger Marketing-Mix: Der konsequenteste Ansatz ist derjenige einer eigenen Positionierung. Hierbei wird das STP-Modell konsequent umgesetzt, indem für einen Zielmarkt eine eigenständige Positionierung bestimmt wird, die in der Folge die Basis für die konkrete Ausgestaltung des Marketing-Mix darstellt.

Mit der Nivea Line Extension „Nivea Vital" richtet sich das Unternehmen Beiersdorf seit 1994 gezielt an die 50plus Generation. In der rund fünfjährigen Entwicklungszeit dieser Produktelinie stand insbesondere die Zumutbarkeit eines gleichaltrigen Werbegesichts immer wieder zur Debatte. Heute wirbt Nivea Vital erfolgreich mit einem Modell jenseits der 50er mittels Direct Mailings, TV und Printmedien. Innerhalb der ersten drei Jahre eroberte Nivea Vital rund 5% des Gesichtspflegemarktes, in dem jährlich rund 600 Mio. € umgesetzt werden. Mittlerweile umfasst die Vital-Produktpalette für Frauen mit reifer Haut zehn Variationen. Bereits ein halbes Jahr nach Einführung von Nivea Vital erschienen L'Oréal mit Revitalift sowie ein weiteres halbes Jahr später Procter & Gamble mit Oil of Olaz Vitalization auf dem Markt.[96]

Mit zunehmender Differenzierungsintensität nimmt die Sichtbarkeit der Marketingmaßnahmen zu. Während zielgruppenspezifische Maßnahmen, die aus einem Audit hervorgehen, für die Konsumenten weitgehend nicht als solche zu erkennen sind, wird eine eigenständige Positionierung wahrgenommen und mit der entsprechenden Zielgruppe assoziiert. Der Zusammenhang zwischen Differenzierungsintensität und Sichtbarkeit lässt sich wie folgt darstellen:

---

[96] Vgl. Escher 1999; vgl. Fischer/de Paoli 2003; vgl. o.V. 1998; vgl. o.V. 2003.

Akquisition von Diversity-Zielgruppen 237

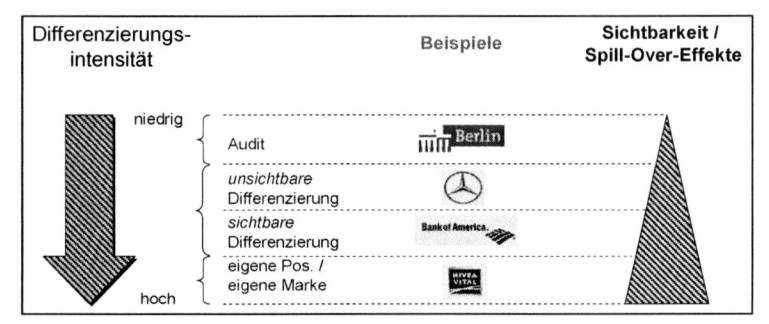

Abbildung 34: Unterschiedliche Differenzierungsintensitäten und Sichtbarkeit der Marketingmaßnahmen

4.2 Management von Spill-Over-Effekten durch den Einsatz unterschiedlicher Differenzierungsintensitäten

Die unterschiedlichen Differenzierungsintensitäten lassen sich in einem Kontinuum von niedrig bis hoch einordnen. Innerhalb dieses Kontinuums ist hinsichtlich des Potenzials von Spill-Over-Effekten insbesondere zu unterscheiden zwischen zielgruppenorientierten Maßnahmen, die für weitere bestehende und potenzielle Kunden sichtbar sind, und solchen, die für diese nicht sichtbar sind – wobei die Sichtbarkeit mit zunehmender Intensität der Differenzierung zunimmt. Ein Audit sowie allfällige Modifikationen an Produkt oder Kommunikation bleiben weitgehend unsichtbar. Bspw. sollen auditbasierte Eingriffe für das Segment der Senioren wie z.B. eine Vergrößerung der Cockpitanzeigen in Autos bei dieser Klientel zwar Kaufbarrieren minimieren, jedoch nicht als Seniorenmarketing wahrgenommen werden. So wird zwar eine Adaption der Anzeigengröße im Fahrzeugcockpit wahrgenommen, es ist für den Kunden jedoch nicht ersichtlich, dass dadurch die physischen Restriktionen älterer Konsumenten berücksichtigt werden. Auch eine zielgruppenspezifische Kommunikation kann so konzipiert sein, dass andere Kundensegmente die Akquisitionsbemühungen nicht wahrnehmen. Dies ist bspw. dann der Fall, wenn ein Anbieter ausschliesslich in Zielgruppenmedien wirbt. Hingegen wird eine öffentliche Kommunikation über Mainstream-Medien, v.a. aber eine eigenständige Positionierung, auch von Konsumenten wahrgenommen, die nicht zum primären Adressatenkreis der Marketingmaßnahme gehören. Daher können solche Instrumente mit hohen Differenzierungsintensitäten stärkere Spill-Over-Effekte generieren, indem sie die Außenwahrnehmung der Marke bzw. deren Positionierung beeinflussen.

Es wurde ebenfalls aufgezeigt, dass verschiedene Unternehmen von der potenziellen Gefahr negativer Spill-Over-Effekte unterschiedlich stark betroffen sind. Produkte des demonstrativen Konsums wie Autos oder Kleidung scheinen stärker betroffen als bspw. Konsumgüter des täglichen Bedarfs. Ebenso nimmt die Gefahr von Wechselwirkungen zu, je größer die mentale Distanz zwischen der zu akquirierenden Diversity-Zielgruppe und der Kernzielgruppe ist. Zudem lassen sich neue Zielgruppen einfacher bei einer breiten Positionierung mit einer größeren Vielfalt innerhalb des Segmentportfolios integrieren.

Grundsätzlich wird davon ausgegangen, dass eine möglichst hohe Differenzierungsintensität erwünscht ist, da mit zunehmender Intensität das Akquisitionspotenzial steigt. Diese Forderung untersteht jedoch der Restriktion, dass gleichzeitig das bestehende Kundenpotenzial erhalten werden muss. Daraus lassen sich für die Ausgestaltung der Akquisitionsmaßnahmen folgende Strategien ableiten:

Eine hohe Differenzierungsintensität zur Akquisition von Diversity-Zielgruppen empfiehlt sich grundsätzlich dann, wenn die mentale Distanz zwischen der Kernzielgruppe und dem zu akquirierenden Kundensegment gering ist und/oder die Unternehmung bzw. die Marke über eine breit ausgelegte Positionierung verfügt.

Eine niedrige Differenzierungsintensität zur Akquisition von Diversity-Zielgruppen empfiehlt sich grundsätzlich dann, wenn die zu verkaufende Leistung eine starke Bedeutung für den demonstrativen Konsum hat und/oder die Positionierung der Produkt- bzw. Unternehmens-Marke sehr eng gefasst ist.

5 Zusammenfassung und Ausblick

Diversity-Zielgruppen erfahren sowohl in der Theorie wie auch in der Praxis eine zunehmende Relevanz. Der Umgang mit diesen Zielgruppen stellt jedoch spezifische Herausforderungen an das Marketing. Die Akquisitionsmaßnahmen selbst müssen sich – dem STP-Ansatz folgend – an der Zielgruppe ausrichten. Wie aufgezeigt wurde, lässt sich der Eingriff in das Marketing jedoch auf unterschiedlichen Differenzierungsintensitäten realisieren. Je tiefer der Eingriff erfolgt, umso stärker wird die Positionierung einer Marke davon betroffen. Integriert man in die Betrachtung die Tatsache, dass ein Unternehmen i.d.R. bereits eine (Kern-)Zielgruppe bewirtschaftet, so stellt sich die Frage, ob die Akquisitionsmaßnahmen Auswirkungen auf die bestehende Kundschaft haben können. Es wurde aufgezeigt, dass Marketingmaßnahmen, welche auf einer niedrigeren Differenzierungsintensität erfolgen, und somit eine geringere Positionierungsrelevanz aufweisen, die Gefahr potenzieller, negativer Rückwirkungen auf die Kernzielgruppe verringern.

Die Diversity der Märkte wird sich in Europa noch verstärken. Es ist offensichtlich, dass das Marketing der zunehmenden Dynamik auf Marktseite auch eine entsprechende unternehmensseitige Flexibilität und Agilität gegenüberstellen muss, um zeitnah Marktpotenziale erschließen und pflegen zu können. Für die Unternehmen gilt es daher, die Komplexität der neuen Vielfalt zu erfassen und ihr strategisches und operatives Marketing diesbezüglich zu überprüfen.

6 Literatur

Alsop, Ronald (1999): Are gay people more affluent than others? Advertisers say yes, citing surveys, but activists call data overstated, harmful, in: The Wall Street Journal vom 30. Dezember 1999.

Banister, Emma N./Hogg, Margaret K. (2001): Mapping the negative self: from 'so not me' ...to 'just not me', in: Advances in Consumer Research, 28 242-248.

Bauer, Hans H. (1988): Marktstagnation als Herausforderung für das Marketing, in: Zeitschrift für Betriebswirtschaft, 58 (10), 1052-1071.

BBDO (2001): Der schwule Konsument, Düsseldorf: BBDO Consulting.

Bearden, William O./Etzel, Michael J. (1982): Reference group influence on product and brand purchase decision, in: Journal of Consumer Research, 9 (September), 183-194.

Beck-Gernsheim, Elisabeth (1998): Was kommt nach der Familie? Einblicke in neue Lebensformen, München: Beck.

Belk, Russel W./Costa, Janeen Arnold (1998): The Mountain Man Myth: A Contemporary Consuming Fantasy, in: Journal of Consumer Research, 25 (December), 218-240.

Belz, Christian (1995): Dynamische Marktsegmentierung, St. Gallen: Verlag Thexis.

Belz, Christian (1998): Kundenakquisition, in: Belz, Christian (Hrsg.): Akzente im innovativen Marketing, St. Gallen: Thexis, 277-280.

Belz, Christian (1999): Marketing-Umfeld: Kritik, Ökologie, Technologie I & II, St. Gallen, Skript.

Belz, Christian (2002): Marketing Update 2005 - Akzente im innovativen Marketing, St. Gallen: Thexis.

Brandenberger, Jürg (2003): Die Entdeckung der Senioren, in: persönlich, Februar 50-54.

Brewster, Karin L./Padavic, Irene (2000): Change in Gender -Ideology, 1977-1996: The Contributions of Intracohort Change and Population Turnover, in: Journal of Mariage and the Family, 62 (May), 477-487.

Bristow, Dennis N./Asquith, Jo Ann L. (1999): What's in a name? An intracultural investigation of Hispanic and Anglo consumer preferences and the importance of brand name, in: Journal of Product & Brand Management, 8 (3), 185-203.

Brown, Stephen (1993): Postmodern Marketing?, in: European Journal of Marketing, 27 (4), 19-34.

Bruhn, Manfred/Homburg, Christian (2001): Gabler Marketing Lexikon, Wiesbaden: Gabler.

Bundesamt für Statistik (1996): Bevölkerung und Gesellschaft im Wandel, Bern: Bundesamt für Statistik.

Bundesamt für Statistik (2002a): Auf dem Weg zur Gleichstellung?, Bundesamt für Statistik http://www.statistik.admin.ch/stat_ch/ber20/thema/dtfr16.htm Zugriff: 27. November 2003.

Bundesamt für Statistik (2002b): Ein Drittel der Schweizer Bevölkerung sind Migranten oder Nachkommen von Migranten, Neuchâtel: Bundesamt für Statistik.

Bundesamt für Statistik (2002c): Jüngste Entwicklungen an den Schweizer Hochschulen. Universitäten und Fachhochschulen – eine gelungene Integration?, Neuchâtel: Bundesamt für Statistik.

Bundesamt für Statistik (2003a): Deutliche Zunahme der Erwerbsbevölkerung, Neuchâtel: Bundesamt für Statistik.

Bundesamt für Statistik (2003b): Neue Herausforderungen durch demographischen Wandel, Neuchâtel: Bundesamt für Statistik.

Bundesamt für Statistik (2003c): Statweb, Bundesamt für Statistik http://www.statweb.admin.ch/statwebd/wih3681.html, Zugriff: 26. November 2003.

Cinar, Mitat (2002): Mercedes-Benz E-Klasse spricht türkisch, in: Direkt Marketing, (8), 35.

Cinar, Mitat (2003): Ethnospezifisches Marketing für Deutschtürken - Probleme und Chancen, in: Thexis Fachzeitschrift für Marketing, 20 (4), 24-30.

Cova, Bernard (1996): The Postmodern Explained To Managers: Implications For Marketing, in: Business Horizons, (November-December), 15-23.

Cova, Bernard (1997): Community and consumption - Towards a definition of the "linking value" of product or services, in: European Journal of Marketing, 31 (3/4), 297-316.

Cova, Bernard/Cova, Véronique (2001): Tribal aspects of postmodern consumption research: The case of French in-line roller skaters, in: Journal of Consumer Behaviour, 1 (1), 67-76.

Cravens, David W./Piercy, Nigel F. (2003): Strategic Marketing, Boston, Mass.: McGraw-Hill/Irwin.

Dalrymple, Douglas J./Parsons, Leonard J. (1983): Marketing Management, New York: John Wiley & Sons.

Day, George S. (1990): Market driven strategy, New York: Free Press.

Dickson, Peter R./Ginter, James L. (1987): Market Segmentation, Product Differentiation, and Marketing Strategy, in: Journal of Marketing, 51 (April), 1-10.

Dychtwald, Maddy Kent (1997): Marketplace 2000: riding the wave of population change, in: Journal of consumer Marketing, 14 (4), 271-275.

Ebrahimi, Nava (2002): Hosgeldiniz - Marketingexperten entdecken Deutschtürken, Financial Times Deutschland http://www.ftd.de/ub/di/1031581519674.html?nv=se, Zugriff: 16. Dezember 2003.

Economiesuisse (2002): Gesellschaftliche Alterung - eine demographische Herausforderung, Zürich: Verband der Schweizer Unternehmen.

Escher, Sandra (1999): Keine Lust auf Faulenzen - marketing, in: Handelszeitung vom 17. Februar 1999.

Feinberg, Fred M./Krishna, Aradhna/Zhang, Z. John (2002): Do we care what others get?, in: Journal of Marketing Research, 39 (August), 277-291.

Firat, A. Fuat (1991): The Consumer in Postmodernity, in: Advances in Consumer Research, 18 70-76.

Firat, A. Fuat/Dholakia, Nikhilesh/Venkatesh, Alladi (1995): Marketing in a postmodern world, in: European Journal of Marketing, 29 (1), 40-56.

Firat, A. Fuat/Shultz II, Clifford J. (1997): From segmentation to fragmentation - Markets and marketing strategy in the postmodern era, in: European Journal of Marketing, 31 (3/4), 183-207.

Firat, A. Fuat/Venkatesh, Alladi (1995): Liberatory Postmodernism and the Reenchantment of Consumption, in: Journal of Consumer Research, 22 (December), 239-267.

Fischer, Oliver/de Paoli, Nicola (2003): Beiersdorf-Chef liebäugelt mit Expansion in neue Segmente, in: Financial Times Deutschland vom 22. September 2003.

Frey, William H./DeVol, Ross C. (2000): America's demography in the new century: aging baby boomers and new immigrants as major players, Santa Monica, California: Milken Institute.

Fugate, Douglas L. (1993): Evaluating the US Male Homosexual and Lesbian Population as a Viable Target Market Segment, in: Journal of consumer Marketing, 10 (4), 46-57.

Galler, Heinz P./Ott, Notburga (1993): Empirische Haushaltsforschung: Erhebungskonzepte und Analyseansätze angesichts neuer Lebensformen, Frankfurt am Main: Campus.

General Motors (2003): GM Diversity Awards, General Motors http://www.gm.com/company/gmability/diversity/awards/index.html, Zugriff: 3. Dezember.

GfK (2002): 50plus 2002 - Eine Studie der GfK Marktforschung, Nürnberg: GfK Marktforschung.

Grier, Sonya A./Brumbaugh, Anne M. (1999): Noticing Cultural Differences: Ad Meanings Created by Target and Non-Target Markets, in: Journal of Advertising, 28 (1), 79-93.

Gröppel-Klein, Andrea (2001): Positionierung, in: Bruhn, Manfred/Homburg, Christian (Hrsg.): Gabler Marketing Lexikon, Wiesbaden: Gabler, 543.

Gross, Peter (1994): Die Multioptionsgesellschaft, Frankfurt am Main: Suhrkamp.

Grubb, Edward L./Grathwhohl, Harrison L. (1967): Consumer self-concept, symbolism, and market behavior: a theoretical approach, in: Journal of Marketing, 31 (October), 22-27.

Haak, Julia (2000): Hand in Hand durch die Hotel-Lobby - Wie Berlin um homosexuelle Touristen wirbt, in: Berliner Zeitung vom 23. Juni 2000.

Harrigan, Kathryn Rudie (1980): Strategies for declining businesses, Massachusetts: Lexington.

Haslop, Craig/Hill, Helene/Schmidt, Ruth A. (1998): The gay lifestyle - spaces for a subculture of consumption, in: Marketing Intelligence & Planning, 16 (5), 318-326.

Hewitt, Christopher (1998): Homosexual Demography: Implications for the Spread of AIDS, in: The Journal of Sex Research, 35 (4), 390-396.

Hock, Eva-Maria/Bader, Bruni (2001): Kauf- und Konsumverhalten der 55plus-Generation, St. Gallen: Thexis.

Hughes, G. David (1978): Marketing Management: A Planning Approach, Reading, MA: Addison-Wesley Publishing Company.

Kaufman-Scarborough, Carol (2000): Asian-American consumers as a unique market segment: fact or fallacy?, in: Journal of consumer Marketing, 17 (3), 249-262.

Keller, Claudia (2000): Zielgruppe Türken - Die neue Pflege des türkischen Publikums, Tagesspiegel http://www2.tagesspiegel.de/archiv/2000/11/04/ ak-wi-un-15229.html, Zugriff: 24. September 2002.

Knapp, Gudrun-Axeli (2001): Dezentriert und viel riskiert: Anmerkungen zur These vom Bedeutungsverlust der Kategorie Geschlecht, in: Knapp, Gudrun-Axeli/Wetterer, Angelika (Hrsg.): Soziale Verortung der Geschlechter: Gesellschaftstheorie und feministische Kritik, Münster: Westfälisches Dampfboot, 15-62.

Koch, Markus/Schögel, Marcus/Tomczak, Torsten (2003): Akquisition neuer Zielgruppen: Management potenzieller Rückwirkungen auf die Kernzielgruppe, in: Thexis Fachzeitschrift für Marketing, 20 (4), 36-39.

Kölzer, Brigitte (1995): Senioren als Zielgruppe: Kundenorientierung im Handel, Dissertation Auflage, Wiesbaden: Deutscher Universitäts-Verlag.

Kotler, Philip/Bliemel, Friedhelm (2001): Marketing-Management: Analyse, Planung, Umsetzung und Steuerung, Stuttgart: Schäffer-Poeschel.

Kraus-Weysser, Folker/Ugurdemir-Brincks, B. Natalie (2002): Ethno-Marketing: türkische Zielgruppen verstehen und gewinnen, München: Moderne Industrie.

Kroeber-Riel, Werner/Weinberg, Peter (1999): Konsumentenverhalten, München: Vahlen.

Krüger, Helga (2001): Gesellschaftsanalyse: der Institutionenansatz in der Geschlechterforschung, in: Knapp, Gudrun-Axeli/Wetterer, Angelika (Hrsg.): Soziale Verortung der Geschlechter: Gesellschaftstheorie und feministische Kritik, Münster: Westfälisches Dampfboot, 63-90.

Kumar, Sonal (2002): Target Exotic. Marketing to cultural Niche Groups., München: BMW Group GM-I-1.

Kuss, Alfred/Tomczak, Torsten (2002): Marketingplanung, Wiesbaden: Gabler.

Leventhal, Richard C. (1997): Aging consumers and their effects on the marketplace, in: Journal of consumer Marketing, 14 (4), 276-281.

Levy, Sidney J. (1959): Symbols for sales, in: Harvard Business Review, 37 (4), 117-124.

Lewis, Herschell Gordon (1997): Seniorenmarketing: die besten Werbe- und Verkaufskonzepte, Landsberg am Lech: Moderne Industrie.

Lieberman, Marvin B./Montgomery, David B. (1988): First-Mover Advantages, in: Strategic Management Journal, 9 41-58.

Lonsdale (2003): When did Lonsdale move out of the ring and into sportswear?, Lonsdale London http://www.lonsdale.com/, Zugriff: 18. Dezember 2003.

Lukenbill, Grant (1995): Untold Millions, New York: Harper Business.

Mathes, E. W./Brennan, S. M./Haugen, P. M./Rice, H. B. (1985): Ratings of Physical Attractiveness as a Function of Age, in: Journal of Social Psychology, 125 (2), 157-168.

Mazis, M. B./Ringold, D. J./Elgin, S. P./Denman, D. W. (1992): Perceived Age and Attractiveness of Models in Cigarette Advertisements, in: Journal of Marketing, 56 22-37.

Miller, Cyndee (1990): Gays are affluent but often overlooked market, in: Marketing News, December (24), 2.

Moschis, George P./Lee, Euehun/Mathur, Anil (1997): Targeting the mature market: opportunities and challenges, in: Journal of consumer Marketing, 14 (4), 282-293.

Nielson, John/Curry, Kathy (1997): Creative strategies for connecting with mature individuals, in: Journal of consumer Marketing, 14 (4), 310-322.

Nwankwo, Sonny/Lindridge, Andrew (1998): Marketing to ethnic minorities in Britain, in: Journal of Marketing Practice: Applied Marketing Science, 4 (7), 200-216.

Oloew, Matthias (2003): Kommt nach Berlin! Warum Wowereit am 1. Mai in den USA um Homo-Touristen wirbt, in: Tagesspiegel vom 2. Mai 2003.

o.V. (1998): Werbung - Über 50jährige - finanzstarke Zielgruppe - Quadratur der Greise, in: Der Spiegel vom 11. April 1998.

o.V. (1999): Berlin wirbt um Homosexuelle, in: Frankfurter Allgemeine Zeitung vom 9. Dezember 1999.

o.V. (2002a): Der Nazis neue Kleider, in: Antifaschistisches Infoblatt, 55 (1), 14-16.

o.V. (2002b): Mitten im Leben, in: Lebensmittel Zeitung vom 3. Mai.

o.V. (2002c): A survey of migration, in: The Economist, 365 (8297), 2-16.

o.V. (2003): 50plus offen und kaufkräftig, in: persönlich, Februar 53.

Ries, Al/Trout, Jack (1990): Marketing fängt beim Kunden an: Taktik geht vor Strategie (Bottom-up Marketing), Frankfurt: Campus.

Schaaff, Herbert (1990): Sättigung und Stagnation aus betriebs- und volkswirtschaftlicher Sicht, in: Wirtschaftswissenschaftliches Studium, 19 (3), 123-128.

Schneider, Norbert F./Rosenkranz, Doris/Limmer, Ruth (1998): Nichtkonventionelle Lebensformen, Opladen: Leske + Budrich.

Schouten, John W./McAlexander, James H. (1995): Subcultures of Consumption: An Ethnography of the New Bikers, in: Journal of Consumer Research, 22 (June), 43-61.

Schultheis, Franz/Böhmler, Daniela (1998): Einleitung: Fortsetzungsfamilien - ein Stiefkind der deutschsprachigen Familienforschung, in: Meulders-Klein, Marie-Thérèse/Irène, Théry (Hrsg.): Fortsetzungsfamilien - Neue familiale Lebensformen in pluridisziplinärer Betrachtung, Konstanz: UVK, 7-18.

Scott, Jacqueline (1997): Patterns of Change in Gender-Role Attitudes, in: Dench, Geoff (Hrsg.): Rewriting the Sexual Contract, London: Institute of Community Studies, 126-140.

Sirgy, M. Joseph (1982): Self-concept in consumer behavior: a critical review, in: Journal of Consumer Research, 9 (Dezember), 287-300.

Strohmaier, Brenda (2003): Von der Randgruppe zur Zielgruppe - Schwule und Lesben sind umworben - nicht nur beim CSD, in: Berliner Zeitung vom 28. Juni.

Stuber, Michael (2002): Tourism marketing aimed at gay men and lesbians: a business perspective, in: Clift, Stephen/Luongo, Michael/Callister, Carry (Hrsg.): Gay Tourism: culture, identity and sex, London: Continuum, 88-124.

Stuber, Michael (2003): Diversity Marketing - Eine Lösung des (scheinbaren) Widerspruchs zwischen Massen- und Individualmarketing, in: Thexis Fachzeitschrift für Marketing, 20 (4), 31-35.

Szmigin, Isabelle/Carrigan, Marylyn (2000): Does advertising in the UK need older models?, in: Journal of Product & Brand Management, 9 (2), 128-143.

Szmigin, Isabelle/Carrigan, Marylyn (2001): Learning to love the older consumer, in: Journal of Consumer Behaviour, 1 (1), 22-34.

Tomczak, Torsten/Reinecke, Sven (1996): Der aufgabenorientierte Ansatz - Eine neue Perspektive für das Marketing, St. Gallen: Thexis.

Tomczak, Torsten/Roosdorp, Alexander (1996): Positionierung - Neue Herausforderungen verlangen neue Ansätze, in: Tomczak, Torsten/Rudolph, Thomas/Roosdorp, Alexander (Hrsg.): Positionierung - Kernentscheidung des Marketing, St.Gallen: Thexis, 26-42.

Tomczak, Torsten/Schmid, Kurt/Schögel, Marcus/Koch, Markus (2003): New Diversity, in: persönlich, (Dezember), 80-82.

Wadlinger, Christoph (2002): Fokus Junge Alte, in: W&V compact, Februar (8), 6-15.

Yom, Miriam/Wilhelm, Thorsten H./Beger, Dorit (2001): Seniorengerechte Website-Gestaltung - Erkenntnisse aus der Web-Usability-Forschung, in: planung & analyse, (6), 22-25.

Young, Shirley/Ott, Leland/Feigin, Barbara (1978): Some Practical Considerations in Market Segmentation, in: Journal of Marketing Research, XV (August), 405-412.

D Interkulturelle Aspekte von Diversity-Management

Critical Multicultural Team Situations: The Role of 'Anger'

*Gerd Reisigl, Christine Vallaster**

Inhalt

1 Introduction 250
2 The role of emotions in critical multicultural team situations 252
3 Research methodology 254
4 Research Results 258
5 Discussion 261
6 Implications for practice and future research 265
7 References 267

---

* Gerd Reisigl, University of Innsbruck, Department of Value Process Management/Marketing, Universitätsstrasse 15, 6020 Innsbruck / Austria.
Ph. D. Christine Vallaster, Please use for correspondence: Research fellow Alexander von Humboldt, affiliated with Marketing Department, University of Giessen, Königstrasse 9, 53113 Bonn / Germany, fon: 0049 228 912 5626, e-mail: christine.vallaster@uibk.ac.at.

> "Human emotions are not like tones, which can optionally be formed out of the ground colours, but emotions are to consider rather like paintings, each apart transporting a special meaning. In fact ultimately each painting is a complex mixture of ground colours – to reduce the paintings on the ground colours, however, would miss their special declarative content totally."[1]

1 Introduction

The composition of teams is becoming increasingly culturally diverse, foremost as a result of international business and globalisation. We view culture as "a complex, abstract, and pervasive matrix of social elements which functions as an all-encompassing form or pattern for living by laying out a predictable world in which an individual is firmly oriented"[2]. Consequently, when getting in contact with people from a different culture or ethnic background inadequate behaviours may be caused[3].

It is frequently suggested that developing the capacity to create and sustain the successful operation of global teams is the business challenge of the twenty-first century[4]. However, the influence of culture is often misunderstood and/or underestimated. For instance, when announcing the strategic alliance with the Italian airline Alitalia some years ago, the president of KLM was asked if he expected any cultural problems. The interviewed person was recorded as saying: "No I don't, because Dutch people like Italian food and Italians like Dutch footballplayers"[5]. This sloppily formulated statement, amongst other misunderstandings, jeopardized the entire alliance. Also, since their merger in 1998, the problems of Daimler Chrysler do not only originate from unfavourable economic conditions but has furthermore a cultural aspect of failure[6].

Research on the effectiveness of culturally homogeneous versus heterogeneous teams has provoked contradictory results. For instance, Kirchmeyer (1993) and Milliken and Martins (1996) argue that culturally-diverse teams produce a wider range of perspectives and alternatives when it comes to solving unstructured and complex tasks. Studies provide empirical support that team solutions tend to be more innovative, creative and manifold as they confront the task from different

---

[1] Averill and Nunley 1993, as cited in Holodynsik and Friedlmeier 1999, p. 8.
[2] Porter and Samovar 1994, p. 11.
[3] Kirchmeyer 1993.
[4] O'Hara-Devereaux and Johansen 1994.
[5] Hofstede 2001, ol.
[6] Der Spiegel 2001.

perspectives with a more critical viewpoint than culturally homogeneous teams[7]. Different positive emotions like happiness, pride, satisfaction, or joy[8] may arise.

On the other hand, in culturally diverse groups there tend to occur more interpersonal problems due to culturally-different behaviour and communication styles if compared to culturally heterogeneous groups[9]. For instance, disagreement due to different meanings that individuals attach to information or communicative barriers[10] may result in destructive conversation characterized by deception, intrigue, manipulation and coercion, to which individuals may react with anger, frustration, inner seclusion and de-motivation. To a large extent, these emotional reactions are elicited by events that dissatisfy some motive or demonstrate the unsuccessful exercise of one's capabilities[11].

Emotions have long been considered as elusive, disturbing, irrational, objectively difficult to define, and thus, not acceptable to study. Only in recent years, the relevance of researching emotions within an organisational context has received increasing attention[12]. Researching the influence of culture on emotion development has provoked contrasting results. For instance, although 'anger' is considered as universally experienced emotion by some authors[13], others such as Wierzbicka (1994) posit some evidence that the causes, the expression, and the behaviour which follows 'anger' are culturally influenced.

This paper aims to contribute to a better understanding as regards the culturally-influenced antecedents of 'anger' as well as the resulting behavioural consequences in multicultural team settings. We open the article by looking at the complex construct of 'emotion' and its development. Literature on the influence of culture on emotions is reviewed. Subsequently, the data gained from a qualitative research study undertaken in a South Tyrolean team setting (Italian nationality) consisting of twelve ethnic German speaking and nine ethnic Italian speaking team members is presented. The discussion focuses on revealing detected culturally-related similarities and differences in antecedents and consequences of 'anger', couching major statements into the existing body of literature. Finally, we conclude with managerial implications and future research directions.

---

[7] e.g. Kirchmeyer 1993, Milliken and Martins 1996.
[8] Mayer 1993.
[9] Kirchmeyer 1993.
[10] Larkey 1996.
[11] Frijda 1988.
[12] e.g. Ashkanasy 2002, Ashkanasy, Härtel and Zerbe 2000.
[13] e.g. Ekman, 1984, p. 93.

2 The role of emotions in critical multicultural team situations

Emotion – a complex construct

In moments of success and conflict, emotions play an important role during the social interaction within the multicultural team. For example, when successfully solving a complex problem as a team, strong emotions like happiness, pride or satisfaction[14] may arise. In conflicting situations, negative emotions such as anger[15] may develop, ultimately leading to dissatisfaction, which in turn may provoke behaviour that strenuously impacts the social relationship between group members[16].

Emotion is a complex construct. Emotion is in contrast to *attitude* (the mental representation of a valenced judgment), *affect* (a general feeling state signified by arousal), and *mood* (a general, diffuse feeling state that is temporary)[17].

Emotion is a specific form of affect that is of short duration and directed at a specific object. It is also characterized by such features as action tendencies[18], bodily symptoms[19] and facial expressions[20].

Contemporary theories of emotion are largely cognitive appraisal theories. Cognitive appraisal theories assert that emotions arise from processes of interpretation of stimuli whether those stimuli are events, actors or objects[21]. At the heart of prevailing theories of emotion is the idea that appraisal of a stimulus is made with respect to the implications of the stimulus event for the appraiser's wellbeing[22]. A simple description suggests that 1) event stimuli are appraised relative to goals, 2) actors are appraised relative to one's standards of behaviour, and 3) the stimuli containing the attributes of objects are appraised with respect to one's attitudes and tastes[23]. Appraisals address salient goals (or established standards

---

[14] Heckhausen 1980.
[15] Bänninger, Peham and Juen 2002.
[16] Milliken and Martins 1996.
[17] Forgas 1995, Forgas 2000a.
[18] Frijda, Kuipers and ter Schure 1989.
[19] Plutchik 1994.
[20] Izard 1977.
[21] Frijda 1988, Ortony, Clore and Collins 1988, Lazarus 1991, Plutchik 1994, Elster 2001.
[22] Frijda 1988, Lazarus 1991, Plutchik 1994, Elster 2001.
[23] Forgas 2000, Ortony, Clore and Collins 1988.

of behaviour or existing attitudes and tastes), firmly embedding an emotional experience in the existing network of situational and cognitive knowledge[24].

Lazarus (1982) states that emotions are not understandable without referring to the kind and manner of how human beings form their relationship with their environment. Hence, the question whether emotions are individually or socially constructed reveals to be important. While some authors[25] consider emotions as a private occurrence of an individual, authors like Kitayama and Markus (1994) set priorities on the social part of emotions. They regard emotions as social events because they are recognised by others, i.e. emotions affect interpersonal relationships and, in turn evoke responses from others that also affect the relationship from their side[26]. Matsumoto (2001) tries to integrate these two concepts, considering the social as well as personal meaning of emotion. He contends that there is a need to know what role emotion plays in creating, maintaining, or destroying interpersonal relationships, and how these processes are similar or different across cultures.

The influence of culture

The question of whether emotions are culture-specific or universal enjoys increasing attention. There is ample work that aims to identify cultural universals. Specific, universal emotions are few. Anger, disgust, fear, happiness, sadness and surprise comprise the list offered by Hejmadi, Davidson and Razin (2000). Wierzbicka (1999) posits that the universal emotions include "fear-like," "anger-like," "shame-like," and "love-like" feelings, which is an incomplete overlap with Matsumoto (1989). Research has documented underlying dimensions that are universal[27] but even the positive and negative valances for feeling emotion do not hold across cultures. The kind and manner of how human beings feel emotions in a situation is not simply "natural", but has in many ways a cultural code. This code is becoming clear in concrete scenes of social interaction[28]. For instance, the traditional societal values of Japan tend to prevent an explicit expression of 'anger', i.e. *ikari/hara* controls emotional behaviour to a greater extent if contrasted to 'anger' expression in Western societies[29]. Emotions can therefore be seen as having a basic core with a softer, more pliable covering provided by

---

[24] Ortony, Clore and Collins 1988.
[25] e.g. Shelp and Kemmler 1988.
[26] Gerhards 1988, Kitayama and Markus 1994.
[27] e.g. Osgood, May and Miron 1975 - evaluation, activity, and potency.
[28] Vester 1991.
[29] Kövecses 2000.

culture and individual experience[30] and linked with it there are emotional feeling rules, display rules and expressional differences throughout the cultures[31], which make a comprehensive understanding of antecedents and consequences of emotions in multicultural teams more complicated.

3 Research methodology

The research project was guided by the following research questions:

- In which multicultural team situations does the emotion 'anger' arise?
- Which are the antecedents of 'anger' in multicultural team settings, and what is the behaviour that follows?

The Autonomous Province Bolzano, the most Northern Province of Italy (South Tyrol), was chosen as an ideal research location. As of October 2001, the population accounts for a about 26% ethnic Italian speaking people, 68% of ethnic German speaking people, 4% Latin speaking, and 2% of other language speaking inhabitants[32]. This mixture of ethnic groups was considered as an ideal setting for research.

The State Administration of the Autonomous Province of Bolzano (located in Bolzano, the capital of South Tyrol) agreed to cooperate in this research project. All selected interviewees were members of two major departments who have been cooperating on various internally and externally-led multicultural team projects.

In total, 21 team members of German and Italian ethnicity were interviewed. As regards sex distribution, 14 women and seven men took part in the study. The youngest team member was in the beginning of his 20ies, and the oldest team member was above 50 years old.

The interviews were carried out in both Italian and German language as preferred by the interviewee. The interviews took place in the usual working environment. Carrying out the interviews in the familiar working place was thought of making interviewees less distracted or biased in his/her answers.

---

[30] Solomon 2002.
[31] Brown 1985, Solomon 2002.
[32] ASTAT 2002.

Critical Multicultural Team Situations: The Role of Anger 255

In chronological order, the methods and techniques applied included story completion, semi structured face-to-face interview, and a selection procedure with a subsequent ranking. The interview duration varied between half an hour and forty-five minutes.

Story completion

Story completion is a projective technique through "which an interviewee can feel encouraged enough to describe freely his or her inner feelings, by projecting them onto a setting that supposedly is unrelated to the respondent"[33].

In this study, the third person technique was used. By providing respondents with the opportunity to talk about someone else, such as a neighbour, a relative or a friend, they can talk freely about attitudes that they would not necessarily admit to holding themselves. This was considered as an ideal warming up phase for the interviewees. Each interviewee was presented with the sex-adequate picture. The pictures of facial expressions are based on the internet research that is currently carried out by Merten and colleagues (2004) as illustrated by Abbildung 35.

Abbildung 35: Facial expression of anger

Upon presenting the pictures to the interviewee, s/he was told that the daily team meeting just ended and that the multicultural team members were just about to leave. Answers were prompted by asking questions such as: "How is this person feeling?", "What happened in the team meeting that s/he is feeling in this way?", "How will the person react?", and "Why will the person react in this manner?"

---

[33] Parasuraman 1986, p. 216.

Semi structured face to face interview

Guided by an interviewer guideline, semi structured interviews are a good tool to access people's perceptions, meanings, definitions of situations, and constructions of reality[34]. The interview guideline evolved around the following questions: "In which team situation did you last experience extreme 'anger'?", "What happened?" (Please describe the situation), "How did you react?" (Please describe the situation).

Selection procedure and ranking

With this instrument no additional information about the event itself was gained as is the case in the two tools as described above, however a clear comparison of emotion eliciting events and its relative importance between the two ethnic cultural samples can be derived.

The events are not a randomly compilation but elaborated by asking South Tyrolean German speaking and Italian speaking people about critical team situations eliciting the emotion 'anger'.

A) ignores me
B) criticises me in a not justifiable manner
C) does not look at me during the entire team meeting
D) shouts at me
E) leaves room without saying a word
F) gestures in a wild manner
G) distances him-/herself from the team
H) decides (dictates) upon issues without considering my suggestions (in an authoritarian manner)
I) works in an unprofessional manner
If you have other situations in mind where you strongly felt anger, please write them here: ....

Tabelle 4: List of events expected to elicit 'anger'

The interviewees were asked to indicate the three sentences (events) most likely to elicit 'anger'. Subsequently, they were asked to rank the selected incidences that are perceived to cause the strongest feelings of 'anger', filling out a number

---
[34] Punch 2000.

from 1 to 3, whereby 1 refers to 'strongest' and 3 indicates the 'weakest' anger feeling.

Data analysis

All interviews were recorded and transcribed in the interview language. Then, with the help of a native Italian all Italian texts were translated into German language in order to avoid any culturally-related misinterpretations. From this basis a research text was build, reducing the data to its essentials, and preparing for categorization[35]. The same procedure applied for data gained by projective techniques.

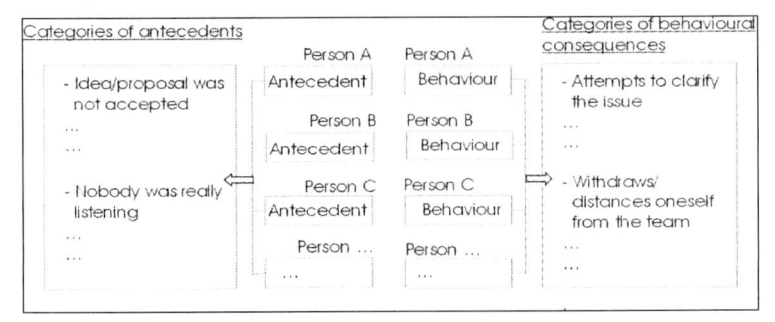

Categories of antecedents			Categories of behavioural consequences
	Person A Antecedent	Person A Behaviour	
- Idea/proposal was not accepted			- Attempts to clarify the issue
...	Person B Antecedent	Person B Behaviour	...
...			
- Nobody was really listening	Person C Antecedent	Person C Behaviour	- Withdraws/ distances oneself from the team
...	Person ...	Person ...	...
...	...	...	...

Abbildung 36: Antecedents and behavioural consequences of ‚anger'

Individual rankings of antecedents were aggregated to a total ranking, taking into account the nominations of the relevant events and the interviewees ranking of the events position 1 (most likely) until position 3 (least likely).

Finally, the information gathered was compared, crystallizing similarities and differences between the two ethnic cultures investigated.

---

[35] Punch 2000.

4 Research Results

Antecedents of the emotion 'anger'

The story completion revealed 'anger' to be elicited if the team member(s) does (do) not value ideas or proposals to the extent the presenter thought they deserve. Both culture samples give statements that include "If an idea is not accepted ... if somebody does not get through with his/her ideas or ... if ideas are not taken into consideration ... and so may not be able to point out her or her own position and assert it." This relates to circumstances where individual expectations are not met.

Also, frequently mentioned to be an antecedent of 'anger' is addressing other team members in ways perceived as brusque or personally insulting. For example, German speaking interviewees concluded their story with "Nobody was really listening to him; she was interrupted; his or her ideas were voted down without explanatory statements". Similarly, statements from Italian speaking people thought of reasons including "Proposals were not even given a listening ear" or "s/he was not informed about a matter ...".

The above antecedents of 'anger' are strongly supported by results gained through in-depth interviews.

Face-to-face discussion amongst ethnic Germans revealed that a 'perceived lack of respect' was a frequently mentioned cause to elicit 'anger'. This has a variety of facets including situations where co-workers seemed not to listen or be interested, interrupted while talking, or responded with a louder voice than necessary. One interviewee illustrated: "In a meeting I tried to explain something and was continuously interrupted by a colleague who talked only about his own experiences ... that made me really angry...". Also, the fact that people attend a meeting unprepared is closely perceived as a personal insult and not considered as professional working behaviour. In one example, an employee was expected to help out on a particular situation but s/he did not answer and nothing happens. "I then thought that it is only yourself you can rely upon and maybe on a very few other people ... I felt really lonely", so an interviewee.

Nerve-racking discussions "about peanuts - a never ending story", according to one interviewee, caused short tempered reactions in responding to a question more aggressively than other people expected. This was perceived to be out of place and caused a strenuous relationship between the team members involved.

The fact that her colleagues did not respect her organisation of time made a German speaking employee feeling very angry. "I just finished work and tidied up my files, my other co-workers approached with their files because they found *now* the time to work on it", so the interviewed person. The situation clearly conflicted with the interviewee's goals of finishing up her work and understanding of work organisation, and so elicited negative emotional reactions.

One person from the German speaking sample mentioned 'no support from the department chief' also as an antecedent for 'anger'. "I addressed a conflict situation with another department; I expected a statement as well as support ... but the department chief did not say anything. He behaved as if the problem didn't exist, it really seemed as if he did not want the conflict to be addressed. I really felt left alone", the interviewee explained.

The Italian speaking interviewed employees confirm that showing a lack of respect causes 'anger'. One interviewee mentioned that he usually gets angry when not being listened at "...when I don't get the necessary attention when I speak. When people are there, doing thousands of other things, they are talking, moving around and are not very interested in what one has to say". Although one might be reconciliatory if the character is known, it is counted as a lack of respect and so felt as a negative experience. Similarly, interruptions and subversive comments during a meeting elicited angry feelings. One interviewee recalled a particular team situation: "While I was presenting, one colleague commented in a low voice – though I could hear it – and in a really bold way ... I tried to re-clarify the targets of the meeting ... but while doing so I thought this person just wants to provoke myself ... I thought what an ill-bred and incompetent person." Data analysis revealed that this particular incident is strongly put into a social context, i.e. if other people break rules and norms of behaviours or good manners. For instance, one Italian responded: "I met this highly aggressive, dogmatic, and arrogant person. I wanted to say something but he told me to shut up. In my opinion, I did not deserve it ... that caused me icing up...".

Explicitly mentioned by people from the Italian sample was 'a lack of acknowledgement' as responsible for 'anger' development. For instance, one interviewee considered anger to be provoked if functions and tasks within the team are not respected. This, so the interviewee, lacks of acknowledging competence and engagement.

As regards the ratings, interviewees from both the German and Italian speaking sample rated statements that were considered as a perceived assaults on a personal level as the most likely antecedents to elicit 'anger' (see for illustration

Tabelle 5). In detail, critical situations including 'shouts at me', 'ignores me', 'decides (dictates) upon issues without considering my suggestions', and 'leaves room without saying a word' ranked top amongst both samples.

German speaking sample	Italian speaking sample
Shouts at me	Ignores me
Decides (dictates) upon issues without considering my suggestions (in an authoritarian manner)	Leaves room without saying a word
Ignores me	Shouts at me
If somebody plays with covered up cards' *(added incident)*	Decides (dictates) upon issues without considering my suggestions (in an authoritarian manner)
Leaves room without saying a word	Does not look at me during the entire team meeting
Works in an unprofessional manner	Gestures in a wild manner
Gestures in a wild manner	Distances him-/herself from the team
Distances him-/herself from the team	

Tabelle 5: Selection and ranking of 'anger' antecedents

One newly added category, i.e. 'if somebody plays with covered up cards' is ranked third by the German speaking sample. The least likely antecedent to evoke the emotion 'anger' is if somebody distances oneself from the team. Equally, this incident was ranked by the Italian ethnic group as the least likely antecedent for anger development.

Behavioural consequences which followed the emotion 'anger'

The behavioural reaction mentioned by the interviewees can be separated into three main categories, i.e. constructive, contra productive and neutral. The answers of both cultures were relatively balanced.

Two main elements constitute the 'constructive' behavioural consequence, including clarification by presenting and/or reformulating his/her ideas. When asked about their usual behaviour after cooling off, a great majority of German and Italian speaking interviewees tell that it is aimed to clarify the matter and the need to address, talk about and to solve the problem. If felt appropriate, so some interviewees, an apology might be helpful to ease the critical situation. Furthermore, typical constructive behaviour may include the elaboration of further ideas on the issue with the hope that the idea will later get accepted. "Rethinking whether one behaved in the right way might be a possible reaction", so one German speaking person.

The category 'contra productive behaviour' includes statements such as "I withdraw; I would refrain from participating as lively as I maybe did before, I would only act as listener or close up entirely". Both ethnic culture samples mention the coalition building of subgroups as social-related consequences.

Interviewees from both cultural samples also mentioned less aggressive behaviour as possible strategies to deal with 'anger' including 'continuing the work as usual' as possible strategic behaviour after experiencing anger. "I would trust that the next time it will work out better", is the statement of an Italian speaking member.

5 Discussion

The study reveals that – at first sight - antecedents and behavioural reactions to 'anger' are quite similar in a multicultural team setting as presented. Individuals of both ethnic cultures experience 'anger' when individual expectations are not being met or other team members address oneself, respectively others in ways perceived as brusque or personally insulting. This is in line with research carried out by Izard (1977) who confirms 'anger' to often result from interference with goal-oriented activity, or from the current or proposed actions of others. Frequently mentioned antecedents in the study as outlined include 'personal attack', 'missing respect' or 'not accepting an idea' as 'anger' provoking because these incidents pose threats to self-esteem or self-interest, and may involve perceived injustice.

Reasons for the universality in 'antecedents' and 'behaviour' are manifold and can be explained from the viewpoint of an organizational, but also from a societal level:

People interviewed have been working together for quite some time. Drawing on cross-cultural models as developed by e.g. Adler (1991), the effects of cultural diversity on group social interaction and ultimately, performance are mediated by team tenure. Hence, the longer multicultural team have been working together, the more likely culturally-related difference and potential conflicts vanish.

Although some of the interviewed Italian speaking members were born in the adjacent province of Trentino, some people feel that no big culturally-related differences exist due to its geographic conditions (situated in the Alps) and its common history. One Italian speaking participant explained: "A volte non è tanto importante la lingua, quanto piuttosto il luogo d'origine. Per esempio, se consideriamo il Trentino e il Veneto, emerge una netta differenza, benché le regioni siano confinanti. Tra pianura e montagna c'è una gran differenza, io mi sento molto vicino alla cultura sud tirolese (Sometimes the language is not as important as the place of origin. For example, between Trentino and Veneto *(two bordering regions in the North of Italy whereby Trentino is in the Alps and Veneto is close to the seaside)* there exists a big cultural difference, even though they are adjacent. ... Although being from Trentino, I feel very close to the South Tyrolean culture because of the Alps" *[Italics added]*. This gives evidence that cultural values vary within relatively small geographical areas and cannot be tied to national boundaries.

A detailed analysis of the collected data reveals that - despite great similarity - there seems to exist fine tuned, almost non-visible differences based on deep-seated cultural values that are reflected in the responses provided by the ethnic Italian and ethnic German speaking interviewees.

Cultural values are guiding principles that one conceives to be important to his or her life[36]. Values are an integral part of the self and important determinants of attitudes and behaviours. Values and emotions are deeply entwined[37]. Events (i.e. critical team situations) are evaluated upon their impact on values, perceiving events that elicit the strongest felt emotions as those that affect most deeply hold values[38].

In statements made by people of ethnic Italian, the value *Harmony* seems to be more present as compared to their counterpart. According to Maznevski et al. (1997), "In harmony oriented societies, people assume it is their natural role to be part of and to maintain the balance of forces in the world around us"[39]. In particular, evidence is provided by face to face interviews where several Italian speaking team members mentioned not to express their thoughts immediately when experiencing anger, but rather being silent and not to heat up the discussion: "I addressed the matter in a calm manner, avoiding conflict; not expressed my thoughts; not discussed much as it is important to live a good life especially

---

[36] Lane, di Stefano and Maznevski 1997.
[37] Jones, Levesque and Masuda 2003.
[38] Jones, Levesque and Masuda 2003.
[39] Maznevski et al. 1997, p. 3.

at the workplace as we spent there most of our life." In contrast, German speaking team members mentioned to address the 'anger' eliciting matter quite directly: "I thumped up the table and said 'the matter has to come to an end'", or another person called the responsible person and required clarification because she "didn't have any time left to loose as a hundred of other things were waiting for me." This behaviour may relate to what Tomkins (1991) in his colourful language expressed to be the principal function of anger: to make bad matters worse and increase the probability of an anger response in order to finally solve the conflict.

To maintain harmony within a team seems to have higher importance amongst the Italian ethnic sample as compared to the German ethnic sample. Negative emotions are 'hold back' (i.e. not easily expressed) in order to maintain harmonious group relationships. However, this does not mean that if one's patience is at the end, one ethnic group is less expressive than the other. This is supported by the statement of an ethic Italian speaking interviewee who beautifully described that if he expressed his anger every time he felt to, then "things would go crazy just as in a gymnasium".

The examples give evidence that the manner in which emotions are expressed can substantially determine the outcomes of interactions. Frijda (1986) suggested that many emotional displays are "interactive expressions" that are meant to affect others; they are "shown for the sake of influencing others, appear to have developed for, or because of such effect, and occur under eliciting conditions in which influencing others in that particular way appears to be of distinct instrumental value"[40]. Emotions may hereby be compared to a radar system, which gives notice when social relevant situations are taking place, on which the affected has to act, in a correcting, respectively in a supporting manner. In that way, through the emotional display one communicates their own standpoint regarding the situation and the relevance the situation has for the affected person. This is supported by Klein (1999) who refers to 'situation dependent ABC of emotion', i.e. the rules which prescribe the 'when, where, who and how'.

Analysing the word choice may support the assumption that people of German ethnicity are more competition and individually oriented, whereas Italian speaking team members focus more on the team. For instance, talking about 'anger' eliciting antecedents, the German ethnics formulated their statements like: "His ideas passed through, he could not convince the team, she did not defend her position, etc." In contrast, their counterpart used words like: 'Proposals which

---

[40] Clark 1992, pp. 202/203.

the group did not accept we listened to her proposal, it was appreciated by other team members and taken into consideration".

The importance of showing *Respect* to other team members was found to play an important role in the German ethnic sample. Answers collected revealed that 'respect' was more often mentioned than in the answers of Italian speaking team members. For instance, during in-depth interviews the "need to show mutual respect" was explicitly mentioned by German speaking team members, but was not brought forward in this clarity by the Italian speaking sample. It was also frequently mentioned that respect missing behaviour elicits 'anger'. Interestingly, some German speaking team members perceive it as 'anger' eliciting when others 'temper in their work area', when 'intrusion takes place', whereas the Italian side stated of getting angry when somebody 'locks up everything and '…thinks that's my field and you must not interfere.' Such a clear distinction between 'my' versus 'your area' was not mentioned by the Italian ethnic people.

Although mentioned only by one single person of the German ethnic group, the incident 'if somebody plays with covered up cards' caught our attention. This again indicates that it is not necessarily the situation that elicits the emotion, but the meaning and relevance of the event, i.e. the so-called "Bedeutungsgehalt" is important[41]. Unwritten socialised feeling rules determine 'typical' causes for particular emotion[42] and may differ across cultures. Hence, if one judges that another person has violated appropriate social standards and committed deliberately harmful acts angry feelings may be the result[43].

Analysing the behavioural consequence of 'anger' as formulated by German versus Italian speaking ethnic group may be described as quite similar. If a conflicting issue is not tackled (or even if, only in an inappropriate manner), negative consequences like resigning, withdrawal, blocking may occur. Answers from both ethnic groups indicate that open discussions may help to ease a strenuous group atmosphere. This is in line with Tsjosvold (2002) who found in his studies that open minded discussions of the 'anger' inducing incident seemed to provide productivity and strengthen relationship, thereby developing commitment and the belief that team members are resourceful.

The analysis on 'anger' antecedent and behavioural consequence confirm that culturally related differences, acting as 'hidden agendas'. However, there is also a great deal of similarity. This is in line led by Scherer and Wallbott (1994) who

---

[41] Frijda et al. 2000.
[42] Russell 1991.
[43] Edwards 1999.

initiated a cross-cultural study throughout 37 countries. Respondents were asked to report on antecedents, appraisals, physiological changes, verbal and nonverbal expressions, and control attempts. There was evidence of both emotion specific patterns across cultures, supporting the case for universality, and of the cultural specificity of emotion. Also, Mesquita and Frijda (1992) found that there are both cultural similarities and dissimilarities in emotions. They conclude that the question is not so much whether or not there is cultural variation, but rather to what extent, and at what level of analysis, such cultural variation exists.

We hope to have addressed this issue by showing that 'anger' elicits if individual expectations are not met, relating to both content (perceived lack of acknowledging competence and engagement) and personal level dimensions (perceived lack of respect, etc). Also, behavioural consequences which follow 'anger' are described very similarly. However, cultural values influence social standards which dictate the boundaries when people perceive them as being violated or broken as well as regulate the pattern of social expression.

Limitations of the study

The described research methodology shows a high degree of preciseness. This is guaranteed by the application of a variety of research method. However, gained insights are situation-specific and might lack a certain degree of applicability when it comes to explain social phenomena such as emotion arousal in different multicultural team contexts.

6 Implications for practice and future research

The aim of this study was to gain a better understanding of the antecedents as well as the resulting behavioural consequences of the emotion 'anger' in a multicultural team setting. Contrasting the results of data gained from ethnic German and ethnic Italian speaking people in an organizational context, there is evidence that both culture-universal and specific elements account for the complexity of 'anger' arousal and individual consequences.

A number of researchers have shown that well managed diversity becomes a source of creativity and enrichment, providing the basis for a sustainable competitive advantage[44]. However, if ignored or mismanaged, cultural diversity can become a source of potential conflict, frustration, ineffectiveness and loss of

---

[44] Florkowski 1997.

efficiency[45]. The difference between high and low productivity workgroups is not due to their cultural diversity, but rather how this diversity has been managed[46]. As for managerial consequence, we aim to point out the crucial of leadership in channelling culturally-related energy effectively.

Leaders ideally act as facilitators between individuals. Successful leaders of multicultural teams cultivate openness and learn to navigate a multicultural world, i.e. acknowledging cultural differences, managing those differences and seeking out new opportunities they provide. Diversification due to the multitude of ethnicity should be managed by creating a climate of open participation, feedback, and control[47]. We propose that open dialogue can help to explore the specifics of conflicting situation, leads to an identification of taken for granted ways of perceiving and solving problems and assists in reducing 'anger' promoting situations. Furthermore, mutually defining socially accepted roles and behaviour constitute an important ingredient for every successful multicultural group functioning[48].

We encourage research that contributes to a fine grained and comprehensive understanding of antecedents and consequences of emotions in multicultural teams. In particular, we emphasize the need for more qualitative research approaches in order to account for different dimensions of the social and cultural context of emotion generation in a more holistic way. As a departure point, we recommend researching the quality of social interaction as the focal issue to be addressed.

Furthermore, research on positive emotions in multicultural teams would also contribute to a better understanding of emotions and their complexity in development and impact on multicultural team performance.

---

[45] Orlando 2000.
[46] Brannen and Salk 2000.
[47] Hartl and Vallaster 2002.
[48] Mühlbacher and Vallaster 2002.

7 References

Adler, N. J. (1991). International dimensions of organizational behavior. Belmont: Wadsworth Publishing Company.

Ashkanasy, N. M. (2002). Studies of cognition and emotion in organisations: Attribution, affective events, emotional intelligence and perception of emotion. Australian Journal of Management, Vol.27, pp. 11 – 20.

Ashkanasy, N. M., Härtel, C. E. and Zerbe W. J. (2000). Emotions in the workplace: Research, theory and practice. Westport: Quorum.

ASTAT- Information (2002). Autonome Provinz Bozen-Südtirol, Landesinstitut für Statistik, Nr. 17, ol, [http://www.provinz.bz.it/astat/downloads/mit17_02.pdf].

Bänninger-Huber E., Peham, D. and Juen, B. (2002). Mikroanalytische Untersuchung der Affektregulierung in der therapeutischen Interaktion mittels Videoaufnahmen. Psychologische Medizin, 3, pp. 11 - 16.

Brannen, M. Y. and Salk, J. E. (2000). Partnering across borders: Negotiating organizational culture in a German-Japanese joint venture. Human Relations, Vol. 53, pp. 451 - 487.

Brown, J. V. (1985). The managed heart: Commercialization of Human Feeling. Social Forces, Vol. 64, Issue 1, pp. 223 - 224.

Clark, M. S. (1992). Emotion and social behaviour. Newbury Park: Sage Publications.

Der Spiegel (2001). Die drei Welten AG. Spiegel 2001, Issue 9, pp. 96 - 112.

Edwards, D. C. (1999). Motivation & Emotion. Thousand Oaks, CA: Sage.

Ekman, P. (1984). Expression and the nature of emotion. In K. Scherer and P. Ekman (Eds.), Approaches to emotion. Hillsdale, N.J.: Lawrence Erlbaum, pp. 319-343.

Ekman, P. (1993). Facial expression of emotion. American Psychologist, Vol. 48, pp. 384 -392.

Elster, J. (2001). Alchemies of the Mind - Rationality and Emotions. Cambridge: Cambridge University Press.

Florkowski, G.W. (1997). Managing Diversity within multinational firms for competitive advantage. In E. E. Kossek and S. A. Lobel (Eds.), Managing diversity: Human resource strategies for transforming the workplace. Oxford, England: Blackwell Publishers, pp. 337-364.

Forgas, J.P. (1995). Mood and Judgment: The Affect Infusion Model (AIM). Psychological Bulletin, Vol. 117, Issue 1, pp. 39 - 66.

Forgas, J. P. (2000). Affect and Information Processing Strategies: An Interactive Relationship. In: Forgas, J. P. (ed.). Feeling and Thinking: The Role of Affect in Social Cognition. Cambridge: Cambridge University Press, pp. 253 - 280.

Forgas, J. P. (2000a). Managing Moods: Toward a Dual-Process Theory of Spontaneous Mood Regulation. Psychological Inquiry, Vol. 11, Issue 3, pp. 172 – 178.

Frijda, N. H. (1986). The emotions. In: Clark, M. S. (1992). Emotion and social behaviour. Newbury Park: Sage Publications.

Frijda, N. H. (1988). The Laws of Emotion. American Psychologist, Vol. 43, Issue 5, pp. 349- 358.

Frijda, N. H., Kuipers, P. and ter Schure, E. (1989). Relations among Emotion, Appraisal and Emotional Action Readiness. Journal of Personality and Social Psychology, Vol. 37, Issue 2, pp. 212 - 228.

Frijda, N. H., Manstead, A. and Bem, S. (2000). Emotions and beliefs. Cambridge: Cambridge University Press.

Gerhards, J. (1988). Die sozialen Bedingungen der Entstehung der Emotionen. Zeitschrift für Soziologie. Vol. 17, Issue 3, pp. 187 - 202.

Hartl, K. and Vallaster, C. (2002). Leadership in a Multicultural Context: Introducing Structuration Theory as a Conceptual Framework. Proceedings of Identifying Culture Conference. IIB-School of Economics, Stockholm, May, pp. 1 – 25 (handouts).

Heckhausen, H. (1980). Motivation und Handeln. Berlin: Springer Verlag.

Hejmadi, A., Davidson, R. J. and Rozin, P. (2000). Exploring Hindu Indian emotion expressions: Evidence for accurate recognition by Americans and Indians. Psychological Science, Vol. 11, Issue 3, pp. 183 – 187.

Hofstede, G. (2001). Word of Thanks: Extract from my Words of Thanks when granted an Honorary Doctorate in Business Administration at Nyenrode University, Breukelen, the Netherlands, on September 3, 2001. ol, [http://spitswww.uvt.nl/web/iric/hofstede/page11.htm] (Access: 26.04.2004; 14:56).

Holodynsik, M. and Friedlmeier, W. (1999). Emotionale Entwicklung. Heidelberg: Spektrum.

Izaard C. E. (1977). Human emotion. New York: Plenum.

Jones, R.G., Levesque, C., and Masuda A. (2003). Emotional displays and social identity: Emotional investment in organizations. In Skarlicki, D., Gilliland, S. J. and Steiner, D. (eds.). Social Values in Organizations. Greenwich: Information Age, pp. 199 – 214.

Kirchmeyer, C. (1993). Multicultural task groups. Small Group Research, Vol. 24, Issue 1, pp. 127 – 148.

Kitayama, S. and Markus, H. R. (1994). Emotion and culture - Empirical studies of mutual influence. Washington DC: American Psychological Assoc.

Klein, A.(1999). Masse, Macht und Emotionen: Zu einer politischen Soziologie der Emotionen. Opladen: Westdeutscher Verlag.

Kövecses, Z. (2000). Metaphor and emotion. Cambridge: Cambridge University Press.

Lane, H.W., DiStefano, J.J., and Maznevski, M.L. (1997). International Management Behavior, 3rd edition. Malden: Blackwell Publishing.

Larkey, L.K. (1996). Toward a theory of communicative interactions in culturally diverse workgroups. Academy of Management Review, Vol. 21, Issue 2, pp. 463 – 492.

Lazarus, R. S. (1982). Thoughts on the relation between emotion and cognition. American Psychologists, Vol. 37, pp.1019 - 1024.

Lazarus, R. S. (1991). Emotion and Adaptation. New York: Oxford University Press.

Matsumoto, D. (2001). Cross-Cultural Psychology in the 21st Century. ol, [http://teachpsych.lemoyne.edu/teachpsych/faces/script/ch05.htm] (Access: 16.07.2003).

Maznevski, M. L., DiStefano, J. J., Gomez, C. B., Nooderhaven, N. G., and Wu, P. (1997). Variations in cultural orientations within and among five countries. Paper presented at the Academy of International Business Annual Meeting, Monterrey, Mexico.

Mayer, T. (1993). Emotionen und Informationsverarbeitungsmodi. Frankfurt am Main: Peter Lang Verlag.

Merten, J. (2004). Gnosis facialis. Emotion. Clinical psychology, Saarland University. [http://emotions.psychologie.uni-sb.de/kultur/] (Access: 27.04.2004; 17:41).

Mesquita, B. and Frijda, N. H. (1992). Cultural variations in emotions: A review. Psychological Bulletin, Vol. 112, Issue 2, pp. 179 – 204.

Milliken, F. J. and Martins, L. L. (1996). Searching for common threads: Understanding the multiple effects of diversity in organizational groups. Academy of Management Review, Vol. 21, Issue 2, pp. 402 – 433.

Moore, B. S. and Isen, A. M. (1990). Affect and Social Behavior. Cambridge: Cambridge University Press.

Mühlbacher, H. and Vallaster, C. (2002). Managing Diversity in Multicultural Project Teams. In Auer-Rizzi, W., Innreiter-Moser, C. and Szabo, E. (eds). Management in a World of Globalization and Diversity: European and North-American Perspectives, Stuttgart, Schaeffer-Poeschel Verlag, pp. 75 – 90.

O'Hara-Devereaux, M. and Johansen, R. (1994). Global work: Bridging distance, culture and time. In: Hofner, S. D.(1996). Productive Behaviors of Global Business Teams. International Journal of Intercultural Relations, Vol. 20, Issue 2, pp. 227 - 259.

Orlando, C. R. (2000). Racial Diversity, Business Strategy, and Firm Performance: Resource-Based View. Academy of Management Journal, Vol. 43, Issue 2, pp. 164 -177.

Ortony, A., Clore, G. L. and Collins, A. (1988). The Cognitive Structure of Emotions. Cambridge: Cambridge University Press.

Osgood, C., May, W. H. and Miron, M. S. (1975). Cross-cultural universals of affective meaning. Urbana Champaign: University of Illinois Press.

Parasuraman, A. (1986). Marketing Research. Texas, Addison-Wesley.

Plutchik, R. (1994). The psychology and biology of emotion. New York: Harper Collins.

Punch, K. F. (2000). Introduction to social research. Quantitativ & Qualitative Approaches. London: Sage Publications.

Porter, R. E. and Samovar, L. A. (1994). An Introduction to Intercultural Communication. In Samovar, L. A. and R. E. Porter (eds.) Intercultural Communication: A Reader. California: Wadsworth, Inc., pp. 4 – 25.

Russell, J. A. (1991). In defense of a prototype approach to emotion concepts. Journal of Personality and Social Psychology, Vol. 60, pp. 37 - 47.

Scherer, K. R. and Wallbott, H. G. (1994). Evidence for universality and cultural variation of differential emotion response patterning. Journal of Personality & Social Psychology, Vol. 66, Issue 2, pp. 310 – 328.

Shelp, T. and Kemmler, L. (1988). Emotion und Psychotherapie. Stuttgart: Hans Huber.

Solomon, R. C. (2002). Back to basics: On the very idea of „Basic emotions. Journal for the theory of social behaviour, Vol.32, Issue 2, pp. 115 - 144.

Tomkins, S. S. (1991). Affect, imagery, consciousness: The negative affects: Anger and fear. New York: Springer Verlag.

Tsjosvold, D. (2002). Managing anger for teamwork in Hong Kong. Goal interdependence and anger open-mindedness. Asian Journal of Social Psychology, Vol. 5, Issue 2, pp. 107 - 123.

Vester, H. G. (1991). Emotion, Gesellschaft und Kultur: Grundzüge einer soziologischen Theorie der Emotionen. Opladen: Westdeutscher Verlag.

Wierzbicka, A. (1994). Emotion, language, and cultural scripts. In Kitayama, S. and Markus, H. R. (eds). Emotion and Culture: Empirical Studies of Mutual Influence. Washington: American Psychological Association, pp. 133 - 196.

Wierzbicka, A. (1999). Emotions across languages and cultures: Diversity and universals. Cambridge: Cambridge University Press.

Kulturelle Diversität in virtuellen Teams

Petra Köppel[*]

Inhalt

1 Einleitung 274
2 Definition virtueller Teams 274
3 Effektivitätsfaktoren in virtuellen Teams 276
4 Auswirkungen auf die Teameffektivität 285
5 Conclusio 286
6 Literatur 287

---

[*] Petra Köppel, Projektmanagerin Kompetenzzentrum Unternehmenskultur/Führung, Bertelsmann Stiftung Gütersloh, Kontakt: petra.koeppel@bertelsmann.de.

1 Einleitung

Virtuelle Teams sind eine aktuelle Erscheinung in einer Wirtschaftslage, die durch Globalisierung und Flexibilisierung geprägt ist. Unternehmen versuchen, mit dem Einsatz von virtuellen Teams die geographisch verteilten Ressourcen in einer hoch dynamischen und anpassungsfähigen Form zu nutzen.[1] Die Vorteile liegen auf der Hand: Niedrigere Lohnkosten im Ausland locken,[2] inländische Arbeitsgruppen mit gut qualifizierten Kollegen dort vor Ort zu verstärken,[3] zumal wenn es expandierende Märkte sind, in denen es gilt, sich ein Standbein aufzubauen. Kundennähe bei marktorientierten Tätigkeiten ist ein weiterer ausschlaggebender Grund,[4] warum v.a. Arbeitsgruppen im internationalen Kundenservice lokale Ansprechpartner als Mitglieder aufnehmen. Bei global verteilter Entwicklung und Produktion spielt Prozessorientierung[5] als auch der Einbezug von lokalen Partnern in Form von strategischen Allianzen oder Joint Ventures eine Rolle,[6] so dass sich die Teams aus den Verantwortlichen der verschiedenen Standorte rekrutieren.

2 Definition virtueller Teams

Als Teams werden Kleingruppen verstanden, die aus drei bis ca. 15 Mitgliedern bestehen. Sie verfolgen ein gemeinsames Ziel und eine gemeinsame Aufgabe, die sie nutzbringend für die Unternehmung zu erfüllen haben. Als Grundlage ihrer Kooperation bildet sich ein soziales Netz aus persönlichen Beziehungen, welche die Interaktionen zwischen den Mitgliedern beeinflussen.[7] Sieht man von teilautonomen Arbeitsgruppen ab, steht den meisten Teams ein formaler Gruppen- oder Projektleiter vor; andere Rollen ergeben sich durch Charaktere und Fertigkeiten der Mitglieder sowie der Beziehungen im Team.[8] Die Kooperation kann permanent ausgerichtet sein als feste organisatorische Einheit im Unter-

---

[1] Vgl. Kirkman et al. 2004.
[2] Vgl. Picot/Reichwald/Wigand 2003.
[3] Vgl. Levenson/Cohen 2003, Bell/Kozlowski 2002, Elsener 2005.
[4] Vgl. Townsend et al. 1998, Kirkman et al. 2004.
[5] Vgl. Müller 1997.
[6] Vgl. Townsend et al. 1998, Lipnack/Stamps 1998.
[7] Die Kleingruppenforschung liefert eine breite Anzahl an Definitionen (siehe z.B. Wahren 1994, Shaw/Barrett-Power 1998, Fisch/Beck 2002), deren Essenz hier wiedergegeben wird.
[8] Zu Rollen siehe beispielsweise Wilke/Wit 2002 oder Wahren 1994.

Kulturelle Diversität in virtuellen Teams

nehmen oder temporär zur Erfüllung einer spezifischen Aufgabe,[9] was meist unter Projektarbeit subsumiert wird.[10]

Virtuelle Teams zeichnen sich dadurch aus, dass die Mitglieder über keinen gemeinsamen Arbeitsplatz an einem Standort verfügen.[11] Stattdessen arbeiten einzelne Personen oder Subteams an geographisch zum Teil sehr weit voneinander entfernten Orten. So ist es durchaus üblich, dass Mitarbeiter auf verschiedenen Kontinenten gemeinsam eine Aufgabe zu bewältigen haben, ohne dass sie sich sonderlich häufig zu Gesicht zu bekommen.[12] Als Voraussetzung gilt die moderne Informations- und Kommunikationstechnologie, deren Einsatz die Basis für eine Kooperation bildet.[13] Telefonie, e-mail, Videokonferenzen, Intra- und Internet sowie verschiedene Formen von Datenbanken und *groupware* bilden Substitute zum herkömmlichen persönlichen Gespräch und zum Gruppenmeeting. Geographische und zeitliche Distanzen (Zeitzonen) können damit überwunden werden,[14] so dass keine technische Notwendigkeit für aufwendige Versetzungen bzw. Auslandsentsendungen oder kostspielige Dienstreisen mehr besteht. Damit werden die modernen Kommunikationstechnologien zuweilen als treibende Kraft für organisationale Veränderungen gesehen.[15]

Doch nicht nur die geographischen Grenzen können durch die Zusammenführung von verteilten Mitarbeitern in ein Team bezwungen werden, sondern auch organisationale und funktionale.[16] Nicht nur verschiedene Einheiten bzw. Vertreter verschiedener Funktionen eines einzelnen Unternehmens können in einem virtuellen Team beteiligt sein, sondern auch Angehörige unterschiedlicher Organisationen. Gerade bei den oben angesprochenen strategischen Allianzen und Joint Ventures stellt dies eine besonders flexible und passgenaue Form für die Bewältigung eines gemeinschaftlichen Projekts dar. Teams können entlang der Wertschöpfungskette, angefangen beim Lieferanten über Vertreter der Entwicklung und Produktion sowie die daran beteiligten Geschäftspartner bis hin zum Kunden aufgestellt werden.[17] Die unmittelbare Integration der diversen Interes-

---

[9] Vgl. Wahren 1994.
[10] Vgl. Fisch/Beck 2002.
[11] Für detaillierte Definitionen von virtuellen Teams siehe Herczeg et al. 2000, Townsend et al. 1998 oder Hertel/Geister/Konradt 2005.
[12] Der Grad an Virtualität variiert mit der Häufigkeit persönlicher Kontakte (vgl. Hertel/Geister/Konradt 2005). Rein virtuelle Teams, deren Mitglieder sich nie sehen, kommen in der Praxis eher selten vor (vgl. Griffith/Neale 2001).
[13] Vgl. DeSanctis/Monge 1999.
[14] Vgl. Bell/Kozlowski 2002.
[15] Vgl. Davidow/Malone 1993.
[16] Vgl. Bell/Kozlowski 2002.
[17] Vgl. Picot/Reichwald/Wigand 2003.

sen, Kenntnisse und Verfahrensweisen reduziert die sonst aufwendige Kommunikation zwischen den Schnittstellen und resultiert in einem beschleunigten Arbeitsprozess.[18]

3 Effektivitätsfaktoren in virtuellen Teams

Zwei Aspekte, welche die Effektivität beeinflussen und sogar erheblich beeinträchtigen können, werden in dieser prozess- und kostenorientierten Sichtweise komplett vernachlässigt: erstens die Diversität, welche neben verschiedenen Funktionen, Hierarchieebenen und Unternehmenszugehörigkeiten auch die kulturelle Dimension umfasst, und zweitens die durch technische Hilfsmittel beeinflusste Verzerrung im Ausmaß und Art der Kommunikation und Kooperation, die Einfluss nimmt auf die Teamentwicklung und Führung.

3.1 Diversität in virtuellen Teams

Der Diversitätsaspekt kann sich sowohl positiv als auch negativ auswirken. Die bereits beschriebene Diversität in aufgabenbezogenen Dimensionen wie Funktion und Unternehmenszugehörigkeit als auch Hierarchie kann genutzt werden, indem die verschiedenen Perspektiven eingebracht und zielführend zur Aufgabenbewältigung eingesetzt werden.[19] Unternehmen können bei der Zusammensetzung des Teams auf ihre gesamte internationale Belegschaft zurückgreifen und die jeweiligen Experten ihres Sachgebiets rekrutieren. Im Problemlöseprozess kann aus einem erhöhten Repertoire an Erfahrungen, Kenntnissen, Arbeitsweisen, Fertigkeiten, Stilen und Perspektiven geschöpft werden, unter der Voraussetzung, dass alle Beteiligten relevantes Wissen aktivieren, sich gleichermaßen öffnen und in der Gruppendiskussion bzw. von den Entscheidungsträgern gehört werden.[20] Gerade hier präsentiert sich der erste Knackpunkt kulturell diverser Teams: Selten sind alle Mitglieder in ihrer Rolle gleichberechtigt, denn kulturelle Mehr- und Minderheiten geben an, wer sich wie äußert und wer gehört wird.[21] Zudem bedingen kulturelle Verhaltensweisen, inwieweit ein Mitarbeiter sich bei Gruppendiskussionen in den Vordergrund schiebt, bzw. seine Meinung vertritt und durchsetzt, v.a. wenn verschiedene Hierarchieebenen anwesend sind.

---

[18] Vgl. Müller 1997.
[19] Vgl. DiStefano/Maznevski 2000.
[20] Vgl. Ting-Toomey/ Oetzel 2001.
[21] Analog der Statustheorie, dass Hochstatusmitglieder mehr sprechen und mehr gehört werden (vgl. Sader 1991).

Kulturelle Diversität in virtuellen Teams   277

Damit ist schon angesprochen, dass nicht nur direkt aufgabenbezogene Dimensionen variieren und ihren Einfluss auf die Kooperation nehmen, sondern auch stärker personenbezogene, die neben Kultur beispielsweise Alter und Geschlecht umfassen. Auch die Sprachgruppe, der ein Mitarbeiter angehört, kann gerade in internationalen Teams, in denen meist Englisch Geschäftssprache ist, relevant werden und Teammitglieder in Muttersprachler und Nichtmuttersprachler bzw. nach deren Fremdsprachbeherrschung aufteilen. So haben Mitarbeiter mit nicht ganz so ausgereiften Englischkenntnissen weniger Möglichkeit, aktiv an den oben erwähnten Gruppendiskussionen teilzunehmen und ihren fachlich bedeutsamen Beitrag zu leisten.[22]

Doch ist personenbezogene und gerade kulturelle Diversität auch von der positiven Seite zu betrachten: Kulturell bedingte Unterschiede in Sichtweisen und Arbeitsmethoden stellen ebenso eine Erweiterung des für einen komplexen Problemlöseprozess nötigen Repertoires dar, aus dem sich das Team bedienen kann.[23] Gerade bei kreativen Aufgabenstellungen ist es wichtig, als Ausgangspunkt differierende Ideen zur Verfügung zu haben, aus denen eine innovative Lösung entwickelt werden kann. Doch auch in den Phasen der gängigen Aufgabenbewältigung (Problemidentifikation, Problemanalyse, Lösungserarbeitung, Lösungsauswahl, Implementation) kann Varietät, unter der Voraussetzung, dass sie erkannt und genutzt wird, einen Vorteil darstellen.

3.2 Kommunikation in virtuellen Teams

Es ist davon auszugehen, dass gerade durch den anfangs erläuterten Entstehungshintergrund virtuelle Teams bei weitem diverser besetzt sind als lokale, herkömmliche Teams: Internationale Experten und damit kulturell diverse Mitglieder, die über die im jeden Team gängige Diversität an Alter und Geschlecht auch noch Zugehörigkeit zu verschiedenen Unternehmen oder zumindest zu verschiedenen Einheiten und Funktionen aufweisen.[24] Die eben diskutierte Möglichkeit der Nutzung baut darauf auf, dass die jeweiligen Eigenheiten und Vorzüge der vertretenen Mitarbeiter erkannt werden. Dazu müssen diese jedoch auch erst einmal bekannt gemacht werden, und dies würde in einem *face-to-face* Team durch persönliche Interaktion am Arbeitsplatz, informelle Gespräche, Teammeetings und physisch gleichzeitige Bearbeitung der Aufgabe passieren. Doch genau diese Möglichkeiten werden durch den Einsatz von Medien anstelle persönlicher Interaktion eliminiert.

---

[22] Vgl. Kirchmeyer/Cohen 1992.
[23] Vgl. Ely/Thomas 2001.
[24] Vgl. Griffith/Neale 2001.

Dies wird erfasst durch die *lack of social context cues hypotheses*,[25] welche besagt, dass durch die Medienkommunikation Informationen zur Person und zum Kontext des Senders herausfiltert. In der *face-to-face* Situation wird neben dem gesprochenen Wort auch über paraverbale (z.B. Tonfall) und nonverbale Kanäle kommuniziert. Insbesondere der visuelle Anteil im Bereich der nonverbalen Kommunikation ist bedeutend: Durch die Beobachtung der Bewegungen und der Reaktionen des Gesprächspartners können zusätzliche Informationen aufgenommen werden, welche zum Verständnis nötig sind. So wird eine Anzahl von Mitteilungen nicht in Worte gefasst, sondern durch besondere Handlungen der Beteiligten übermittelt, häufig, ohne dass es denjenigen in diesem Moment bewusst ist. Der Umfang an verfügbaren Kanälen variiert je nach Medium. So werden Videokonferenzen, die recht nah an die *face-to-face* Interaktion heranreichen, nach dem Konzept der *media richness*[26] als besonders reichhaltig bezeichnet, da sie neben dem gesprochenen Wort sowohl para- und zum Teil, wenn auch technisch eingeschränkt,[27] nonverbale Elemente enthalten. Gespräche per Telefon laufen verbal und paraverbal; *e-mails* hingegen verlieren jeden Anteil, der über das geschriebene Wort hinausgeht und werden daher als wenig reichhaltig eingestuft.

Diese beiläufig übermittelten Informationen mögen auf den ersten Blick nicht sonderlich relevant erscheinen, doch betrachtet man deren Funktionen, werden die Auswirkungen der Beschränkung auf mediengestützte Kommunikation deutlich. An erster Stelle regulieren Augenkontakt, Gesten, etc. die Gesprächsführung, wie beispielsweise den Sprecherwechsel.[28] Bei Telefonkonferenzen ist es schon schwieriger, eine gewöhnliche Diskussion zu führen, die mehr oder weniger zielgerichtet ausfällt und trotzdem die Beiträge aller Beteiligten umfasst. Beim *e-mail*-Verkehr wird es am deutlichsten, dass durch den Mangel an Koordination der rote Faden verloren wird und ein komplexer Gedankenaustausch nicht möglich ist. Diese Beispiele zeigen, dass gleich durch welches Medium die Kommunikation grundsätzlich weniger effektiv ausfällt: Es ist ein höherer koordinativer Aufwand nötig, und das bei einem vergleichsweise geringerem Output, d.h. ausgetauschter Information.[29] Dies wird verstärkt durch den manuellen Aufwand, den ein Mitarbeiter wahrnimmt, wenn er statt einem spontanen Wortwechsel über den Schreibtisch bzw. zwischen den Büros hinweg zum Hörer greifen muss, um jemanden (unter der Beachtung der Zeitzonen und unterschied-

---

[25] Vgl. Sproull/Kiesler 1986.
[26] Vgl. Daft/Lengel 1986.
[27] Von den Nutzern wird häufig bemängelt, dass die auf dem Bildschirm zu sehenden Ausschnitte zu klein sind und die Übertragungsqualität zu schlecht (vgl. Carletta/McEwan/Anderson 1998).
[28] Vgl. Blackburn/Furst/Rosen 2003.
[29] Vgl. Kiesler/Sproull 1992, Orlikowski/Hertel/Konradt 2004.

Kulturelle Diversität in virtuellen Teams 279

lichen Arbeitszeiten) zu versuchen, telefonisch zu erreichen, oder sein Anliegen als *e-mail* tippt, in der er sich kurz und präzise ausdrücken muss, um sich verständlich zu machen und nicht zu viel Zeit zu verlieren.[30]

Geht man nun einen Schritt weiter und betrachtet die Konsequenz der mangelnden sozialen Kontextinformationen auf der Ebene der interpersonalen Beziehungen, ist zu erkennen, dass neben dem eher als lediglich lästig einzustufenden Kommunikationsaufwand auch schwerwiegende Brüche in der Teamentwicklung und dem Vertrauensaufbau wahrscheinlich werden.

Hierzu erst einige Worte vorab zum herkömmlichen Aufbau von Vertrauen: Neben der Vertrauensneigung, also der persönlichen Disposition eines Mitarbeiters, ist vor allem seine Einschätzung der Vertrauenswürdigkeit des Interaktionspartners von Bedeutung.[31] In die Vertrauenswürdigkeit fließen Faktoren wie Fachkompetenz, Leistungsbereitschaft, Absichten, persönliche Eigenschaften und Gruppenzugehörigkeiten (wie z.B. Kultur, Unternehmen, Abteilung, etc.) und Verhaltenskonsistenz.[32] Neben diesen grundlegenden Elementen von Vertrauen müssen die Umstände es erlauben, dass sich rekursiv über häufig zufällige Verhaltensweisen Vertrauen entwickeln kann. Die gegenseitige Öffnung verläuft schrittweise und reziprok über gemeinsames bzw. gegenseitig wahrgenommenes Handeln,[33] in der sich die eben gelisteten Faktoren niederschlagen.

Wie diese Beschreibung bereits impliziert, verläuft der Vertrauensaufbau über persönliche Interaktion. Werden Medien zwischengeschaltet, können kein gemeinsames Handeln und damit keine unmittelbare Wahrnehmung vertrauenswürdiger Aspekte stattfinden.[34] Nur die Information, welche durch die Medien vermittelt wird, reicht für einen Vertrauensaufbau nicht aus, da genau die personenbezogenen Elemente fehlen. Und dies nicht nur unabsichtlich durch das Ausblenden der nonverbalen Elemente, sondern auch absichtlich, da Mitarbeiter sich kürzer fassen und stark sachbezogen kommunizieren. Informelle Gespräche (in der Kaffeeküche, bei der Mittagspause oder am Arbeitsplatz) sowie informelle Anteile bei formalen Besprechungen (*small talk* oder Nebenthemen), die einerseits einen hohen persönlichen Gehalt aufweisen, aber auch relevante arbeitsbezogene Gedanken und Ideen einschließen, haben keinen Raum und fallen weg.[35]

---

[30] Vgl. Walther/Burgoon 1992 und Hightower/Sayeed 1996.
[31] Vgl. Hubschmid 2002, Nooteboom 2002.
[32] Vgl. Hubschmid 2002, Neubauer 1997.
[33] Für ein Modell zum reziproken Vertrauensaufbau siehe Zand 1972.
[34] Vgl. Blackburn/Furst/Rosen 2003.
[35] Vgl. Hinds/Weisband 2003.

Mitgliedern virtueller Teams verbleibt als mäßiger Ersatz institutionenbasiertes Vertrauen,[36] d.h. solches, das durch Stellenbeschreibungen, Aufgabenzuweisungen und reglementierte Prozesse getragen wird. Manche Wissenschaftler[37] meinen, dass sich als Alternative zum herkömmlichen Vertrauen *swift trust* in virtuellen Teams bilden könnte, welches durch den Import von Vertrauen (also der noch unbegründeten Annahme vertrauenswürdiger Partner) und durch Rahmenbedingungen wie enges Netzwerk und Gefahr der Rufschädigung gekennzeichnet ist. Es ist jedoch ein Konzept, das ursprünglich bei *face-to-face* Gruppen beobachtet wurde[38] und daher nicht die eben geschilderte Problematik der fehlenden persönlichen Interaktion berücksichtigt.

Was bisher auch noch nicht direkt besprochen wurde, ist die Relevanz der Kontextinformation, welche die Arbeitsbedingungen des virtuellen Kollegen beinhaltet. Diese wird im gleichen Maße wie die personenbezogenen Aspekte in der Vermittlung per Medien ignoriert, da sie für den Betroffenen selbstverständlich ist und nicht weiter thematisiert wird. Doch sie beeinflussen im wesentlichen Maße die Arbeit und Leistung des Kollegen, da sie die ganze Bandbreite, angefangen bei klimatischen Verhältnissen über technische Ausstattung bis hin zur Organisationsstruktur und lokalen Prozessen, umfassen.[39]

Was bedeutet jedoch Vertrauensmangel für die Gruppenarbeit?

Herrscht geringes Vertrauen, d.h. Misstrauen zwischen den Kollegen an verschiedenen Standorten, ist davon auszugehen, dass der schon erschwerte Kommunikationsfluss noch weiter beeinträchtigt wird, da die Beteiligten mit der Weitergabe von Information strategisch vorgehen bzw. wegen Angst vor Ausnutzung auf Grund opportunistischer Absichten des Empfängers sich nicht öffnen.[40] Die Aufgabenbewältigung wird erschwert, insbesondere wenn die Teammitglieder an einer independenten Aufgabe arbeiten, die nur durch Kooperation und Austausch erfolgreich ausgeführt werden kann. Spezielle Aufgaben wie die Entwicklung der Projektphasen oder der Lösungsgenerierung bedürfen ein hohes Maß an Kreativität, für das, wie oben aufgezeigt, in einer diversen Gruppe hohes Potenzial vorhanden ist. Doch auch Kreativität kann auf Gruppenebene nur erzeugt werden, wenn die Mitglieder bereit sind, ihre Ideen vorzubringen, andersartige Meinungen anzunehmen und in einem gleichberechtigten Prozess eine

---

[36] Zum institutionenbasiertem Vertrauen siehe Noteboom 2002.
[37] Zum Beispiel Jarvenpaa/Leidner 1998 oder Köszegi 2002.
[38] Swift trust wurde erstmals durch Meyerson/Weick/Kramer 1996 konzeptionalisiert.
[39] Vgl. Cramton/Orvis 2003, Hinds/Weisband 2003.
[40] Vgl. Krystek 2002.

Lösung zu entwickeln. Dies passiert nur in einer psychologisch sicheren Umgebung unter der Voraussetzung eines Mindestmaßes an Vertrauen.

Auf Grund der verschiedene lokalen Arbeitsbedingungen und der kulturell unterschiedlichen Arbeitsmethoden ist es grundsätzlich leicht möglich, dass die Bearbeitung von Teilaufgaben oder Anweisungen an einem anderen Standort anders ausfallen oder mit einer anderen Priorität behandelt werden. Nachdem dazu jedoch dem entfernten Kollegen die Informationen fehlen (vergleiche oben: mangelnde soziale und Kontextinformationen!), hat er keinen Einblick in die Ursachen oder Hintergründe, wenn eine Angelegenheit nicht seinen Erwartungen gemäß erledigt worden ist. Eine Fehlattribution ist unter diesem Umständen schnell passiert, d.h. der Betroffene schreibt dem Ereignis eine falsche Ursache zu und sieht ein Fehlverhalten von Seiten der Person anstatt die Kontextbedingungen (über die er sich ja kein Bild verschaffen kann) zu berücksichtigen.[41] Verstärkt werden solche Interpretationsfehler, wenn es sich bei den Kollegen an den verschiedenen Standorten um Angehörige verschiedener Kulturen handelt, was in den meisten Fällen gegeben ist. Denn wie der ultimative Attributionsfehler besagt, führen Personen das Fehlverhalten eines *outgroup*-Mitglieds eher auf deren persönliche Inkompetenz oder böse Absichten zurück anstatt es den Umständen anzulasten, wie sie es bei einem *ingroup*-Mitglied tun würden.[42]

Summieren sich solche Gelegenheiten, kann es zu einem weiteren interkulturellen Konflikt kommen, nämlich dem Aufbau bzw. der Verstärkung ethnozentrischer Tendenzen. Ethnozentrismus drückt die Einstellung aus, die eigenen kulturellen Standards als die allgemein üblichen zu betrachten und Abweichungen hiervon als negativ zu beurteilen.[43] Werden nun bei den anderskulturellen Kollegen regelmäßige Fehler wahrgenommen, läuft das genau auf eine solche Einschätzung hinaus, dass nur das eigene, lokale Subteam ordentliche Leistung erbringen kann und will. Die Abwertung der anderskulturellen Kollegen und der Rückzug ins eigene Subteam folgen, so dass das Gesamtteam entlang der geographischen Grenzen zerfällt (bzw. es gar nicht zum Aufbau eines Gesamt-*teamspirits* kommt)[44] und eine gemeinschaftliche Bearbeitung der Aufgabe bedroht ist. Die lokalen Subgruppen streben nun vermehrt nach der Durchsetzung ihrer eigenen Interessen, insbesondere dann, wenn diese bereits durch die Zugehörigkeit zu verschiedenen Funktionen oder Unternehmen divergieren.

---

[41] Vgl. Cramton/Orvis 2003.
[42] Vgl. Pettigrew (1979), Leung/Su/Morris (2000).
[43] Vgl. Bierbrauer 1996.
[44] Polzer et al. (2004) untersuchten die Aufteilung in Subgruppen nach der faultline-Hypothese.

Eine Aufspaltung in Subgruppen zeigt das Problem der mangelnden Teamkohäsion, welche bei einem traditionellen *face-to-face* Team das Ergebnis eines Teamentwicklungsprozesses ist. In der Teamentwicklung, welche gerne mit verschiedenen Phasen beschrieben wird, kommt es zu einer Aushandlung und Entwicklung gemeinsamer Prozesse, welche zu einer geschmeidigen Aufgabenbewältigung relevant und gerade bei multikulturellen Teams, wo verschiedene Ansichten über Teamarbeit und Arbeitsmethoden herrschen, dringend notwendig sind. Das Ergebnis wäre ein geteiltes Verständnis.[45] Aber eben auch Beziehungen persönlicher Art etablieren sich in diesem Verlauf des Kennenlernens, währenddessen Gemeinsamkeiten entdeckt und Sympathien aufgebaut werden, und fungieren als Basis für die Kooperation. Die Mitglieder beginnen, sich auf einer emotionalen Basis mit dem Team und der Aufgabe zu identifizieren, und der Wunsch, in der Gruppe zu bleiben, entsteht bzw. wird verstärkt (auch Gruppenattraktion oder -kohäsion genannt[46]). Dies ist ein Baustein für Motivation und Engagement, welcher gerade in schwierigen Zeiten als besonders notwendig erachtet wird.

Als weiteren Aspekt der *face-to-face* Interaktion ist der direkte Kontakt als Grundlage für interkulturelles Lernen zu nennen, wie ihn die Kontakthypothese postuliert.[47] Kulturell diverse Mitarbeiter erkennen im gemeinsamen Arbeitsalltag kulturelle Unterschiede und lernen, mit diesen umzugehen. Gewisse Voraussetzungen wie ein Klima des Vertrauens und der Offenheit, geringer Grad an Ethnozentrismus und Förderung der Gegenseitigkeit müssen zusätzlich gegeben sein.[48] Sowohl für die Teamentwicklung als auch für die Entwicklung und Integration des einzelnen Mitarbeiters ist der Erwerb von interkultureller Kompetenz dringend erforderlich, da nur mit ihrer Hilfe ein multikulturelles Team funktionieren kann. In virtuellen Teams fehlt dagegen diese Möglichkeit; wiederum muss die Kommunikation über die Medien ausreichen, was jedoch auf Grund der beschriebenen Problematik der mangelnden persönlichen Inhalte kaum zum erwünschten Ergebnis führen wird.

---

[45] Vgl. Gibson/Cohen 2003, Hinds/Weisband 2003.
[46] Vgl. Mullen/Cooper 1994, Watson et al. 2002. Gruppenkohäsion und -attraktion wird ausführlich besprochen in der Sozialpsychologie, wie z.B. bei Wahren 1994.
[47] Vgl. Allport 1954.
[48] Siehe Allport (1954) selbst oder auch Gaertner et al. 1996.

3.3 Führung in virtuellen Teams

Die Schaffung einer hinreichenden Motivation ist nicht zuletzt Führungsaufgabe. Mehr als in einem *face-to-face* Team muss der Gruppenleiter eines virtuellen Teams dafür sorgen, die Mitglieder bei der Stange zu halten. Die Frage, wie Mitarbeiter verschiedener Kulturen zu motivieren sind, ist jedoch je nach Kultur unterschiedlich zu beantworten. Hier wird deutlich, dass der *teamlead* neben der virtuellen Herausforderung auch mit der des interkulturell erfolgreichen Managements zu kämpfen hat, das sämtliche Führungsbereiche betrifft.

Doch zurück zur speziell virtuellen Führung: Herkömmliche Instrumente der Kontrolle wie Anweisung und direkte Überwachung sind schlichtweg unmöglich. Sicherlich kann die Führungskraft per Telefon oder *e-mail* eine Anweisung aussprechen, aber wie sie erfüllt wird, und z.T. auch ob sie erfüllt wird, kann sie nicht unmittelbar beobachten.[49] Eingriffsmöglichkeiten und intervenierende Maßnahmen zur Korrektur sind damit gering; Autorität, Druck und Zwang funktionieren nicht mehr.[50] Es ist zu beachten, dass das virtuelle Team deshalb international aufgestellt wird, um lokale Experten bzw. Ansprechpartner vor Ort, die als Schnittstelle zu lokalen Einheiten fungieren, zusammenzuführen. Zuweilen erfordert es die Aufgabe (z.B. Kundenservice), dass ein Mitarbeiter am Standort verfügbar ist. Diese Umstände implizieren jedoch auch einen Freiheitsgrad, den die Mitarbeiter benötigen, um ihre Aufgabe sinnvoll und unter Einsatz der ihnen verfügbaren Ressourcen erfüllen zu können. Dem Gruppenleiter entziehen sich die lokalen Kenntnisse, so dass er zuweilen nicht vermag, die Korrektheit und Qualität der Leistung zu beurteilen.[51]

Kontrolle und Evaluationsmöglichkeiten schwinden; hingegen steigt der Bedarf an Koordination, gerade was die Kommunikation betrifft, um die Arbeitsprozesse aufeinander abzustimmen und den einzelnen Mitarbeiter mit für ihn nötigen Informationen zu versorgen, die er sich fernab nicht alleine beschaffen kann.[52] Eben durch die oben erwähnte fehlende Möglichkeit des normalen Teamentwicklungsprozesses, in dem implizit und gemeinschaftlich Rollen, Prozesse und Teilaufgaben ausgehandelt und festgelegt werden, muss dies durch den Teamleiter aufgegriffen und explizit durchgeführt werden.[53] Die Prozessgestaltung, angefangen von der Festlegung von Zielen, zur Verteilung von Kompetenzen und

---

[49] Vgl. Picot/Reichwald/Wigand 2003, Kayworth/Leidner 2000, Blackburn/Furst/Rosen 2003.
[50] Vgl. Orlikowski/Hertel/Konradt 2004.
[51] Vgl. Bell/Kozlowski 2002.
[52] Vgl. Kirkman et al. 2004.
[53] Picot/Reichwald/Wigand 2003 nennen daher den Manager „Architekt der Prozesse" (S. 469).

284   D   Interkulturelle Aspekte von Diversity-Management

Definition von Kommunikationspfaden, -inhalten und -mitteln,[54] ist ein Erfolgskriterium für virtuelle Teams, die, um es noch einmal zu betonen, grundsätzlich divers zusammen gesetzt sind und daher umso mehr der Entwicklung einer gemeinsamen Kooperationsbasis bedürfen.

Diese Art der Koordination kann auch Teile der Kontrollfunktion übernehmen, indem Methoden und erwünschte Ergebnisse vorgegeben werden.[55] Doch über ein normales Maß hinaus muss der Mitarbeiter bereit sein, selbständig zu arbeiten und Verantwortung zu übernehmen. Dies wird mit *team empowerment* bezeichnet, bei welcher der Gruppenleiter Teile der Führungsfunktionen an die Mitglieder abgibt.[56] Voraussetzung ist natürlich, dass die Mitglieder einerseits fähig und bereit dazu sind[57] und andererseits das notwendige Vertrauen des Leiters an seine Mitarbeiter gegeben ist.[58] Es wird postuliert, dass die Übernahme von Verantwortung motiviert,[59] so dass mit der Umstellung auf diesen modernen Führungsstil ein Teil der oben beschriebenen Gefahr des sinkenden Engagements aufgefangen werden kann. Zu überprüfen bleibt, ob dieses angelsächsische Konzept auch weltweit angemessen und erfolgreich ist. Die zweite Bedingung, das nötige Vertrauen des Gruppenleiters, stellt in virtuellen Teams das virulente Paradoxon dar: Es ist mehr Vertrauen nötig, aber es ist auch schwieriger, es herzustellen.[60]

Des Weiteren ist anzumerken, dass erstens die Annahme dieses Führungsverständnisses für Manager, die lange Jahre erfolgreich über Anweisung und Kontrolle geführt haben, nicht einfach und selbstverständlich ist, sondern einen Umdenkprozess und den Aufbau eines neuen Selbstbilds erzwingt. Zudem ist damit nicht gegeben, dass ein virtuelles Team problemlos und erfolgreich geleitet werden kann: Der Aufwand hinsichtlich Koordination und Kommunikation ist enorm, und anspruchsvolle Voraussetzungen (z.B. motivierte Mitarbeiter und Vertrauen) müssen erfüllt sein. Die Möglichkeit des Scheiterns ist also hoch.

---

[54] Vgl. Blackburn/Furst/Rosen 2003.
[55] Vgl. Depickere 1999.
[56] Vgl. Kirkman et al. 2004, Bell/Kozlowski 2002.
[57] Vgl. Orlikowski/Hertel/Konradt 2004, Herczeg et al. 2000, Duarte/Snyder 2001.
[58] Vgl. Picot/Reichwald/Wigand 2003.
[59] Zum Beispiel bei Kirkman et al. 2004.
[60] Vgl. Grote/Manchen Spörri/Springan 2004, Köszegi 2002.

4 Auswirkungen auf die Teameffektivität

Die Ausführungen haben gezeigt, dass sich virtuelle Teams durch die geographische Verteilung und die Nutzung von Medien zu traditionellen *face-to-face* Teams hinsichtlich ihrer Interaktionsmöglichkeiten und damit Arbeitsprozessen stark unterscheiden. Zum einen stammen die Mitglieder aus verschiedenen Standorten und variieren in Kultur und Kontext, aber häufig auch in Unternehmen und Funktion. Die Diversität ist damit als sehr hoch einzustufen, was gemäß der *value-in-diversity* einen positiven Effekt auf die Teameffektivität auslösen kann (z.B. erhöhte Kreativität und verbesserte Problemlösung oder auch höhere Marktnähe und Kundenorientierung).[61] Auf der anderen Seite müssen gewisse Voraussetzungen gegeben sein, dass die Unterschiede sachbezogen und zielführend eingesetzt werden können und nicht in ein erhöhtes Konfliktniveau und verstärkten Prozessverlusten münden.[62]

Zum anderen sind die Teams angewiesen, ihre Interaktionen über die Medien durchzuführen, was sich meist auf verbale Kommunikation, die zudem häufig asynchron verläuft, beschränkt. In der Konsequenz leiden der Informationsgehalt und die Anzahl der Mitteilungen, da das Kommunizieren als sehr aufwendig empfunden wird. Dies betrifft einerseits die aufgabenbezogenen Informationen, so dass es zu unterschiedlichen Informationsständen zwischen den Standorten und eventuell zu lokalen Informationsmangel kommt. Mangelhafte oder redundante Leistungen sind die Konsequenz. Andererseits leidet der personenbezogene respektive informelle Anteil, welcher face-to-face nonverbal respektive parallel zum sachbezogenen Austausch geliefert wird. Es wurde detailliert dargelegt, dass aus diesem Grund der Vertrauensaufbau und die Teamentwicklung in virtuellen Arbeitsgruppen beeinträchtigt werden. Noch nicht angesprochen wurde jedoch die negative Auswirkung für die Synergien, die man sich mit Diversität erhofft: Kreativität und gemeinsame Problemlösung basieren auf der Bedingung gegenseitigen Vertrauens und erfordern intensiven Gedankenaustausch. Dies ist in virtuellen Teams kaum gegeben, so dass mit einem verminderten oder sogar komplett aufgehobenen Erscheinen von Synergien zu rechnen ist. Vielmehr haben virtuelle Teams mit grundlegenden interpersonalen Schwierigkeiten zu kämpfen, die leicht auf die interkulturelle Ebene übertragen werden und sich damit potenzieren, wie bereits im Zuge von Subgruppenbildung besprochen wurde. Dies stellt ein Vehikel für die Durchsetzung lokaler Interessen dar, so dass das gemeinsame Ziel aus den Augen verloren und womöglich kontrapro-

---

[61] Zur value-in-diversity-Hypothese siehe insbesondere Cox 1993 und Sepehri 2002.
[62] Für eine Übersicht zu positiven und negativen Befunden zu diversen Teams siehe Shaw/Barrett-Power 1998, Williams/O'Reilly 1998, Milliken/Martins 1996.

duktiv gearbeitet wird. Selbst wenn es nicht zu einer solchen Eskalation kommt, ist das Team in seiner Aufgabenerfüllung gehemmt und kann nicht dieselbe Effektivität erreichen wie ein *face-to-face* Team.

Darüber hinaus ist davon auszugehen, dass sich die erläuterten Schwierigkeiten in der Zufriedenheit der Mitarbeiter niederschlagen. Ärger und Frustration hinsichtlich der ineffektiven Kommunikation, mangelnde Befriedigung sozialer Bedürfnisse und eingeschränkte Identifikation und Motivation sind nicht die besten Voraussetzungen, um Höchstleistungen der einzelnen Mitarbeiter zu erwarten, so dass auch in dieser Hinsicht eine Schmälerung der Gesamtleistung und Teameffektivität zu erwarten ist.[63] Die Führung im Team muss diese Probleme angehen, sieht sich aber zusätzlich der Herausforderung gegenüber, vermehrt über Koordination und Unterstützung als über Kontrolle agieren zu müssen.

5 Conclusio

Die gruppendynamischen Auswirkungen der Verlagerung von einer *face-to-face* auf eine virtuelle Kooperation sind komplex und müssen rechtzeitig und ausreichend erkannt werden. Unternehmen, die sich blauäugig auf die Verheißungen, die zu Anfang erläutert wurden, verlassen und mit großen Kosteneinsparungen rechnen, werden schnell enttäuscht sein, wenn sie nicht bereit sind, ausreichend Maßnahmen zur Unterstützung zu ergreifen. Dazu gehört insbesondere die Anerkennung der sozialen Bedürfnisse der Teammitglieder und die nicht zuletzt finanzielle Unterstützung zu ausreichend häufigen und regelmäßigen face-to-face Kontakten, um der virtuellen Problematik entgegen zu wirken.

---

[63] Vgl. O'Hara-Devereaux/Johansen 1994, Wiesenfeld/Raghuram/Garud 1999.

6 Literatur

Allport, Gordon W. (1954): The nature of prejudice, Cambridge MA.

Bell, Bradford S./Kozlowski, Steve W.J. (2002): A typology of virtual teams: Implications for effective leadership, in: Group and Organization Management, 27 (1), 14-49, http://digitalcommons.ilr.cornell.edu/cgi/viewcontent.cgi?article=1007&context=hrpubs, Zugang: 30.04.2005.

Bierbrauer, Günter (1996): Sozialpsychologie, Stuttgart.

Blackburn, Richard/Furst, Stacie/Rosen, Benson (2003): Building a winning virtual team. KSAs, selection, training and evaluation, in: Gibson, Cristina B./Cohen, Susan G. (Hg.): Virtual teams that work: Creating the conditions for virtual team effectiveness, San Francisco CA, 95-120.

Carletta, Jean/McEwan, Rachel /Anderson, Anne (1998): Communications in virtual supply chain teams, in: Jacucci, Gianni/Olling, Gustav J./Preiss, Kenneth/Wozny, Michael J. (Hg.): Globalization of manufacturing in the digital communications era of the 21st century: Innovation, agility, and the virtual enterprise, Boston, 55-67.

Cox, Taylor H. Jr. (1993): Cultural diversity in organizations. Theory, research and practice, San Francisco CA.

Cramton, Catherine Durnell/Orvis, Kara L. (2003):Overcoming barriers to information sharing in virtual teams, in: Gibson, Cristina B./Cohen, Susan G. (Hg.): Virtual teams that work: Creating the conditions for virtual team effectiveness, San Francisco CA, 214-229.

Daft, Richard L./Lengel, Robert H. (1986): Organizational information requirements, media richness, and structural determinants, in: Management Science, 32, 554-571.

Davidow, William H./Malone, Michael S. (1993): Das virtuelle Unternehmen. Der Kunde als Co-Produzent, Frankfurt (Main).

Depickere, Astrid (1999): Managing virtual working. Between commitment and control? In: Jackson, Paul (Hg.): Virtual working. Social and organisational dynamics, London, 99-120.

DeSanctis, Gerardine/Monge, Peter (1999): Communication process for virtual organizations, in: Journal of Computer-Mediated Communication, 3 (4), http://www.ascusc.org/jcmc/vol3/issue4/desanctis.html, Zugang: 31.05.2005.

DiStefano, Joseph J./Maznevski, Martha L. (2000): Creating value with diverse teams in global management, in: Organizational Dynamics, 29 (1), 45-63.

Duarte, Deborah L./Snyder, Nancy T. (2001): Mastering virtual teams. Strategies, tools, and techniques that succeed, San Francisco CA.

Elsener, Ernst (2005): Virtuelle Teams. Kooperieren in virtuellen Teams, in: Organisator, http://www.organisator.ch/index.asp?topic_id=1184, Zugang: 15.03.2005.

Ely, Robin J./Thomas, David A. (2001): Cultural diversity at work: The effects of diversity perspectives on work group processes and outcomes, in: Administrative Science Quarterly, 46 (2), 229-273.

Fisch, Rudolf/Beck, Dieter (2002): Zusammenarbeit in Projektgruppen: Eine sozialwissenschaftliche Perspektive, in: Fisch, Rudolf/Beck, Dieter/Englich, Birte (Hg.): Projektgruppen in der Organisation. Praktische Erfahrungen und Erträge der Forschung, Göttingen, 3-17.

Gaertner, Samuel L./Dovidio, John F./ Bachman, Betty A. (1996): Revisiting the contact hypothesis: The induction of a common ingroup identity, in: International Journal of Intercultural Relations, 20 (3/4), 271-290.

Gibson, Cristina B./Cohen, Susan G. (2003): In the beginning: Introduction and framework, in: Gibson, Cristina B./Cohen, Susan G. (Hg.): Virtual teams that work: Creating the conditions for virtual team effectiveness, San Francisco CA, 1-13.

Griffith, Terri L./Neale, Margaret A. (2001): Information processing in traditional, hybrid, and virtual teams: From nascent knowledge to transactive memory, in: Research in Organizational Behavior, 23, 379-421.

Grote, Gudela/Manchen Spörri, Sylvia/Springan, Lille (2004): Telemanagement: Notwendigkeit für ein komplexes Verhaltensrepertoire, in: Arbeit - Zeitschrift für Arbeitsforschung, Arbeitsgestaltung und Arbeitspolitik, 13 (1), 48-60.

Herczeg, Michael/Janfeld, Bert/Kleinen, Barbara /Kritzenberger, Huberta/Paul, Hansjürgen/Wittstock, Marion (2000): Virtuelle Teams. Erkenntnisse über die Nutzung von Video Conferencing und Application Sharing bei der Unterstützung virtueller Teams, Gelsenkirchen.

Hertel, Guido/Geister, Susanne/Konradt, Udo (2005): Managing virtual teams: A review of current empirical research, in: Human Resource Management Review, 15, 69-95.

Hightower, Ross/Sayeed, Lutfus (1996): Effects of communication mode and prediscussion information distribution characteristics on information exchange in groups, in: Information Systems Research, 7 (4), 451-465.

Hinds, Pamela J./Weisband, Suzanne P. (2003): Knowledge sharing and shared understanding in virtual teams, in: Gibson, Cristina B./Cohen, Susan G. (Hg.): Virtual teams that work: Creating the conditions for virtual team effectiveness, San Francisco CA, 21-36.

Hubschmid, Claudia C. (2002): "Vertrauen" im komplexen organisationalen Arrangement - der Fall "Expo", Bamberg.

Jarvenpaa, Sirkka L./Leidner, Dorothy E. (1998): Communication and trust in global virtual teams, in: Journal of Computer-Mediated Communication, 3 (4), http://jcmc.indiana.edu/vol3/issue4/jarvenpaa.html, Zugang: 12.07.2005.

Kayworth, Timothy/Leidner, Dorothy (2000): The global virtual manager: A prescription for success, in: European Management Journal, 18 (2), 183-242.

Kiesler, Sara/Sproull, Lee (1992): Group decision-making and communication technology, in: Organizational Behavior and Human Decision Processes, 52 (1), 96-123.

Kirchmeyer, Catherine/Cohen, Aaron (1992): Multicultural groups. Their performance and reactions with constructive conflict, in: Group and Organization Management, 17 (2), 153-170.

Kirkman, Bradley L./Rosen, Benson/Tesluk, Paul E./Gibson, Christina B. (2004): The impact of team empowerment on virtual team performance: The moderating role of face-to-face interaction, in: Academy of Management Journal, 47 (2), 175-192.

Köszegi, Sabine (2002): Vertrauen und Risiko in virtuellen Organisationen, in: Scholz, Christian (Hg.): Systemdenken und Virtualisierung. Unternehmensstrategien zur Vitalisierung und Virtualisierung auf der Grundlage von Systemtheorie und Kybernetik, Berlin, 109-134.

Krystek, Ulrich (2002): Vertrauen als vernachlässigter Erfolgsfaktor der Internationalisierung, in: Krystek, Ulrich/Zur, Eberhard (Hg.): Handbuch Internationalisierung. Globalisierung - eine Herausforderung für die Unternehmensführung, Berlin, 819-837.

Leung, Kwok/Su, Steven K./Morris, Michael W. (2000): Justice in the Culturally Diverse Workplace: Problems of over-emphasis and under-emphasis of cultural differences, o.O., http://gobi.stanford.edu/ResearchPapers/ Library/RP1658.pdf, Zugang: 10.05.2005.

Levenson, Alec R./Cohen, Susan G. (2003): Meeting the performance challenge: Calculating the return on investment for virtual teams, in: Gibson, Cristina B./Cohen, Susan G. (Hg.): Virtual teams that work: Creating the conditions for virtual team effectiveness, San Francisco CA, 145-174.

Lipnack, Jessica/Stamps, Jeffrey (1998): Virtuelle Teams. Projekte ohne Grenzen. Teambildung. Virtuelle Orte. Intelligentes Arbeiten. Vertrauen in Teams, Wien.

Meyerson, Debra/Weick, Karl E./Kramer, Roderick M. (1996): Swift trust and temporary groups, in: Kramer, Roderick M./Tyler, Tom R. (Hg.): Trust in organizations: Frontiers of theory and research, Thousand Oaks CA, 166-195.

Milliken, Frances J./Martins, Luis L. (1996): Searching for common threads: Understanding the multiple effects of diversity in organizational groups, in: Academy of Management Review, 21 (2), 402-433.

Mullen, Brian/Cooper, Carolyn (1994): The relation between group cohesiveness and performance: An integration, Psychological Bulletin, 115, 210-227.

Müller, Thomas (1997): Virtuelle Organisation. Konzept, Theoriebasis, Möglichkeiten und Grenzen, Konstanz, http://www.ub.uni-konstanz.de/v13/volltexte/1999/293/ /pdf/293_1.pdf, Zugang: 20.10.2005.

Neubauer, Walter (1997): Interpersonales Vertrauen als Management-Aufgabe in Organisationen, in: Schweer, Martin (Hg.): Interpersonales Vertrauen - Theorien und empirische Befunde, Opladen, 105-120.

Nooteboom, Bart (2002): Trust. Forms, foundations, functions, failures and figures, Cheltenham.

O'Hara-Devereaux, Mary/Johansen, Robert (1994): Global work: Bridging distance, culture, and time, San Francisco CA.

Orlikowski, Borris/Hertel, Guido/Konradt, Udo (2004): Führung und Erfolg in virtuellen Teams: Eine empirische Studie, in: Arbeit - Zeitschrift für Arbeitsforschung, Arbeitsgestaltung und Arbeitspolitik, 13 (1), 33-47.

Pettigrew, Thomas F. (1979): The ultimate attribution error: Exptending Allport's cognitive analysis of prejudice, in: Personality and Social Psychology Bulletin, 5, 461-476.

Picot, Arnold/Reichwald, Ralf/Wigand, Rolf T. (2003): Die grenzenlose Unternehmung, Wiesbaden.

Polzer, Jeffrey T./Crisp, Brad/Jarvenpaa, Sirkka L./Kim, Jerry W. (2004): Geographically-colocated subgroups in globally dispersed teams: A test of the faultline hypothesis. Unpublished working paper, o.O., http://www.hbs.eduresearchfacpubsworkingpaperspapers2030404-007, Zugang: 15.05.2005.

Sader, Manfred (1991): Psychologie der Gruppe, Weinheim.

Sepehri, Paivand (2002): Diversity und Diversity Management in internationalen Organisationen, München.

Shaw, James B./Barrett-Power, Elain (1998): The effects of diversity on small work group process and performance, in: Human Relations, 51 (10), 1307-1325.

Sproull, Lee/Kiesler, Sara (1986): Reducing social context cues: Electronic mail in organizational communication, in: Management Science, 31 (11), 1492-1512.

Ting-Toomey, Stella/Oetzel, John G. (2001): Managing intercultural conflict effectively, Thousand Oaks CA.

Townsend, Anthony M./DeMarie, Samuel M./Hendrickson, Anthony R. (1998): Virtual teams: Technology and the workplace of the future, in: Academy of Management Executive, 12 (3), 17-29.

Wahren, Heinz-Kurt E. (1994): Gruppen- und Teamarbeit in Unternehmen, Berlin.

Walther, Jospeh B./Burgoon, Judee K. (1992): Relational communication in computer-mediated interaction, in: Human Communication Research, 19 (1), 50-88.

Watson, Warren E./Johnson, Lynn/Zgourides, George D. (2002): The influence of ethnic diversity on leadership, group process, and performance: an examination of learning teams, in: International Journal of Intercultural Relations, 26 (1), 1-16.

Wiesenfeld, Batia M./Raghuram, Sumita/Garud, Raghu (1999): Communication patterns as determinants of organizational identification in a virtual organization, in: Organization Science, 10, 777-790.

Wilke, Henk/Wit, Arjaan (2002): Gruppenleistung, in: Stroebe, Wolfgang/Jonas, Klaus/Hewstone, Miles (Hg.): Sozialpsychologie. Eine Einführung, Berlin, 497-535.

Williams, Katherine Y./O'Reilly, Charles A. (1998): Demography and diversity in organizations: A review of 40 years of research, in: Research in Organizational Behavior, 20, 77-140.

Zand, Dale E. (1972): Trust and managerial problem solving, in: Administrative Science Quarterly, 17 (2), 229-239.

Ingredients for Cultural Diversity-Management – An Approach Based on a Management Economics Perspective

Minu Pooria[*]

Content

1 Cultural Diversity Explained by Concepts from
  New Institutional Economics (NIE)..294
2 Analysing Diversity Challenges from a
  Management Economics Perspective..299
3 Concluding Remarks..309
4 Sources..311

---

[*] Minu Pooria, Department of International Management, Otto-von-Guericke-University Magdeburg.

1 Cultural Diversity Explained by Concepts from New Institutional Economics (NIE)

The following article deals with the question, how cultural diversity and inherent interaction effects can be explained from a management economics perspective. This perspective uses concepts of New Institutional Economics[1], however focusing intra- and inter-corporate management problems.

So far, cultural aspects have not been a dominant field of interest within New Institutional Economics though culture is mentioned as a determining factor for economic contexts.[2] In Economics as well as New Institutional Economics, this cultural context is either part of an external environment or part of stable preferences, where neither of them is subject to economic analysis.[3] In contrast to anthropological or intercultural communication research,[4] a merely universalist approach of rational human action has been taken for granted within mainstream economic theory until recently.[5] One of the few approaches in which culture is given a more prominent role in shaping economic transactions can be found in the works of Douglas C. North, who considers culture to be an inherent part of informal institutions.[6] Whereas North refers to the role of culture for the development of societies as a whole, cultural diversity as a determinant of inter-individual interaction challenges are focused here.[7]

The necessity for integrating cultural aspects that influence economic interactions can firstly be derived from theoretical reasoning as will be explained in the following part. Other more pragmatic reasons include the necessity to use normative theory in order to deal with problems arising in practical business life. By integrating cultural aspects systematically into New Institutional Economics, the theory base itself can be broadened to tackle problem-sets, which have been so far considered mainly in the fields of International or Intercultural Management.

---

[1] See e.g. Richter/Furubotn (1999). For overviews about main concepts of New Institutional Economics see e.g. Wolff (1999b), Ebers/Gotsch (2001).
[2] See Buchanan (1995), North (1990), Richter/Furubotn (1999), Voigt/Kiwit (1998). Panther (1999) provides an overview, how and where cultural factors might be relevant for economic theory.
[3] See Erlei/Leschke/Sauerland (1999), p. 26, Jost (2000), p. 23, Wolff (1999a), p. 198. See also Nau (2004) for arguments that support this conclusion.
[4] In both disciplines, relativist traditions are commonly known, as e.g. Gudykunst/Ting-Toomey/Nishida (1996), pp. 6-10, point out.
[5] For approaches which consider culture-relative aspects see Nutzinger/Panther (2004), Denzau/North (1994), see also Boettke (1995) who states (but does not share) some of the critical arguments on an exclusively universalist approach.
[6] See North (1990).
[7] See ibid., see also North (1992).

Ingredients for Cultural Diversity-Management

Especially in the latter field, economic criteria might offer additional insights which intercultural management research has not yet provided.[8] The following exploratory analysis can be considered an attempt for a first step into that particular direction.

1.1 Cultural Diversity Explained on the Basis of Interaction Levels

New Institutional Economics provides a coherent framework for explaining the very existence of cultural diversity. Based on a scheme developed by Williamson (1996), three interaction levels can be distinguished (see Abbildung 37): the individual, the collective and the institutional framework level of interaction, the latter one representing the "rules of the game".[9]

Institutional frameworks can be distinguished into formal and informal or explicit and implicit institutions.[10] Whereas explicit institutions include laws or any regulations which can be sanctioned formally,[11] implicit institutions instead include behavioural constraints or 'action fields' that are often classified as culture-bound, based on custom, tradition and history.[12] On the collective level of governance structures, standards and constraints are set for individual actors in order to coordinate individual action efficiently, according to corporate goals.[13] Standards and constraints on the institutional framework level also directly influence individual behaviour through legal as well as cultural norms and values. Thus, economic behaviour can be explained through a socialisation by a hierarchy of rules that Williamson's approach is based upon.[14]

Transferring these arguments into a bi-cultural setting, the differences in the socialisation of economic actors can be conceptualized as illustrated in Abbildung 37.

---

[8] From an intercultural perspective though, an economic approach might reveal several weaknesses, which lie in its broadly defined concepts of culture (see e.g. North (1990), Voigt/Kiwit (1998), Mummert (1999)). However, this weakness can be turned into an asset when it comes to explain intercultural challenges on a "neutral basis" without reference to any particular culture, which will explained here.
[9] Williamson (1996), p. 324, Wolff (1999a), p. 151, for the expression "rules of the game" see e.g. North (1992).
[10] See especially North (1990).
[11] Formal institutions typically include written rules, see North (1990), p. 4.
[12] See e.g. North (1990), pp. 4, 6, North (1991), p. 97, Wolff (1999a), p. 198.
[13] According to New Institutional Economics, individuals form cooperative forms of interaction to better serve their individual utility maximisation, see Wieland (2000), pp. 111-112, Vanberg (1992).
[14] See Wolff (1999a), p. 207 for the concept of rule-hierarchies.

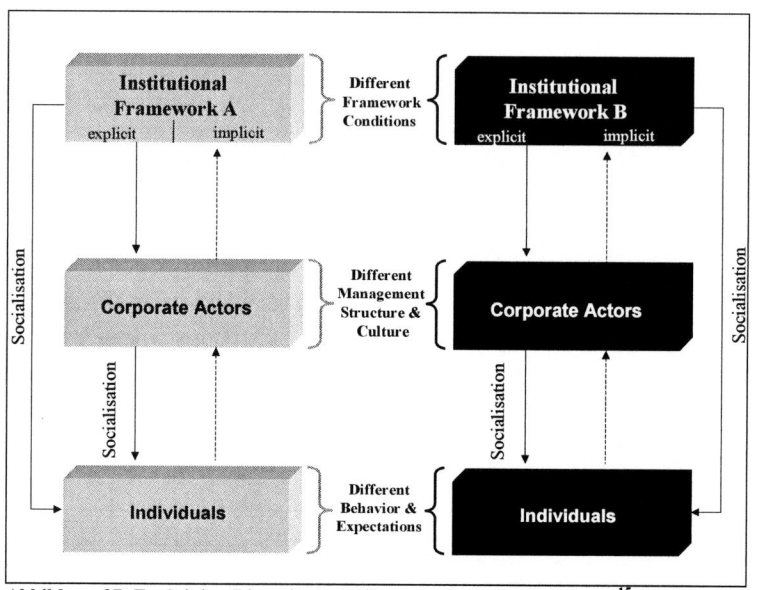

Abbildung 37: Explaining Diversity by Differences in Rule-Hierarchies[15]

Although this bi-cultural perspective is based on the simplifying assumption of two distinct institutional frameworks with a non-overlapping content of rules, it still serves to illustrate the existence of cultural differences on all interaction levels. This creates a general understanding of economic consequences for intercultural interactions, without having to go into detail about the culture-specific rule content.[16]

1.2 Cultural Diversity Explained on the Basis of Property Right Arguments

Another line of argument to explain cultural diversity among economic actors can be based on the concept of property rights in combination with economic contract theory.

---

[15] Source: Based on Williamson (1996), p. 324.
[16] For practical purposes such as the conduct of an intercultural training session however, concrete examples of differences in individual expectations or organization structures can be used to link the theory to practical business challenges.

Ingredients for Cultural Diversity-Management 297

Property right structures refer to rights on material and non-material resources that economic actors are assigned in order to accomplish a specific task. They can be distinguished into different rights, namely the right to use an asset, to change an asset, to make profit out of an asset, or to sell an asset.[17] Basically, a property right structure defines who is allowed to do what when how and why. The link to contract theory is the idea, that property right structures are based on agreements between economic actors that can be defined as contracts.[18]

One of the basic assumptions that NIE works with is the bounded rationality of economic actors: they are limited in their ability to predict the future or all possible decision alternative outcomes with respect to their information processing capacity.[19] As a consequence of bounded rationality, economic actors are not able to fully consider all determinants that are relevant for a specific contract relation (or it would be too costly to acquire all necessary information).[20] Hence, contracts are incomplete by their very nature.[21] From an economic perspective, this implies certain risks on the one hand, but also flexibility potentials for the contract partners on the other hand. The risks include the potential for opportunistic behaviour, which refers to the fact that economic actors expand their utility at the sole cost of other actors.[22] Sources of opportunistic behaviour are one-sided information advantages or one-sided specific investments (see also part 2). On the other hand, incomplete contracts allow for flexibility potentials, which are necessary to adapt to a dynamic environment. Relational contracts, such as working contracts provide a good example where the detailed specification of each single contract obligation becomes obsolete and "open-space" is left on purpose.[23]

Cultural determinants influence explicit contract parts, as there is a mutual dependence between explicit and implicit, i.e. legal and cultural framework deter-

---

[17] See e.g. Alchian/Demsetz (1972), p. 783; Furubotn/Pejovich (1974), p. 4.
[18] See Milgrom/Roberts (1992), p. 127.
[19] See Simon (1961), who introduced the concept of bounded rationality into economic theory.
[20] See Erlei/Leschke/Sauerland (1999), Picot/Dietl/Franck (2002), Wolff (1999b). However, NIE assumes that economic actors are intendedly rational as they always take subjective cost-benefit calculations as the basis for any decision within the information range they are able to proceed. Thus, an actor will still always choose the decision alternative with the best cost-benefit relation within the (subjective) decision portfolio.
[21] See Williamson (1975), pp. 21-23.
[22] See e.g. Wolff (1999b). Here, the historical roots from neo-classical theory become eminent: efficiency is defined with respect to a pareto-optimum where no actor can improve his/her utility without downsizing the utility of other actors.
[23] See Macneil (1974) for the concept of relational contracts, see also Suchanek (2000) for the concept of open contracts.

minants. This aspect will be neglected here. Instead, the relation between implicit contractual aspects and cultural determinants will be illuminated further by a comparison to the function of explicit contracts.

Explicit contractual arrangements imply a conscious articulation of contract provisions. They are mostly specified in a written form and any contract breaches can be sanctioned formally, i.e. by legal institutions such as courts.[24] In contrast to that, implicit contract parts are agreements that need not to be articulated or written down, since they are based on shared meanings, values and norms that shape a common understanding between economic actors. Although a violation of implicit agreements cannot be sanctioned formally, the threat of social sanctions e.g. in the form of a serious reputation damage or the threat of terminating the economic relation serves as a psychological sanction mechanism.[25] Especially with regards to the incompleteness of contracts, implicit contract provisions set behavioural standards for contractual "open spots" which can be found in most contract forms.[26] Using again the property right terminology, economic actors will rely a great deal on implicit agreements (besides explicit ones) to assign, transfer and enforce rights on material and non-material resources.

Assuming that economic actors socialized within the same rule hierarchy share a common basis on which implicit contracts are built upon, bi- or multicultural contract relations oftentimes lack a shared understanding of implicit arrangements. This means, that differently socialized economic actors might assign, transfer and enforce property rights very differently, depending on the scope of rule-differences between implicit institutional frameworks.[27] The most forward solution to differences in implicit contract provisions that induce different property right structures would be to make them explicit. To identify implicit arrangements however, represents a major challenge, since they can be characterized by a deep-rooted unconscious element.[28] This idea resembles the characteri-

---

[24] See Ripperger (1998), pp. 28-29.
[25] See ibid.
[26] An exception are classical contracts, see Picot/Dietl/Franck (2002), pp. 18-20.
[27] See Wolff/Pooria (2004), p. 462.
[28] Here, intercultural psychology, intercultural communication theory and anthropology provide theoretical input to back-up this argument, see Keesing (1974), p. 89, see also Gudykunst/Ting-Toomey/Nishida (1996), p. 6, Gudykunst/Kim (1997), pp. 9-10, Thomas (1996). For similar aspects from an economic perspective see e.g. Dietl (1993), pp. 70-77, Wolff/Pooria (2004), p. 462.

zation of fundamental institutions as internalized norms and values that can be found in the works of several NIE-based approaches.[29]

The economic argument however, can be developed even beyond the point of explaining the very existence of differences in property right structures across different institutional frameworks. A further implication of differences in shared meaning systems[30], that form the basis for mutual implicit arrangements between economic actors is, that what is perceived as being a desirable/undesirable, legal/illegal or efficient/inefficient property right allocation differs across institutional frameworks.[31] And this is exactly where the potential for diversity conflicts arises as will be pointed out below.

2 Analysing Diversity Challenges from a Management Economics Perspective

Having developed the theoretical arguments that explain the existence of cultural diversity, diversity challenges with respect to problems in international business interactions will be explored. In a second step, a typology of different forms of information settings will be developed (see 2.2). By that, the diagnosis of occurring problem potentials becomes feasible (see 2.3).[32]

2.1 Information Related Interaction Problems

An interaction analysis from an NIE perspective centers on the identification of coordination and motivation problems, where coordination refers to the ability of economic actors to perform a task and motivation to their willingness to perform.[33]

---

[29] See e.g. Dietl (1993), pp. 71-72, Mummert (1995).
[30] This is an expression which is commonly used in modern anthropology and intercultural communication theory, see e.g. the definition of culture by Keesing (1974).
[31] See Wolff/Pooria (2004).
[32] Positive diversity gains by cultural synergy, a concept found in the international and intercultural research arena (see Adler (1997), Harris/Moran (1996), Stumpf (2000)) will be neglected here because an adequate "translation" into economic terms is still missing, see Wolff/Pooria (2004). One possible translation track could be to think of the pure quantitative gain of decision alternatives as well as procedures brought in by actors with a diverse cultural background in comparison to the overall decision set produced by non-diverse actors. Following this argument is the question, if or under which conditions a broader decision set also produces *qualitative* decision gains.
[33] See Milgrom/Roberts (1992), pp. 25-26, 126, Picot/Dietl/Franck (2002), pp. 5-10.

In addition, the ingredients of efficient task performance can be distinguished by the specific interaction level where they occur. In general, task performance depends on, but is not limited to individual ability i.e. skills and qualifications on the coordination side and individual willingness on the motivation side.[34] In addition, coordination ingredients in the form of adequate input resources and motivation ingredients in the form of adequate incentive schemes have to be assigned on the organization, resp. corporate level.[35] Both have to match the institutional framework representing the general rules-of-the game that set standards for the lower levels as described in part 1. In order to locate performance-inefficiencies, Wolff (1999) has developed a scheme to map out possible problems and corresponding solution mechanisms on each level.[36] Here, the individual and corporate level will be focused on according to the specific perspective of management economics (see Tabelle 6).[37]

---

[34] See Frey (1999) for further aspects on motivation from a management economics perspective.
[35] See Wolff (1999a), p. 233.
[36] See Ibid.
[37] The analysis of the institutional framework level is left to other academic disciplines such as economic policy, political economy etc. Here, a management economics perspective focuses the corporate level that is directly subject to managerial changes and the individual level that corporate governance is aimed at directing towards corporate goals. Also, it is assumed that single firms rarely change regulations on the institutional framework level. An exception might be powerful MNE's with a high bargaining power to influence political or economic conditions attached to their investment decisions in certain regions.

Ingredients for Cultural Diversity-Management

Level Problemfield	Individual	Corporate
Coordination Ingredient	Individual Ability	Input Resources
Motivation Ingredient	Individual Willingness	Incentive Systems

Source: Based on Wolff (1999), p. 233.

Tabelle 6: Performance Ingredients distinguished by Problem Type and Interaction Level

Whereas Tabelle 6 serves very well an intra-cultural setting, additional factors have to be taken into account in inter-cultural business relations, where differently socialized economic actors attach different meanings to coordination and motivation ingredients as well as objectives. If these differences are ignored, the diagnosis of performance problems as well as corresponding solutions might be derived from one specific cultural reference frame, which implies a great potential for inefficiencies from the perspective of those, who have been socialized by a different reference frame.

The incentive mechanism of a tool such as the "employee-of-the-year", where an individual is praised for his/her sales results in front of a big audience during a fashionable show might be an efficient tool in individualistic cultures, but might be dysfunctional, if implemented without considering the need to adapt it culture-compatibly in e.g. collectivistic cultures.[38] Hence, incentive systems have to be culture-compatibly designed, if the risk is to be avoided to exclude individuals who are willing in principal, but who do not "understand" incentives. In fact it is not possible to design efficient incentive systems that trigger performance, if there are no valid assumptions about the preference-incentive relation an individual holds. This also serves as an explanation for the fact that the implementa-

---

[38] For the concepts of collectivism and individualism, see e.g. Triandis (1994), pp. 164-177. In addition to that, there might be even the need to use different incentives in "similar" cultures, which are e.g. both classified as collectivist by the Hofstede dimensions (see Gudykunst/Ting-Toomey/Nishida (1996), p. 11, for the Hofstede culture dimensions see e.g. Hofstede (1997)).

tion of the same incentives leads to different performance behaviour across institutional frameworks.[39]

Another problem is choosing valid indicators for individual motivation or individual ability which are especially important for human resource recruitment or task assignment in general.[40] Objective performance indicators might be feasible for "hard" tasks, such as producing a certain amount in a certain time on an assembly-line. In contrast to that, the evaluation of soft skills, such as communication or leadership skills represents a major diversity challenge, because it involves the assessment of rather abstract constructs, their corresponding criteria as well as indicators to measure them. The main question in a cross-cultural setting is, whether individuals being evaluated and individuals evaluating attach the same meaning to indicators of ability and motivation and/or whether they use similar forms of expressing ability or motivation (consciously or unconsciously). Thus, for the coordination side, the relation between performance criteria and matching skill-indicators cannot be taken to be similar, if those that evaluate and those that are being evaluated refer to differing implicit property right structures. The same kind of argument holds for the evaluation of individual motivation indicators when actors attach a different meaning to preference-performance relations, as they most probably do if socialized by differing rule-hierarchies.

Also, the distinction between coordination and motivation tools is not absolute in its nature. A company car might be considered a coordination tool in certain frameworks and a motivation tool in others. The former association is derived from the task characteristics that make the extensive use of a car a necessary input resource to perform. In other framework environments, the assignment of a company car might be derived from the status of a certain position which stresses the motivation side, irrespective of whether the actual task performance depends on using a car or not.

Abbildung 38 illustrates that the common understanding of implicit and thus unconsciously held assumptions is not given per se within cross-cultural interactions. Of course, this argument implies the simplification that there is no overlap in implicit frameworks and that economic actors have been socialized monoculturally. Despite of that, it still serves to "dig out" the basic nature of underlying problems from a management economics perspective, again without having to go into detail about culture-specific aspects.

---

[39] See Mummert (1995), p. 55.
[40] For an economic logic applied to task assignment for multicultural teams see Sperber/Wolff/Lusk (2004).

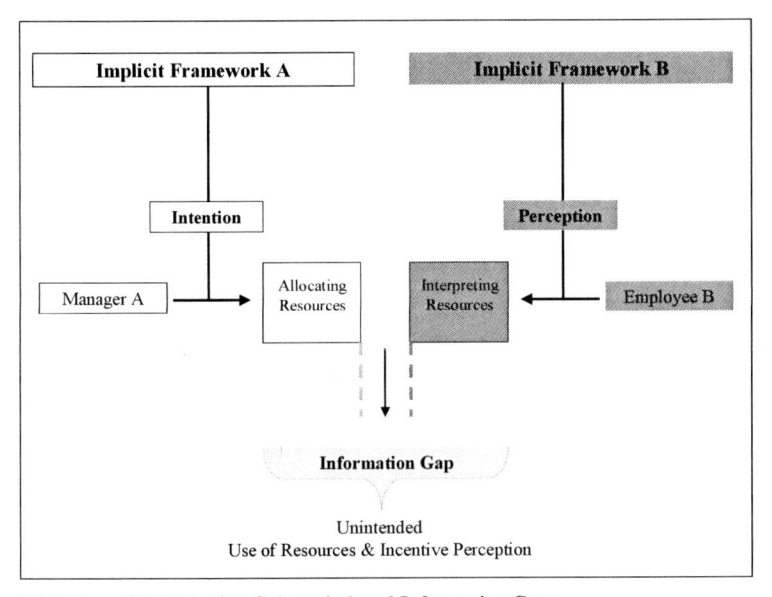

Ingredients for Cultural Diversity-Management 303

Abbildung 38: Illustrating Culture-induced Information Gaps

Apparently, concepts of adequate/inadequate, desirable/undesirable and hence, efficient/inefficient property right structures and implied motivation and coordination objectives as well as ingredients differ across institutional frameworks. This is to say that what is perceived as being an adequate qualification or corporate input resource, an efficient incentive structure or an adequate individual motivation indicator, might vary to a great extent among differently socialized economic actors. If this is not recognized by involved actors, misunderstandings and conflicts might arise with a negative impact on the cost-benefit formula for the specific cross-cultural business relation.[41]

Interaction problems often tend to be classified by involved actors as problems of unwillingness. Instead, the perspective taken here aims at diagnosing the diversity challenge in international business interactions as one of a non-ability

---

[41] For transaction-cost related consequences see Wolff/Pooria (2004).

based on cultural information gaps (see Abbildung 38).[42] Schroll-Machl offers a good example, where a German engineer is considered to be unwilling to cooperate (probably to his own surprise) by his French colleague, after a discussion about the pros and cons concerning additional product features.[43] This misunderstanding follows from the mutual information gap, the actors have about the function and means for a discussion in that particular business setting. This is not to say, that there is no potential for misunderstandings in intra-cultural settings. However, cross-cultural business relations imply a much broader diversity of implicit assumptions which form the source of the above mentioned problems.

Another problem field which has been neglected in cross-cultural research, intercultural communication and intercultural management so far, is the analysis of opportunistic risks in international business relations.[44] Opportunistic behaviour in economic terms is the utility maximisation at the sole cost of other actors.[45] It is possible, because of single-sided information advantages or single-sided specific investments.[46] Opportunistic potentials with respect to cultural diversity become especially relevant in international business relations, where one actor acts within his own framework with a foreign partner: A domestic importer engaging in a business relation with a foreign exporter who is a "newcomer" on the domestic market, has an information advantage regarding the product market structure, customer preferences or informal relations with and between distributors, potential competitors etc. These advantages can be used to e.g. exaggerate the performance contribution in order to gain a higher profit share from the part of the foreign importer. Another example of opportunistic risks becomes prevalent in joint venture relations: the use of a joint venture partner's knowledge and technology might be a feasible means to become a potential competitor according to one cultural framework but might be an inadequate behavioural alternative or even a legally forbidden strategy in another framework.[47] Besides, opportunis-

---

[42] The implicit simplifying assumption that there is no content overlap in institutional framework regulations is made to scheme the basic problem, see also Pooria (2004).
[43] See Schroll-Machl (2002), p. 54, see also other cases in the same volume.
[44] In NIE literature opportunistic behavior is classified as a motivation problem (see e.g. Wolff (1999b)), due to the fact that the concept of motivation is linked with the assumption of conscious behavioural decisions.
[45] The theoretical argument for the possibility of opportunistic behaviour can be seen in the concept of bounded rationality which implies also an asymmetric distribution of information processing capabilities among economic actors, see e.g. Picot/Reichwald/Wigand (2003), p. 48, Wolff (1995), pp. 84-86.
[46] See Wolff (1999b).
[47] See e.g. the example of Lufthansa described by Eckstein/Glagow/Soland (1997), pp. 239-240. However, the efforts to standardize procedures concerning property rights, e.g. by institutions like

tic potentials exist in intra-firm relations, when property right structures are based on one specific institutional framework, often that of their country-of-origin or the country where headquarters are located.[48]

Summing up, information gaps concerning those implicit structures, differently socialized economic actors refer to leads to (costly) interaction problems, if their existence and their impact on preferences, expectations and actual performance behavior is being ignored.

2.2 Developing a Typology of Information Settings

Taking a different view than approaches which specify the content of culture-specific implicit assumptions, the approach taken here uses an information-theoretical argument for explaining cross-cultural interaction problems. As a consequence of a distinct cultural socialisation (see part one), reciprocal information asymmetries occur with respect to the formation, usage and transfer of implicit (and explicit) property rights that differently socialized actors refer to when they interact. This means, that differently socialized economic actors are not able to interpret the allocation or use of resources and corresponding behaviour correctly, because they don't know the rules their interaction partners refer to. Thus, the source of interaction problems can be classified as an information problem in the first place.[49]

Information gaps can be distinguished by the distribution and scope of ignorance among those interacting: Actors might be aware of the existence of differences in implicit property right assumptions, but lack knowledge about any culture-specific content attached to those rule-sets. There, an actor knows, that his/her interaction partner refers to a different rule-set. This kind of ignorance is labelled **conscious ignorance**. It implies that an actor is aware of his/her own ignorance concerning the rule set of differently socialized actors. Alternatively, actors might be not aware that implicit rule differences exist at all. This kind of ignorance is labelled **unconscious ignorance**. Here, an actor simply does not know, that his/her interaction partner refers to a different interaction rule-set. The two forms can be compared by the following metaphor. Whereas the conscious igno-

---

e.g. the WTO serve to install an internationally accepted common framework to overcome explicit and implicit diversity challenges.

[48] For the theoretical explanation of opportunistic risks in cross-cultural business relations see also Wolff/Pooria (2004).

[49] For opportunistic potentials however, the problem can be classified as an information problem from the perspective of the actor who has information disadvantages and as a motivation problem from the perspective of the actor who has information advantages.

rant actor is aware of walking on unsafe territory, e.g. a minefield, the unconsciously ignorant actor walks there without even recognizing it.[50] Using further assumptions, a more coherent picture about different types of information settings can be developed.

Informedness is defined as being able to interpret the implicit rule-set defined for a certain interaction relation. Accordingly, non-informedness is defined as being unable to interpret the implicit rule-set defined for a certain interaction-relation. Obviously, the applied concept of informedness is similar to the concept of tacit knowledge. Thus, information asymmetry as the different distribution of knowledge among economic actors is defined here in relation to (tacitly) knowing the implicit rule-set defined for a certain interaction-relation. Combining these reflections with the scope and distribution of ignorance among involved actors, leads to the typology of information settings illustrated in Tabelle 7, when it is assumed that two actors are about to start interacting.

Distribution of Ignorance	Scope of Ignorance	
	Conscious	**Unconscious**
One actor non-informed	Single-sided – conscious	Single-sided – unconscious
Both actors non-informed	Double-sided – conscious	Double-sided – unconscious
Both actors non-informed	Asymmetric	

Tabelle 7: A Typology of Information Settings

In the **single-sided conscious** information asymmetry, one partner is informed about an interaction rule-set, whereas the other partner is not informed, but is aware of his/her own ignorance, which might be the case when an exporter-experienced actor expands exports to a new foreign market. In the **single-sided**

---

[50] This example is owed to Prof. Dr. Ingo Pies.

unconscious information asymmetry, one partner is informed, whereas the other partner is uninformed, but not aware of this fact. This is the case, when business actors either wrongly assume another framework to be similar to their own socialisation or when they do not understand the existence of certain culture standards because they are non-existent or applied in different contexts, according to their own socialisation. The former could be the case when a German entrepreneur starts business in the German speaking part of Switzerland. The latter refers to different religious or customary traditions: there will hardly be made any important business deals in the time between Christmas and January 2nd in Germany and many other European countries. In the **double-sided conscious** information asymmetry, both uninformed partners know that they don't know the rule-set.[51] This can be found for any bi-cultural business relation where the partners have previous interaction experiences with one another and expand now to a third country, such as e.g. a German-French joint venture locating in Russia. The **double-sided-unconscious** information asymmetry includes two actors, who are both ignorant in a double sense: they do not know the rule set, but are unaware of their own ignorance.[52] This be the case, when two actors start a business in a framework that they wrongly assume to be similar to their own or when they are again confronted with culture standards which do not exist or only in different contexts from the perspective of their own socialisation. The asymmetric setting refers to a situation, where one actor is consciously ignorant and the other actor is unconsciously ignorant. A domestic firm expanding business to a foreign market as a joint venture partner can be labelled as unconsciously ignorant in comparison to the consciously ignorant partner, who has been active in several countries before, but not in the particular target market.

In reality, economic actors are consciously or unconsciously ignorant not in general, but only so in relation to specific culture standards or limited problem fields, depending on how much culture standards vary from one framework to another and to what extent previous culture-specific experiences influence an actor's information bases. Therefore, the typology should be applied not as an absolute instrument to position general information statuses concerning a total rule set once and for all, but only with respect to information gaps concerning very specific interaction settings as well as particular time-frames.

---

[51] The term information asymmetry seems to be counter-intuitive to use here, since both actors are non-informed. The concept of bounded rationality however produces actors with different information processing abilities. Hence, it is very unlikely that their non-informedness is equal in quantitative and/or qualitative terms.
[52] For the use of the term information *asymmetry*, see previous footnote.

2.3 Diagnosing Diversity Challenges on the basis of Information Settings

Once, an interaction setting is classified by the underlying form of information asymmetry, it is possible to define the nature of diversity challenges that are likely to occur (see Tabelle 8).

Problems Form of Ignorance	Opportunistic Potential	Coordination & Incentive Problems
Single-conscious	√	√
Single-unconscious	√	√
Double-conscious	–	√
Double-unconscious	–	√
Asymmetric	–	√

Tabelle 8: Diversity Challenges distinguished by information settings

Basically, all forms implying a single-sided form of information advantage incur an opportunistic potential for the better informed actor.[53] Whether the potential for opportunism leads to actual opportunistic behaviour, depends on subjective cost-benefit calculations including the risk-attitude of an actor.[54] It also can be assumed, that an unconsciously-ignorant actor leaves more potential for opportunistic behaviour than a consciously ignorant actor, who might be sensitized for the occurrence of information gaps and subsequent problems. Looking again at human realities though, the chance for an unconscious actor lies in the fact, that he/she might be able to learn and by that to become a consciously ignorant actor in the course of an interaction or even an informed actor.[55]

In addition to that, conscious as well as unconscious forms of ignorance confront actors with coordination and motivation resp. incentive problems resulting from the information gap which implies a lack of knowledge concerning culture-compatible management tools. Again, the probability for those traps might be higher when two actors interact who lack culture-specific knowledge, such as German-French joint venture partners, locating their common business in Swit-

---

[53] Non-informed actors are not able to behave opportunistically, because they lack the necessary knowledge concerning rule-content.
[54] A possible risk might be the loss of reputation among other current or potential business partners, suppliers and customers. Another risk is the possible termination of the relation, once opportunistic potentials that have been used become visible to the less-informed actor.
[55] Important comments on that issue are owed to Prof. Dr. Birgitta Wolff.

zerland. Also, the coordination and incentive problem potential can be assumed to be higher, when unconscious actors interact compared to a setting where sensitized consciously-ignorant actors interact.

For the asymmetric distribution of ignorance, there are no opportunistic potentials for any actor, but coordination and motivation resp. incentive problems for both. Again, diversity challenges could prove to be less dangerous for the consciously ignorant actor, who is aware of "walking on unsafe territory" than for the unconsciously ignorant actor, who basically does not even know that he/she is "walking on unsafe territory".

The major challenge lies in the correct diagnosis of an interaction-inherent information setting, from which unconsciously ignorant are excluded by the very nature of their state of ignorance. For consciously ignorant actors however, the typology serves as a tool to systematically map out potential problem fields. Also, non-involved actors can use the typology to analyze interaction problems and to design adequate solution mechanisms referring to the particular information state of involved actors.[56]

3   Concluding Remarks

New Institutional Economics and Management Economics specifically provides a systematic map for intra- as well as inter-business related diversity challenges by defining distinct forms of problems as well as solution mechanisms. The typology of information-settings provides a signalling instrument for upcoming additional transaction costs, which might be prevented if adequate measures are taken to reduce information asymmetries at the lowest possible cost with the highest possible benefit. The information-theoretical approach moreover shifts the focus from personality-related problem sources to a more neutral basis. This in turn becomes relevant, when actors blame each other for efficiency losses that reduce the economic value of cross-cultural intra- or inter-business relations or make it obsolete in the extreme. Thus, an ex-post explanation of interaction problems derived from an information-based approach can be used in cross-

---

[56] For transforming unconscious ignorance into conscious ignorance, various types of simulation games exist that do not refer to existing, but fictional cultures, see e.g. Rademacher/Wilhelm (1991).

cultural or inter-cultural coaching and mediation processes as well as in culture-general or cultural sensitivity trainings.[57]

On the other hand, culture-specific knowledge is necessary in various aspects. Obviously, the design of culture-compatible coordination and incentive structures is not possible without culture-specific knowledge as explained in part 2. Also, the detailed analysis of a specific interaction problem is inseparable from culture-specific rule content, when the relation's objective or task is inseparable from cultural specificities: To diagnose a US manager's communication problem as an information problem he has with his Chinese peers or employees in China, is not possible without knowing e.g. Chinese culture standards for communication, respect etc.[58] Summing up, at some point the culture-specific reference is essential in order to make an actor understand the exact object of ignorance in a particular business interaction.

More understanding and research is necessary to fully grasp the special strengths and weaknesses of a management economics approach to cross-cultural problems. Above all, there still exists no theoretical "meta-framework" which systematically combines economic, managerial and intercultural research approaches. Few recent works in that field however can be taken as positive signals that such expectations will be met in the future.[59] However, the special challenge of integrating different research agendas can be seen in the academic socialisation of researchers which produce differing concepts of "adequate" research objectives and methodology. Therefore, one objective for future research in an integrated arena must be to recognize ongoing diversity challenges in the academic arena and to remember that cultural ignorance is not limited to business actors alone.

---

[57] An information-oriented approach provides a basis for debriefings and is also applicable for case study or critical incident analysis.
[58] See e.g. Thomas (1999) for German-Chinese critical incidents and their corresponding culture standards as well as the collection of Chinese-German critical incidents in Thomas/Schenk (2001).
[59] See e.g. the collection of articles in Blümle et al (2004) or in Höhmann (1999).

4 Sources

Adler, N. J. (1997): International Dimensions of Organizational Behavior, Cincinnati (South Western).

Alchian, A./Demsetz, H. (1972): Production, Information Costs, and Economic Organization, in: Economic Review 6, pp. 777-795.

Boettke, P. J. (1995): Why Culture Matters: Economics, Politics and the Imprint of History, paper presented at the Southern Economic Association Meeting, New Orleans 1995, also published in: Nuova Economia e Storia, No. 3 (September 1996), pp. 189-214 (in Italian).

Buchanan, J. M. (1995): Economic Science and Cultural Diversity, in: Kyklos, Vol. 48, pp. 193-200.

Denzau, A. T./North, D. C. (1994): Shared Mental Models: Ideologies and Institutions, in: Kyklos, Vol. 47, pp. 3-31.

Dietl, H. (1993): Institutionen und Zeit, Tübingen (Mohr Siebeck).

Ebers, M./Gotsch, W, (2001): Institutionenökonomische Theorien der Organisation, in: Kieser, A. (Ed.): Organisationstheorien, 4.th ed., Stuttgart, Berlin, Köln, (Kohlhammer) pp. 199-251.

Erlei, M./Leschke, M./Sauerland, D. (1999): Neue Institutionenökonomik, Stuttgart (Schäffer-Poeschel).

Frey, B. S. (1999): Economics as a Science of Human Behavior, 2nd ed. Boston, Dodrecht, London (Kluwer).

Furobotn, E. G. /Pejovich, S. (1974): Introduction: The New Property Rights Literature, in: Furobotn, E. G./Pejovich, S. (Eds.): The Economics of Property Rights, Cambridge/MS (Ballinger), pp. 1-9.

Gudykunst, W. B./Kim, Y. Y. (1997): Communicating with Strangers, 3rd ed., Boston etc. (McGraw Hill).

Gudykunst, W. B./Ting-Toomey, S./Nishida, T. (1996): Communication in Personal Relationships Across Cultures – An Introduction, in: Gudykunst, W. B./Ting-Toomey, S./Nishida, T. (Eds): Communication in Personal Relationships Across Cultures, Thousand Oaks, London, New Delhi (Sage), pp. 3-16.

Harris, P. R./Moran, R. T. (1996): Managing Cultural Differences, 4th ed., Houston etc. (Gulf Publishing).

Hofstede, G. (1997): Cultures and Organizations, New York (McGraw-Hill).

Jost, P.-J. (2000): Organisation und Koordination, Wiesbaden (Gabler).

Keesing, R. (1974): Theories of culture, in: Annual Review of Anthropology, Vol. 3, pp.73-97.

Macneil, I. R. (1974): The many futures of contracts, in: Southern Californian Law Review, Vol. 47, pp. 691-816.

Milgrom, P./Roberts, J. (1992): Economics, Organization and Management, Upper Saddle River (Prentice Hall).

Mummert, U. (1995): Informelle Institutionen in ökonomischen Transformationsprozessen, Baden-Baden (Nomos).

Mummert, U. (1999): Kultur und Systemtransformation: Institutionenökonomische Aspekte, in: Höhmann, H.-H. (Ed.): Eine unterschätzte Dimension? Zur Rolle wirtschaftskultureller Faktoren in der osteuropäischen Transformation, S. 61-77, Bremen (Edition Temmen).

Nau, H. H. (2004): Reziprozität, Eliminierung oder Fixierung? Kulturkonzepte in den Wirtschaftswissenschaften im Wandel, in: Blümle, G. et al. (Eds.): Perspektiven einer kulturellen Ökonomik, Münster (LIT), pp. 249-269.

North, D. C. (1990): Institutions, Institutional Change and Economic Performance, Cambridge (Cambridge University Press).

North, D. C. (1991): Institutions, in: Journal of Economic Perspectives, Vol. 5, pp. 97-112.

North, D. C. (1992): Institutions and Economic Theory, in: The American Economist, Vol. 36/1, pp. 3-6.

Nutzinger, H. G./Panther, S. (2004): Homo oeconomicus vs. homo culturalis: Kultur als Herausforderung der Ökonomik, in: Blümle, G. et al. (Eds.): Perspektiven einer kulturellen Ökonomik, Münster(LIT), pp. 287-309.

Panther, S. (1999): Kulturelle Faktoren in ökonomischen Erklärungen – Eine Standortbestimmung, in: Höhmann, H.-H. (Hrsg.) (1999): Eine unterschätzte Dimension? Zur Rolle wirtschaftskultureller Faktoren in der osteuropäischen Transformation, Bremen (Edition Temmen), pp. 24-38.

Picot, A./Dietl, H./Franck, E. (2002): Organisation, 3rd ed., Stuttgart (Schäffer-Poeschel).

Picot, A./Reichwald/Wigand (2003): Die grenzenlose Unternehmung, Wiesbaden (Gabler).

Pooria, M. (2004): Ökonomische Aspekte kulturbedingter Interaktionsprobleme – eine Darstellung auf Basis von Konzepten der Neuen Institutionenökonomik, in: Bolten, J. (2004): Interkulturelles Handeln in der Wirtschaft. Positionen. Perspektiven. Modelle, Sternenfels (Wissenschaft & Praxis) (in print).

Rademacher, H./Wilhelm M. (1991): Spiele und Übungen zum interkulturellen Lernen, Berlin (VWB).

Richter, R./Furubotn, E. G. (1999): Neue Institutionenökonomik, 2nd ed., Tübingen (Mohr Siebeck).

Ripperger, T. (1998): Ökonomik des Vertrauens, Tübingen (Mohr Siebeck).

Schroll-Machl, S. (2002): Doing Business with Germans, Göttingen (Vandenhoeck & Ruprecht).

Simon, H. C. (1961): Administrative Behavior, 2nd ed., New York (McMillan).

Sperber, S./Wolff, B./Lusk, E. J. (2004): The Effects of Task Characteristics on the Performance of Multicultural Teams: Connecting Economic Theory and Empirical Evidence. In: Intercultural Communication Studies, Special Issue (forthcoming).

Stumpf, S. (2000): Diversity and Synergy: An Analysis of the Synergy-Concept, in: Stumpf, S./Thomas, A. (Eds.): Diversity and Group Effectiveness, Lengerich etc. (Pabst) pp. 272-287.

Suchanek, A. (2000): Das Konzept der offenen Verträge, Discussion Paper No. 128, Catholic University Eichstätt, Ingolstadt School of Management.

Thomas, A. (1996): Die Analyse der Handlungswirksamkeit von Kulturstandards, in: Thomas, A. (Ed.): Psychologie interkulturellen Handelns, Göttingen etc. (Hogrefe), pp. 107-135.

Thomas, A. (1999): Comparison of Managing Cultural Diversity in German-Chinese Research and Business Cooperation, in: Lonner, W. J. (Ed.): Merging Past, Present and Future in Cross-Cultural Psychology, Lisse (Swets and Zeitlinger), pp. 520-531.

Thomas, A./Schenk, E. (2001): Beruflich in China, Göttingen (Vandenhoeck & Ruprecht).

Triandis, H. C. (1994): Culture and Social Behavior, New York etc. (McGraw-Hill).

Vanberg, V. J. (1992): Organization as Constitutional System, in: Constitutional Political Economy, Vol. 3. pp. 223-253.

Voigt, S./Kiwit, D. (1998): The Role and Evolution of Beliefs, Habits, Moral Norms, and Institutions, in: Giersch, H. (Hg.) (1998): Merits and Limits of Markets, Berlin (Springer) pp. 83-108.

Wieland, J. (2000): Kooperationsökonomie, in: Jansen, S./Schleissing, S. (Eds.): Konkurrenz und Kooperation, Marburg (Metropolis), pp. 103-127.

Williamson, O. E. (1975): Markets and Hierarchies, Analysis and Antitrust Implications, New York (Free Press).

Williamson, O. E. (1996): The Institutions and Governance of Economic Development and Reform, in: Williamson, O. E. (Ed.): The Mechanisms of Governance, Oxford (Oxford University Press) pp. 322-343.

Wolff, B. (1995): Contractual Problems in Market Relations, in: Bernitz, U./Hallström, P. (Eds.): Principles of Justice and the European Union, Stockholm (Juristförlaget).

Wolff, B. (1999a): Anreizkompatible Reorganisation von Unternehmen, Stuttgart (Schäffer-Poeschel).

Wolff, B. (1999b): Zum methodischen Status von Verhaltensannahmen in der Neuen Institutionenökonmik, in: Edeling, T./Jann, W./Wagner, D. (Eds.): Institutionenökonomik und Neuer Institutionalismus, Opladen (Leske & Budrich) pp. 133-146.

Wolff, B./Pooria, M. (2004): Kultur im Internationalen Management aus Sicht der Neuen Institutionenökonomik, in: Blümle, G. et al. (Eds.): Perspektiven einer kulturellen Ökonomik, Münster (LIT), pp. 451-470.

Kulturelle Inkompatibilität von Kyopos und südkoreanischen Unternehmen in Deutschland

Kyung-Yiub Lee[*]

Inhalt

1 Kyopos in Deutschland – Eine Status-quo-Beschreibung..........316
2 Demografische Analyse – Ein historischer Rückblick als Argument der Aktualität..........319
3 Yongo-Beziehungen – Vertrauen ist wichtig..........321
4 Kultur im Allgemeinen und Konfuzianismus im Speziellen als verhaltensdeterminierende Variable in Südkorea..........323
5 Illustrationen konfuzianischen Einflusses auf das Managementverhalten – Ein Auszug..........325
6 Die Evaluation – Eine sozialkapitaltheoretische Analyse..........330
7 Handlungsempfehlungen – Maßnahmen im Rahmen der Interkulturellen Personalentwicklung..........336
8 Plädoyer..........340

---

[*] Dr. Kyung-Yiub Lee, actori GmbH, München.

1 Kyopos in Deutschland – Eine Status-quo-Beschreibung

Die wirtschaftliche Beziehung zwischen Südkorea und Deutschland nimmt stetig an Relevanz zu. Im Jahr 2002 war Deutschland Südkoreas weltweit siebtgrößter Handelspartner. In Europa steht Deutschland fortwährend an erster Stelle. 101 südkoreanische Unternehmen haben gemäß des Korean Trade Centers (KOTRA) einen Sitz in Deutschland.

Gleichzeitig leben insgesamt rund 30.000 Südkoreaner in Deutschland. Sie stellen die größte koreanisch-stämmige Gruppe in Europa. Davon konnten rund 11.280 in Deutschland geborene und aufgewachsene Südkoreaner ermittelt werden, die im Folgenden mit der Bezeichnung Kyopos tituliert werden.

Kyopos unterstehen durch ihre konfuzianische Sozialisierung in der Familie zwar einer ähnlichen Beziehungslogik wie die Expatriates, jedoch unterliegen sie gleichzeitig einem Paradoxon. Einerseits können sie durch die frühe – vor dem wirtschaftlichen Aufschwung in Südkorea durchgeführte – elterliche Emigration nach Deutschland mit einer altertümlicheren konfuzianischen Form aufwarten, da der Wertewandelprozess, der mit einer Wohlfahrtssteigerung in Südkorea verbunden ist, auf der südlichen koreanischen Halbinsel nicht miterlebt wurde. D.h., dass die traditionellen Werte ungeachtet des westlichen bzw. US-amerikanischen Einflusses in ihrer früheren Form an die Kyopos weitergegeben wurden. Dies bedeutet im Klartext, dass die veränderten Lebensweisen und Weltanschauungen in Südkorea keinen Einzug in die Sozialisation der Kyopos fanden. Ihre Sozialisation beruht auf Grundlage der Sozialisationserkenntnisse ihrer Eltern, die sich zum größten Teil auf dem Stand der 50er Jahre befinden. Dementsprechend wurde der kulturelle und wertemäßige Wandel, der durch die veränderten Rahmenbedingungen stattgefunden hat, nur in geringfügigem Maße durch die Eltern miterlebt und weitergegeben. Daraus ergibt sich die außergewöhnliche Konstellation, dass die deutschen Kyopos eine altmodischere Sichtweise besitzen als die einheimischen Südkoreaner.

Andererseits fand natürlich durch die soziale deutsche Umgebung eine westliche Verbindung statt, die sich aber von denen der in Südkorea aufgewachsenen und mit der westlichen Kultur beeinflussten Südkoreaner darin unterscheidet, dass keine Verschmelzung stattfand, sondern situationsbezogen ein Spagat zwischen den beiden Kulturen geschafft wurde.

In Südkorea entstand durch die Diffusion von südkoreanisch traditionalen Strukturen und westlicher Modernität etwas völlig Neuartiges, das – vergleichbar mit einer chemischen Reaktion - nur in einigen wenigen Bestandteilen ihren Vorbildern ähnelt.

Kyopos verhalten sich in südkoreanischer Umgebung gemäß ihrer elterlichen Erziehung, die aus der vorindustriellen Zeit rührt. Sie sind jedoch auch in der Lage, sich in der deutschen Umgebung den divergierenden Gegebenheiten anzupassen.

Der entscheidende Punkt liegt sicherlich in der parallelen Existenz beider kultureller Verhaltensmuster der Kyopos. Auch wenn sicherlich aus Gründen des Mehrgebrauchs die Deutsche überwiegt. Jedoch zeichnen sich die Kyopos bei einer Skalenbetrachtung zwischen den beiden Extrempunkten Südkorea und Deutschland durch eine relative kulturelle Mittelstellung in diesem Kontinuum aus. Diese Mischung löst nicht nur Unsicherheit mit der eigenen Identifikation aus, sondern bietet in einer multinationalen Arbeitswelt große Chancen.

Aus personalpolitischer Perspektive erscheint die Nutzung der Kyopos für diese Unternehmen aus Gründen ihres bikulturellen und auch teilweise bilingualen Hintergrundes äußerst sinnvoll. Außerdem verfügen sie auf Grund ihrer an deutschen Institutionen erworbenen Ausbildung über gute lokale Marktkenntnisse bzw. ein rasches Aneignungsvermögen der notwendigen Kenntnisse. Auch besitzen sie gegenüber Expatriates Akkulturationsvorteile und beanspruchen geringe bzw. zumeist keine Kompensationskosten.

De facto beträgt jedoch der Anteil an Kyopos bei den untersuchten Unternehmen lediglich 1,7%. Auch sind keine aktiven, auf Kyopos spezialisierte, Rekrutierungsstrategien und Personalentwicklungsmaßnahmen vorzufinden. Alle Top-Managementfunktionen werden durch Entsendung von Expatriates nach Deutschland besetzt. Nachfolgende auszugsweise dargestellte Aufstellung veranschaulicht die bisher geringe Nutzung der Kyopos in südkoreanischen Unternehmen in Deutschland.

Unternehmen	Südkoreanische Expatriates	andere Nationen	Gesamt	davon Kyopos
Hyundai Motor Europe GmbH	22	30	52	8
Han Jin Shipping Europe Regional Headquarters	16	170	186	3
Samsung SDI Germany GmbH	13	972	985	0

Samsung Corning Deutschland GmbH	13	475	488	0
LG, Philips LCD Germany GmbH	13	160	173	13
Samsung Semiconductor Europe GmbH	13	111	124	0
Samsung Deutschland GmbH	13	42	55	7
Hyundai-Kia Europe Engeneering Center	12	29	41	1
Kia Motors Deutschland GmbH	10	120	130	0
Hyundai Electronics Deutschland GmbH	10	31	41	2
Kia Motors Corp.	10	15	25	0
Kumho Europe GmbH	9	30	39	1
Samsung Electro-Mechanics Deutschland GmbH	9	27	36	2
Posco Europe Office	9	2	11	0
Samsung Electronics GmbH (SEG)	7	103	110	7
Daewoo Electronics Europe/Deutschland GmbH	7	38	45	0
Total	186	2.355	2.541	45

Tabelle 9: Anteil Kyopos in südkoreanischen Unternehmen

Einem stetig steigenden Engagement südkoreanischer Unternehmen in Deutschland steht ein außerordentlich geringer Einsatz von Kyopos in diesem Unternehmen gegenüber. Es bestehen demnach Faktoren, die zu einem Misfit zwischen Kyopos und Expatriates führen. Unterschiedliche Maßstäbe und Anforderungen an Kyopos scheinen ursächlich für den Misfit zu sein. Ungleiche Sichtweisen und Einstellungen sind ausschlaggebende Faktoren. Diese sind auf unterschiedliche kulturelle Prägungen und Vorstellungen zurückzuführen.

Für die geringe Nutzung der Kyopos kann aber auch die demografische Konstitution der Kyopos herangezogen werden, welche nun näher beleuchtet wird.

2 Demografische Analyse – Ein historischer Rückblick als Argument der Aktualität

Eine Ursache für den bisherigen Mangel an Berücksichtigung - zumindest in Deutschland - liegt an der recht jungen Geschichte des Phänomens Immigration. Entsprechend der aktuellsten Erhebung der von der südkoreanischen Regierung herausgegebenen Daten emigrierten im Zeitraum von 1962 bis 1977 8.359 südkoreanische Staatsbürger, die als Bergmänner in der Bundesrepublik Deutschland Arbeit fanden. Darauf folgten ihnen 10.371 zumeist in Südkorea ausgebildete Krankenschwestern, die von 1964 bis 1976 in die Bundesrepublik Deutschland übersiedelten.

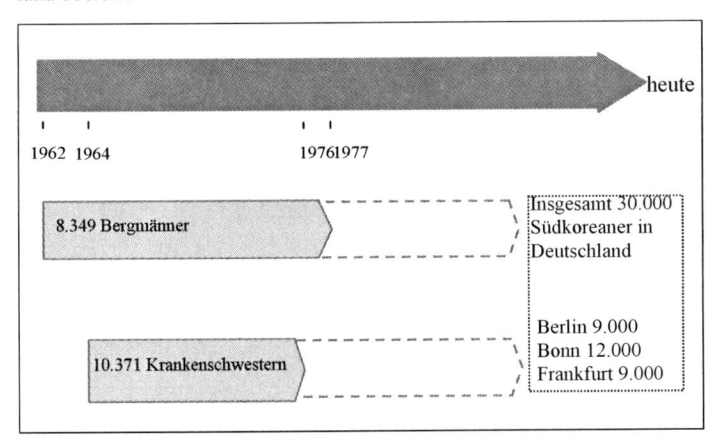

Abbildung 39: Historischer Überblick zur Immigration

Im Gegensatz zu den südkoreanischen Krankenschwestern, die zum größten Teil ihren Beruf beibehielten und ihn immer noch ausüben, wechselten die als Bergmänner übergesiedelten Südkoreaner ihren Beruf und sind zumeist als einfache Angestellte tätig. Diese massive westdeutsche Emigration endete 1977 und die einzige südkoreanische Gruppe, die heute noch nach Weg nach Deutschland findet, besteht aus südkoreanischen Studenten (Yuhaksen), die jedoch nach ihrem Studium nach Südkorea zurückkehren. Im Unterschied dazu verlängerte sich die vorerst als kurzer arbeitsbezogener Aufenthalt gedachte Übersiedlung der meisten Bergmänner und Krankenschwestern bis zum heutigen Tage.

Die Folgen können durch statistische Angaben verifiziert werden. Gemäß der statistischen Dokumentation vom Dezember 2001 werden in Berlin 9.000 Südkoreaner, in Bonn 12.000 und in Frankfurt 9.000 Südkoreaner erfasst, die ihren permanenten Wohnsitz in der Bundesrepublik Deutschland haben.

Als Emigrationsursache der Südkoreaner kann die zu diesem Zeitpunkt relativ hohe Devisenarmut Südkoreas herangezogen werden, die den Prozess der Industrialisierung erheblich behinderte. Da Südkorea auch durch einen bedeutenden Mangel an verwertbaren und exportierbaren Rohstoffen gekennzeichnet war, sah sich die Regierung gezwungen, ihr einziges wettbewerbsfähiges „Kapital" zu transferieren. Dieser bestand in Menschen. Im Zuge dessen wurden die bestehenden hohen Lohndifferenzen zwischen den beiden Nationen ausgenutzt und ein großer Teil des in Deutschland erworbenen Gehalts wurde nach Südkorea transferiert. Dadurch kam die Regierung in den Genuss großer Devisenmengen, die für den Aufbau des nach der japanischen Kolonialbesetzung und dem Korea-Krieg stark zerstörten Landes verwendet werden konnte.

Das Gros der Südkoreaner emigrierten also Anfang und Mitte der 70er Jahre in die Bundesrepublik Deutschland. Es bestand somit aus demografischen Gründen bisher keine Veranlassung, die Stärken und Schwächen der Kyopos zu erörtern und die Chancen und Risiken für südkoreanische Unternehmen abzuwägen. Nachdem nun die Kyopos das berufsfähige Alter erreicht haben, lohnt sich gerade für die südkoreanischen Unternehmen eine umfassendere Analyse der Kyopos. Im Falle der deutschen Kyopos scheint demgemäß der rechte Zeitpunkt erreicht zu sein, da nun die demografischen Faktoren der Kyopos die forschungsadäquaten Vorraussetzungen erfüllt haben.

3 Yongo-Beziehungen – Vertrauen ist wichtig

Die Trust Base Skala von Chang/Chang kann als zentrales Konzept verstanden werden. Im Zuge einer großen empirischen Studie in Südkorea konnten sie die Vertrauenszuschreibung an einzelne Personen und Gruppen quantifizieren.

Subjekte	Trust-Base Wert	Subjekte	Trust-Base Wert
• Ehepartner	100	• Personen mit gleichem Nachnamen	70
• Eltern	100	• Personen der gleichen Region	70
• Kinder	100	• Personen verschiedener Regionen	60
• Bruder / Schwester	100	• Personen gleicher Arbeitsorganisationen	90
• Neffe / Nichte	99	• Personen der gleichen Professionen	80
• Cousinen	97	• Personen mit gleichen Hobbies	70
• Verwandte	96	• Nachbarn	70
• High-School Klassenkameraden	97	• Mitglieder der gleichen Kirchen	95
• Universitätskameraden	85	• Personen der gleichen Konfessionen	80
• Grundschulkameraden	50	• Personen verschiedener Konfessionen	70
• High-School und Universitätsalumni	80	• Personen verschiedener Religionen	40

• Fremde (Südkoreaner)	5
• Ausländer	1

Tabelle 10: Vertrauenszuschreibungen in Yongo-Beziehungen

Nach Chang/Chang ist Südkorea auf Grund seines konfuzianischen Erbes eine der familienzentriertesten Gesellschaften. Das Familiensystem ist für sie von äußerster Wichtigkeit und es werden größte Anstrengungen unternommen, die Familienehre aufrechtzuerhalten. Große Unternehmen in Südkorea, wie es die Chaebols darstellen, sind in gewisser Hinsicht große Familienunternehmen, bei denen der Vater, die Söhne, die Schwiegersöhne, Neffen, Cousins und andere enge Verwandte entscheidende Rollen im Management ihrer Unternehmen inne haben. Daraus resultiert der Trust-Base Wert, der bezüglich der Familienmitglieder bei 100 bzw. bei annähernd 100 liegt.

Die besuchten Schulen spielen in Südkorea auch eine große Rolle, denn die engen Beziehungen mit Schulkameraden haben für den zukünftigen Karriereerfolg durch die Einbindung in starke, lebenslang fortdauernde Unterstützungsnetzwerke (z.B. Absolventenvereinigungen) einen determinierenden Charakter. Ehemalige Schulgefährten stehen weiterhin in konstanter Interaktion, die sich im weiteren Lebensverlauf als hilfreich erweisen können. Dabei entwickeln die Abgangsjahrgänge der Highschools die engsten Freundschaften. Dies ist der Grund für den relativ hohen Trust-Base Wert dieser Schulkameraden, wodurch sie auch auf die Stufe der quasi Familienmitglieder erhoben werden.

Auch Südkoreaner derselben Region bzw. Provinz demonstrieren starke Solidarität in Südkorea. Südkoreaner haben über die Jahre hinweg enge regionale Sympathien entwickelt, da es einfacher ist, enge Beziehungen mit Menschen derselben Region herzustellen. Auch unter ihnen werden informale Beziehungen leichter eingegangen.

Diese drei Banden (Familie, Schule und Region) werden als **Yongo-Beziehungen** bezeichnet und drücken damit die große Vertrauensattribution in diesem Systemgeflecht aus. Diese Beziehungen sind zumeist qua Geburt vordefiniert und bedeuten eine lebenslange Verbundenheit. Es ist wohl einer der auffälligsten Merkmale des südkoreanischen Managements, dass Personen dieser Kategorien bevorzugt behandelt werden.

Südkoreaner sind gegenüber Fremden – unabhängig, ob andere Südkoreaner oder Ausländer – sehr abweisend. Sie haben eine Tendenz entwickelt, sich von nicht-familiären Angelegenheiten zu entfremden. Kyopos sind in dieser Aufstellung formal als Fremde oder Ausländer einzuordnen, denen am wenigsten vertraut wird.

4 Kultur im Allgemeinen und Konfuzianismus im Speziellen als verhaltensdeterminierende Variable in Südkorea

Kultur als handlungsausrichtendes Element wurde vor allem durch das Dimensionenkonzept von Hofstede empirisch erforscht. Diese Untersuchung stellt durch seine Größe und seine Reichweite eines der umfangreichsten und annähernd vollständigsten Erhebungen im Rahmen der kulturvergleichenden Managementforschungen dar und bietet valide und reliable Erkenntnisse. Dabei setzt Hofstede den Ausgangspunkt des organisationalen Verhaltens sehr früh an – beginnend von der familiären Prägung, über die Verfestigung der landesspezifischen Verhaltensweisen in der obligatorischen Schulzeit werden Schlüsse auf das organisationale Verhalten und die spezifischen Managementkonzepte gezogen. Vor allem geht sie konkret auf den Faktor Kultur und ihre Wirkungsmechanismen ein, die das menschliche Verhalten und auch die Arbeitsabläufe und Organisationsformen prägen.

Das Dimensionenkonzept von Hofstede ist als Orientierungswerk zu verstehen, das sich ausgezeichnet als Grundlage für die Sensibilisierung des kulturellen Einflusses auf das Managementverhalten eignet. Er erläutert zwar Wirkungsmechanismen von Kultur auf Managementausprägungen, zum näheren Verständnis jedoch, wie sich dieser Einfluss verhaltensdeterministisch auf das Zusammenspiel zwischen Kyopos und Expatriates konkret auswirkt, kann auf Grund seiner generalistischen Aussagen nur unter Hinzuziehung des koreaspezifischen Konfuzianismus erfolgen.

Mit dem Dimensionenkonzept von Hofstede kann somit lediglich die Existenz des kulturellen Einflusses auf das Management nachgewiesen werden („*Es gibt einen Einfluss der Kultur auf das Management!*"). Mit der Integration des Konfuzianismus wird allerdings die inhaltliche Ausgestaltung des südkoreanischen Managements dargestellt („*Wie wirkt sich der Einfluss der südkoreanischen Kultur auf das Management in südkoreanischen Unternehmen aus?*").

Die Lehre von Konfuzius ist ganz und gar diesseitig-weltlich und auf Ethik und Moral hin zentriert und spielt auf Grund seiner Funktion als stark verhaltensprägende Kulturvariable in Südkorea eine determinierende Rolle in Bezug auf den Misfit zwischen Kyopos und Expatriates.

Hierbei soll vor allem das so genannte „Oryun" angesprochen werden, welches besagt, dass jeder Mensch seinen Platz auf Erden hat, wobei fünf grundlegende zwischenmenschliche Beziehungen von besonderer Bedeutung sind. Namentlich die Beziehungen zwischen

- Fürst und Untertan
- Vater und Sohn
- Ehemann und Ehefrau
- Älterem und jüngerem Bruder
- Älterer Freund und jüngerer Freund

Aus den Beziehungen ergeben sich gegenseitige Pflichten: Während der Fürst gegenüber seinen Untertanen gütig ist und Schutz und Fürsorge bietet, zeigt sich der Untertan gegenüber seinem Fürst loyal und gehorcht ihm.

Die Beziehung zwischen Vater und Sohn ist die wichtigste, denn durch sie wird die familiäre Ordnung erhalten. Sie zeichnet sich durch die Liebe seitens des Vaters und der Pietät seitens des Sohnes aus.

Die dritte Beziehung ist gekennzeichnet durch die Gerechtigkeit des Mannes gegenüber seiner Frau und die Gehorsamkeit der Ehefrau zu ihrem Ehemann.

Die ersten drei Beziehungen werden als die „drei Banden" bezeichnet. Sie gelten als unumstößlich. Die vierte Beziehung betrifft das Verhältnis zwischen Brüdern. Der Ältere ist wohlwollend zum Jüngeren, und der wiederum bringt seinem Bruder Ehrfurcht entgegen. Das Verhältnis zwischen Freunden bedingt beiderseitige Treue.

Es ist auffällig, dass alle Beziehungen durch Ungleichheit und Unterordnung gekennzeichnet sind. Die hohe Machtdistanz in der südkoreanischen Gesellschaft wird evident. Die konfuzianische Lehre gibt ein festes hierarchisches Folge- und Kontrollsystem vor. Sie geht davon aus, dass die gesellschaftliche Ordnung sich nur dann aufrechterhalten lässt, wenn alle Mitglieder ihre jeweiligen Rollen wahrnehmen. Eine wichtige Bedeutung kommt dabei der Familie zu, die in drei der fünf Ethiken thematisiert wird. Sie dient auf Grund ihres klaren (vertikalen) Hierarchiegefüges auch heutzutage noch als Handlungsideal für alle gesellschaftlichen und organisationalen Beziehungssysteme. Durch Determinierung bestimmter Verhaltensattributionen in einem Mehrpersonen-Gefüge sind die Rechte und Pflichten jedes Individuums eindeutig definiert, was sich als hilfreich erweist, um die von Hofstede identifizierte Unsicherheit im interpersonellen Umgang zu vermeiden.

Bei Konfuzius werden die Menschen nicht als Einzelwesen betrachtet, sondern immer in einem hierarchischen Verhältnis zu anderen. Das bedeutet, dass Menschen immer in einem Rankingsystem eingeordnet werden, dessen Rahmen die beschriebenen Beziehungen (Oryun) darstellen. Menschen, die nicht in diesem Verhältnis eingeordnet werden können, werden bei den sittlichen Verhaltensnormen ausgeschlossen.

Letztlich beschreibt die chinesische Philosophie den Menschen nicht als Individuum und entspricht damit den kollektivistischen Gedanken Hofstedes. Das Individuum erhält seine Identität durch seine Zugehörigkeit zu einer bestimmten Gruppe.

> „Kein Mensch lebt schließlich streng als abgesondertes Individuum, und so kann man sagen, dass die Vorstellung eines solchen Individuums gar keine Grundlage in der Wirklichkeit hat. Wenn wir uns einen Einzelmenschen vorstellen und ihn weder als Sohn noch als Bruder noch als Vater oder Freund gelten lassen, was ist er dann? Er ist eine metaphysische Abstraktion. Die Chinesen, als biologisch denkende Leute, kümmern sich aber zuallererst um die biologischen Beziehungen eines Menschen."

Der Konfuzianismus wirkt auch diesbezüglich in Südkorea noch spürbar nach. Die Pflege der persönlichen Beziehungen ist für den Ausgang und Erfolg persönlicher und somit auch kaufmännischer Aktivitäten ganz entscheidend. Ohne persönliches Vertrauen läuft wenig. Mehr noch; ein anderer wird erst zum „Menschen", wenn zu ihm Beziehungen aufgenommen werden können und so eine Verankerung in der sozialen Hierarchie des Ersteren ermöglicht wird. Erst dann sind Südkoreaner höflich, freundlich und hilfsbereit wie in der Trust-Base Skala demonstriert wurde. In der Anonymität des Straßenverkehrs oder von Warenhäusern beispielsweise geht es vielfach erstaunlich egoistisch und rüpelhaft zu - man kennt sich nicht (siehe Fremde und Ausländer in der Trust-Base Skala).

5 Illustrationen konfuzianischen Einflusses auf das Managementverhalten – Ein Auszug

Im Folgenden werden die konkreten Manifestationen des südkoreanischen Konfuzianismus auf das Management in südkoreanischen Unternehmen beschrieben. Dabei erfolgt eine Auswahl problemorientierter Managementkonzepte, die sich insbesondere auf die Rekrutierung und die Integration von Kyopos auswirken können.

5.1 Geschlechterrollen

Beispielsweise unterscheiden sich gemäß den hierarchischen Regelungen der Familienbeziehungen männliche und weibliche Rollen in der konfuzianischen Kultur. Die südkoreanische Gesellschaft ist traditionell männlich dominiert. Es wird von Frauen erwartet, dass sie sich aus dem Berufsleben zurückziehen und sich um den Haushalt und um die Erziehung der Kinder kümmern, wenn sie heiraten. Gerade im Hinblick auf die qualifizierten weiblichen Kyopos ist der Punkt als äußerst bedeutsam anzumerken und birgt ein signifikantes Konfliktpotenzial, da auf Grund von Sozialisierungen in Deutschland ein anderes Frauenbild erwartet wird.

5.2 Yongobasierte Personalrekrutierung

Als weiteres Beispiel soll die yongobasierte Personalrekrutierung angeführt werden. In Südkorea kommt es bei der Rekrutierung von Bewerbern zu einer Bevorzugung von Personen derselben Familien, derselben Bildungsinstitution oder derselben Region. Gerade die Trust-Base Skala zeigte die besondere Relevanz der bildungsbezogenen Beziehungen. Sie werden vor allem dazu genutzt, den Eintritt und die Integration in das Unternehmen zu fördern und innerbetriebliche Unterstützung zu gewährleisten. Gerade die personalen Netzwerke, die sich aus den Zugehörigkeiten einer bestimmten Highschool oder Universität ergeben, werden im Sinne lebenslanger Netzwerke gepflegt und aufrechterhalten (langfristige Orientierung bzw. konfuzianische Dynamik). Dabei spielt der Abschlussjahrgang für den Eintritt in dieses Netzwerk nur eine untergeordnete Rolle. Vielmehr ist der Besuch der Institution von entscheidender Bedeutung. Die Beziehungen in diesen Netzwerken werden im Sinne der Familienstrukturierung hierarchisch organisiert. Das bedeutet, dass eine Hierarchisierung der Beziehungen gemäß den Abgangsjahrgängen durchgeführt wird. Durch diese vordefinierte Netzwerkzugehörigkeit, die oftmals eine Voraussetzung für den Eintritt in das Unternehmen darstellt, besitzt ein Rekrut bereits einen Fundus an Anknüpfungsmöglichkeiten und Ansprechpartnern, die ihm beratend und helfend zur Seite stehen und die Integration erleichtern. Aus diesem Grund unternehmen Südkoreaner und vor allem deren Eltern größte Anstrengungen, den Eintritt in die Eliteuniversitäten und somit den Zugang zu den nur über diesen Weg erhältlichen Zutritt zu diesem exklusiven Netzwerk zu erlangen, um dadurch die Voraussetzungen für einen erfolgreichen Lebensweg zu schaffen. Südkoreaner werden demnach in vordefinierte Gruppen hineingeboren und erhalten dadurch eine Yongo-Zugehörigkeit, die durch die Bildung instrumenteller und emotionaler

Unterstützungsnetzwerke den zukünftigen Karriereweg in erheblichem Maße determiniert.

Kyopos sind auf Grund ihrer Konstitution nicht in der Lage, an den Vorzügen der vordefinierten Netzwerkzugehörigkeit zu partizipieren, da sie weder auf bildungsbezogene (Besuch deutscher Bildungsinstitutionen) noch auf familiäre oder regionale Beziehungen (heimatlichen Entwurzelung) zurückgreifen können.

5.3 Patrimoniale Nachfolgeregelung

Eines der wohl einzigartigsten Merkmale des südkoreanischen Managements besteht in der Tatsache, dass mit dem wirtschaftlichen Wachstum und trotz der stetigen Komplexitätssteigerung in der Unternehmensumwelt der Chaebols eine nur formale Separation des Eigentümers bzw. Gründers durch professionelle Manager stattgefunden hat. Der Unternehmensgründer behält die absolute Macht und gibt sie an seinen erstgeborenen Sohn weiter. Darüber hinaus partizipieren die Mitglieder der Gründerfamilien aktiv am Geschäftsleben, indem Schlüsselpositionen mit direkten Familienmitgliedern, Verwandten oder engen Freunden besetzt werden. Durch die Trust-Base Skala wurde dieses Phänomen bereits dokumentiert. Traditionelle Bestandteile, wie dieses patrimoniale Erbschaftssystem in südkoreanischen Unternehmen, das die Trennung von Eigentümer und Manager verhindert, werden von Modernisierungstheoretikern wie Parsons und Kindleberger als irrational abgestempelt und als entwicklungshemmende Wachstumsbarriere betrachtet. Aufstrebende Wirtschaften sollten gemäß ihren Vorstellungen die traditionalen Strukturen liquidieren und sich an einer wertneutralen, zweckorientierten Rationalität richten.

Dieses familiäre Nachfolgeprinzip kann als kulturelles Erbe des Konfuzianismus angesehen werden, wonach im familiären Ordnungsmodell die Tagesgeschäfte nach Ableben des väterlichen Familienoberhaupts zu größten Teilen an den ältesten Sohn weitergegeben werden. Aus der festgestellten Tendenz zur Exklusivität in der südkoreanischen Gesellschaft gegenüber netzwerkexternen Personen ist das hohe familiäre Beharrungsvermögen südkoreanischer Unternehmen zu erklären.

Durch die familiäre Besetzung von Schlüsselpositionen gemäß der Trust-Base Skala, wird der Strategie des minimalen diskretionären Handlungsspielraums Rechnung getragen, da sowohl die transaktionkostenähnlichen Kosten sowie die agency costs erheblich gesenkt werden. Die Principal Agency-Theorie vergegenwärtigt die südkoreaspezifische Vorgehensweise der Unternehmensnachfolge in einem durch ein hohes Ausmaß an Mißtrauen gegenüber netzwerkexternen

Personen gekennzeichneten soziokulturellen Kontext, zu denen auch formal die Kyopos zu zählen sind. Die objektiv nachvollziehbaren Leistungskriterien zur Erreichung von Top-Management Positionen, die Kyopos zugrunde legen, verlieren zu großen Teilen ihre Gültigkeit, was sich nicht positiv auf die Einstiegs- und Beharrungsmotivation in einem bzw. im südkoreanischen Unternehmen sowie auf das Engagement auswirkt.

5.4 Patronagensystem

Die durch Ungleichheit gekennzeichnete Beziehungslogik der südkoreanischen Gesellschaft ist durch eine patronalistische Haltung der übergeordneten Instanz geprägt. Ausgehend vom Staat, der seine schützende Hand über die sich als loyale Klienten erwiesenen Unternehmen hielt, gilt dies auch in der innerbetrieblichen Beziehungslogik, bei dem der Vorgesetzte im Sinne des Oryuns seine Untergebenen beschützt und dafür die volle Arbeitsbereitschaft und den absoluten Gehorsam einfordern kann. Der Konfuzianismus betrachtet den Vater als die zentrale Figur in der Familie. Von ihm wird erwartet, dass er die Familie mit Autorität und Respekt führt. Er soll ein Vorbild für seine Ehefrau und seine Kinder darstellen, indem er sie mit Autorität einerseits sowie Liebe und Leidenschaft andererseits leitet. In ähnlicher Art und Weise soll der Vorgesetzte die Rolle des Vaters hinsichtlich der Mitarbeiterführung annehmen. Im Gegenzug dazu sollen sie die Autorität des Vorgesetzten respektieren. In diesem Zusammenhang verstärkt der Konfuzianismus die hierarchische, autoritäre und paternalistische Unternehmenskultur in Südkorea.

Somit durchzieht sich das Patronagensystem auf alle Ebenen, wobei der Präsident als Großpatron an der Spitze steht. Das System kann auf alle weiteren Ebenen herunter gebrochen werden und verläuft nach der gleichen Beziehungslogik.

Der Mitarbeiter muss sich zur Bewerkstelligung eines innerbetrieblichen Karrieresprungs um eine möglichst gute persönliche Beziehung zu seinem Vorgesetzten bemühen und insbesondere jederzeit einsatz- und arbeitsbereit sein, wenn der Vorgesetzte dies verlangt. Oftmals verlassen Mitarbeiter aus diesem Grund das Büro nicht vor dem Vorgesetzten. Für die Vorgesetzten wiederum ist es eine große Schande, wenn ihre Mitarbeiter ihnen keinen Respekt erweisen und nicht genug oder gut genug arbeiten. Viel Autorität und Respekt bei seinen Mitarbeitern zu haben, so dass diese besonders gut und besonders viel arbeiteten - genau das macht die Führungsqualität des Vorgesetzten aus (und entscheidet nebenbei über seine eigene weitere Beförderung). Um das zu erreichen, ist aber eine rein sachliche, auf die gemeinsame Arbeit beschränkte Beziehung nicht ausreichend. Daher ist es üblich, dass der Vorgesetzte zu seinen Mitarbeitern Beziehungen auch außerhalb der Arbeitszeit pflegt, indem er beispielsweise mit ihnen gemeinsam Essen und Trinken geht. Somit wirkt der Kollektivismus nicht nur horizontal auf der Ebene zwischen den Kollegen, sondern auch vertikal zwischen Vorgesetzten und Untergebenen. Auf diese Weise entsteht rasch eine sehr persönliche Beziehung zwischen dem Vorgesetzten und seinem Mitarbeiter, der sich nun auf eine persönliche Förderung verlassen kann.

Der Vorgesetzte fungiert dabei als Patron, der sich für das Weiterkommen eines von ihm geschätzten Mitarbeiters einsetzt, was häufig einfach so aussieht, dass er bei seiner eigenen Beförderung diesen Mitarbeiter in seine neue Wirkungsstätte mitnimmt, der dadurch ebenfalls aufsteigt. Diese genannte wechselseitige Abhängigkeit spiegelt sehr plastisch die vorher erläuterten gegenseitigen und einander ergänzende Verpflichtungen wider. Der Untergebene schuldet dem Ranghöherem Respekt, welches er ihm in Form von Loyalität, Gehorsam und persönlicher Opferbereitschaft entgegenbringt. Der Vorgesetzte schuldet dem Untergebenen dafür Fürsorge und Schutz, welches er durch gute Benotungen und den daraus resultierenden Aufstieg in die nächste Hierarchiestufe erreichen kann.

Die Machtdistanz kann zur Enthüllung des potenziellen Konfliktpotenzials zwischen Kyopos und Expatriates angeführt werden. Denn auf Grund des empirisch nachgewiesenen hohen Machtdistanzindexes in der südkoreanischen Gesellschaft kann es zu Konflikten kommen auf Grund unterschiedlicher Ansichten, inwieweit Respekt, Loyalität und Kritikfähigkeit angebracht und erwünscht sind.

Zur Illustration sollen Erkenntnisse des Berliner Wirtschaftsforums 2004 miteinbezogen werden. Die südkoreanischen Expatriates vertraten hier die Ansicht, dass sich die deutschen Mitarbeiter und auch die deutsch geprägten Kyopos durch einen signifikanten Mangel an Loyalität gegenüber der Firma und dem Vorgesetzten auszeichnen, sich durch geringe Opferbereitschaft und Arbeitseinsatz äußert. Dabei muss allerdings die kulturell bedingte unterschiedliche Auffassung dieser Begriffe beachtet werden, da eine Verquickung von firmenbezogenen und privaten Angelegenheiten in südkoreanischen Unternehmen – wie erwähnt – nicht ungewöhnlich ist. Oft sind die Untergebenen (und vor allem Kyopos auf Grund ihrer Bilingualität) auch Erfüllungsgehilfen für die privaten Angelegenheiten ihrer Vorgesetzten. Die Kyopos wehrten sich gegen diesen impliziten Vorwurf der mangelnden Loyalität und führten an, dass sie sich durch einen hohen Arbeitseinsatz und Opferbereitschaft auszeichnen, wenn es die Aufgabe erfordert. Festzuhalten ist demnach, dass beide eine differente Herangehensweise bzw. Interpretation des Begriffs Loyalität annehmen, welches zu Missverständnissen führt: *Loyalität bei Expatriates ist eher personenbezogen und bei Kyopos eher aufgabenbezogen.*

6 Die Evaluation – Eine sozialkapitaltheoretische Analyse

Die Angemessenheit dieser Theorie ergibt sich aus ihrem Rekurrieren auf die einer Kultur zugrunde liegenden subjektiven Verhaltens- und Interaktionsmuster. Wie im konfuzianischen Regelsystem und den Manifestationen der konfuzianischen Kultur im südkoreanischen Management festgestellt wurde, liegt der Schwerpunkt der südkoreanischen Managementkonzepte (wie z.B. das yongobasierte Personalmanagement) in der adäquaten interpersonalen subjektiven Interaktion zwischen Vertrauenden. Hierdurch ist die Angemessenheit der Theorie des sozialen Kapitals zu erklären, da sie ihren Fokus auf die sozialen Interaktionsmuster zur Erleichterung der Jobsuche und Gruppenintegration legt. Kurz ausgedrückt, handelt es sich bei der Theorie des sozialen Kapitals um die Nutzung des persönlichen Netzwerks zur Förderung der Jobsuche und zur Begünstigung des folgenden Karriereprozesses. Soziales Kapital bezeichnet dabei den Nutzen, der durch Aktivierung bestimmter Personen instrumentell zur Verfolgung von Zielen eingesetzt werden kann. In Anlehnung an Sonja Haug können folgende Dimensionen von sozialem Kapital als Erklärung zur Entstehung und Akkumulation von sozialem Kapital herangezogen werden können: Soziales Kapital als Ressource, Soziales Kapital in sozialen Netzwerken, Soziales Kapital und Vertrauen, Soziales Kapital und soziale Normen und Soziales Kapital als Kollektivgut.

Vor diesem Hintergrund können folgende Dimensionen als Vergleichsdimensionen zur Aufdeckung der Faktoren des Misfits zwischen Kyopos und Expatriates verdichtet werden:

- Die Yongo-Beziehungen der Kyopos und Expatriates,
- die Arten des sozialen Kapitals und deren Beziehungen,
- die strukturelle Ausrichtung der sozialen Netzwerke von Kyopos und Expatriates,
- die Kenntnisse der Kyopos bezüglich des südkoreanischen Normensystems und
- die Höhe des jeweiligen interpersonalen Vertrauens.

In all diesen Vergleichsdimensionen wird soziales Kapital produziert und akkumuliert, das instrumentell für die persönlichen Ziele aktiviert werden kann.

Kyopos in südkoreanischen Unternehmen in Deutschland

6.1 Yongo-Beziehungen der Kyopos und Expatriates

Hierbei kann festgestellt werden, dass sich Kyopos im Gegensatz zu Expatriates durch die Yongo-Äquivalente anderer Unterstützungsquellen bedienen, da sie in nur sehr unzureichendem Maße auf die südkoreanischen Yongo-Attribute zurückgreifen können.

Südkoreaner werden in vordefinierte Gruppen hineingeboren und erhalten dadurch eine Yongo-Zugehörigkeit, die durch die Bildung instrumenteller und emotionaler Unterstützungsnetzwerke den zukünftigen Karriereweg in erheblichem Maße determiniert. Hyeol-Yeon, Ji Yeon und Hag Yeon, die zusammengefasst als Yongo-System bereits in der Trust-Base Skala in Erscheinung getreten sind, stellen in der südkoreanischen Gesellschaft wichtige Formen des sozialen Kapitals dar. Dabei wurde deutlich, dass die schulische Beziehung neben dem familiären sozialen Kapital die „wichtigste" Form des sozialen Kapitals darstellt und das Vakuum, das die durch die Urbanisierung entstanden Individualisierungstendenzen entstanden ist, schließt. Es kommt vor allem bei beruflichen Ein- und Aufstiegsprozessen zum Einsatz. Die Bildungsinstitution, die in Südkorea einen sehr hohen Vertrauenswert zugesprochen bekam und die Qualität und Quantität des sozialen Netzwerks entscheidend determiniert, erfährt auf Grund der niedrigen Zahl gemeinsamer südkoreanischer Schüler und Studierender in Deutschland für den Aufbau eines ähnlich kohäsiven Netzwerks unter Schüler und Studenten, wie es das Südkoreanische darstellt, eine relative Geringschätzung.

Durch die Quasi-Entwurzelung der Kyopos aus ihrer südkoreanischen Umgebung weisen sie zudem nur ein sehr geringes Sozialkapital auf, das sich auf die familiären Bindungen stützt, da zumeist der Großteil der Familie in Südkorea zurückgelassen wurde und nur ein außerordentlich geringer Kontakt besteht.

Daraus ergibt sich auch die geringe heimatregionale Verbundenheit, da sich Kyopos eher zu ihrer deutschen Heimatregion bekennen als zu ihrem südkoreanischen Ahnenursprung.

Kyopos können zwar auch mit einem yongoähnlichen System aufwarten, jedoch nicht in der stringenten Form wie es das Südkoreanische tut. Es ist auch nicht mit dem südkoreanischen kompatibel. Die Systemattribute, die für Kyopos ausschlaggebend zu sein scheinen, sind vor allem: Stadt, in der man aufgewachsen ist (weniger die Geburtsstadt), Zugehörigkeit zu einer südkoreanischen Kirchengemeinde und die Mitgliedschaft in einer südkoreanischen Organisation sowie südkoreanische Jugendfreunde. Ähnlich dem vordefinierten Yongo-System in

Südkorea ist die elterliche Generation maßgeblich an dem Aufbau des yongoähnlichen Systems der Kyopos in Deutschland beteiligt. Denn sie legen die Kirchenzugehörigkeit einer bestimmten Gemeinde, die heimatliche Stadt und somit auch die Mitgliedschaft in einem südkoreanischen Dachverein und den Kontakt zu bestimmten Jugendfreunden durch den regelmäßigen Kontakt mit den jeweiligen Eltern zu großen Teilen fest.

6.2 Arten des sozialen Kapitals und deren Beziehungen

Weiterhin zeichnen sich Kyopos und Expatriates durch differierende Sozialkapitalarten aus. Während Expatriates kulturbedingt ein ausgeprägtes gemeinschaftsbildendes soziales Kapital (bonding social capital) besitzen, verfügen Kyopos über ein höheres überbrückendes soziales Kapital (bridging social capital). Dies geht mit einer geringen Fähigkeit der Expatriates zur spontanen Soziabilität (Fähigkeit, schnell und unkompliziert mit fremden Personen zu kommunizieren und zu kooperieren) einher und führt zu einer vehementen Absteckung der Gruppengrenzen, in die Fremde, zu denen auch Kyopos zählen, keinen Eintritt erhalten.

Kyopos weisen durch ihre teilweise heimatliche Entwurzelung Unterschiede im Hinblick auf die Ausprägung ihres sozialen Kapitals auf. Denn auf Grund des fehlenden heimatlichen Bezugs zu Südkorea können sie nicht in ausreichendem Maße auf das gemeinschaftsbildende soziale Kapital im südkoreanischen Sinne zurückgreifen. So scheint es folgerecht, dass ihre Beziehungen wegen der in Deutschland vorherrschenden Verhältnisse nicht als familistisch bezeichnet werden können. Sie verfügen im Gegensatz zu den Südkoreanern der ersten Generation durch ihre deutsch beeinflusste Sozialisation eine höhere Fähigkeit zur spontanen Assoziation. Dies spiegelt sich in einem stärker ausgeprägten überbrückenden Sozialkapital wider. Der durch die Sozialisierung in Deutschland ergebende Kontakt zu Angehörigen verschiedener sozialer Schichten, Nationalitäten, Ethnien oder Religionsgemeinschaften erhöht das überbrückende Sozialkapital. Diese werden vor allem durch die schulischen und universitären Treffpunkten sichergestellt. An diesen Treffpunkten ist im Gegensatz zum südkoreanischen Modell oftmals eine Ansammlung verschiedener genannter Gruppen vorzufinden, die Schnittpunkte zu anderen Gruppen aufweisen und eine Partizipation an diesem Sozialkapital gewährleisten können.

Die Beziehung zwischen diesen beiden Sozialkapitalarten ist durch eine negative Korrelation gekennzeichnet. Sie kommen Schrader zufolge einem Nullsummenspiel gleich. Ursächlich für diesen Tatbestand ist, dass ein hohes Maß an gemeinschaftsbildendem Sozialkapital ein geringes Maß an spontaner Soziabilität zur Folge hat. Es ist logisch, dass Menschen, die durch amoralischen Familismus gekennzeichnet sind - wie es Banfield nennt - eine Tendenz zur Exklusivität und zur Exklusion ihrer Netzwerkumwelt aufweisen und dementsprechend eine nur verkümmerte Fähigkeit zur spontanen Soziabilität offenbaren. Das extreme Beharrungs- und Rekurrierungsvermögen des gemeinschaftsbildenden Sozialkapitals wird von Fukuyama Familismus genannt. Er ist der Meinung, dass, falls nur innerhalb der Kernfamilie soziale Beziehungen und moralische Verpflichtungen bestehen, daraus ein relativ niedriger Grad an Vertrauen in der gesamten Gesellschaft folgt. Ben-Porath spricht in diesem Zusammenhang von F-Connection. In Anlehnung an Granovetter könnte man den negativen Zusammenhang zwischen den beiden Sozialkapitalarten auch als „Schwäche starker Bindungen" bezeichnen.

6.3 Strukturelle Ausrichtung der sozialen Netzwerke von Kyopos und Expatriates

Bei der Analyse der sozialen Netzwerke von Kyopos und Expatriates kann festgestellt werden, dass sie sich durch eine strukturelle Autonomie kennzeichnen. Das Fehlen von Schnittstellen kann durch die vorher erwähnte Abgrenzung der Expatriates erläutert werden.

Kyopos weisen weder starke noch schwache Beziehungen zu den Expatriates auf, so dass sie kaum miteinander in Kontakt treten. Man kann in diesem Fall beinahe von einer südkoreanischen „Parallelgesellschaft" in Deutschland sprechen. Ursächlich für diesen Umstand sind sicherlich die fehlenden Treffpunkte der Expatriates und der Kyopos in Deutschland, da die Expatriates kaum am Leben der Südkoreaner in Deutschland partizipieren. Vor allem findet keine Teilnahme an den von den Südkoreanern der ersten Generation aufgebauten und genutzten Einrichtungen (Yongo-Äquivalenten) statt.

Des Weiteren können Kyopos durch ihre räumliche Abgrenzung zu Südkorea und ihrem fehlenden Bezug weder als structural holes noch als weak ties klassifiziert werden. Es besteht also keine Beziehung zu den südkoreanischen Mitarbeitern und sie werden – wie in der Trust-Base Skala gezeigt – auf Grund des fehlenden Vertrauens und der mangelnden Kenntnis mit den ethischen Konventionen als Fremde betrachtet. Jedoch besitzen die Kyopos das Potenzial, als kulturelle structural holes agieren zu können, da sie, zwar nicht gleichmäßig, aber zu gewissen Graden, mit beiden Kulturen vertraut sind.

Kyopos gehören durch die fehlende Partizipation an einem sozialen Netzwerk südkoreanischer Art nicht zu den Beziehungen, die in Anlehnung an Granovetter als schwach und in Anlehnung an Park als stark einzuschätzen sind. Das würde eine Anbindung an ein Yongo-System voraussetzen. Kyopos zeichnen sich hingegen eher durch alternative Yongo-Äquivalente aus. Diese Yongo-Beziehungen als Aufnahmekriterien in ein geschlossenes soziales Netzwerk, das durch das hohe gemeinschaftsbildende Sozialkapital entsteht, spielen aber für den Ein- und Aufstieg in eine südkoreanische Firma eine gewichtige Rolle, weil gerade in Südkorea die starken Beziehungen von entscheidender Bedeutung sind. Da Kyopos nicht in ein starkes Beziehungsgeflecht integriert sind, erschwert es die Partizipation in ein soziales Unterstützungsnetzwerk und somit auch den Eintritt bzw. die Integration in ein südkoreanisches Unternehmen.

Durch die höhere Ausprägung des überbrückenden Sozialkapitals der Kyopos im Gegensatz zum höheren gemeinschaftsbildenden Sozialkapital der Expatriates können Kyopos zwar durch ihre Beziehungen und Bindungen mit Personen verschiedenster Klassen und ethnischen Hintergründen eine höhere Zahl von weak ties in Deutschland aufweisen, die nach Granovetter als wertvoller als strong ties klassifiziert werden. Jedoch ist der Wert des sozialen Kapitals – wie in der Definition des sozialen Kapitals verdeutlicht wurde – nicht an der absoluten Quantität der Beziehungen gebunden, sondern eher an der Nützlichkeit. Da der Zugang in ein südkoreanisches Unternehmen in Deutschland größtenteils durch Verbindungen und Beziehungen zu Entscheidungsträgern in diesen Unternehmen erleichtert wird, werden die anderen weak ties entwertet.

Folgen dieser relativen strukturellen Autonomie zeigen sich vor allem bei der Besetzung neuer Stellen in südkoreanischen Unternehmen in Deutschland. Denn durch die fehlenden anschlussfähigen Beziehungen, kommt es bei der Ermittlung geeigneter Personen im Zuge von Expansionsbemühungen oder Neubesetzungen kaum zu einer gezielten Suche nach Kyopos.

6.4 Kenntnisse der Kyopos bezüglich des südkoreanischen Normensystems

Auch können mangelnde Kenntnisse der Kyopos bezüglich des südkoreanischen Normensystems, das durch das konfuzianische Regelsystem und durch deren Manifestationen auf das Management in südkoreanischen Unternehmen vorgestellt wurde, festgestellt werden. Die Unwissenheit im Umgang mit Expatriates durch normkonformes Verhalten führt zu beiderseitigem Unverständnis. Denn Expatriates setzen ihre kulturell erworbenen Maßstäbe an und verlangen normkonformes Verhalten von den Kyopos. Die Sprache spielt in diesem Zusammenhang eine große Rolle. Denn durch die fehlenden perfekten und oftmals sogar rudimentären Sprachkenntnisse vieler Kyopos wird beispielsweise die Kommunikation für beide Parteien oft problematisch. Dies erschwert die Vermittlung der Wirkungsweisen, Inhalte und Relevanz der oben dargestellten Folgen des konfuzianischen Einflusses auf das südkoreanische Managementhandeln. Die daraus entstehenden Missverständnisse werden oft als Ausfluss für die Nicht-Einhaltung der Normen angesehen. Aus den ungenügenden südkoreanischen Sprachkenntnissen der Kyopos ergeben sich zudem Probleme beim Aufbau eines Patrons und der Teilnahme an der informalen Kommunikation, die als wichtige Bausteine der Integration in ein südkoreanisches Unternehmen herausgestellt wurden. Kyopos sind zumeist kaum in der Lage, komplexeren Anweisungen ihrer Vorgesetzten vollends zu entsprechen. Damit wird der kommunikative Umgang zu einem ermüdenden Prozess. Dies erfordert eine besondere Aufmerksamkeit und ein besonderes Betreuungsangebot der Kyopo-Vorgesetzten, das auf Grund des Zeitmangels der Manager ein nicht geringes Konfliktpotenzial in sich birgt. Dies kommt beispielsweise im alltäglichen Organisationsgeschehen zum Tragen, da der Umgang an bestimmte konfuzianische Verhaltensregeln gebunden ist, an welche die südkoreanischen Vorgesetzten gewohnt sind und diese auch von den Kyopos in bestimmtem Maß erwarten. Das wird teilweise von den Kyopos als als repressiver Druck empfunden und kann als Hauptgrund für das Unwohlbehagen angeführt werden. Diesem gilt es zu begegnen und stellt eine große Herausforderung für eine Annäherung der beiden Einheiten und somit auch für die Entfaltung der Potenziale der Kyopos dar.

6.5 Höhe des jeweiligen interpersonalen Vertrauens

Letztlich wurde auch das niedrige Vertrauen der Expatriates gegenüber den Kyopos thematisiert. Hierzu können Gründe aufgezeigt werden, die für das geringe Vertrauen verantwortlich sind. Dazu zählen:

- Das grundsätzlich geringe Vertrauen der Expatriates gegenüber netzwerkexternen Personen,
- die Ungewissheit zukünftiger Erträge und Leistungen der Kyopos,
- die Immunität der Kyopos gegenüber den Kontroll- und Sanktionspotenzialen und dem damit steigenden Risiko der Defektion durch die Kyopos,
- die unzureichende Möglichkeit der Kyopos, auf Vertrauensindikatoren zurückzugreifen,
- die asymmetrischen Vertrauensbeziehungen zwischen Expatriates und Kyopos,

- die rasche Ausbreitung von negativen „shadows of the pasts" in den jeweiligen Netzwerken,
- die fehlende Kooperationsbereitschaft, das zu einer Verfestigung des Prisoner's Dilemmas führt,
- das mangelnde Antizipationsvermögen der Kyopos durch die Expatriates.

All diese Punkte verdeutlichen, dass Kyopos ein äußerst geringes soziales Kapital im südkoreanischen Sinne aufweisen. Durch die fehlenden gemeinsamen Yongo-Merkmale, der unterschiedlichen Ausprägung der Sozialkapitalart, die strukturelle Autonomie beider Netzwerke, dem mangelnden Wissen über die Normen und dem mangelnden Vertrauen ist es Kyopos nicht möglich, soziales Kapital im südkoreanischen Sinne der Expatriates zu produzieren und zu akkumulieren und sie für die Rekrutierung und Integration in südkoreanischen Unternehmen in Deutschland instrumentell einzusetzen.

Dieses geringe soziale Kapital der Kyopos aus Sicht der Expatriates kann als entscheidende Hinderungskomponente für einen Annäherungsprozess gesehen werden.

Dies ist dem Umstand geschuldet, dass die Expatriates ihre südkoreaspezifischen Attribute als Maßstab für die Bewertung der Kyopos anlegen. Dabei kann festgestellt werden, dass diese subjektive Bewertungsweise mit den Ansichten der Kyopos nicht kompatibel ist. Dies kann als Auslöser der bisherigen Spannungen zwischen Kyopos und Exptriates angesehen werden und ist verantwortlich für den Misfit zwischen den beiden Gruppen.

7 Handlungsempfehlungen – Maßnahmen im Rahmen der Interkulturellen Personalentwicklung

Die einzelnen Inhalte der Interkulturellen Personalentwicklung (IPE) können in 'Off-the-Job' und in 'On-the-Job'-Methoden unterteilt werden. Die 'Off-the-Job'-Methoden können ihrerseits in einen verhaltens- und einen wissensorientierten Bereich eingeteilt werden. On-the-Job-Methoden bezeichnen alle unternehmensinternen IPE-Maßnahmen, während Off-the-Job-Methoden alle unternehmensexternen Maßnahmen und Trainings zur Vermittlung interkultureller Kompetenz betreffen. In der Folge wird darauf verzichtet, die einzelnen Methoden und Inhalte näher darzustellen. Es wird dabei auf die einschlägige Literatur verwiesen. Lediglich auf einige bedeutungsvolle Punkte soll ausführlicher eingegangen werden. Weiter wird noch auf die Bedeutung der Organisationsentwicklung (OE) im Zusammenhang von IPE hingewiesen.

Off-the-Job-Methoden	
Wissensorientierte IPE	Verhaltensorientierte IPE
Vorträge (Vermittlung von Informati-on über Kyopos in Deutschland, z.B. von Vorgängern oder auch über die Struktur der Kyopos) Filme, Bücher, Hand-Outs, Grafiken Informationen über das Dimensionenkonzept von Hofstede	Culture-Assimilators Culture-Awareness-Training Interaktionstrainig Rollenspiele Fallbeispielbearbeitung Transaktionsanalysen Neuro-Linguistische Programmierung

Tabelle 11: Ausgewählte Off-the-Job-Methoden der IPE

Bei den Off-the-Job-Methoden spielt insbesondere die Informationsvermittlung von kyopoerfahrenen Expatriates eine große Rolle. Nur sie können authentische Informationen an nachfolgende Expatriate-Generationen weitergeben. Dazu ist es jedoch notwendig, dass sie sich während ihres Deutschlandeinsatzes mit der Problematik auseinandersetzen und es auch entsprechend kontinuierlich dokumentieren. Dafür ist es wiederum bedeutsam, dass die Expatriates in die Struktur der Kyopos in Deutschland eindringen, indem sie auch an den gesellschaftlichen Ereignissen und an den Yongo-Äquivalenten teilnehmen. Denn die Mitgliedschaft in einer südkoreanischen Kirchengemeinde in Deutschland beispielsweise ermöglicht nicht nur eine leichte Integration der gesamten übergesiedelten Familie der Expatriates, sondern sensibilisiert sie auch für die Perspektive der Kyopos. Mit diesen Erfahrungen und erworbenen Kenntnissen werden sie in die Lage versetzt, Einfluss auf die deutschlandspezifischen verhaltensorientierten IPE zu nehmen. Denn nur durch gute Kenntnis über die Situation der Kyopos in Deutschland und den vorherrschenden Yongo-Äquivalenten können die Expatriates adäquate Multiplikatoren für den Auslandseinsatz südkoreanischer Manager in Deutschland sein und somit auf die spezifischen Vertrauensverhältnisse der Kyopos in Deutschland aufmerksam machen. Sie sollten auch bereits während ihres Auslandseinsatzes seitens der Firmenzentrale auf diese potenziell neue bzw. zusätzliche Aufgabe aufmerksam gemacht werden. Damit wird gewährleistet, dass sich die Expatriates auch intensiv mit Kyopos auseinandersetzen. Denn auf Grund der zentralistischen Kräfte in südkoreanischen Unternehmen sind Direktiven von oben sinnvoll.

On-the-Job-Methoden	
Temporäre IPE	Permanente IPE
Projekt Management Job-rotation mit Schwerpunkt in den Funktionen Job-rotation mit Schwerpunkt im Ausland Urlaubsvertretungen Geschäftsreisen Temporäre Assistenzstellen Praktika bei Partnerunternehmungen	Prä-Kooperationen auf strategisch weniger relevanten Randgebieten Bildung von „gemischten" Arbeitsgruppen mit Kyopos, Yuhaksen, Expatriates Einrichten von Trainingscentern zum Ausbilden und Aufklären der Kyopos bezüglich ihrer Erwartungen Aufstellen von Kyopo-Ansprechpartner in südkoreanischen Unternehmen als Vertrauensperson

Tabelle 12: Ausgewählte On-the-Job-Methoden der IPE

Im Folgenden wird auf die permanenten IPE Maßnahmen eingegangen, da sie den weitaus größeren Einfluss auf das Verhalten der Kyopos und Expatriates aufweisen. Aus der Tabelle lassen sich einige Maßnahmen für die praktische Gestaltung kooperativer Beziehungen ableiten.

In diesem Zusammenhang spielen „Prä-Kooperationen" eine große Rolle, in denen sich Kyopos und Expatriates auf weniger bedeutsamen Randgebieten und ohne das Risiko strategischer Nachteile einzuhandeln kennen lernen und Vertrauen einüben.

Ferner betonte der Yuhaksen-Redner beim Berliner Wirtschaftsforum 2004, dass vor allem in Bezug auf die kulturbedingten Besonderheiten die Kyopos und die südkoreanischen Studenten voneinander profitieren können. Denn die Kyopos zeichnen sich durch eine relative Nähe zur deutschen Kultur aus, wogegen die Yuhaksen natürlicherweise näher zur südkoreanischen Kultur stehen. Wie anfangs angedeutet, sind Kyopos auf Grund ihrer kulturellen Zwischenform als Mischformen zu bezeichnen. Er griff die Annahme der relativen kulturellen Nähe der Kyopos zu der deutschen Kultur auf; wies jedoch eine Wesensgleichheit zurück und bescheinigte ihnen ein situationsbezogen ambivalentes Verhalten.

Kyopos in südkoreanischen Unternehmen in Deutschland

```
Deutschland                          Südkoreа
    ⋮                                    ⋮
    ▼                                    ▼
◄───────────────────▲────────────────▲──────────►
                    ⋮                ⋮
                  Kypos            Yuhaksen
```

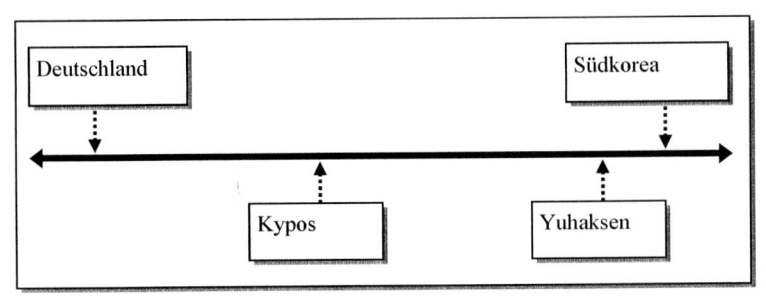

Abbildung 40: Status Quo des deutsch-südkoreanischen Kontinuums

Es wurde durch seinen Beitrag deutlich, dass die Kyopos vor allem durch die große räumliche Distanz zu Südkorea mit Hilfe der südkoreanischen Studenten in Deutschland ihre eher deutschlandnahe kulturelle Stellung auf dem deutsch-südkoreanischen Kontinuum austarieren und gleichmäßiger ausrichten bzw. gestalten können. Denn gerade Kyopos können dadurch einen enormen Lernfortschritt generieren. In Anlehnung an die vorangegangene Abbildung könnte sich folgendes Bild ergeben.

```
Deutschland                          Südkorea
    ⋮                                    ⋮
    ▼                                    ▼
◄────────────────────────▲─────────────────────►
                         ⋮
                  Kypos / Yuhaksen
```

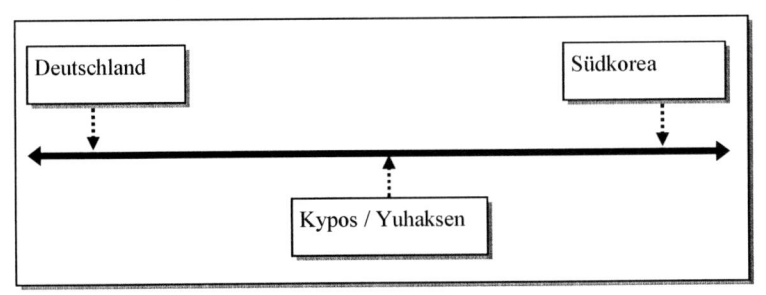

Abbildung 41: Mögliche Auswirkungen gemischter Arbeitsgruppen auf dem deutsch-südkoreanischen Kontinuum

Es besteht zwar ein überragendes Potenzial bei Zusammenschluss dieser noch getrennten Einheiten, eigenartigerweise ist ein derartiger Zusammenschluss im größeren Rahmen bisher noch nicht zustande gekommen. Der Abbau dieser Barrieren (zumeist durch „beidseitige Vorurteile") kann als große Herausforderung für die Kyopos angesehen werden, dessen Bewerkstelligung elementar für den weiteren Südkorea bezogenen Lernprozess und den Erhalt des kulturellen südkoreanischen Erbes über die Generationsgrenzen hinaus darstellt. Dabei könnten die südkoreanischen Firmen den Anstoß geben.

Weiterhin sinnvoll ist das Einrichten von „Trainingscentern, in denen die Kyopos auf die Arbeit in einem südkoreanischen Unternehmen und der jeweiligen Unternehmenskultur vorbereitet werden. Dadurch ist es möglich, den Kyopos die unternehmensspezifischen Normen und Werte näher zu bringen und somit ein Verständnis für die dargestellten kulturrationalen Managementkonzepte zu erzeugen. Auch können die Erwartungen an die Kyopos explizit vermittelt werden. Mit diesem Einblick wird den Kyopos geholfen, sich auf die spezifischen Arbeitsbedingungen einzustellen und die Integration in das Unternehmen zu erleichtern.

Eine weitere Hilfestellung ist das Einrichten von permanenten Ansprechpartnern für Kyopos in südkoreanischen Unternehmen, auf die im Sinne einer Vertrauensperson in besonderen Situationen immer wieder zurückgegriffen werden kann.

Zusammenfassend sei festgehalten, dass im Zuge der zunehmenden Internationalisierung der Unternehmungen und den damit verbundenen höheren Anforderungen an die Kompetenzen der grenzübergreifend tätigen Unternehmensmitglieder der Funktion der interkulturellen Personalentwicklung im multinationalen Unternehmen immer höhere Beachtung beigemessen werden muss. Gerade bei den stark international ausgerichteten südkoreanischen Unternehmen kommt die unwissenheits- bzw. unsicherheitsbedingte mangelnde aktive Bewältigung des Misfits zwischen Kyopos und Expatriates einer Missachtung wertvollen Kapitals gleich, das sich mittelbar auf den ökonomischen Unternehmenserfolg niederschlagen kann.

8 Plädoyer

Es ist evident, dass nur ein geringer Prozentsatz an Kyopos in südkoreanischen Unternehmen tätig ist. Ziel – vor allem im ökonomischen Sinne der Unternehmen – müsste es sein, diesen Anteil sukzessive zu erhöhen. Dazu müssten eine Reihe an Off-the-Job- und On-the-Job-Maßnahmen eingeleitet werden, da sie dazu dienen, die Kyopos auf die Erwartungen der Expatriates (aber auch umgekehrt) vorzubereiten und somit das soziale Kapital der Kyopos im südkoreanischen Sinne erhöhen. Auch kostenintensivere Investitionen in die kyopobezogene Maßnahmen würden sich auf Grund der vorhandenen Kyopo-Potenziale im Laufe der Zeit auszahlen.

Wichtig sind dafür im ersten Schritt die gegenseitigen Unsicherheiten, Missverständnisse, Befürchtungen und Irritationen zu beseitigen, die vor allem beim Berliner Wirtschaftsforum 2004 in Erscheinung traten und zumeist aus Unwissenheit entstehen. Dem kann aber durch aktive Informationsbereitstellung, Transparenz, Sensibilität und dem bewussten Umgang miteinander begegnet werden. Vor allem die südkoreanischen Unternehmen müssen sich noch stärker und aktiver um die Kyopos bemühen. Denn dann können sie auf Grund ihres Leistungsvermögens nicht nur kulturell, sondern auch wirtschaftlich binationale Broker darstellen und den südkoreanischen Unternehmen einen erheblichen Mehrwert erbringen.

E Trainingsaspekte im Diversity-Management

Diversity-Management: T-Com – Awareness Workshops

Gesa Ferch, Claudia Stybel[*]

Inhalt

1   T-Com – Starker Partner im zukunftsträchtigen Breitbandmarkt 344
2   Diversity Management als umfassender Ansatz 346
3   „Diversity erleben & nutzen" – Awareness Workshops bei T-Com 347
4   Entwicklungsverlauf 348
5   Ausblick 354

---

[*] Beide Regionale Beratung Chancengleichheit & Diversity, T-Com.

1 T-Com – Starker Partner im zukunftsträchtigen Breitbandmarkt

Einer der wichtigsten Trends im Telekommunikationsmarkt ist die Breitbandkommunikation in hochleistungsfähigen Netzen. Sie wird in den kommenden Jahren Anwendungen der Telekommunikation, Informationstechnik, Unterhaltungselektronik und Haustechnik zusammenführen. Diese Konvergenz wird neue elektronische Dienstleistungen ermöglichen und damit neue Geschäftsfelder für innovative Dienstleister öffnen. T-Com stellt dabei den Kunden breitbandige Internetanschlüsse sowie kundenorientierte Serviceleistungen auf modernsten Festnetz-Infrastrukturen zur Verfügung. T-Com trug im Berichtsjahr maßgeblich dazu bei, die Entwicklung im deutschen und europäischen Breitbandmarkt weiter zu beschleunigen.

Im Gesamtjahr 2005 konnte T-Com die Zahl der DSL-Anschlüsse im Vergleich zum Jahresende 2004 allein in Deutschland um rund 2.1 Millionen auf 7,9 Mio. (inkl. Resale, d.h. der Weitervermarktung von DSL-Vorprodukten von T-Com durch Dritte) steigern. Am Wachstum des Breitbandmarktes partizipiert T-Com insbesondere über das Resale-DSL-Geschäft für Dritte und über die Vermarktung hochbitratiger entbündelter Teilnehmeranschlussleitungen. Insgesamt wurden seitens T-Com im abgelaufenen Geschäftsjahr über 1,3 Millionen Resale-Neuanschlüsse für Dritte in Betrieb genommen. Außerdem wurde der Ausbau weiter vorangetrieben, so dass inzwischen die DSL-Verfügbarkeit in Deutschland bei über 91 Prozent der Festnetzkunden liegt. Ebenso wurde das Produktportfolio nach oben hin um T-DSL 6000 erweitert. Der neue Anschluss realisiert im Downstream bis zu sechs Megabit pro Sekunde.

Mit rund 41,2 Millionen Schmalbandanschlüssen und 7,9 Millionen Breitbandanschlüssen ist T-Com einer der größten Festnetzanbieter Europas. T-Com betreut in Deutschland Privat- und kleine Geschäftskunden und ist in Ungarn, Mazedonien sowie Montenegro (über Magyar Telekom), Kroatien (über T-Hrvatski Telekom) und in der Slowakei (über Slovak Telekom) vertreten.

In Deutschland bietet T-Com Festnetz-Basisinfrastrukturdienste für weitere Bereiche des Deutsche Telekom Konzerns und für andere Telekommunikationsunternehmen an. In Central Eastern Europe (CEE) ist T-Com nicht nur mit dem Festnetz, sondern auch mit ISP (Internet Service Provider) und Geschäftskunden vertreten. Die osteuropäischen Beteiligungen trugen dabei in 2005 mit einem Umsatz von rund 2,5 Milliarden Euro zum Gesamtumsatz der T-Com in Höhe von 24,7 Milliarden bei.

Diversity-Management: T-Com – Awareness Workshops

Mit der neuen Konzernstruktur seit dem 1. Januar 2005 wurde T-Com gemeinsam mit T-Online im strategischen Geschäftsfeld Breitband/Festnetz (BBFN) zusammengefasst, das sich auf die Betreuung der Privatkunden und der kleinen Geschäftskunden des Telekom-Konzerns sowie auf das Wholesale-Geschäft konzentriert. Der Fokus des strategischen Geschäftsfeldes Breitband/Festnetz liegt auf dem Festnetz- und Breitbandgeschäft in Deutschland. Die Einführung einer integrierten Breitbandstrategie mit kombinierten Sprach-, Internet- und TV-Angeboten ("Triple Play") für den Massenmarkt ist eine wesentliche Voraussetzung für künftiges Wachstum in diesem Geschäft. Zukünftig wird es für Telekommunikationsanbieter und Internet Service Provider von wesentlicher Bedeutung sein, auf die Kundenbedürfnisse fokussierte Produktbündel am Markt anbieten zu können. Die verschiedenen Anwendungen werden hierbei eng miteinander verknüpft, durch neue Anwendungen, Produkte und Dienstleistungen ergänzt und dem Kunden angeboten werden.

Um Kundenbedürfnisse erfassen und in attraktive Produkte umsetzen zu können, benötigt ein Unternehmen tief greifendes Wissen über die jeweiligen Kundengruppen. Viele Kundengruppen sind auch in der Belegschaft der T-Com repräsentiert, so dass das dort vorhandene Wissen gezielt zur Ansprache der entsprechenden Kundengruppen und damit auch zur Verbesserung des Kundenservice genutzt werden kann. T-Com ist sich dieser strategischen Bedeutung seiner Mitarbeiterinnen und Mitarbeiter bewusst. Ihre unterschiedlichen Kulturen, Religionen, Sprachen, ihre persönlichen Stärken und Fähigkeiten werden in vielen Aktivitäten genutzt:

- Im Zielgruppenmarkt entwickeln sich die Aktionen zu X-ans Netz zu einer Erfolgsstory für die Ansprache verschiedener Kundengruppen: Angefangen 1998 mit „Frauen ans Netz", entwickelten sich ein vernetzter Angebots- und Aktionen–Mix mit Seminarangeboten, speziellen Internetadressen und e-learning. In Kooperation mit der Initiative D21 entwickelte T-Com das Angebot „Mitten im Leben - ganz einfach Internet" rund um den Internetzugang für die Generation 50plus.
- Im Ethnomarketing werden mit speziellen Angeboten und Services insbesondere die beiden großen ethnischen Gruppen der türkischen Migranten/innen und der Menschen aus den ehemaligen GUS-Staaten angesprochen, es gibt Call Center für türkische und russische Kunden, die gezielte Ansprache mit eigenen Werbebotschaften sowie die Telefon-Auskunft in türkischer, russischer und englischer Sprache. Auch T-Punkte an entsprechenden Standorten sind sprachlich auf eine multikulturelle Kundschaft ausgerichtet.

- Für gehörlose Kundinnen und Kunden wird Beratung via Bildtelefon und Gebärdensprache angeboten.
- Bei dem Pilotprojekt „Hörzeitung für Blinde", einer Kooperative mit dem Land Rheinland-Pfalz, können sich blinde Menschen über eine kostenpflichtige Nummer die regionale Zeitung vorlesen lassen.

2 Diversity Management als umfassender Ansatz

Chancengleichheit und Gleichstellung haben im Unternehmen Deutsche Telekom eine lange Tradition. Seit mehr als 10 Jahren ist das Thema Bestandteil der Konzern-Personalstrategie und der Unternehmenskultur. Bereits 1992 wurde ein Frauenförderkonzept verabschiedet, das lange Zeit die Basis der Gleichstellungsarbeit bildete. In der Entwicklung zum Diversity Management wurden mit dem Abschluss eines Tarifvertrages im Jahr 2000 und einer Konzernbetriebsvereinbarung zu Gleichstellung und Chancengleichheit (2001) wichtige Meilensteine gesetzt.

Auf Grund des unternehmerischen und gesellschaftlichen Wandels erweiterte sich der Blickwinkel in den letzten drei Jahren hin zu dem umfassenderen Ansatz von Diversity Management. Die grundlegenden Entwicklungen des geschäftlichen Umfeldes, insbesondere der demographische und kulturelle Wandel sowie neue gesetzliche Anforderungen, die z.B. aus der Umsetzung der EU-Antidiskriminierungs-Richtlinien entstehen werden, erforderten eine Anpassung der Handlungsgrundsätze. Daher wurde Ende 2004 die Konzern Diversity Policy vom Vorstand beschlossen. Mit den darin verankerten Grundsätzen bekennt sich der Konzern eindeutig zu Diversity als Managementkonzept. Es verfolgt die Zielsetzung, durch Anerkennung, Wertschätzung, Einbeziehung und Nutzung der individuellen Vielfalt aller Stakeholder maßgeblich zum Geschäftserfolg beizutragen. Der Konzern unterstreicht hiermit seinen Willen, Verbesserungspotenziale konsequent zu identifizieren und zu nutzen. Die bindende Beachtung und Umsetzung dieser Policy in allen Geschäftsbereichen wird dazu beitragen, das Konzernleitbild weiter mit Leben zu füllen. Die nationalen und internationalen Konzerneinheiten sind in diesem Rahmen für die Umsetzung von Diversity in ihren Organisationseinheiten zuständig.

Schwerpunkte der Arbeit des heutigen Diversity-Bereichs bei T-Com sind die zentrale und regionale Beratung und Unterstützung des Managements von T-Com bei der Umsetzung von Managing Diversity. Hierzu gehören auch die Ableitung von Projekten zu den strategischen Schwerpunktthemen und aktuellen Herausforderungen. Beispiele hierfür sind die Bereitstellung einer Informationsfibel für Servicetechniker/innen zum besseren Verständnis von Kunden mit anderen ethnischen Hintergründen (z.B. muslimisch, russisch-orthodox). Oder auch die Entwicklung eines Leitfadens für Führungskräfte zur Analyse und optimalen Nutzung der vorhandenen Teampotenziale. Mit der Unterstützung durch ein bundesweites Netz von örtlichen Beauftragten und E-Quality/Diversity Teams in den Niederlassungen wird der Diversity-Ansatz in die gesamte Organisation getragen.

3 „Diversity erleben & nutzen" – Awareness Workshops bei T-Com

Die größte Herausforderung des Diversity Managements besteht darin, der Komplexität des Themas ein greifbares Konzept zur Übertragung in den Arbeitsalltag gegenüber zu stellen. Hierbei genügt keine reine Wissensvermittlung, vielmehr muss der Bezug zur eigenen Individualität und die Bedeutung von Unterschieden und Gemeinsamkeiten im eigenen Arbeitsumfeld erlebbar sowie der Nutzen für den geschäftlichen Erfolg sichtbar gemacht werden.

Eine entsprechende Sensibilisierung und Vertiefung des Themas gelingt nicht über die klassischen Wege der Kommunikation. Um die nächste Stufe der Integration zu erreichen, ist eine reflexive Auseinandersetzung vonnöten. Dieser Anforderung sollte mit der Entwicklung und Bereitstellung von Diversity Awareness Workshops bzw. Trainings entsprochen werden. Zu den Ausgangsvoraussetzungen hierfür gehörten zum einen die Notwendigkeit durch direkten Praxisbezug einen Beitrag zur besseren Nutzung der Vielfalt im Unternehmen zu leisten, zum anderen durch hohe Durchführungs-Effizienz die knappen Zeit- und Budgetressourcen der Teilnehmenden zu berücksichtigen. Bei der Entwicklung des Trainingskonzeptes standen daher folgende Erkenntnisse im Mittelpunkt:

- Zur Bildung eines aktiven Umgangs mit der Vielfalt eines Unternehmens reicht die bloße Wissensvermittlung über (inter)kulturelle Unterschiede nicht aus. Die Sensibilisierung für die im Unternehmen vorhandene „Diversity" benötigt eine umfassende theoretische Grundlage. Dazu gehören wesentliche Begriffe und Hintergründe von Diversity ebenso wie das Wissen um die sozialen Mechanismen im Umgang mit Identitätsgruppen, Stereotypisierung und Vorurteilsbildung und die Kenntnis über die grundverschiedenen Wahrnehmungs- und Handlungsmuster in Mehrheits- und Minderheitengruppen.

- Die Bedeutung von Diversity kann nie abschließend und endgültig definiert werden, sondern muss in jeder Organisationseinheit für die relevanten Gruppen neu bestimmt werden. Auch in einem alters- und geschlechtshomogenen (rein nationalen) Team wirken sich zahlreiche Unterschiede in persönlicher Haltung, Gewohnheiten und Arbeitsstilen aus.
- Prozesse der Rollenzuschreibung und Rollenübernahme in Teams und Projekten stehen im Vordergrund der Sensibilisierung. Das Erkennen von Vor- und Nachteilen festgeschriebener Rollen für Interaktion und Leistung ermöglicht den bewussten Umgang mit vorhandenen Ressourcen. Rollenflexibilität erhöht hierbei das Gruppenpotenzial und das Leistungsvermögen der/des Einzelnen.
- Führungskräfte sind die wichtigsten Ansprechpartner/innen. Sie sind es, denen der bewusste Umgang mit Diversity direkten Nutzen im Arbeitsalltag bringt und damit persönlichen Erfolg. Denn um das gesamte Potenzial der Beschäftigten nutzen zu können, muss es zuerst bekannt bzw. der Führungskraft bewusst sein. Als Multiplikator/innen tragen sie zudem dazu bei, dass „Diversity" gelebt und verbreitet wird. Als Mitglieder des Managements bzw. Top-Managements haben sie eine wichtige Vorbildfunktion und für die Durchführung von Awareness Workshops in den jeweiligen Verantwortungsbereichen ist ihr Commitment unerlässlich.

4 Entwicklungsverlauf

Auf Grund der Erfahrungen der ersten Workshops entstanden in der Weiterentwicklung zwei Workshopmodelle mit unterschiedlichen Zielgruppen, zum einen ausgerichtet auf Diversity-Teams und Mitarbeiter/innen, zum anderen auf die Gruppe der Führungskräfte.

4.1 Zielsetzung des Workshops für Diversity-Teams und Mitarbeiter/innen

In dem Tagesworkshop ist die Zielsetzung für die Teilnehmenden, die eigene Wahrnehmung für Zusammenhänge und Situationen, in denen Diversity eine Rolle spielt, zu schärfen. Mithilfe von Wahrnehmungsübungen, Rollenspiel, Einzelarbeit und Reflexion, Präsentation und Diskussion soll der Diversity-Ansatz verinnerlicht werden.

4.2 Aufbau des Workshops

Nach einer Anwärmübung zum Einstieg wird in dem theoretischen Input das Verständnis von Diversity und Managing Diversity erläutert und der Bezug zum Geschäftserfolg aufgezeigt. In einer weiteren Übung wird der eigene Bezug zu Individualität insbesondere im Arbeitsalltag hergestellt. Anschließend werden die Themen Individualität und Rollenübernahme in Form eines Rollenspiels thematisiert. Zum Schluss findet die Übertragung in den Arbeitsalltag und die Entwicklung von Ideen zur Umsetzung im eigenen Arbeitsumfeld statt.

4.2.1 Workshop-Einstieg

Der Workshop beginnt mit einer Übung zur Selbst- und Fremdwahrnehmung der nicht sichtbaren Vielfalt in der Teilnehmergruppe. Anhand von Fragen zu Merkmalen, wie familiärer Lebensumstand, Freizeitverhalten, Geburtsort, (Berufs-)Ausbildung werden z.B. aus der eigenen Wahrnehmung heraus bestimmte Merkmale anderen Teilnehmer/innen zugeordnet. Hierbei wird zum einen deutlich, in welchem Maße unsere Vorannahmen und Vorurteile unsere Wahrnehmung beeinflussen, zum anderen wird schon zu Beginn der Unterschied zwischen wahrnehmbarer und unsichtbarer Vielfalt thematisiert.

4.2.2 Theorieteil

Der theoretische Input besteht aus einem Vortrag und einem Kurzfilm. In dem Vortrag werden grundsätzliches Wissen sowie die geschäftsbezogenen Zusammenhänge des Themas vermittelt. Anhand des „Vier-Schichten-Modell"[1] wird in der Definition von Diversity erläutert, wie weit der Begriff gefasst werden kann und wie verschieden die Wahrnehmung und das Verständnis von Unterschiedlichkeit in einem Unternehmen sein können. In der Beschreibung von Diversity Management wird gezeigt, wie durch die permanenten Veränderungen, die globalen wirtschaftlichen Trends, den demographischen Wandel und die damit verbundenen Rahmenbedingungen das Thema Vielfalt für Unternehmen zunehmend an Bedeutung gewinnt. In der Überleitung auf das geschäftliche Umfeld werden die Auswirkungen der Veränderungen und die zu erwartenden Anforderungen in den Bereichen Belegschaft, Märkte/Kunden, Stakeholder/Gesellschaft betrachtet. Abschließend werden hierzu mögliche Handlungsfelder definiert und mit praktischen Beispielen ergänzt.

---

[1] in Anlehnung an Gardenswartz und Rowe

4.2.3 Film

Der Vortrag wird mit dem Trickfilm zum Buch „Unter Pinguinen" von B.J. Gallagher und Warren H. Schmidt abgeschlossen. Mit dem Medium der Fabel vermittelt der Film plakativ Einsichten in die Frage von Kreativität und Innovation am Arbeitsplatz. In einfacher unterhaltsamer Form wird die Geschichte von Perry, einem schlauen, talentierten, farbenfrohen Pfau und anderen exotischen Vögeln erzählt, die versuchen sich im Land der Pinguine mit ihrer bürokratischen, reglementierten Unternehmenskultur zurecht zu finden. Der Film wird von den Teilnehmerinnen und Teilnehmern als wirkungsvolle Ergänzung zu dem Vortrag empfunden. Er „verbildlicht" die kritische Realität im Umgang mit Individualität und Unterschiedlichkeit im Arbeitsalltag so plastisch, dass die Teilnehmer/innen spontan eigenes Erleben reflektieren können. Für die Diskussion im Anschluss an den Theorieinput werden Metaphern aus dem Film genutzt.

4.2.4 Reflexionsübung

In der Reflexionsphase setzen sich die Teilnehmenden mit der eigenen Wahrnehmung von Individualität im Arbeitsalltag auseinander: Wie nehme ich Individualität wahr, persönlich im Arbeitsumfeld (in meiner Rolle als Mitarbeiter/in bzw. Führungskraft), in der T-Com. Die Übung ist eine Einzelarbeit, eine Aussage zu der persönlichen Reflexion kann später freiwillig im Plenum gemacht werden. Inhalte der gemeinsamen Diskussion sind die Bedeutung von Gruppenbildung/Gruppenidentität, die Unterordnung in Gruppen und der damit eventuell einhergehende Verlust bzw. die Beschränkung der Individualität sowie mögliche Auswirkungen auf Motivation und Leistungsbereitschaft.

4.2.5 Rollenspiel

Die Vertiefung wird mit einer praktischen Phase in Form eines Rollenspiels zur Rollenvielfalt fortgesetzt. Zu einer vom Plenum festgelegten Aufgabe aus dem Arbeitsalltag bereiten fünf Teilnehmer/innen das Thema spielerisch in jeweils wechselnden Rollen vor der gesamten Gruppe auf. Die einzelnen Rollen werden im Plenum von zugeordneten Beobachter/innen anhand einer Matrix ausgewertet.

Zielsetzung der Übung:

- Sensibilisieren für Prozesse der Rollenzuschreibung und Rollenübernahme
- Überprüfung der Vor- und Nachteile von festgeschriebenen Rollen für Interaktion und Leistung in der Gruppe
- Schaffung von Freiräumen für Rollenflexibilität und Ressourcennutzung
- Schärfung des Bewusstseins für die Notwendigkeit heterogener Gruppen („diverse" und antagonistische Rollen im Team)

Zu den wichtigsten Erfahrungen aus dem Rollenspiel gehört das eigene Erleben in wechselnden Rollen. Die Spieler/innen merken, welche Rolle ihnen schwer gefallen ist, in welcher sie sich wohl gefühlt haben, in welcher sie Einfluss ausüben konnten und in welcher sie zu Konflikten beigetragen haben.

4.2.6 Transfer in das Arbeitsumfeld

In der abschließenden Reflexion des Workshops werden zunächst in Einzelarbeit der persönliche Nutzen des Tages sowie erste Ideen zur Umsetzung im persönlichen Arbeitsumfeld ermittelt. In Kleingruppen werden daraus die relevanten Punkte herausgearbeitet und vorgestellt. Es folgt eine Schlussauswertung mit Blitzlicht und Feedbackbogen.

4.3 Erstes Fazit

Die bisher gemachten Erfahrungen sowie Auswertungen des Feedbacks haben gezeigt, dass der Workshop von den Teilnehmenden insgesamt als gewinnbringend für das Verständnis von Diversity und den Nutzen des entsprechenden Wissens im Arbeitsumfeld bewertet werden. Gleichzeitig wurde der Wunsch nach Vertiefung des Themas von vielen Teilnehmenden formuliert. Das Erfassen der gesamten Komplexität, die hinter dem Konzept von Managing Diversity steht, ist mit einem Workshop nur schwer zu erreichen. Aber es wird eine erste Grundlage geschaffen, die die Entwicklung weiterer Ideen für die geschäftsbezogene Umsetzung des Themas fördert.

4.4 Zielsetzung des Workshops für Führungskräfte

In dem Workshop für Führungskräfte sind die Inhalte hingegen explizit auf die Rolle der Führungskraft ausgerichtet. Hierzu gehört unter anderem, die eigene Wahrnehmung für die vielfältige Rollenverteilung im Team und die Individualität der eigenen Mitarbeiter/innen zu schärfen. Im Wesentlichen wurden zu diesem Zweck zwei Bausteine verändert. Zum einen wird anstatt der Reflexionsübung ein Fragebogen zur Selbsteinschätzung im Umgang mit Unterschiedlichkeit eingesetzt, mit der Zielsetzung, den eigenen Umgang mit Stereotypen und Vorurteilen zu reflektieren. Zum anderen werden in Anlehnung an das Teamrollenmodell nach Interplace ® /M. Belbin eine Teamrollen- bzw. Teamprofilanalyse durchgeführt und die Optimierungsbereiche im eigenen Team aus Diversity-Perspektive herausgearbeitet.

4.5 Implementierung

Im Laufe eines Jahres wurden bei T-Com 25 Workshops mit durchschnittlich 13 Teilnehmenden durchgeführt. Die Verbreitung der Workshops war zielgerichtet so angelegt, dass mit Multiplikator/innen-Workshops für die örtlichen Diversity–Beauftragten und internen Trainer/innen angefangen wurde. Auf diese Weise haben diese die Workshops kennen gelernt und danach die Vermarktung in ihrer Niederlassung über die Geschäftsleitung und die Diversity-Teams einleiten können.

Zusätzlich wurde das Produkt auf zahlreichen internen Veranstaltungen vorgestellt.

4.6 Erfolgsfaktoren

Nach den gemachten Erfahrungen haben sich folgende Faktoren als erfolgskritisch herausgestellt:

4.6.1 Unterstützung durch das (Top-) Management

Wie bei allen einstellungsverändernden Maßnahmen ist auch hier die Vorbild-Funktion des (Top-) Managements von großer Bedeutung, da über ein entsprechendes Verhalten der Führungskräfte die Übereinstimmung der Maßnahme mit den Unternehmenswerten sichtbar wird. Zudem ist der Implementierungsprozess des Diversity Managements in den Niederlassungen am besten gelungen, in denen das Thema mithilfe der Workshops Top-down von der Geschäftsleitung bis auf die Ebene der Teamleitungen eingeführt wurde.

4.6.2 Qualifikation der Trainer/innen (Verhaltenspsychologischer Hintergrund)

Da es in den Workshops um Einstellungsänderung, Umgang mit Stereotypen und Vorurteilen sowie den möglichen eigenen Erfahrungen mit Ausgrenzung geht, ist es für die Trainer/innen notwendig, über tief greifendes Wissen zu entsprechenden Wirkungszusammenhängen zu verfügen und situativ in der Lage zu sein, komplexe Erklärungen bereitzustellen.

4.6.3 Bewusster Umgang mit thematisch bedingtem Konfliktpotenzial

Auf Grund der oben genannten Inhalte können innerhalb eines Workshops intra- und interpersonelle Konflikte sichtbar werden, die einen entsprechend professionellen Umgang erfordern.

4.6.4 Anpassung der Workshop-Inhalte an die jeweilige Zielgruppe

Abhängig von der jeweiligen Zusammensetzung der teilnehmenden Gruppe sollten vor allem das Verhältnis von theoretischem Input und praktischen Anteilen sowie die Bezugnahme auf die Arbeitssituation angepasst werden.

4.6.5 Offenes und wertschätzendes Klima im Workshop

Um die notwendige Durchlässigkeit für einstellungsändernde Erkenntnisse zu fördern, gilt es, eine entsprechende Atmosphäre im Workshop zu schaffen, die einen offenen Austausch ermöglicht sowie unterschiedliche Meinungen und Perspektiven zulässt.

5 Ausblick

Um die Nachhaltigkeit des Sensibilisierungsprozesses zu gewährleisten, ist es notwendig, die Awareness Workshops inhaltlich kontinuierlich weiter zu entwickeln und den aktuellen geschäftlichen Herausforderungen anzupassen. Zudem unterstützt die Einbeziehung des Diversity-Konzeptes in die unternehmensweiten Personal- und Führungskräfteentwicklungsprogramme den Gedanken der Integration in die Managementsysteme.

Die Workshops sind somit ein erster erfolgreicher Schritt in Richtung eines ganzheitlichen Diversity Managements.

7 Keys 2 Success: The Supporting Cast

Rosalyn Taylor O'Neale[*]

Content

1	7 Keys 2 Success: The Supporting Cast	356
2	The Supporting Cast	358
3	Does This Sound Familiar?	358
4	Executive Diversity & Inclusion Council (EDIC)	360
5	Networks/Affiliation Groups	362
6	Executive Diversity Leaders	363
7	High-potential executives	364
8	What is the EDLDP?	365
9	The Organization's Commitment	365
10	The Reward	366
11	Chief Diversity Officer	367

---

[*] This article is an excerpt from 7 Keys 2 Success: Unlocking the Passion For Diversity, by Rosalyn Taylor O'Neale. For more information visit www.7keys2success.com.

1 7 Keys 2 Success: The Supporting Cast

There are seven keys to creating, maintaining and supporting an inclusive culture. They are:

The vision comes first. A clearly articulated business case that engages and motivates all employees is vital. The vision should be alive and future focused. This is the foundation of the diversity and inclusion journey. It must be clear, easy to remember, simple to communicate, repeated until anyone can recite it and fit it on a T-shirt.

The visible and consistent leadership commitment follows. Leaders must make footprints that others can follow – not small and shallow, but large and deep so that they can be seen from the top floor of the building. The leader who demonstrates the passionate commitment to diversity and inclusion will generate passion in all who have been looking for someone to follow. At this point the initiative will begin to generate its own momentum.

Everyone needs help. It takes seven to ten years and the intelligent help of many to get it right. It is essential to have knowledge, energy and ideas – strategic and operational guidance on the journey. Participation engages hands, hearts and minds, spreads the strengths and provides the leadership with valuable resources.

Learning, education and training prepare us. They come in many forms: passive, active, technological and interpersonal. They can take place in the classroom, the local museum, on conference calls and on Web site visits. Learning, education and training can be exciting and interesting. The local Gay Pride Parade, the photo exhibit and the Chanukah celebration can move us from unconsciously incompetent to culturally competent. They offer opportunities that energize employees' curiosity.

What gets measured gets done. Measure your progress based on what you want to achieve. Don't measure what others measure unless you have the same needs they do. Measurements will evolve with the initiative.

Everyone rows. Everyone participates. There's room and a seat at the table for everyone. Get people involved. Give them hundreds of ways to join the journey. Make it fun. Ignite their passion and their intellect.

Faith. At some point we know that it will work. We just have to close our eyes and make a leap of faith – like kids jumping into a pile of leaves in the fall.

7 Keys 2 Success: The Supporting Cast

In every culture and organization it is imperative to develop and nurture the help and aid that makes leaders effective and the journey successful. The benefits to the organization and the individual are innumerable.

Nusrat's Story

Working on the Diversity Council, as part of this incredible team, has been a profoundly moving and transforming experience. When I came on board, I knew I was signing up for an important and challenging task, but had no idea of the complexity of the issues involved or the level of commitment required.

A lot has been achieved in the past two and half years by the Diversity Council and by other initiatives within MTV Networks. A lot has also changed because of the turn of events that we could never have imagined.

When I joined the council, I had, in retrospect, the arrogant notion that I understood the issues around diversity because I am from a diverse background and have lived in countries where diversity is a fact of life. I thought I could be effective because I wasn't a stranger to the subtle cruelties of exclusion. I had imagined that creating an inclusive environment at MTVN was another management challenge, perhaps somewhat bigger than ones we had successfully overcome in the past, but certainly a goal that could be achieved fairly quickly.

I was wrong.

As my understanding of issues like race, religion, sexual orientation, etc. became more sophisticated, I realized we had undertaken a very complex task that would take years to accomplish and forever change us as individuals.

And so I've changed. I am more sensitive, more empathetic, more tuned to others' differences and similarities than ever before. I see the world from a very different perspective than previously. I feel richer and fuller, but I also feel sadder, more tempered and realistic than before.

We've all come a long way, and so has this organization that we love. But there is so much more to be done. I feel that our tenure has been just about laying the foundation and that the synagogues, temples, mosques and churches of diversity still need to be built upon this foundation. Sometimes I feel like all our conversations and memos and meetings about inclusivity are theoretical and the reality on the ground, in the offices and cubicles where we work, has not changed. But the days I feel like this are very few, and they are usually the days when I've had a bad commute.

Because the truth is, things have changed, things are changing rapidly, and the results are tangible, visible and extremely gratifying.

I want to thank all of you for who you are and what you've taught me. I am privileged to have come to know you and touched by your sincerity and kindness and the hard work you have done. We have a common thread, an invaluable, shared experience and a longing that will always connect us.

(Nusrat Durani, MTV Networks Council member)

2 The Supporting Cast

The leadership can set the vision, communicate the commitment to the organization and establish the direction of the diversity and inclusion journey, but it is impossible for one person to move the wagon alone. Imagine three thousand employees standing on a wagon (albeit a large one). No matter how strong or strong-willed, determined and dedicated CEOs are, they cannot move the wagon. They can set the direction the wagon will travel, the schedule of events and make everyone aware of the expected outcomes, but without help they cannot move the wagon one inch. They need help. They need a village. This help comes from the individuals who agree to provide strategic guidance and operational support to the leadership and the organization.

Who are these individuals, why do they do it and what help can they provide? How is their work visible, inclusive and integrated?

3 Does This Sound Familiar?

An executive discusses her sincere desire to have a diverse and inclusive environment. She outlines the business case, the answer to the question, "Why are we spending 1000 yen or ten minutes on this?" She and her executive team develop the organization's diversity strategy, metrics and timetable. In various venues she talks about diversity and inclusion. She is confident the organization is moving forward. She assumes everyone in the organization shares her view of the world.

One day a group of GLBT employees ask for time on her calendar. They share with her chronicles of abusive managers, excluding behaviors based on sexual orientation and jokes, e-mails and memos that could easily be used to document the legal definition of a hostile work environment. She is dismayed, surprised and angry. How could this be going on in her organization and why didn't she know about it? When she asks her senior team about the allegations, she gets responses that range from denial ("it's not true" and "it's a few people who are problems, blowing things up") to blank stares. I'm not sure which is more difficult, the blank stares or the "it wasn't me" leaders. For the executive, the journey becomes a bumpy, winding, narrow road. This challenge can occur in London, Kentucky or London, England. The group may be different, but the dilemma is similar. The distance between the leader's view of the diversity initiative and the employees' experience of the initiative is great.

Here's why:

At The Top – At the executive meeting there is a two-hour discussion with the senior staff and their management group to ensure that everyone has a clear picture of the future—with clearly defined roles, responsibilities and expectations. During this discussion there are slides with tables and graphs, handouts, data sheets and a list of deliverables with dates.

In The Middle – Managers spend twenty minutes at an already packed staff meeting discussing the "program." There is a one-page handout and two slides.

On The Floor – At this "discussion," managers and supervisors have too much on their plate already to add something else, especially something they are not clearly competent to discuss. The handout (which is three bulleted sentences) is left on the table at the back of the room. Most of the time, this is where the pulse of the initiative becomes weak and faint. It evolves from a vibrant and energizing discussion to the last item on a packed agenda to recycling.

The CEO decides to investigate the allegations from the GLBT group. She asks her executives to look into this issue and come back with data and recommendations. The information comes to her in spurts. Some of it points to glaring problems, but much of it is subtle. She needs help.

Her executives tell her they need help.

> "Where do you learn how to pay attention to diversity without stereotyping? I'd like to find out what the issues in my group are, but I don't want the liability attached to it. I'm at a loss and have no idea where to go or even what I need."

Employees tell her they need help.

> "My manager doesn't have a clue about managing diversity. She says she supports it, and in the same breath she tells a joke making fun of one of the gay employees. Her boss thinks she's on board, so what can I do?"

Who and where are the individuals who will provide the help, the strategic and operational support? The answer is they are *everywhere*. They are in the executive offices, middle-management cubicles, shop floor stations and driving to customer sites. Some are members of minority communities, and others represent the majority. The executive needs a plan to enlist these allies.

4 Executive Diversity & Inclusion Council (EDIC)

For many organizations the Executive Diversity & Inclusion Council is the initial level of support. Organizations use various titles, e.g. Executive Inclusion Council, Corporate Diversity Council and Executive Council on Diversity. The work is essentially the same: to provide strategic direction and help. The "best in class" executive diversity councils are led by the CEO or president and have high-level decision makers such as the HR executive, two to three direct reports to the CEO and other senior personnel from throughout the organization. The CEO's presence and leadership are critical to the success of the initiative and a cornerstone of its progress and success. It reinforces the other leaders' commitment to the effort.

Most of us know that having executive involvement and support is usually the key factor in any successful business undertaking. It sets the tone and shapes the standards of behavior throughout the organization. The presence of an Executive Council sends a clear message that diversity is important.

A second equally critical benefit (although not always apparent) is that the top-level executive learns skills that are valuable in today's global economy. We see that when executives spend time each quarter having dialogue about how to make diversity and inclusion work, they learn to clearly articulate and communicate the links between diversity and business success.

As they learn to recognize the complexities of sustaining an inclusive and diverse culture, they begin to see and appreciate the impact of the organization's policies and practices on an increasingly multicultural and global workforce. They learn to integrate diversity into everyday events such as recruiting and retaining their talented, diverse workforce.

7 Keys 2 Success: The Supporting Cast 361

Executive Diversity & Inclusion Councils (EDICs) serve several purposes

As I often say, "Innovative, creative and inspired responses to challenges and opportunities in the workplace and the marketplace flow largely from the associations and connections we make between the problem at hand and the knowledge and experiences we hold in our head."

EDIC members provide different interpretations of the culture, opportunities and challenges. They view the corporate diversity and inclusion dilemmas from different disciplines, with individual backgrounds and histories and multiple cultural realities. Because they represent a spectrum of views, they provide the leader with fresh and diverse perspectives and solutions. Members of the council often have different networks to go to for ideas and information. Some of the EDIC members may have more insight into the issues being raised because they have conducted surveys or polled focus groups. On the council will be varying levels of cultural competency (see Chapter six for more on cultural competency levels).

The EDIC:

One of the first tasks for the council is connecting the issues in the current environment, the desired outcomes and the business case. It is as David Cottrell says in his book "Monday Morning Leadership": It's important to "keep the main thing the main thing." If the main thing is to attract and retain a talented and diverse workforce, sustain an inclusive culture and environment, and continuously grow people and profits, then that is what the council focuses on accomplishing. All inquiry, effort and measurements are connected to this simple fact.

The EDIC may take responsibility for fully developing the business case. The business case discussion (in chapter three) is an example of an Executive Council driven effort. In that example the council, with help from a cross section of employees, identified the components of the business case. The council was responsible for reinforcing the importance of the business case with the executives and management staffs. The work an EDIC does to provide direction for the leadership serves also as a development activity for council members.

The council, however powerful and directed they are, cannot single-handedly provide the strategic and operational help needed. On the journey toward diversity and inclusion, the work has to touch many more employees. Executives and the EDIC can define the vision and direction, but they need additional leaders to align and motivate people.

To do this, other resources are needed. Many organizations find strategic support in the form of general Diversity Councils, sometimes known as Regional Councils or Local Councils. These councils are made up of a wider selection from the organization than the Executive Council.

Their work includes:

- Driving diversity into the business units.
- Helping the organization reach representation goals.
- Monitoring representation at senior levels.
- Sponsoring educational events.
- Increasing supplier diversity representation.
- Establishing accountability and measurement procedures.
- Supporting the work of the executive council.

5 Networks/Affiliation Groups

Another piece of the operational support comes from employee networks or affinity groups. Best practices companies have between three and thirty networks and affinity groups — people joined by a set of common characteristics, such as race, gender, sexual orientation, religion or physical disability.

Their charter includes:

- Identifying areas in need of support and attention.
- Providing feedback to executives and councils.
- Giving social and business support for members.
- Aiding multicultural marketing efforts.
- Improving employee feedback.
- Opening new markets.
- Linking with community and national organizations.
- Improving the work environment.

Networks function most effectively when they have clearly defined roles, objectives, structure, a relationship to leadership, and executive support.

Networks, councils and affinity groups are ideal ways for the initiative to be visible and inclusive. These support structures offer numerous opportunities for the organization to showcase the initiative and garner assistance from a large part of the employee population.

6   Executive Diversity Leaders

A missing piece has been knowledgeable internal leadership -- senior level individuals who can provide more than leadership; are skilled facilitators and problem solvers. Here's the question:

Who's leading tomorrow?

Your CEO is committed to the success of the diversity initiative, a champion and its most ardent supporter. Your organization has an Executive Diversity and Inclusion Council and several funded and resourced affinity groups. Sounds wonderful, doesn't it? Well, what happens when the CEO leaves or when the focus on diversity is replaced by the need to avert a hostile takeover? Furthermore, how confident are you that the individuals who are leading the effort now and in the future have a solid diversity education and the initiative's design, direction and metrics are based on sound diversity principles? How do you ensure that the next generation of leaders are culturally competent, knowledgeable and prepared to continue the journey toward inclusion and diversity?

> The important quality for a diversity/inclusion leader is the ability to motivate others to be a part of the leadership, and see it as a part of their personal day-to-day performance. [To] be able to draw others into the debate and be the catalyst who can convince others that helping to change the content and character of the workplace makes the organization better (Ted Childs, IBM).

My answer – the Executive Diversity Leaders Development Program (EDLDP).

It addresses these challenges: loss of momentum that results from change in leadership or focus and the need for formally trained and educated leaders.

WHO

Select eight to ten senior level managers from around the globe to participate in a twenty-month assignment.

7 High-potential executives

These are the executives who are sitting at the senior table or will be in the near future. They are leading key areas the organization depends on for future growth. They come from every part of the organization. In a health care organization they can be the medical director or director of Community Medical Services. In manufacturing it's often a plant manager or the purchasing manager. The selected individual may be the executive vice president of marketing or VP of new products. Notice I intentionally omitted the executives from human resources and legal. These two functions provide significant support to these executives.

With solid management skills

This is not a program to develop poor managers. (Although managers at this level *should* be skilled, that is not always the reality.) These leaders will need a solid understanding of management principles, including communications, giving and receiving feedback, negotiating and conflict resolution.

Willing to learn

There is a great deal of information they will need to master. They will be asked to read significant amounts of the current literature, attend events, watch videos and engage in discussion to increase their understanding and cram four years of education into eight months.

Courageously introspective

It is imperative that each leader selected is willing to look at himself or herself in the mirror. Each EDLDP participant will identify those things that interfere with creating a diverse and inclusive environment. He/she will be asked to identify personal biases and prejudices and develop ways to address them. In order to help others address their prejudices, this individual will need to understand how to overcome their own biases.

Additional skills:
- Effective coaches who base the coaching relationship on trust, not similarity.
- Optimistic about human nature and believe that people want to be inclusive.
- Able to meet people where they are — and not where I want them to be.
- Can give people opportunities to take risks and learn from their mistakes.

7 Keys 2 Success: The Supporting Cast   365

- Listen more than they talk.
- Patient, and are willing to find the "coachable" and teachable moment.
- Speak candidly, but dispense their message in the right-size dosage.
- Are willing to be personally accountable and take ownership for behaviors.
- Approach resistance and reluctance to change with curiosity.
- Aware of their own strengths and limitations.

8 What is the EDLDP?

Phase One is designed to provide the participants with three to five years of industry knowledge in eight months. This is ambitious, but doable. This phase is a combined academic and on-the-job formal education program. This curriculum mirrors other executive development programs. There are case studies and significant reading requirements – eight to twelve text books, including "Designing a House for Diversity" by Dr. Roosevelt Thomas, "A Peacock in the Land of Penguins" by Hateley Schmidt & Weiss, "The Diversity Dilemma" by Dr. Robert Hayles and "Measuring Diversity Results" by Edward E. Hubbard, plus stacks of articles, reference materials, including 2002 and 2003 WOW Facts, and online educational tools, e.g., The Diversity Channel and Diversity Inc.

Phase Two is a twelve-month assignment in which the participant has a dual role and title, e.g., vice president of programming and diversity leader (DL). He/she retains 75-85% of pre-program job responsibilities and acquires 15-25% new responsibilities for providing diversity expertise, leadership, coaching and direction to a designated part of the organization. The participants report to their line manager and the chief diversity officer (or other senior knowledge expert). Their performance review, bonus and other compensation are based on meeting established goals and metrics in both areas. Throughout this period the diversity leaders are continuously meeting with experts in the field of diversity to gain insights, address concerns, develop innovative ways to lead and maintain their sanity.

9 The Organization's Commitment

Before undertaking an endeavor of this magnitude an organization must recognize that the EDLDP requires major financial and managerial investment. Successful leaders (a criterion for inclusion in the program) are generally working at greater than 100% capacity. The organization has to examine the DL's workload in light of additional responsibilities, may need to fund temporary head count for the twelve-month period, shift current responsibilities or share an important talent resource with other parts of the company.

10 The Reward

The organization will end up with senior executives and leaders who understand what it takes to create and sustain a diverse and inclusive culture. They can be called on to provide leadership, support and champion new ideas, can coach, teach, develop strategy and provide direction to managers and supervisors while reducing the dependence on external training and consulting.

An eight-hour course stays with a manager for between two days and two weeks. As one DL stated, "This experience stays with you forever!"

Another leader described it this way: "It's like the yellow Volkswagen phenomena. Before you buy one, you never see one, but after you buy one, you see fifteen of them. Now everywhere I look I see diversity — on TV, on the covers of magazines in the checkout line and on the front page of The Wall Street Journal. I know it was always there, but I just didn't notice it."

These executives will continue to learn and grow, explore this topic and develop future best practices because their knowledge was built from the inside out (discovered by them), rather than the outside in (told to them).

The recipe:
- Begin with executive buy-in.
- Carefully select and mix in eight to ten high-potential executives.
- Marinate for eight months in intense education.
- Add clear deliverables.
- Generously top with daily challenges.
- Serve to the organization while still warm and fresh.
- Praise lavishly.

11 Chief Diversity Officer

The final piece of the puzzle is the chief diversity officer (CDO). The first question is, "Do we need one?" (You will definitely need human resources support and may need a program administrator who can report to EEO or legal.)

"No" if:
- You're in the Stage One of the journey (see chapter nine).
- You do not have executive-level authority – this position like the CFO and chief operating officer (COO) reports to the CEO.
- You want one because Jorge at ABC Company has one.
- You need someone to go to all those diversity events.
- You want someone to take care of this diversity stuff, e.g., developing training and scheduling council meetings.

"Yes" if:
- The executive and the leadership have set the tone and direction of the initiative.
- The organization is in Stage Two and especially if you're in Stage Three.
- You are ready for someone to identify the next level of achievement and help design the route to get there.
- You have a lot of money that you want to give to me. (Just checking to see if you're paying attention.)

A successful diversity and inclusion initiative is greatly aided by Diversity Councils, Employee and Business Resources Groups, knowledgeable executives and the leadership of a Chief Diversity Officer. They can provide assistance that ranges from developing and monitoring goals and measurements to providing feedback to management to soliciting new marketing ideas from underserved consumer bases. Ensure that they are inclusive of a diverse group, inclusive in their makeup and message and integrated into all of the cultures actions.